Annekatrin Puhle
Zwerge
Begegnungen und Erlebnisse mit dem Kleinen Volk

Annekatrin Puhle

Zwerge

Begegnungen und Erlebnisse
mit dem Kleinen Volk

Vom Anfang der Zeit bis heute

Der Verlag konnte trotz eingehender Bemühungen leider nicht in jedem Fall den Inhaber der Rechte an den Abbildungen in diesem Buch ausfindig machen; sollte sich jemand mit Ansprüchen, die sich auf die Urheber- und Nutzungsrechte der abgedruckten Abbildungen beziehen und sich als berechtigt erweisen, an den Verlag wenden, dann ist der Verlag gerne bereit, diese im branchenüblichen Umfang zu honorieren.

Deutsche Originalausgabe
1. Auflage 2010
© Aquamarin Verlag GmbH
Voglherd 1
85567 Grafing
www.aquamarin-verlag.de

Umschlaggestaltung: Annette Wagner

Druck: Bercker • Kevelaer

ISBN 978-3-89427-517-4

Inhalt

Geleitwort: Zwerge damals und heute 10
Dank 13
Vorwort 14
Einleitung..................17

I. Kleines Volk, stilles Volk, schönes Volk 25
    I.1 Zwerge, Elben, Wichte – ach wie gut,
          dass wir wissen, wie sie heißen.............. 29
    I.2 Däumling, Dickkopf und Zwergnase – mit
          Spitzhut, Bart und Zaubergürtel.............. 46
    I.3 Ein Blick nach Norden: Troll und Tomte 58
    I.4 Puck, Goblin, Leprechaun und was es sonst
          noch auf den Britischen Inseln gibt 64
    I.5 Wer Zwerg sagt, muss auch Riese sagen 75

II. Am Anfang waren sie halbe Götter 89
    II.1 Götter, Halbgötter und Dämonen.......... 92
    II.2 Naturgeister und Elementarwesen..........103
    II.3 Die Seelen der Verstorbenen.............108
    II.4 Licht aus dem Dunkel der Erde: Zwerge als
           Sterne und Lichtwesen.............119
    II.5 Kleine Menschen – unterdrückte Völker............. 128
    II.6 Wer sind sie wirklich? – Die sieben
           Zwergen-Deutungen..............137
    II.7 Steinalt oder unsterblich?......................141

III. Ein Königreich für Zwerge..............147
    III.1 Im unterirdischen Reich..............150

	III.2 Zwergenbäume 154
	III.3 Zwergenlöcher und Königreiche 158
	III.4 Ein Rosengarten für den König 169
	III.5 Steinreich: Die Schätze der Zwerge 172
IV.	Geschickte Handwerker und kleine Künstler 189
	IV.1 Was klopft und pocht da im Berg? 191
	IV.2 Schmiedekünstler und Zimmermann 196
	IV.3 Mit Leib und Seele beim Backen 200
	IV.4 Fröhliche Bierbrauer 205
V.	Ein Völkchen für sich – allerlei Eigenheiten der Zwerge 211
	V.1 Lebensfreude und Übermut 212
	V.2 Zwergenwitz und Riesenspaß 217
	V.3 Ambivalenz und Grenzen des Zwergengemütes ...221
	V.4 Zwergenwünsche, Zwergennöte 225
VI.	An den Grenzen von Zeit und Raum 230
	VI.1 Zwerg Allwissend oder der alte Weise 232
	VI.2 Die magischen Kräfte des Kleinen Volkes 239
	VI.3 Zwischen Sichtbarkeit und Unsichtbarkeit............251
	VI.4 Der Totengeleiter 257
	VI.5 Der Zwerg als Seelenführer 260
VII.	Orte der Begegnung mit dem Kleinen Volk.................. 264
	VII.1 Zwerge im Grünen 266
	VII.2 Gute Geister in Haus und Hof: Glücksmännchen und Gütchen 276
	VII.3 Mühlenzwerge 293
	VII.4 Am Abend kommt das Sandmännchen............... 294

VII. St. Nikolaus und der Weihnachtszwerg 298

VIII. Verteufelte Geisterwelt: Vom Gütel zum Plagegeist 306
    VIII.1 Entführungen 311
    VIII.2 Wechselbälge 315
    VIII.3 Rumpelgeist, Giftzwerg und Bösewicht 323
    VIII.4 Schutz vor dunklen Kräften 328

IX. Was sagen uns die Zwerge?
    Die Suche nach dem wahren Kern 334
    IX.1 Schöne Märchen – Ein Blick in die Seele 335
    IX.2 Ein Blick in die Natur 342
    IX.3 Mit dem Herzen sehen 348
    IX.4 Aus dem Dunkel ins Licht 352
    IX.5 Was können wir den Zwergen sagen? 357

X: Von guten Geistern umgeben. Das Kleine Volk
    in unserer Zeit 360
    X.1 Rückzug der Zwerge? 361
    X.2 Träume als Brücke in weitere Welten 368
    X.3 Zwischen Bewusstem und Unbewusstem 370
    X.4 Die Gegenwart der Zwerge 376
    X.5 Vom bewussten Umgang mit der Natur
        und ihren geistigen Kräften 390

Schluss 399
Nachwort 402

Literaturverzeichnis 408
Bildverzeichnis 426

Für

Lia, Marios, Julia, Zoe

in liebevoller Verbundenheit

Geleitwort: Zwerge damals und heute

In jenen alten Zeiten, als das Wünschen noch geholfen hat, achteten und fürchteten die Menschen die Gegenwart des „Kleinen Volkes", zu dem auch die Zwerge zählen, als Nachbarn und Besucher aus einer anderen, wilderen Welt.
Wer aber heute an Zwerge denkt, dem fallen vielleicht zunächst die kleinen Hobbits aus der überaus erfolgreichen Romanverfilmung von Tolkiens *Herr der Ringe* ein, oder die zipfelbemützten Gestalten deutscher Schrebergarten-Idyllen, ausgerüstet mit Spaten und Gießkanne, um als Echo der alten Fruchtbarkeitsmächte im Garten für Ordnung zu sorgen. „Zwerge ab 20 ... M", so wirbt noch immer das leicht lädierte riesige Schild eines Gartenzwergfabrikanten an einer Landstraße in Deutschland und bringt uns zum Schmunzeln. Fast könnte man meinen, der Schabernack eines Zwerges hat damals zu Zeiten der D-Mark das D vor dem M stibitzt.
Doch vielleicht erinnern sich einige auch an ihre Kindertage in stillen Wäldern jenseits aller begrenzenden Gartenzäune, wo knorrige Baumgestalten der Phantasie den Spielraum schenkten, darin weise alte oder pfiffig verschmitzte Gesichterchen zu erkennen.
Ob Kindheitssehnsucht, Gartenzier oder Kino-Abenteuer, den Zwergen haftet heute oft ein Hauch von Nostalgie und Romantik an. Doch bedenken wir, dass die Epoche der Romantik, an der Wende vom 18. zum 19. Jahrhundert, als geistige Bewegung von Künstlern und Philosophen entstand, um dem starren Rationalismus ihrer Zeit ein Gegengewicht zu setzen. Nicht von ungefähr erwuchsen daraus die Märchen- und Sagensammlungen der Gebrüder Grimm

und vieler anderer Gelehrter, die die wertvollen mündlichen Überlieferungen vor dem Vergessen bewahrten.

Bedenken wir auch, dass „wirklich ist, was wirkt", um mit C.G. Jung, dem Begründer der Tiefenpsychologie, zu sprechen. Was heute oft als lang überkommener Aberglaube in Bausch und Bogen abgetan wird, entfaltet dennoch weiterhin seine Wirkung auf Seele und Welt, wie wir in diesem Buch erleben können.

Annekatrin Puhle schöpft aus dem Wissen unserer Vorfahren und den Quellen der Gelehrten und webt daraus, mit viel Liebe zum Detail, einem emsigen Zwergenweiblein nicht unähnlich, ein vielfältig funkelndes Porträt der Zwergen-Welten – damals wie heute. Sie lässt es zudem nicht fehlen an poetischen Bildern und Glanzlichtern aus volkstümlichen Segenswünschen und Aussprüchen von Dichtern und Denkern, die uns dazu anregen, über das Wesen der Zwerge nicht nur nachzudenken, sondern ihm in aller Stille nachzuspüren.

Orkney, im Dezember 2009
Marita Lück
(Kulturwissenschaftlerin und Märchenerzählerin)

O Kind, wenn die Menschen wüssten,
wie niedrig ein Mensch bleibt,
der nichts im Kopf hat als Begreifliches!
JEREMIAS GOTTHELF (DER SONNTAG DES GROSSVATERS)

*1: Jill Barklem, England:
Illustration zu:
The Secret Staircase.
1983.*

DANK

Mögest du gesegnet sein ...
mit den Strahlen des Mondes ...
IRISCHER SEGENSWUNSCH[1]

Mein herzlicher Dank gilt allen, die das Buch auf unterschiedliche Weise bereichert und inspiriert haben: Marianne und Lia Samarellis, Zoe Marie Schnepel, Elke und Jasmine Mercier, Irmgard Trinkerl, Angelika Brugger, Maj Fagerberg (Schweden), Conny Åquist (Schweden), Jürgen Trott-Tschepe, Ulrich Röhrich, Jan Fjellander (Schweden), Sverker Davidsson (Schweden), Prof. Dr. Adrian Parker (Schweden) und vor allem meinem Vater Johannes Puhle, der mit seinen eigenen Märchendichtungen meine Liebe zu den Wiesen und Wäldern und der in ihnen verborgenen Zwergenwelt früh geweckt hat. Aufrichtigen Dank richte ich auch an die Malerinnen und Maler, die ihre Bilder großzügig zur Verfügung gestellt und dazu beigetragen haben, das Buch so lebendig wie möglich zu gestalten. Besonderer Dank gebührt Dr. Peter Michel und dem Aquamarin-Verlag, die das umfangreiche Zwei-Jahres-Projekt verwirklicht und dieses Buch ins Leben gerufen haben.

---

1 Ausgewählt von Hermann Multhaupt (2003) für den 19. Juni.

Vorwort

∿ ∿ ∿ ∿ ∿ ∿ ∿ ∿ ∿

Die Geisterwelt ist uns in der Tat schon aufgeschlossen
– sie ist immer offenbar –
würden wir plötzlich so elastisch als es nötig wäre,
so sähen wir uns mitten unter ihr.
NOVALIS

2: Paul Gustave Doré, Frankreich: Illustration für Hop o' my Thumb.

Mit dem Einblick in das Zwergenreich, den wir von vielen verschiedenen Blickwinkeln aus nehmen, nähern wir uns dem Wesen der Natur und gleichzeitig den geheimnisvollen in ihr wirksamen Wesen und Kräften. Wir begegnen den Naturgeistern, die alleweil auch als Hausgeister erfahren werden. Das *Kleine Volk*, wie die Zwerge oft genannt werden, steht uns von allen Natur- und Hausgeistern am nächsten, gehört es doch dem Element an, auf dem sich unser Leben abspielt – der Erde. So eröffnen die Erdgeister den Reigen der vier großen Gruppen von Elementargeistern, zu denen noch die Geister der Luft, des Wassers und von Feuer und Licht gehören. Die antiken Philosophen kannten als fünftes Element den Äther, einen höheren himmlischen Bereich, dessen Geister den Luft- und Lichtgeistern nahestehen. Unsere Zwerge bilden einen winzigen Ausschnitt aus dem weiten Bereich von Geistererscheinungen, denen ich seit fast fünfzehn Jahren auf der Spur bin. Während die Geistererscheinungen von Menschen heute von Wissenschaftlern erforscht werden, widmet sich kaum einer den Naturgeistern – sie passen nicht mehr so recht in unsere Zeit, in der alles logisch zugehen muss. Doch aller Vernunft zum Trotz, gibt es auch heute noch genügend Menschen, die von eigenen Erlebnissen mit Naturwesen berichten können. Die alte Frage, ob es neben den sichtbaren Lebewesen noch unsichtbare oder nur manchmal sichtbare Wesen gibt, ist weiterhin berechtigt. Wenn auch die Zwerge schon vor Jahrhunderten in den deutschen Sagen ihren Rückzug angekündigt haben, so hat sich ihre Drohung nicht ganz bewahrheitet: Begegnungen mit dem Kleinen Volk finden auch heute noch statt, wie ein letzter freundlicher Wink der Natur, weiter nach ihren Geheimnissen, ihren geistigen Kräften und den in ihr wirkenden Geistern zu suchen. Hören wir uns nun um, was von den alten Geschichten heute noch lebendig ist und schlagen im großen Buch der Kulturgeschichte nach, was dort von den Zwergen geschrieben steht. Unser Weg wird vorwiegend durch Deutschland führen, weiter nach Skandinavien, Großbritannien und Irland und bis zurück in das alte Griechenland und Rom. Auch in neuen Büchern aus Wissenschaft und Forschung werden wir blättern, um zu sehen, was sie uns sagen können. Wir sind den Zwergen auf der Spur, gehen Mythen, Sagen, Märchen, Geschichten und Berichten auf den Grund, folgen den Kleinen in die tiefsten Erdengründe und dürfen gespannt sein, wie viel Licht aus dem Dunkel des geheimen Zwergenreiches zum Vorschein kommen wird.

3: Ein Zwergengruß.
Karl Hauff (gefallen 1943), Stuttgart:
Glockenblumensitz.

EINLEITUNG

… Möge das Licht dich führen
und seinen Glanz nie trüben. …
IRISCHER SEGENSWUNSCH[2]

4: Richard Doyle (1824-1883),
England: The Fairy Tree.

Es war einmal ein alter, dunkler Wald, und wer tief genug hineinging, kam zu einem mächtigen knorrigen Baum, in dessen Wurzelwerk sich eine kleine Öffnung auftat: Hier lag der Eingang zur Zwergenwelt, und wer glaubt, dies sei ein Märchen, wird bald einsehen müssen, dass wohl ein Fünkchen Wahrheit darin liegt.

Viele Deutsche sehnen sich nach Kontakten mit Naturgeistern. So wünscht sich etwa die Hälfte der Bevölkerung einen Zwerg, Kobold oder ähnlichen Naturgeist ins Haus. Viele sind auch felsenfest davon überzeugt, dass dieses Wesen ihnen helfen könnte (Der Tagesspiegel, 23.11.2001). Die Deutschen sind keine Ausnahme. Auch in Skandinavien bin ich immer wieder diesem Glauben begegnet, der nicht mehr so recht in unser Weltbild zu passen scheint, obwohl er einst auf der ganzen Welt verbreitet war und es in weiten Teilen bis heute noch ist, wie in Island, Afrika, Südamerika, Australien, Indien und der Mongolei. Dort wissen die Menschen noch von Zwergen,

2 Ausgewählt von Hermann Multhaupt (2003) für den 6. Januar.

Riesen, Elfen, Wassergeistern, Feuerleuten und Lichtwesen, die sich in der Erde, in Bergen und Felsen, in Wäldern und Wiesen, in Gewässern, in den Lüften und im Himmel aufhalten. Es sind machtvolle Geister, die das Leben der Menschen beeinflussen, und immer erwiesen die Menschen diesen Wesen gebührenden Respekt.

5: Illustration von Elsa Beskow, Schweden.

Zwerge sind die kleinsten unter den Naturgeistern. Sie sind wie Kinder: Süß und verspielt, haben nichts als Flausen im Kopf und machen ständig Dummheiten, sagen unverblümt die Wahrheit, kriechen in hohle Bäume, verstecken sich in allen Winkeln des Hauses und klettern in Ruinen herum. Zwerge leben auch wie Kinder in einer magischen Welt, in der alles möglich ist. Sie sind kleine, aber mächtige Zauberer und haben die Fähigkeit, sich unsichtbar zu machen. Zwerge sind im Besitz von Gold und Silber und haben den Schlüssel zur menschlichen Seele. So behüten sie Schneewittchen während ihres Todesschlafes im gläsernen Sarg bis zu ihrer

Erlösung. Viele Märchen und Sagen erzählen uns von Zwergen und rufen angenehme Kindheitserinnerungen wach, und manch einer wird insgeheim vielleicht sogar seine eigenen Erfahrungen mit diesen Wesen gesammelt haben. Man muss sie einfach lieben, die niedlichen Kerlchen mit den merkwürdigen alten Gesichtern, die ebenso gewitzt und pfiffig wie hilfreich und freundlich sein können.

6: Ein Zwerg bewacht Schneewittchen. Illustration zu Schneewittchen *aus: Grimms Kinder-und Hausmärchen 1819.*

Allein im deutschsprachigen Raum finden wir Tausende und Abertausende von Sagen und Berichten aus der Zwergenwelt, die Amüsantes, Lehrreiches und Gutes neben allerlei Scheußlichkeiten berichten. In allen europäischen Ländern gibt es Überlieferungen von Zwergen, in Spanien vom *Duende*, in Italien vom *Nano, Elfo* und *Folletto*, in Irland von den *Fairies* und *Little People*, in Schottland vom *Brownie*, in Dänemark vom *Ellefolk* und in Schweden und Norwegen von *Troll* und *Tomtar*. In Schweden hat fast jeder ein Familienmitglied, das eine wahre Geschichte von Zwergen zu erzählen weiß, wenn er nicht selbst etwas in dieser Hinsicht erlebt hat. Unser schwedischer Freund Jan Fjellander, Forscher auf dem Gebiet der Grenzerfahrungen und Journalist, erinnert sich an seine Kindertage: „Ich muss vier oder fünf Jahre alt gewesen sein, das war 1946 oder 1947. Wir lebten damals in einer Villa in Lidingö, einer Vorstadt von Stockholm. Es war ein zweistöckiges Haus, und mein Zimmer lag im zweiten Stock. Eines Abends lief ich die Treppe hinauf, und von dieser Treppe aus kann man direkt in das Zimmer sehen, kommt man geradewegs hinein in das Zimmer, in dem in der Mitte ein Klavier steht, und da sah ich einen kleinen Zwerg (tomte) am Klavier sitzen. Er war 30 bis 40 cm groß, sah grau oder gräulich aus und trug altmodische Kleidung aus dem 19. Jahrhundert. Irgendein gestricktes Hütchen oder Mützchen hatte er auf dem Kopf. Er spielte ganz offensichtlich Klavier, doch ich konnte nichts hören. Das ist natürlich völlig subjektiv. Ich habe absolut keine Ahnung, ob das nur eine Phantasie war. Ich habe lediglich diese visuelle Erinnerung." (Bericht von Jan Fjellander an A. Puhle, 12. März 2005, Stockholm; übersetzt von A. Puhle)

7: Karl Hauff, Stuttgart:
Zwerge lieben die Musik (siehe II.5).

Für Kinder ist die Welt noch heil. Alles gehört zusammen und wird genommen, wie es ist. Das gilt auch für Zwerge und andere geisterhafte Wesen. Kinder erzählen mitunter ihren verwunderten

Eltern von ihren Begegnungen mit solchen geheimen Wesen. Ist das ihre blühende Phantasie? Nicht immer; denn es gibt Fälle, in denen Kinder etwas Geheimnisvolles sehen, das ein Erwachsener ebenso wahrnimmt. Doch wenn die Vernunft das Regiment übernimmt und das, was sie nicht erklären kann, verleugnet, werden diese Erfahrungen vergessen oder als Phantasie, sprich Unsinn, gedeutet. So geht uns ein Teil der Welt verloren.

8: Zwerge sind typische Bewohner der Märchenwelt. Illustration von John B. Gruelle (John Barton; 1880-1938), Illinois, zu Schneeweißchen und Rosenrot *in Grimm's Fairy Tales, 1914.*

Doch die Erfahrungen mit der Geisterwelt können für unser Leben Bedeutung gewinnen. In der Welt der Zwerge, der Märchenwelt par excellence, liegt Wahrheit, nur müssen wir den wahren Kern aus seinen Schalen erst herausschälen. Dann werden wir auf der Reise in das unterirdische Reich der Zwerge auch die verborgenen Winkel unseres eigenen Seelenlebens und Bewusstseins entdecken. Mögen sich die Zwerge auch, laut eigener Verkündung, von der Menschenwelt zurückgezogen haben, die Türen zu ihrem geheimen Königreich haben sie nicht hinter sich geschlossen.

Zwerge sind ursprünglich Naturgeister und leben in Bergen und unter der Erde. Im Laufe der Zeit haben sie sich näher an die Hütten und Siedlungen der Menschen herangewagt und sich teilweise als Hausgeister bei ihnen eingenistet. Schon eine magische Schrift der Chaldäer, die unter König Assurbanipal (884-860) auf rund zweihundert Tontafeln geschrieben wurde (von ihr gibt es im British Museum eine zweisprachige Abschrift in Assyrisch und in dem noch älteren Akkadisch), berichtet von Gnomen und Kobolden, die sich im Umfeld der Menschen aufhalten. Zwerge haben die Zeiten überdauert, und noch im 19. Jahrhundert waren sie in Deutschland als Hausgeister so bekannt und verbreitet, dass Ernst Moritz Arndt ihrer wohlwollend gedenkt. Er schildert den deutschen „Alten vom Hause": „Der Glaube an solchen Hausgeist ist in manchen deutschen Landschaften hin und wieder noch gewöhnlich genug. Ich könnte aus der Erfahrung eines überlangen Lebens darüber genug Geschichten erzählen, wovon ich einige mit meinen Augen gesehen und mit meinen Händen betastet habe, freilich nicht jede in mir selbst erlebt noch an mir selbst verübt, sondern unter meinen Augen und Händen in und an andern gläubigen Seelen geschehen, wie ja der unsichtbaren Geister Wirkungen nur können."

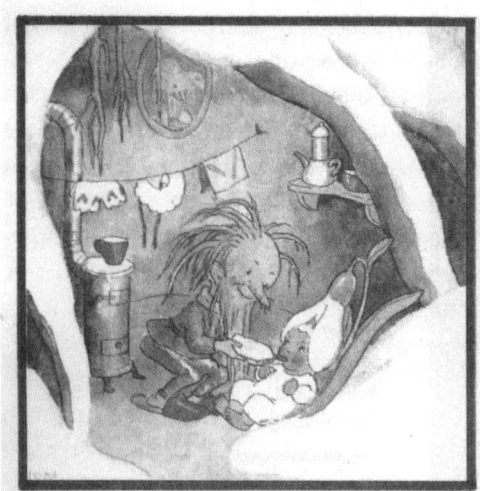

9: *Ein Wurzelmännchen hat sich häuslich in den Baumwurzeln eingerichtet. Illustration von Ida Bohatta-Morpurgo, 1940.*

Noch im vorigen Jahrhundert stoßen wir auf die Überzeugung, Zwerge könnten real sein. So widmet Heinrich Rühmann in seiner

Doktorarbeit *Opfersagen des Hausgeist- und Zwergenkultes* (1938) ein ganzes Kapitel dem „Wirklichkeitsgehalt der Sage". Mit seiner Ansicht steht er in der romantischen Tradition der Zeit der Gebrüder Grimm, zu der auch Persönlichkeiten wie J.J. Bachofen, Ludwig Klages und Walter F. Otto gehören. Auch Goethes Gedanken auf diesem Gebiet – viele sind im *Faust* festgehalten – kehren in Rudolf Steiners Anthroposophie und bei ihren Anhängern wieder. Am Ende kommen einige Forscher zu dem Schluss: Es gibt sie wirklich, die Zwerge. Doch wenn wir ihren geheimen Spuren folgen, führt uns der Weg nicht in das finstere Reich der Erde hinab, sondern direkt hinauf in das Licht.

Lassen wir uns von geheimnisvollen Begegnungen mit der Zwergenwelt inspirieren, wie sie noch heute in Schweden erzählt werden, wie etwa der Geschichte des siebenjährigen Bertil Lindström, der in einem Kinderheim, rund 50 km von Göteborg entfernt, lebte und sich heute noch an die eiskalte Weihnachtsnacht im Jahr 1940 erinnert: Er holte Milch vom Nachbarhaus, das etwa 600 Meter weit entfernt lag, doch als er sich auf den Heimweg machte, konnte er den Weg nicht mehr finden, da es stockdunkel war und sein Photogen-Lämpchen nicht hell genug leuchtete. Dann verschüttete er zu allem Unglück auch noch die kostbare Milch. Nun brach er in Tränen aus, und auf einmal stand ein kleiner alter Mann vor ihm, etwa einen Meter groß, offenbar ein Weihnachtsmann (juleman), mit einer Fackel in der Hand. Der Zwerg fragte ihn, warum er denn weine, doch als er sein Photogen-Lämpchen auf ihn richtete, verschwand der kleine Alte. Das Merkwürdigste aber war das Aussehen des Zwerges, besonders seine grünen Augen, die nichts Weißes außen hatten und wie Smaragde funkelten (*Faktum*, Dezember 2009).

*10: Das Männchen weiß und weist den Weg.
Illustration von Rien Poortvliet, Holland.*

I

Kleines Volk, stilles Volk, schönes Volk

Die größten Wunder gehen in der Stille vor sich.

WILHELM RAABE

11: *Illustration von Ida Bohatta-Morpurgo zu* Schneckenpost, *1951.*

Zwerge sind klein, klein wie die mittelalterlichen Engelchen oder noch winziger. Sie treten oft in größerer Zahl in Erscheinung, leben in Völkern, haben Könige und Königinnen und heißen auch *Das Kleine Volk*. Manche Zwerge stehen den Engeln an Schönheit nicht nach, sagt man doch von einigen Zwergenfrauen, sie seien bildschön, was ihnen auch den Namen *das schöne Volk* eingebracht hat und was die Westfalen mit *Sgönaunken* meinen. Unangenehm hässliche Exemplare finden sich auch in der ellenlangen Reihe der Zwergen-Verwandten, allen voran der Alb und der Wechselbalg. Da Zwerge die Zurückgezogenheit und den Frieden lieben, sind sie weiter das stille Volk, die friedlichen Nachbarn und die guten Leute und guten Nachbarn, kurzum, ein Volk, wie man es sich erträumt. Doch die schönmalenden Worte sind nicht immer für bare Münze zu nehmen, sondern dahinter kann sich die Angst vor den furchterregenden Seiten der Zwerge verbergen, sie sind Euphemismen. Man will sich vor ihnen schützen, so wie die Griechen die Erinnyen, gefährliche Rachegöttinnen aus der Unterwelt, den römischen Furien entsprechend, lieber die Wohlmeinenden, Eumeniden, nannten.

SW12: The Fairy School. Illustration aus Keightley 1878.

Das auf Niederdeutsch überlieferte und von den Brüdern Grimm festgehaltene Märchen *Dat Erdmänneken* aus der Gegend um Paderborn weiß von einem reichen König zu erzählen, der ein großer

Baumliebhaber war. Seine Liebe zu einem Apfelbaum war so groß, dass er jeden, der einen Apfel davon pflückte, hundert Klafter, also fast zweihundert Meter, unter die Erde verwünschte. Nun hatte der König drei schöne Töchter, die täglich einen Spaziergang durch den Schlosspark unternahmen und jedesmal darauf hofften, der Wind möge doch einen Apfel vom Lieblingsbaum ihres Vaters herunterwehen. Doch sie warteten vergeblich darauf. Als der Baum einmal voller Früchte war und seine schweren Zweige bis auf die Erde herabhingen, war die Versuchung zu groß: Da pflückte eine der Schwestern einen Apfel und alle kosteten davon. Da versanken die drei tief unter die Erde, und kein Hahn krähte mehr nach ihnen. Das Geheimnis, was mit den Mädchen passiert war, wusste nur ein Zwerg, und das „klein klein Männeken" plauderte es aus, nachdem es von den drei Jägerburschen, die den Mädchen auf der Spur waren, ordentlich verprügelt worden war. In dem unterirdischen Schloss, in dem die Männer nach ihrer achttägigen Reise angekommen waren, befanden sich drei Zimmer, in dem die drei Königskinder jeweils von einem Drachen, der viele Köpfe hatte, bewacht wurden. Erst wenn alle Köpfe der Drachen abgeschlagen waren, würden die Töchter wieder frei. Das wissende Männchen nun stellte sich als Erdmänneken vor und eröffnete den jungen Männern, dass es mehr als Tausend von ihrer Sorte gäbe. Nach der Kölner Variante des Märchens vom Erdmännchen, das auch in Schweden in Umlauf ist, „kommen aus allen Ecken viele tausend Erdmännchen herbeigelaufen". Doch wer sind diese Leutchen? Klein, still und schön ist das unterirdische Volk, alles gute und friedfertige Leutchen. Welche Namen tragen sie noch? Wie sehen sie aus? Wer sind ihre Nachbarn und was hat es mit ihren riesigen Gegenspielern auf sich?

13: Ein Männeken (manikin) aus den Geschichten um Rupert Bear von Mary Tourtel (1874-1948), England. Aus: Rupert, the Manikin and the Black Knight, *1935.*

I.1 Zwerge, Elben, Wichte – ach wie gut, dass wir wissen, wie sie heißen

Segne mein Auge, o Gott,
dass es sieht, was du ihm zu sehen erlaubst. ...
IRISCHER SEGENSWUNSCH[3]

Zur Zeit der Gebrüder Grimm konnte sich jeder etwas unter Wichten und Elben vorstellen. Inzwischen haben die Zwerge ihnen den Rang abgelaufen und sind die Stars unter den kleinen Geistern. Alle drei Geisterarten haben gemeinsame Wurzeln in der nordischen Mythologie, und überall auf der Welt treffen wir ihre Verwandten an. Je nach Zeit und Ort haben sie unterschiedliche Namen, einige auch Eigennamen. Die griechischen Dämonen (*daimónes*) und die römischen Genien (*genii*) gehören zu ihren ältesten Verwandten, haben aber umfassendere Aufgaben. Weitere griechische Zwergengeister sind die *Panitae*, während in romanischen, slawischen und deutschen Handschriften des Mittelalters ähnliche Wesen, die *Pilosi* (zu lat. *pilosus*), erwähnt werden (in den Glossatoren, etwa bei Isidorus im 7.Jhdt.), haarige Menschen oder Waldteufel, wie Luther sie nennt. Bei den Römern kursierten weiter Geschichten von

14: The Knight and the Gnomes (Der Ritter und die Gnomen). Aus Keightley 1878.

3 Ausgewählt von Hermann Multhaupt (2003) für den 13. Januar.

Geistern, die Incubi und Succubi hießen und an Hausgeister wie Kobolde und Zwerge erinnern. Auch die gallischen *Dusii*, die Augustinus erwähnt (Augustinus, *De civitate Dei*, c.23), gehören in die Reihe der kleinen Wald- und Hausgeister, weiter ein Wassergeist oder Nix (*aquaticus*), ein Alp (*genius*) und eine Elfe oder ein Lichtgeist (*geniscus*). Sie alle sind Dämonen (wie bei Jesaja 13,12 in der Vulgata-Übersetzung) und einstige Waldgeister, die eine hütende und schützende Funktion für das Haus übernehmen können.

Was besagt der Name Zwerg? Die Lehre von der wahren Bedeutung der Wörter, die Etymologie, gibt einige Hinweise: Das Wort Zwerg könnte von einer indogermanischen Wurzel *dhu̯er* kommen, (zu dieser Wurzel gehören alt- und mittelhochdeutsch *twerg* (m.) und *getwerg* (n.), altenglisch *dweorg*, altnordisch *dvergr*, schwedisch *dvärg*, Pl. *dvärgar* bzw. *dvärgfolk* für Zwergenvolk), die so viel bedeutet wie *jemanden durch Täuschung oder Hinterlist zu Fall bringen, schädigen*. Zu dieser Wurzel gehört auch unser Slangwort Frust sowie eine indische Bezeichnung für eine Dämonin, dhvarás. Oder das Wort stammt von einer verwandten Wurzel ab, von indogermanisch *dhreu̯gh*, zu der Traum und Trug gehören und von der sich allerlei Namen für koboldartige Wesen herleiten, wie ein altindischer Name für eine Unholdin bzw. einen Unhold (*drúh*) und ein altnordischer (*draugr*) und ein mittelirischer (*aurddrach*) Name für ein Gespenst. In beiden Fällen ist der Name des Zwerges mit unangenehmen Eigenschaften belastet. Möglicherweise geht das Wort Zwerg auch auf eine eigene Wurzel, indogerm. *dhu̯ergh*,

15: Ellen Siebs: Fênesmännel und Fênesweibel. 1906.

zurück und meint „zwerghaft, verkrüppelt". Die Namen der Zwerge weisen außerdem auf göttliche Wesen, auf Naturgeister und auf die Seelen der Verstorbenen hin (siehe II.1-3). Im Laufe der Jahrhunderte tauchen Zwerge zunächst vereinzelt und unter verschiedenen Bezeichnungen auf, zunächst als *getwerg* (in althochdeutschen Glossen des 9.Jhdt.s; gemeint sind *pygmaei*) oder als *nanus* (lateinische Bezeichnung in einem Fragment des 11. Jhdt.), und werden im 12.,13. und 14.Jhdt. zunehmend häufiger erwähnt – männliche wie weibliche. In der mittelhochdeutschen Literatur werden sie oft in einem Atemzug mit Rittern genannt, denen sie helfen und die sie bei ihren Abenteuern begleiten, wie es von den altfranzösischen, etwas hässlicheren *nains* bekannt ist.

In der deutschsprachigen Tradition werden die Zwerge oder Zwergle, wie sie in Mitteldeutschland heißen, von Region zu Region mit anderen Namen bedacht, so heißen sie Zwargl in Bayern und Österreisch, Zwergle in Schwaben, Zwergli in der Schweiz, Querxe oder Quarxe in der Oberlausitz, in Schlesien und im Sudentenland. Weiter gibt es Querxe, Querje und Quärge im Harz, Quergel in Ostmitteldeutschland und am Mittelrhein, Hojemännl, Hehmann, Schratt, Schrazel, Razen, Strazeln und Fankerln noch anderswo, weiter die Hermännlein und Spörwel, dann die Schanhollen, Schonhollen,

16: Arthur Rackham, England: Fairies, 1906.

Scharhollen oder Schahollen in Norddeutschland und besonders in der alten Grafschaft Mark, die Dutten im Mindener Wald, die Hollen im Sauerland und im Waldeckschen Gebirgsland, die woanders auch als Holderchen, de guden Holden und Huldafolk auftauchen, und jede Menge wilde Gesellen überall in Westfalen. In der Gegend um Altena und in der Mark unterscheiden die Sagen zwischen Schanhollen und Twiärskes, in den Bergwerken des Erzgebirges haben sich die Gütel einen Namen gemacht, in Schlesien die Fênesmannel, Fênesweibel (Fênstweiber), Fähnskedinger, Fingsmännel und Fingsweiblein, in der Altvatergegend sind es speziell die Fenixmänneln oder Fenskemänneln (siehe VIII.2), kleine Männlein, von denen man sich erzählte, dass sie in großen Familien lebten, genau wie Menschen.

Die Elben oder Alben sind die ältesten unter den kleinen Geistern, von denen die germanischen Mythen wissen, die Vorfahren der deutschen Zwerge. Die Elben (mhd. *elbe*) sind nicht das Gleiche wie die heute bekannten und beliebten Elfen (ags. *elfen*). Darauf weist Jacob Grimm in der Vorrede zu seinem Werk *Deutsche Mythologie* (1835) hin. Am Anfang waren Elfen und Elben eins; doch im frühen Mittelalter trennten sich ihre Wege: Westgermanische Vorstellungen schieden sich von skandinavischen, und im angelsächsischen Raum bildete sich unter keltischem Einfluss eine eigene Entwicklungslinie heraus. In alten englischen Texten (9. und 10. Jhdt.). wimmelt es geradezu von Bezeichnungen für Elfen. Im späten Mittelalter und in der Neuzeit gehen die skandinavischen alfar dann mit den Zwergen im Huldrenvolk (*huldufólk*) auf. Elben spielen in dieser Zeit keine große Rolle in Deutschland, doch in England lebt die Tradition, und von dort werden im 18. Jhdt. durch Bodmer, Herder und Wieland diese Wesen zu uns herübergeholt – ein Grund dafür, dass sich in Deutschland das Wort Elfen mehr verbreitet hat als Elben oder Alben. Die Elfenwesen bilden heute eine eigenständige Gruppe, auch wenn ihre Wurzeln mit denen der Elben zusammenführen und sie sich in vielen Punkten mit ihnen noch später berühren. Auch die deutschen Zwergenberichte des 19. Jhdt. ähneln den Geschichten von Feen und Fairies, die in keltischen und britischen Gefilden ihr Wesen und Unwesen als *little people* und *fairyfolk* treiben.

In der Edda, deren älterer Teil zwischen dem 9. und 12. Jhdt. entstanden ist und deren jüngeren Teil, die *Snorra Edda*, wir hauptsächlich dem isländischen Gelehrten Snorri Sturluson (1179-1241) verdanken, werden die Elben oder Alben in drei oder auch vier Gruppen unterteilt: Die Lichtalben (*ljós-álfar*), die leuchtender und noch schöner als die Sonne sind und in einer anderen Quelle Weißalben (*hvîtâlfar*) genannt werden, wenn sie nicht eine eigene Gruppe darstellen, dann die Dunkelalben (*dökkálfar*), die schwärzer als Pech sind (vgl. das Pechmannel), und schließlich die Schwarzalben (*svartálfa*), die Snorri offenbar den Zwergen gleichsetzt, da sie in Schwartzalbenheim, Svartálfheimr, leben (Gylfaginning 17 u. 34, Skâldskaparmâl 39). Eine Dreiteilung kennen auch die Pommerschen Sagen, wenn sie von weißen, braunen und schwarzen Unterirdischen erzählen, während andere Überlieferungen nur weiße und schwarze Zwerge unterscheiden. Die Geschichte des Namens der Alben verweist allerdings auf die helle, lichte Seite dieser götternahen Wesen, da sie uns auf das lateinische Wort für weiß, *albus*, zu führen

17: Rackham Old Elf. Arthur Rackham (1867-1939), England: Old Elf Hiding among the Tulips (Alter Elf sich in den Tulpen versteckend).

scheint, das von einer alten Wurzel (indogermanisch *albh*) für glänzen, weiß sein, abstammt. Wir dürfen uns die ersten Alben als hell leuchtende, positive Geister vorstellen. Die bösartigen, hämischen Züge sind wohl erst später den Schwarzalben eigen. In der Edda werden die Alben oft in einem Atemzug mit Göttern, den Asen, genannt (*æsir ok alfar*; Völuspâ 52, Grímnismâl 4, Hâvamâl 160, Skîrnisför 7). An den Namen Alben reihen sich schließlich wichtige Geisternamen, wie altenglisch *ælf* für einen Alb und mittelhochdeutsch elbinne für eine Albin (auch altnordisch *álfr*, althochdeutsch *alb*, altenglisch *ælfen*).

Die nordischen Mythen kennen neben dem männlichen Geist *ælf/ylf* und den weiblichen ælfen oder elfen noch Bergelfen (*bergælfen, dunælfen* und *muntælfen*), Landelfen (*landælfen*), Waldelfen (*wuduælfen*), Wasserelfen (*wæterælfen*) und See-Elfen (*sæeulfen*). Die durch den römischen Historiker Tacitus für alle Zeiten berühmt gewordene germanische Seherin Albruna (Tacitus, *Germania 8*) verdankt einen Teil ihres Namens den Alben. Sie ist eine raunende Albin oder Elfin. Auch mit den guten Holden sind Elben gemeint, und ihnen schließen sich begrifflich die Manen (lat. *manes*) an, gute römische Hausgötter, deren negatives Pendant der Unhold (lat. *immanis*) ist. Während jedoch die Zwerge in die Nähe der Götter und schmiedenden Helden rücken, so stehen die Elben den Feen und weisen, guten Frauen näher. Doch die ältesten germanischen kleinen Geister, die Elben und Alben, sind heute aus unserem Wortschatz verschwunden, der Duden verzeichnet sie nicht mehr.

Im Kreis der Zwerge und Elben finden wir einen dritten großen Zweig der kleinen Geister, die Wichte oder Wichtlichen, wie der Reformator und Luther-Schüler Johannes Agricola weiß. Unser Wort *Wicht* (ahd. *wiht*, gotisch *vaihts*, schwedisch *wikt*) meinte ursprünglich eine Sache, ein Ding. Man wählte diesen neutralen

Ausdruck, um die Gefahr zu umgehen, den Zwerg beim Namen zu nennen. Die Verniedlichungsformen Wichtel, Wichtlein und Wichtelmännchen weisen auf ein kleines Wesen hin, obwohl ein Wicht durchaus riesige Ausmaße annehmen konnte. Ein Wicht konnte nicht nur ein Geist sein, sondern auch ein Mensch, eine Kreatur. Wir können das noch daran erkennen, dass aus dem Wicht in späterer Zeit (im Neuhochdeutschen) ein Bösewicht, eine elende Kreatur wurde.

Der schwedische Vätte ist ein Mini-Zwerg, ein Gnom, und seinem Namen nach, wie schwedisch *wikt*, ein Wesen, Ding, Wicht oder Geist, verwandt mit dem isländischen Wort *vættr* für Wesen. Es gibt mehrere Arten von Vättar (so die Mehrzahl): Die Landvättar in Wäldern und Hügeln, die Sjövättar in Gewässern, die Bergvättar in den Bergen und die Tomtevättar, zu denen auch der Tomtegubbe oder Nisse gehört, im Haus. Der Tomtevätte versteckt sich am liebsten in den Zimmerecken. Nachts schleicht er um sein Haus herum und sieht nach dem Rechten. Manche Vättar sind holde, gute Wesen, andere dagegen böse und schädliche. Der Vätte kann

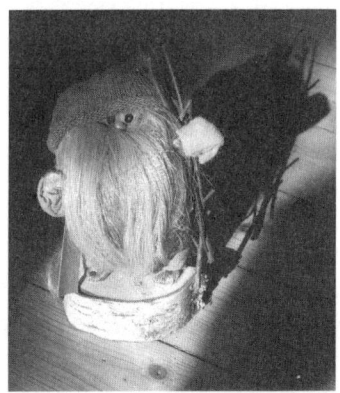

18: Vätte. Handarbeit von Gunnel Stengren, Schweden, 2004. Foto: A. Puhle

auch als Tier erscheinen, als Bock, Schlange, Frosch usw. Noch bis heute lebt er im Bewusstsein der Bevölkerung weiter, wenn er auch nicht ganz so populär ist wie sein größerer Geister-Bruder, der Tomte. Vor allem in Kunst und Kunsthandwerk spielen Tomte und Vätte noch eine Rolle und erfreuen auf schwedischen Weihnachtsmärkten (*julmarknadar*) die Besucher. In meinen elf Jahren in Schweden habe ich nur einmal einen Vätte – Männchen und Weibchen – im Angebot gesehen, und das war in Tjolöholm, einem Schloss an der Westküste, rund fünfzig Kilometer südlich von Göteborg.

Ganz Deutschland war einst bevölkert mit Zwergen, Elben und Wichten, und in der Zeit der Gebrüder Grimm geisterten in Deutschland noch viele Verwandte herum: Erdmännchen, Unterirdische, Bergmännchen, Heinzelmännchen, Kobolde, Elfen, Feen, Kleines Volk, Feenvolk, Zwergenvolk und wohl Hunderte andere.

Es war ein heilloses Durcheinander. Dazu kommen die Wald- und die Wiesenzwerge: Moosleutchen, Moosfräulein, Moosmännchen, Holzleute, Holzweibchen, Holzmännchen, Waldleute, Waldschrat, Waldfrau, Schrettel, Schrezelein usw. – alles wilde Leute. Auch der Getreidefelder zerschneidende Bilwis, allein oder in Gesellschaft, gehört zu den Wald- und Flurwesen, und so sieht er auch aus, geht er doch nie zum Friseur und trägt sein Haar völlig verfilzt.

19: Waldwesen – Panfigur in einer Nische des Wassertheaters in der Villa Aldobrandini in der Umgebung Roms. 17. Jhdt.

In Thüringen und im Frankenwald ziehen die Butze, Pötze, Pütze, Pöpel oder Popanze im Gefolge des gespenstischen Nachtjägers durch die Wälder bei Butzenreut und im Zeitelmoos. Jedes Kind kennt heute den lustig tanzenden Bi-Ba-Butzemann. Auch Naturerscheinungen werden den Butzen nachgesagt: Dichte Wolken türmen sich geisterhaft zu einem Butzen auf, im Winter gibt es den Schneebutzen, der als Schneewolke oder -flocke herunterfällt, und im Frühjahr braust der Aprilenbutzen, ein kurzer, heftiger Sturm, vorbei. Wir entdecken eine lange Kette von Wind-, Baum-, Wald-, Korn-, Berg- und Feldgeistern, Kobolden, Zwergen und Mahrten und fühlen uns in die Wälder und Lichtungen des alten Griechenland und Italien versetzt, wo Naturdämonen, wie Satyre, Pane, Dryaden, Nymphen, Nereiden, Kentauren und Seilene, umgehen – alles Verwandte der germanischen Elben.

Die Naturgeister waren einst göttliche bis halbgöttliche Wesen. Paracelsus (1493-1541), die Anthroposophen und viele andere ordnen die Geister den Elementen zu und unterscheiden Geister in Erde, Luft, Wasser und Feuer. Paracelsus sprach von erdgebundenen Gnomen, luftigen Sylphen, Undinen im Wasser und Feuer-Salamandern. Doch Zwerge gehören nicht nur zu den Erdgeistern, denn neben den Erdzwergen gibt es noch Wasserzwerge, feurige Zwerge und selbst zu den luftigen Feen besteht eine Verbindung, wenn wir an die Fairies und das Kleine Volk (*little people*) in Großbritannien denken.

Gnomenbericht

20: Moritz von Schwind, Wien und München: Gnomenbericht. 1848-1850.

In dem Geister-Klassiker *Anthropodemus Plutonicus*, verfasst von dem Gelehrten Hans Schultze (1630-1680) und veröffentlicht im Jahr 1666 unter seinem lateinischen Namen Johannes Praetorius, werden allerlei kleine Geister vorgestellt und abgehandelt: Alpmännergen, Schröteln, Nachtmähren (Praetorius 1666, Kap.1), Bergmännerlein, Wichtelin, Unter-Irdische, Elben, Haußmänner, Kobolde, Gütgen, Kielkröpfe, Wechselbälge und schließlich Zwerge und Dymeken. Gut zweihundert Jahre später versucht der Meininger Bibliothekar, Archivar und Historiker Ludwig Bechstein, bekannt durch seine Märchen, der Geisterfülle seiner Thüringer Heimat Herr zu werden, indem er sie in fünf Gruppen zusammenfasst, von denen für uns die ersten zwei interessant sind. Die erste bilden Zwerge und Riesen, darunter Erdzwerge, Bergzwerge und hilfreiche, aber neckische Hausgeister, Hütchen und Kobolde; und die zweite der wilde Jäger und die wilde Bertha. In manchen Sagen leben die beiden Wilden in wilder Ehe, ein andermal sind sie verheiratet oder leben als Singles. Beide haben eine Schar kleiner Geister um sich herum, die bei ihren nächtlichen Streifzügen durch die Wälder mitziehen. Der wilde Jäger und sein Heer stellen den Holz- und Moosleutchen nach, während Bertha oder Berchta von harmlosen Geistern umgeben ist, elbischen Heimchen, die sie beschirmt und beschützt.

21: Ludwig Bechstein (1801-1860).

In der Gegend um Warstein kursieren Geschichten von dem Kleinen Volk der Eppen, und aus der Lüneburger Heide weiß der Dichter Hermann Löns von den Luttchen, die unter demselben Namen auch im Spreewald umgehen, schöne Geschichten zu erzählen. Anderswo entdecken wir die kleinen Lötharlen, Killewittchen, Mopperle, Nörggelen und Orgen (zu ital. *orco*, Unterwelt) und sind damit J.R.R. Tolkiens (siehe II.1.) Orks auf den Fersen.

In manchen Gegenden werden die Zwerge nach ihrem Alter und Ansehen benannt: Sie sind die Alten, die Älteren und je nach Mundart Üllerkens (Niederdeutschland, Pommern), Ölken, Aulken, Alken, Ôlkers (alle in Ostfriesland, Oldenburg, Hannover; Aulken kennt man auch im Osnabrückischen und Tecklenburgischen, einer alten westfälischen Grafschaft, und am Hümmling; Òlkers (Ôlkers) gibt es in Zwischenahn und im niedersächsischen Saterland; Òlken am Hümmling, Schönaunken, Sgönaunken, Sgönunken (im Osnabrückischen und Tecklenburgischen), und Sgönhaunken (siehe auch unten II.3).

22: Sibylle von Olfers: Titelbild zu: Etwas von den Wurzelkindern. 1906.

Viele Märchen, Sagen und Berichte nennen vor allem in Norddeutschland die Kleinen Unterirdische und Erdmännchen (in Westfalen sind es die Unnerârtschken, Unnerêrdschken, Unnererskes, Erdmännkes, speziell in der Gegend um Nettelstedt bei Lübbecke die Unnererdschen; im Oldenburgischen nannte sie ein Mann Êrdmänkes oder Èrdske (Êrdske) Wichter. Auch mit Namen wie Erdbiberli, Erdwichtel, Erdmännel oder Erdweibel werden sie bedacht, und ihre Geschicklichkeit im Schmieden hat sie zu Erdschmiedlein gemacht. Weil nun die Erdleutchen so gerne in das Wurzelwerk ausgesuchter Bäume ziehen, sind sie außerdem Wurzelmänner.

In den schwedischen Bolvättar, Geisterwinzlingen, erkennt der Sprachwissenschaftler Adalbert Kuhn unsere Erdwichter und hinter dem litauischem Kãukas verbirgt sich ebenfalls ein Erdmännchen, während der Kaukãrius ein Berggott ist.

Eine schier endlose Liste an Namen hat den Zwergen auch ihre Nähe zu den Bergen eingehandelt.

Sie wohnen für ihr Leben gern in Bergen und Hügeln, sind Bergmännchen, Bergarbeiter, Schatzhüter und Schmiede. Die Bergmännchen, Bergleute, Bergzwerge oder Bargmänkes (der letzte ist ein norddeutscher Name) sind weiter als Venediger und Venedigermännlein bekannt, wohl deswegen, weil im 17. und 18. Jhdt. kleinwüchsige Menschen aus dem Norden Italiens als Gastarbeiter nach Deutschland kamen und großes Wissen über den Bergbau aus ihrer Heimat mitbrachten. Auch heimlich sollen die Venediger in den Bergen geschürft haben, so etwa im Schneeberg und Ochsenkopf im Harz.

23: Wurzelmänner. – Holzschnitt nach einer Zeichnung Moritz von Schwinds zu dem Gedicht: Im Schwarzwald nach dem Regen. 1848-1850.

Tief im Inneren der Berge, in den Bergwerken, stoßen wir auf die Kobolde, fröhliche, schalkhafte Kerlchen. Mit ihrem geisterhaften Klopfen und Hämmern haben sie früher manchen Bergarbeiter in Verwunderung versetzt oder auf die Palme gebracht. Der Kobold war in den Bergwerken so zu Hause, dass man in Fachkreisen spekulierte, der Kobold habe seinen Namen von dem Metall Kobalt erhalten, während der Duden heute behauptet, Kobalt sei nach Kobold gebildet. Noch andere Namen für den neckischen Kobold weisen auf Metalle hin, nämlich Erzmännchen und Nickel. Neuere Sprachforscher sehen den Kobold vielmehr als Hauswalter und -verwalter an (zu mhd. *kobe*, „Verschlag, Gemach" und zu anord.

bald, „(Ver-) Walter, Herrscher". Das deutsche Wort Kobold (engl. goblin oder auch hobgoblin, franz. gobelin) lässt sich ähnlich weit wie das Wort Zwerg zurückverfolgen und wird schon vor dem 13. Jhdt. schriftlich erwähnt (Im Jahr 946 taucht ein Koboltesdorp auf, in einem Text von 1185 ein Kobolt (Chobolt) und 1221 ein Coboldus. Der Kobold wird gerne umschrieben als grüner Junge (in der Altmark), Gutgesell, gutes Kind, Tückbold – wie an einigen Orten auch ein Irrlicht genannt wird –, Hopfenhütel, Eisenhütel oder schlicht als Hütel, und in Siebenbürgen heißt er Bärlefaks, zu *berlen*, brüllen. Mitunter wird er mit der Alraune, der wichtigsten europäischen Zauberpflanze, gleichgesetzt, deren Wurzel wie ein kleines Männchen aussieht. Zu den Kobolden gehört der Bilwis oder Bilwiz (*billwiz, pilwiz*). Er geht vielerorts um und treibt seine zweifelhaften Aktivitäten im Feld, benimmt sich wie ein Unhold, während sein weibliches Pendant, die Roggenmuhme, ein guter Kornengel ist.

Neben den „echten" Geistern hat die menschliche Phantasie jede Menge Zwergenwesen ins Leben gerufen, wie die Stars im ZDF, die schlauen Mainzelmännchen, und die blauen Schlümpfe, die bereits Einzug in den Duden genommen haben. Heinzelmännchen & Co sind noch im Rennen. Heinzelmännchen? Der Theologe Erasmus Alberus nennt sie 1543 als Erster beim Namen, während sie in poetisch verklärter Form als *Die Heinzelmännchen von Köln* etwa dreihundert Jahre später durch August Kopisch zu Berühmtheiten werden. In seinen Heinzelmännchen steckt ein wahrer Kern, denn sie führen sich auf, wie es der Sage gebührt, die Ernst Weyden überliefert. In Köln hat man den liebenswerten Männchen einen Brunnen zum Gedenken erbaut. Doch in Köln geistern noch viele andere Geistermännchen und -weibchen herum, etwa Meister Gerhard von Köln, den Annette von Droste-Hülshoff in einem Gedicht eingefangen hat. Schließlich haben zahllose Maler und Malerinnen unvergessliche Zwergenwesen geschaffen, die, wie die hauchzarten Wesen von Ida Bohatta-Morpurgo (15.4.1900 - 14.11.1992), nicht nur Kinderseelen beflügeln.

24: Ida Bohatta-Morpurgo, Wien: Illustration aus Schneckenpost. *1951.*

Dämonische Wesen im Kleinformat mischen nach alter Weisheit kräftig im Menschenleben mit, sei es zum Wohl oder zum Schaden. Die elbischen Geister kommen in den unterschiedlichsten Gestalten in die Häuser, als Würmer, Fliegen, Hühnchen oder kleine Drachen. Aus Naturgeistern werden Hausgeister, Hauszwerge und Hauskobolde, die nicht nur für das Wohl ihrer auserwählten Familie sorgen, sondern auch für Unordnung (siehe VI.2 und VIII.3). Es sind richtige kleine Persönlichkeiten, die einen Namen haben. Schon in der alten nordeuropäischen Liedersammlung *Edda* (Völuspâ, 10-16) und in den altisländischen Skjaldenliedern *Thulur* sind über hundert Zwergennamen aufgelistet, die Wesen und Aussehen der Kleinen verraten, darunter die Zwerge, deren Namen die Himmelsrichtungen (siehe II.1) und Mondphasen bedeuten, wie Nŷr, Niði und Nŷrâðr. In der Völuspâ ist von vierundsiebzig Zwergen die Rede, darunter Durin, Nordri, Sudri, Austri, Westri, Gandalfr, Thorin und Regin (Völuspà, 10-16). In der jüngeren Snorra-Edda, die nach dem Gelehrten Snorri benannt ist, erinnert das Lied von der Verblendung des weisen, zauberkundigen und goldreichen Schwedenkönigs Gylfi an diese Zwerge und nennt ihre Namen in leicht abgewandelter Form (Biwör, Bawör, Bömbör, Ori, Onar, Oin, Modwitnir, Wigr,

Wali, Nyr, Nyradr, Reckr, Radswidr, Dolgthwari, Hör, Hugstari, Hlediolfr, Gloin, Dori, Ori, Dufr, Andwari, Hepti, Siar, Skirfir, Wirfir, Ingi, Eikinskialdi, Falr und Fidr (Gylfaginning 14). Die deutschen Sagen und Märchen kennen ebenfalls Eigennamen mancher Zwerge und Kobolde, wobei einige Namen den Gattungsnamen entsprechen, wie Heinz den Heinzelmännchen oder Klopferle den Klopfern. Nun sind Zwerge wie Kobolde höchst empfindsame Persönlichkeiten und können es auf den Tod nicht ausstehen, wenn sie beim Namen genannt werden. Wir kennen das von dem hessischen Hausmärlein Rumpelstilzchen, in dem der Rumpelgeist auf seine Anonymität bedacht ist und sich insgeheim freut:

Heute back ich, morgen brau ich,
übermorgen hol ich der Königin ihr Kind;
ach, wie gut, dass niemand weiß,
dass ich Rumpelstilzchen heiß!

25: Henry Justice Ford, England:
Illustration zu Rumpelstilzchen, 1889.

Als ihm sein Name abgelauscht wird, platzt ihm der Kragen und er stampft wütend auf die Erde, bis er bis zum Bauch in ihr versinkt und sich vor Wut mitten entzweireißt. In anderen Überlieferungen heißt der Geist Rümpentrumper, Rumpenstinzchen, Hopfenhütel und Purzinigele, während er in der dänischen Variante ein Trold (Troll) ist, der seinen Namen nicht preisgeben will. Ein Gedicht nimmt Bezug auf das Märchen vom kleinen Rumpelgeist und schildert es in einem neuen Licht:

*O wie gut,
dass niemand weiß,
dass ich Rumpelstilzchen heiß.
Ich helfe Dir,
all dein Stroh zu vergolden,
bleibe dabei ganz unbescholten,
tanze ums Feurige,
das Ungeheurige –
darfst mich nur nicht nennen,
mit keiner Gewalt mich drängen,
wirst selbst erkennen,
wie deine Triebe verbrennen,
willst Macht und Liebe vermengen.
Wonne will in Wärme wachsen,
und, trotz mancher Kinderfaxen,
streb im tiefen Innern ich
zur Sonne,
zur Reife in Muße,
ganz sehnsüchtig.*

Jürgen Trott-Tschepe: Duftpoesie über den Thymian Linanol, Thymus vulgaris Linalol

*26: Märchen-Illustration von
Anne Anderson (1874-1940), Schottland.*

Auch die Moosleutchen und die Buschgroßmutter lieben die Geheimnistuerei um ihren Namen: Welches Geheimnis tragen denn die kleinen Wesen mit sich herum, dass sie sich so ungerne beim Namen nennen lassen? Ist es die Botschaft, die sie uns bringen und doch nicht bringen wollen? Wir alle wissen, wie schnell der Zauber eines schönen Erlebnisses oder Traumes verblasst, wenn wir ihn an die große Glocke hängen, und wenn uns etwas Neues bewusst wird, suchen wir nach einem Namen – das ist ganz normal. Jedes Kind muss einen Namen bekommen. Doch was will nun mit den Zwergen ans Licht kommen und von uns erkannt und benannt werden? „Es" will, dass wir es sehen, nur nicht so richtig. Mit dem Wissen des Namens gewinnt der Mensch Macht über den Geist und kann ihn mit dem Nennen des Namens herbeizitieren. Da es nicht sicher ist, um was für einen Geist es sich handelt – es könnte ein schädlicher, krankheitsbringender sein –, ist es sicherer, zu einem Euphemismus zu greifen und den Dämon einfach „Ding" zu nennen. Mutige sprechen aus, was es ist, und nennen den Elb oder Zwerg „böses Ding". Es könnte aber auch der positive Fall eintreten, wie in Schweden der „Nisse gut ding" oder „gut Jung".

27: *Ein kleines grünes Männchen aus dem Märchen* Frauenschuh *von Ursula Lange. Nach einem Aquarell von Kurt Stordel, 1944.*

Die meisten Eigennamen der Zwerge muten uns seltsam an, wie Meizelîn, Äschenzelt, Hans Donnerstag, Rohrinda, Muggastutz, Stutzamutza und Grossrinda. Dazu kommen die Namen für Helden und Zwergenkönige wie Elberich bzw. Alberich (im Otnit), Alban (im Orendel), Eugel, Goldmar, Heiling, Laurin, Sinnels von Palakers, bekannt aus dem Wartburgkrieg, und Walberan oder Walberand. Von den Elben sind keine Personennamen überliefert, nur der in der Edda erwähnte Dain (Hâvamâl 144), der gleichzeitig ein Zwergenname ist (Völuspâ 11, Hrafnagaldr

Ôdhins 3, Hyndluliodh 7, Gylfaginning 14). – Wir haben nun einige Namen der kleinen Leute ausgesprochen, in der Hoffnung, dass sich die Angesprochenen nicht vor lauter Zorn zerreißen und uns noch recht lange erhalten bleiben!

I.2 Däumling, Dickkopf und Zwergnase – mit Spitzhut, Bart und Zaubergürtel

Aber schließlich seid ihr doch nur
ein kleines Pünktchen in einer sehr großen Welt.
J.R.R. TOLKIEN
(DER KLEINE HOBBIT. GANDALF ZU MISTER BEUTLIN.)

Anhand der Namen können wir uns ein Bild von den kleinen Gestalten machen: Plattfüßchen, Spitzbärtel, Rotbuckel, Daumesdick, Daumenhansl, Hütchen und Grünkäppel sprechen für sich, und Hüttenmännchen, Kräutermännlein, Kellermännlein und Ofenmännlein verraten Weiteres. In einem Schönheitswettbewerb der Geister dürften Zwerge kaum das Rennen machen, haben sie doch einen überdimensionalen, aufgedunsenen Kopf mit breiter Stirn, rote, tiefliegende Augen, eine aufdringlich große Nase, einen viel zu breiten Mund, einen schwabbeligen Kropf, Schlappohren und überlange Hände. Nicht selten hat der alte Kleine einen Buckel, einen extremen Teint – dunkel, fahl oder totenbleich. Sein runzliges Gesicht wirkt uralt, und von seinen krummen Füßchen – Erbstücken von Enten oder Gänsen – schweigen wir lieber. Wer Zwergen nachspioniert und Asche oder Mehl verstreut, provoziert Ärger, denn sie wollen ihre Watschelfüßchen um keinen Preis zur Schau stellen.

28: Wurzelwesen. – Moritz von Schwind: Das organische Leben in der Natur, 1847-1848.

Malen wir uns ein Bild von den Zwergen als Wurzelmännchen, so ähnelt dies einer alten Beschreibung der Deutschen, die in ihnen etwas „Knorriges, Eckiges" sieht, auch wenn sie „kein unschönes" Volk seien. Die derben Züge würden durch besondere Feinheiten ausgeglichen, weich gezeichnet. Darin liege eine Analogie zu dem Landschaftsbild, der Bodengestaltung und den atmosphärischen Verhältnissen Deutschlands, wie zu dem Lieblingsbaum der Deutschen, der nicht die Eiche, sondern die Linde sei, wie Gedichte, Minnesang und Volkslieder wissen. Spiegeln Menschen tatsächlich die sie umgebende Landschaft wider oder umgekehrt? Spiegeln vielleicht auch Geister die Menschen, von denen sie gesehen werden? Wir dringen hier lieber nicht weiter in die Tiefe, denn wir werden uns noch wundern, worauf wir uns mit Zwergen, Kobolden

& Co einlassen; ihre Schrullen und Albernheiten kennen keine Grenzen. Kobolde schießen Kobolz, der ihnen zu Ehren so genannt wurde, und haben nichts als Flausen im Kopf, was man ihnen zweifellos ansieht. Kuhn verleiht uns eine Ahnung davon, was auf uns zukommt: „In Gestalt denkt man sich den Kobold auch häufig als dreibeinigen Hasen, Kalb mit feurigen Augen."

29: *Wessobrunner Linde in Bayern. Foto: Albert Renger-Patzsch, 1960. – Die Linde ist seit Jahrhunderten der Lieblingsbaum der Deutschen.*

Vergessen wir nicht: Es gibt auch viele, viele positive Berichte über das Kleine Volk, das ebenso als das schöne Volk erscheinen kann. Zwerge können zierlich und niedlich sein und Zwergenweibchen richtige Schönheiten, wie es ebenso von Bilwissinnen und Elbinnen heißt. Die Spur führt zu den Lichtelben der alten nordischen Erzählungen, die sich in dem Ruf zarter Anmut und Schönheit sonnen, während die hässlichen Exemplare auf die Schwarzelben verweisen. Die dunkle Seite der Elben oder Alben zeigt sich noch in Phänomenen wie dem Albschuss (ähnlich dem Hexenschuss), ihre helle Seite in den Namen der Ahnen des norwegischen Königs Harald Schönhaar, in Álfr, Álfgeirr, Gandálfr und Álfhild – alles Elben (Alfar), die als sehr schöne oder gar schönste Menschen bezeichnet werden (Sögubrot af fornkonungun, Kap.10). Die Lichtelben sollen noch schöner sein als die Sonne. Sie wohnen in lichten, himmlischen Gefilden, in Álfheimr. In der altenglischen Dichtung bedeutet *ælfsciene* „albenschön", wunderschön. Elben können so schön sein, dass sie sich bald in Blumen verwandeln, bald in Bäume, in Erlen und Espen oder in Weidenzweige. In Schweden gilt die weißblühende, kreisförmig sich ausbreitende *Vitsippan*, unser Buschwindröschen (Anemone nemorosa), als eine Elbenblume und erinnert an das liebliche Aussehen der Elben und ihre Vorliebe für den Ringtanz. Im Erzgebirge heißt die schöne, aber giftige, Anemonol enthaltende Pflanze auch Hexenblum, und man stellt sie vor die Fenster, um Hexen vom Stall zu bannen.

Die Zwergin oder Wildfrau ist bekannt für ihre traumhaft schönen Haare. Davon zeugt eine Geschichte in dem Werk *Wald- und Feldkulte* (1.Ausg. 1875), das der Berliner Mythologe und Bibliothekar Wilhelm Mannhardt noch vor James Frazers berühmtem *Golden Bough* (1890) verfasste. Danach kam eine wilde Frau regelmäßig aus dem Untersberg bei Salzburg herunter in das Dorf Anif und ließ sich dort in den Erdlöchern zum Ausruhen nieder. Ihre wunderschönen Haare reichten ihr bis zu den Fußsohlen. Ein Bauer verliebte sich prompt in die verführerische Frau und legte sich zu ihr, fasziniert von ihren Haaren und angeblich ganz ohne Hintergedanken. Als die Wildfrau ihn am zweiten Abend fragte, ob er verheiratet wäre, stritt er es vorsichtshalber ab, doch seine Ehefrau folgte ihm in der dritten Nacht. Beim Anblick der wilden Frau kam es ihr spontan über die Lippen: „O behüte Gott deine schönen Haare! Was tut ihr da miteinander?" Die schöne Wilde reagierte auf die Lüge des Bauern besonnen und weise, indem sie ihm riet, seiner Frau treu zu bleiben, während sie der Frau einen Schuh voller Geld schenkte.

30: Der Untersberg – Wunderberg zwischen Berchtesgaden und Salzburg.

Auch in Norddeutschland ist eine Zwergin bekannt, deren schönes Haar bis auf den Boden fällt und die so schön ist, dass sich ein Bauer zu ihr legt und in ihren Armen einschläft. Mit Hilfe eines Garnknäuels kann ihn seine Frau ausfindig machen, doch beim Anblick der Zwergin ist sie von deren Haarpracht so angetan, dass sie ihr Haar vorsichtig auf das Bett legt. Die Moosfräulein, angeführt von der Buschgroßmutter, sind ebenso bekannt für ihr bezaubernd schönes Haar. Aus dem Wunderberg in der Nähe von Berchtesgaden, dem Untersberg, kam mehrmals eine Wildfrau zum Dorf Anif und machte es sich in einem selbstausgehöhlten Erdloch gemütlich. Auch ihr Haar war so schön wie lang und reichte ihr bis zu den Fußsohlen.

Die deutschen Zwerge misst man nicht in Metern, sondern an einem kleineren Maßstab. Wer immer Zwerge nachgemessen hat, bediente sich anschaulicher Maße, wie Daumen, Finger oder Faust, Fuß oder Schuh, Kind oder Puppe, einer aufrecht sitzenden Katze oder zur Not eines Stuhlbeines, nur der Poet griff zu einem Tannenzapfen. Wir kennen Grimms Märchen vom Däumling und vielleicht auch Goethes Märchen *Die neue Melusine*, das von einer Zwergenprinzessin handelt, deren Wohnung in apartem Design so winzig ist, dass sie in ein Kästchen passt (*Wilhelm Meisters Wanderjahre*, 15.Kap.).

Sagenzwerge reichen von der Daumenspitze bis zum Ellenbogen oder sind als frisch zur Welt gekommene Zwerglein Däumlinge, so winzig wie Daumen. In einen Backofen passen neun von ihrer Sorte, die darin immer noch so viel Bewegungsfreiheit haben, dass sie dreschen können, wie man sich in Norddeutschland (in Liepe bei Rathenow) von den Unterirdischen, die man liebevoll *gute Kinder* nennt, einst zuflüsterte. In vielen Sprachen bleibt der Zwerg ein Däumling, in Litauen heißt er z.B. Daumesdick (litauisch *nykštùkas* und *nykščiùkas* bedeuten Daumesdick, Heinzelmännchen, aber auch Zaunkönig und Goldhähnchen; auch lit. *pirštùkas* ist ein Däumling). Doch daumengroß kann immer noch geprahlt sein. In Dänemark kann man ein Lied davon singen, dass ein Zwerg nicht größer als eine Ameise ist. Das Größte, was er an Ausmaßen erreichen kann, ist halbe Manneslänge oder länger (Paracelsus, Liber de nymphis, Tractatus III), wobei „länger" bis zu einem höchstens sechsjährigen Kind bedeutet. So versteht sich, dass ein Zwerg kleiner Mann, kurzer Kleiner, kleiner Recke oder Wunderkleiner genannt wird oder ein „gar wênige Mann", dessen Haupt in diesem Fall eine güldene Krone ziert. Die schlesischen Quargmannel, Querge, Quergel, Querxe, Querxel heißen so, weil sie nur drei Quärge hoch sind. Feststeht: Zwerge erreichen keine Menschengröße und werden höchstens so groß wie ein noch nicht ausgewachsenes Kind.

Die Kindergröße der Zwerge weist uns auf die geheimnisvolle Deutung hin, Zwerge seien Menschenseelen.
Nach alter Überzeugung sind die Seelen, wenn sie den menschlichen Körper verlassen, nämlich wie Kinder (siehe II.3). Das reiht sich an die mittelalterliche Vorstellung von Engeln als Kinder. Zwerge, Kinder, Engel – alle sind vereint in dem Bild, das wir uns im Laufe der Zeit von der menschlichen Seele ausgemalt haben. Engel

seien klein und schön wie die Elben und Zwerge, heißt es. In diesem Sinn ist es ein schönes Volk, das nicht nur aus greisen, spukhässlichen Männern besteht. Auch die verwandten Kobolde sind wie Kinder, so klein wie sie und ebenso verspielt und lustig, obendrein genauso frech und übermütig, witzig und gerade heraus, und mitunter altklug und dickköpfig.

Sehen wir uns die Zwerge von Kopf bis Fuß an, springt uns ihr dicker Kopf in die Augen, ihr „Dickkopf". Er wird in vielen Sagen angesprochen, Sagen aus Berlin (aus den Bergen zwischen Heiligensee und dem Tegeler See; siehe VIII.2), aus dem Märkischen oder Schlesien. Dann die Zwergenhaut: Sie ist nicht das, wovon Kosmetiker träumen. Sie sieht wie eine Krötenhaut aus, ist blass und fahl, totenbleich oder voller Moos. Die Stirn ist breit; ihre tiefliegenden Augen leuchten und blinzeln verschmitzt und pfiffig aus ihrem steinalten, von tausend Runzeln gekräuselten Gesicht hervor. Die Augenfarbe changiert von Grau bis Grün oder ist Rot. Kein Wunder, wenn sie lichtscheu sind. Sagenhaft ist die Zwergennase, die eine vorzeigbare Länge und kurzweilige Form aufweisen kann und Wilhelm Hauff Stoff zu einem Märchen bot: Der *Zwerg Nase* zählt zu Hauffs originellsten Schöpfungen und hebt sich von seinen anderen Märchen ab, die

31: *Helmut Milas, Nettelstedt: Ein Zwergenkind.* 2006.

sich in die Reihe der arabischen Sammlung *Tausendundeine Nacht* fügen (siehe VI.2).

32: Helen Beatrix Potter, England: The Tailor Mouse (Die Schneidermaus). Um 1902, Bleistift und Wasserfarbe auf Papier.

Die nach oben hin spitz zulaufenden Zwergenohren sind anscheinend Tieren abgeguckt. Dazu kommt ein breitgezogener Mund. Doch was wäre ein Zwergengesicht ohne einen ellenlangen weißen oder eisgrauen Bart? Auch das Kopfhaar lässt nicht zu wünschen übrig, ist üppig und buschig. Überlange Hände sind ein weiteres Kennzeichen, erst recht, wenn sie so zart wie die einer Maus sind. Mit den Füßchen der Zwerge stimmt etwas nicht. Wir hörten schon, dass sie dem Federvieh entlehnt sind. Im thüringischen Dörfchen Angelrode (zwischen Arnstadt und Ilmenau gelegen) machten die Zwerge den Keller eines Wirtshauses lange Zeit unsicher, bis der Wirt auf die dumme Idee kam, Asche zu streuen. Ihre Gänsefüßchen kamen zum Vorschein, und die entdeckten Leutchen blieben von Stund an dem Keller fern. Ihre verkrüppelten Füßchen verstecken sie in hübschen Schuhchen, eleganten Silberschuhen, gläsernen Schuhen oder Hackenschuhen, nicht nur in rustikalen Holzschuhen, die unter den schwedischen Zwergen die Renner sind (vgl.I.3).

Wie steht es um die Mode der Zwerge? Tolkien, der tief aus der nordischen und keltischen Mythologie schöpft, lässt in *Der kleine Hobbit* (1937) dreizehn Zwerge der Reihe nach in der Höhle des

Hobbits Bilbo Beutlin eintreffen: Dwalin, Balin, Kili, Fili, Dori, Nori, Ori, Oin, Gloin, Bifur, Bofur, Bombur und Zwergenkönig Thorin Eichenschild. Sie tragen blaue, weiße oder gelbe Bärte und sind in eindrucksvolle Roben gehüllt. Ein ehrwürdiger Zwerg mit weißem Bart trägt eine purpurroter Kapuze, ein anderer versteckt seinen blauen Bart hinter einem Goldgürtel und lässt seine leuchtenden Augen unter einer dunkelgrünen Kapuze hervorblitzen. Wieder andere bevorzugen Kapuzenmäntel in Weiß, Grau, Gelb, Blaßgrün, Blau oder Braun, wozu sie silberne oder goldene Gürtel tragen. Der Zwergenkönig tritt in einem himmelblauen Kapuzenmantel mit einer langen silbernen Quaste auf. In ihrer Aufmachung schwingt die Macht, Magie und Würde der Zwerge aus ältester Zeit mit. Wir werden an Laurins Zaubergürtel, der ihm zwölffache Mannesstärke verleiht, erinnert. Vor der noblen Garderobe von Tolkiens Kreaturen und den ältesten Zwergen verblassen die mythischen Zwerge der jüngeren Jahrhunderte, deren Outfit sich eher erbärmlich gestaltet. Zwergenkleider des 18., 19. und 20. Jhdt. sind keine Haute-Couture-Modelle, im Gegenteil: Die kleinen Leute erwecken mit ihren armseligen Lümpchen, in denen sie herumlaufen, das Mitleid der Menschen. Wer auf die Idee kommt, einem ärmlich gekleideten Zwerg ein maßgeschneidertes Teilchen zukommen zu lassen, fängt sich jedoch fast immer einen Korb ein. Wir werden noch hören, warum (V.3; VII.2). Ein seltsam gekleideter Zwerg pflegte zu Bechsteins Zeit in Eisenach umzugehen. Er spazierte regelmäßig vom Predigerplatz aus schweigend die Gasse entlang bis zum Markt, um dort auf geheimnisvolle Weise wieder zu entschwinden.

Unter den Waldzwergen gibt es markante Unterschiede in der Garderobe. Während die Holzleute Kleider tragen, haben die Moosleute nichts als ihren zottigen, struppigen und von oben bis unten behaarten Körper vorzuweisen. Davon abgesehen, sollen beide Zwergenarten köstlich schmecken, zumindest dem wilden Jäger,

der sie reihenweise jagt und vertilgt und seinen ebenso wilden Jagdgenossen ein paar Hälften oder Viertel als Jagdbeute zuwirft oder an die Haustüren hängt. Der Gestank der verwesenden Moosleute- und Holzleuteteile soll unerträglich gewesen sein.

33: Mary Cicely Barker, London: Pine Tree Fairy (Kiefernfee).

Grau, Grün oder Rot sind bei den Zwergen immer en vogue. Ein rotes Mäntelchen, Röckchen, Höschen, Mützchen, Schuhchen oder ein Accessoire in diesen Farben, etwa ein tiefrotes Lätzchen, sind Klassiker. Ganz Sachsen und Thüringen soll einst mit rot behüteten Kobolden bevölkert gewesen sein, die dazu rote Röckchen trugen, Ton in Ton mit ihren feurigen Augen. Die bodenlangen Mäntel der Hardmändlene sind ebenfalls rot, scharlachrot. Ein Schweizer Erdmännchen, das in Höhlen bei Gippingen lebte, wo Aare und Rhein zusammenfließen, wurde einst von ein paar Bauern am roten Röckchen erwischt. Leider wird nicht gesagt, wie die Sache ausging. Der Farbensinn der kleinen Leute beschränkt sich nicht auf die Komplementärfarben Grün und Rot oder auf Grauschattierungen wie Stahlgrau, sondern auch strahlendes Lichtblau ist erlaubt, und es stehen ihnen noch andere Farben zu Gesicht.

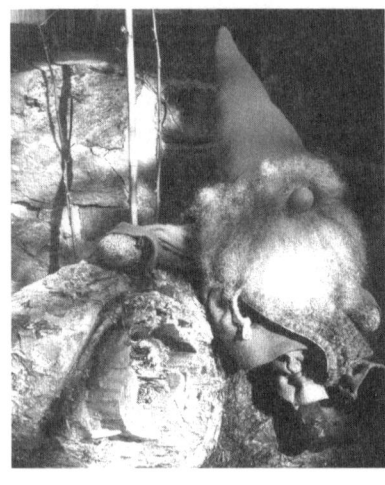

34: Ein handgefertigter Tomte aus einer Werkstatt in Gamlastan, Stockholm. Foto: A. Puhle

Auf das gedrungene Persönchen gehört ein Hut, um einen Zwerg aus ihm zu machen. Der Hut läuft meist nach oben hin spitz zu, ist ein Spitzhütchen, und seiner Höhe sind kaum Grenzen gesetzt, wenn wir die Hüte der schwedischen Tomtar, besonders der handgefertigten, betrachten. Eine deutsche Zwergenmode gestattet breite Hüte mit weiten Krempen. Meist sind die Hütchen rot, selten grau. Graumännchen wie Graumännel, Grömandl und Grömanl hüllen sich mit Vorliebe in tristes Grau, tragen graue Mäntelchen, vor denen sich ihre Mützchen ausgezeichnet abheben. Wenn Kleider Leute machen, machen Hüte Zwerge. Ein Zwerg braucht seinen Hut, ob Filzhut oder Schlapphut (siehe VI.3), und viele Zwerge heißen nach ihren Hüten, wie Hopfenhütel, Eisenhütel, Hütchen und Grünkäppel.

Manche Zwerge tragen statt Hüten Mützen. Vielleicht kommt diese Mütze aus Kleinasien, von der phrygischen Mütze des altiranischen Gottes Mithras, den die Menschen vor über anderthalbtausend Jahren als „Hüter des Vertrages" anriefen (um 1400 v.Chr. in einem Vertrag erwähnt). Mithras wird auch als Gott des Lichtes und als Lebensspender verehrt – als Lichtgott ist er aus Fels geboren (griechisch: *theos ek petras*). Im Römischen Reich wurde er Mittelpunkt beliebter, von Männern gepflegter Mysterienkulte (siehe II.5). Oder könnten die roten Hüte und Kleider ein Abglanz der uralten

Vorstellung von Zwergen als leuchtenden Wesen, als Lichtwesen sein? Auch die kleinen, drahtigen Bergarbeiter des 16. Jhdt. trugen hohe Ledermützen zum Schutz vor Kopfverletzungen in den niedrigen Stollen, wie Holzschnitte aus einem gelehrten Buch über die Metalle, *De re metallica* (1556, erschienen vier Monate nach dem Tod des Autors) von Georgius Agricola, zeigen.

35: Bergarbeiter. Aus De re metallica *von Georgius Agricola, 1556.*

Zwerge haben eine enge Verbindung mit dem Licht; erinnern wir uns an die blendende Schönheit der alten nordischen Elben. Die drei Elben-Arten haben nur die winzigen Ausmaße gemein, unterscheiden sich aber durch Farbe und Helligkeit. Die einen sind licht oder weiß, die anderen dunkel oder schwarz, doch während die lichten hinreißend schön aussehen und eine ausgezeichnete Figur abgeben, wirken die schwarzen abstoßend und unproportioniert. Die ersten sind fein und zart gebaut, in leuchtende Gewänder gehüllt, strahlen vor Schönheit und leuchten wie Engel, wogegen die letzten nicht nur einen unförmigen Körperbau aufweisen und durch Höcker verunstaltet sind, sondern sich obendrein durch eine widerlich dunkle Gesichtsfarbe auszeichnen, von ihrer ungeschickten Kleidung ganz zu schweigen. Viele spätere deutsche Sagen wissen noch von kleinen grauen oder schwarzen Männchen.

Vielleicht ist den Zwergen die Schwärze der Berge und Höhlen, in denen sie ihre Schmieden haben, und die der Bergwerke, in denen sie fleißig mitwirken, ins Gesicht geschrieben (siehe IV.2). Doch Vorsicht, viele Dinge sind nicht einfach schwarz oder weiß, auch nicht im Elben- und Elfenreich. Hier kann etwas von vorne ganz anders aussehen als von hinten. In Dänemark erscheinen die Alexin auf den ersten Blick ungemein verführerisch, sieht man sie von hinten, kriegt man einen hohlen Teigtrog zu Gesicht. Wir dürfen gespannt sein, was noch alles zum Vorschein kommt.

36: Ein graues, sehr hungriges Männchen. Illustration von Henry Justice Ford, England, zu einem deutschen Volksmärchen, 1900.

I.3 Ein Blick nach Norden: Troll und Tomte

Ja, alles lebt, spielt und tanzt hier [in Schweden]. Welche wundersame Lufterscheinungen... und welche Blumenwiesen! Nie habe ich solche Rübezahle und Oberonsgärten, solche mit Millionen Blumen aller Farben geschmückte Wiesen gesehen ...

Ernst Moritz Arndt

37: Elsa Beskow, Schweden: Blomsterboda (Blumenhütte).

Ein Abstecher in den hohen Norden Europas, wo das Licht die schönsten Farben hervorzaubert und das raue Klima Respekt vor der Natur gebietet, entführt uns in eine Welt, in der das Geheimnisvolle noch Raum hat. Den deutschen Zwergen verwandt, sind die heute in Skandinavien bekannten Tomtar und Troll (Singular: Tomte und Troll). Die schwedischen Tomtar waren ursprünglich nicht viel kleiner als ihre großen Brüder, die urwüchsigen, struppigen Trolle (deutscher Plural). Der Tomte ist das schwedische Wichtelmännchen und Heinzelmännchen, und sein Name ist mit dem schwedischen Wort für Haus, Hof und Gehöft, *tomt*, verwandt, wie auch der deutsche Hausgeist Lar mit einem alten Wort für Haus, *Lar*, verwandt ist (siehe VII.2). Damit ist schon das Wichtigste vom Tomte genannt: Seine Gebundenheit an Haus, Hof und Stall. Noch deutlicher bringen dies seine alten Namen zum Ausdruck, wie *hustomte*, Hauszwerg, *tomtegubbe*, Hausalter, und *tomtekarl*, Hauskerl (weiter *tomtebisse*, *tomtevetting* und *tomtepese*), von denen Tomte die Kurzform ist. Manche Tomtar wohnen, wie ihre deutschen Verwandten auch, alternativ in Mühlen und Schmieden oder machen sich an Bord von Schiffen und Booten nützlich. Der Tomte der alten Zeit war rund ums Jahr in Haus, Hof und Garten zugange. Als ideale Unterschlüpfe dienten ihm Schuppen, ruhige Scheunen und Ställe oder niedrige dunkle Plätze. Wie er aussieht? Silbergraues Haar und ein silbergrauer Bart verleihen seinem Gesicht einen würdigen Rahmen. Das obligatorische rote oder graue Hütchen ist extrem spitz und hoch, und seine Jäckchen und Höschen sind in denselben Farben gehalten – entsprechend der Tracht der Knechte und Mägde im 19. Jhdt. Anders als der alte gårdtomten, der Hofzwerg, der einem Gehöft zugehört, strahlt der lächelnde größere jultomte, der Weihnachtszwerg, etwas Urgemütliches aus.

38: Tomte und Troll in den Gassen der Altstadt Stockholms.

In Südschweden sind weiter die Nisse oder Goanisse bekannt. Sie sind zwergenähnliche Wesen. Tomte und Nisse werden wie Hausgötter verehrt und mit kleinen Opferspeisen bedacht. Milch ist immer richtig, und an Festtagen wie Weihnachten Milchgrütze oder heutzutage eher Milchreis mit Butter und Honig, ähnlich dem Ris à la Malta, einem süßen, cremigen Reisdessert, das fester Bestandteil des traditionellen schwedischen Weihnachtsbuffets *julbord* ist und überall, selbst in Herrenhäusern und Schlössern, angeboten wird.

Der schwedische Vätte ist der nächste Verwandte des Tomte. Wie jener ist er ein Geistwesen, das sich im Umfeld von Menschen aufhält und ihnen treu und ergeben dient. Doch im Gegensatz zu dem allein lebenden Tomte ist dieser kleine Geist ein geselliges Wesen, das sich zu Gruppen zusammenschließt. In Schweden gibt es auch Unterirdische, die man *vättarna* oder *jordbyggarna* nennt.

Sie leben unter dem Erdboden, in Bäumen oder Steinen, wie wir es auch von Island hören. Wie die Tomtar, tragen sie graue oder rote Zipfelmützchen und Kleidchen. Auch von dem Kleinen Volk, genannt *småfolk*, weiß man Schweden. In Island gibt es bis heute Nachkommen der Elben in Hülle und Fülle. Erla Stefánsdóttir (siehe X.4), die Elfen-Beauftragte Islands, hatte vom Stadtbauamt in Reykjavík den Auftrag bekommen, aus ihrer Erfahrung eine Landkarte mit allen Elfen-Aufenthaltsplätzen der Insel, wie z.B. Hafnafjordur, anzufertigen. Es steht nun jedem frei, an diesen Orten eigene Erfahrungen zu sammeln.

39: Maj Fagerberg, Schweden: Trollmors vaggvisa (Wiegenlied der Trollmutter).

Mindestens so verbreitet wie der skandinavische Tomte ist der Troll, in Deutschland einst als *trull* bekannt. Der urwüchsige, zottige Geselle gehört neuerdings der Gruppe der koboldartigen kleinen Wesen an, während die nordischen Sagas (etwa die Oervar-Odds Saga) das Gegenteil behaupten: Trolle seien Riesen. Sie leben in einem eigenen Land, in Island, hausen in Höhlen und pflegen nur in Ausnahmefällen Kontakt mit den Menschen. Trolle sind zauberkundig wie Zwerge. Die altnordischen *troll*, *jötunn* und *þurs* sind riesige Zauberwesen, auch der schwedische *jätte*.

Im Übergang vom Mittelalter zur Neuzeit nehmen die Trolle in den isländischen Märchensagas und in der schwedischen Volkstradition, vor allem im Westen, überhand und stechen die Riesen aus. Doch weder die Riesen noch die riesigen Trolle überdauern ohne gewaltige Reduzierung die Zeiten. In Schweden und Dänemark machten sich die kleineren Trolle als Heinzelmännchen bald beliebt, bald unbeliebt. Sie zogen als Huldrefolk durch die Lande und ließen ab und zu ein schönes Menschenkind mitgehen. Ob groß oder klein, abstoßend hässlich sehen sie allesamt aus, die haarigen Unholde. Haarig ist auch ihr Charakter, der in Kombination mit ihrer Zauberkraft eine unangenehme Mischung ergibt. Trolle richteten viel Schaden an und brachten Krankheit unter die Bevölkerung. Die Waldwesen, die sich von knorrigen Bäumen, Wurzeln und aufgeplusterten fedrigen Bergeulen kaum unterscheiden, hausten in Bergen und urwüchsigen Wäldern und lassen sich gelegent-

40: Die Zwergohreule ähnelt nicht nur der Borke, sondern auch einem Troll.

41: Theodor Kittelsen, Norwegen: Skotroll (Waldtroll). 1906. Auch ein Wald kann wie ein Troll aussehen – oder ein Troll wie ein Wald?

lich heute noch blicken. In Riesenform gehen Trolle kaum um, da nur noch wenige verschwiegene Unterschlüpfe, geschweige denn geheime Berge zu finden sind. Es gibt keinen Raum mehr für Geister, schon gar nicht für Riesengeister. Nur geschrumpfte Zwerg-Trolle können noch ihren Platz in der Geisterwelt behaupten und sich im Dunkel der skandinavischen Wälder aufhalten, die noch nicht der Holz- und Papierindustrie zum Opfer gefallen sind und den Charakter einer Kulturlandschaft bewahrt haben. Gang und gäbe sind Trolle allerdings in anderer Hinsicht: Als Kitsch- oder Kunstobjekte sind sie in Skandinavien ein riesiges Geschäft, und das nicht nur zur Weihnachtszeit. Sie trollen sich nicht – ist das nicht *jätte gott*, „riesig gut"?

*42: John Bauer, Schweden: Bianca Maria och trollen
(Bianca Maria und der Troll). Ausschnitt.*

I.4 Puck, Goblin, Leprechaun und was es sonst noch auf den Britischen Inseln gibt

Mögen die Leprechauns in eurer Nähe sein,
um Glück auf euren Weg auszubreiten,
und mögen alle irischen Engel
am St.-Patricks-Tag über euch lächeln.
IRISCHER SEGENSWUNSCH[4]

Ein Sprung oder eine Schiffspartie nach Großbritannien ist nicht minder riskant als der Blick in den hohen Norden, können wir doch hier die Zeit leicht vergessen und uns in der wundersamen Geisterwelt verlieren. Die Reise in die Schottischen Highlands, auf die Inseln vor Schottlands Westküste, auf die grüne Insel Irland, die Isle of Man, nach Wales, Cornwall, Northumberland und in andere bezaubernde Landstriche Englands führt uns quicklebendige Geister vor Augen, deren Tradition längst noch nicht abgerissen ist. Kleines Volk, Little People, Sidhe, y Tylwyth Teg, Puck, Dwarfs, Goblins, Hobgoblins, Leprechaun, Brownies, Knocker, Bogeys, Boggarts, Pixies und Fuath sind Namen für Hausgeister, die Kontakt zu Menschen suchen. Während die einen wohltätig und hilfreich sind, stiften die anderen Unruhe, machen Lärm, rumoren und klopfen, stellen alles auf den Kopf, machen vieles verkehrt oder haben allerlei Tricks auf Lager, wie etwa der kleine Imp. Gut und Böse liegen auch in der Geisterwelt dicht beieinander.

---

4 Ausgewählt von Hermann Multhaupt (2003) für den 17. März.

43: John D. Batten, England: Leprechaun: Illustration zu dem Märchen The Field of Boliauns *aus* Celtic Fairy Tales *von Joseph Jacobs, 1892.*

Das Feenvolk, *little people* oder *fairies* genannt, gleicht den Zwergen Deutschlands in vielerlei Hinsicht. Man spricht von ihnen als *good neighbours, good folk, good people, seelie court* oder banaler als *them ones.* In Irland heißen sie *daoine sidh* (auch *daoine shi*), in den schottischen Highlands daoine maith oder einfach sith, in Wales dynion mad – alles namentlich Leute des Friedens – oder *y tylwyth teg* und in Cornwall Pixies (*pisgies*). In der Bretagne gehen der feenartige Elb *korr* (Plural *korred*) und die Elbin *korrigan*, die gerne am Brunnen sitzt und sich die Haare kämmt, um. Doch wehe dem, der sie dabei überrascht, ihm bleibt nur zu wünschen, dass sie ihm gut gefällt, denn er muss sie heiraten, wenn er nicht in drei Tagen sterben will. Die Geister, die wir heute im deutschsprachigen Bereich vor allem mit Feen assoziieren, sind geflügelte Wesen, meistens weibliche, wie wir sie aus der deutschen Romantik von Moritz von Schwind, aus Österreich von Hans Zatzka und von britischen Malern wie Richard Doyle und Arthur Rackham kennen und mehr noch von den heute populären englischen Feen-Malerinnen des 20. Jahrhunderts – wie Mary Cicely Barker und Margarete Winifred Tarrant. Hier scheiden sich die Wege: Zwerge mit Flügeln, und noch dazu Zwergenfrauchen? Nein! Nur wenn wir die Spuren der Zwerge und Feen weiter in der Geschichte zurückverfolgen, führen die Wege wieder zusammen.

44: Richard Doyle, England: Elf and Owls, 1870. – Ein kleines Geisterwesen mit Zwergenmützchen und Flügeln.

Die Brownies oder Broonies spiegeln etwas von den braunen Dunkelalben der nordischen Mythologie. Sie leben in Schottland und auf den Schottischen Inseln, im Norden und Osten Englands bis hin zu den Midlands. Der kleine Brownie wird zum Pwca in Wales (vgl.I.4, Puck), zum Bodach in den Highlands und zum Fenodoree auf der Isle of Man. Im West Country übernehmen die Pixies bisweilen die Aufgaben der Brownies, mit denen sie einige Charakterzüge gemeinsam haben, wenn sie sich auch grundsätzlich von ihnen abheben. Die Brownies aus den Borderlands sind die markantesten Geister ihrer Art, sehen aus wie kleine Männer, sind nur etwa drei Fuß hoch, haben braune Gesichtlein und sind ganz in Braun gekleidet. Sie sind Nachtgeister wie die Zwerge, nicht aber wie die Poltergeister, die, wie die Menschen – manche Poltergeister sind in der Tat bloß Menschen – tagsüber aktiv sind. Brownies stehen den Zwergen an Hilfsbereitschaft nicht nach, sie erledigen die Arbeit, die am Tag liegen geblieben ist, kümmern sich um die Tiere des Hofes, sind gute Berater der Familie und fühlen sich meist einem Familienmitglied besonders verbunden und verpflichtet. Alles, was sie dafür haben wollen, ist etwas Milch oder Sahne – das allerdings in bester Qualität. Brownies haben sich in einigen Fällen als hilfreich erwiesen im Herbeiholen einer Hebamme, wenn in ihrem Haus eine Geburt bevorstand, wie in dem bekannten Fall des Brownies von Dalswinton: Ein guter kleiner Brownie arbeitete einst für Maxwell, den Laird of Dalswinton, und hatte ein besonderes Faible für die Tochter des Hauses, was auf Gegenseitigkeit beruhte. So weihte diese den Brownie wie einen guten Vertrauten in alle ihre Geheimnisse ein. Als sie ans Heiraten dachte, war er es, der die Hochzeitsvorbereitungen traf, angetan von der Tatsache, dass der Bräutigam in das Haus der Braut einziehen werde und er sie nicht verlieren würde. Als die junge Ehefrau bald nach der Hochzeit in freudiger Erwartung war und bereits die ersten Wehen einsetzten, holte der Brownie schnurstracks Hilfe herbei. Doch das Zusammenleben mit dem gutwilligen Hausgeist nahm ein trauriges Ende. Maxwell konnte sich nicht zurückhalten und erzählte einem Kirchendiener von den guten Taten Brownies, woraufhin ihn der Geistliche der Taufe für würdig befand. Heimlich besprühte er Brownie mit Taufwasser, doch dieser schrie auf und verschwand ein für allemal.

Neben ihrer Einsatzbereitschaft bei Geburten zeichneten sich die kleinen braunen Geister generell durch Treue zu ihrem Herrn, Arbeitswilligkeit und die Gabe, die Zukunft vorauszusagen, aus. Selten tauchen weibliche Brownies auf, wie Hairy Meg, die haarige Meg, Meg Mullach von Strathspey, die zuerst in Aubreys *Miscellanies* (1696) erwähnt wird. Noch Anfang des 19. Jhdt. waren Brownies, die ehemals Mitglieder jeder angesehenen Familie waren und bis zu deren Aussterben weitervererbt wurden, ähnlich wie die Banshee zu alteingesessenen keltischen Adelsfamilien gehörte, in Südschottland hier und da anzutreffen.

Ganz im Gegensatz zu den fast schnuckeligen Brownies geben die Fuath der Highlands kein sehr schönes Bild ab, gelten sie doch als übelwollende und gefährliche kleine Geister. Sie suchen die Nähe zum Wasser, zu Seen, Flüssen oder dem Meer, und man nimmt sich besser vor ihnen in Acht.

45: Ein Leprechaun beim Schuhmachen

Setzen wir einen Fuß auf irischen Boden und sehen uns dort nach Geistern um, stoßen wir früher oder später mitten im Grünen auf verfallene, von Wildpflanzen umrankte und üppig zugewachsene Gemäuer, die jeden romantisch veranlagten Menschen unwiderstehlich zum Eintreten einladen. Es heißt, die Leprechauns hätten eine heimliche Vorliebe für das Ambiente verlassener Häuser und hielten sich dort gerne auf. Wer sich an solchen Orten umschaut, findet vielleicht mit etwas Glück ein kleines weißes Ton-Pfeifchen, das die pfiffigen Leutchen dort manchmal liegen lassen. Leprechauns sind die Schuhmacher der Feen. Sie tauchen immer alleine auf und sind stets mit nur einem Schuh zugange, was für ihre gute Arbeitsstruktur und Konzentrationsfähigkeit spricht. Die Herkunft auch ihres Namens liegt im Dunkeln. Er mag mit irisch *Luacharma*, Pygmäen, verwandt sein oder auf *leith bhrogan* zurückgehen, den Ein-Schuhmacher. In seinem Wesen ähnelt der irische Zwerg aus

Leinster seinem Geisterkollegen aus Cork, dem irischen Cluricaun, der wie ein verschrumpelter Apfel aussieht, auch dem Luricaun aus County Kerry, dem Lurigadaune aus Tipperary und dem Fir Dhearga bzw. Darrig, einem rot gekleideten Geistermännchen und bisweilen riesigen Geistermann. Sie alle sind Einzelgänger im Gegensatz zu den Fairies, die in Völkern leben.

46: Margaret Tulloch, England: Puck riding a mouse (Puck auf einer Maus reitend).

Der irische Phouka oder Pooka, Phuka, Phooka, der walisische Pwca und der englische Puck – alles Namensvettern des deutschen Hauskobolds Pück – wird nicht nur mit angenehmen Erfahrungen assoziiert. Nach Crofton Croker, dessen *Fairy Legends* die Brüder Grimm übersetzt haben (1826), ist der Phuka eine dunkle Geistergestalt, die traumartige Erlebnisse bringt, ein nächtliches Wesen, das man berühren kann. Er erscheint als schwarzes Ross, Adler oder Fledermaus und nimmt den Menschen mit auf eine Reise, die zum Mond oder in die Tiefen des Meeres führen kann. Verbreitet war die Ansicht, dass er die Ursache dafür sei, wenn etwas einstürzt oder jemand hinfällt. Abgründe, Felsenhöhlen und auch ein Wasserfall in Wicklow sind nach dem Phouka benannt. Nach anderen Beschreibungen steht der Phouka dem Brownie, Hobgoblin und Robin Goodfellow, dem englischen Puck, nahe und erweist sich als hilfreicher Hausgeist, der nebenbei ein paar Tricks auf Lager hat. Von Lady Wilde ist in den *Ancient Legends of Ireland* unter dem Titel *Fairy Help* eine hübsche Geschichte überliefert, wie der Sohn eines Müllers einem ihm in Gestalt eines wilden Bullen entgegen rasenden Phouka seinen Mantel überwirft. Kurz danach beobachtet er, wie der Phouka sechs kleine Phoukas anweist, das Korn des Müllers zu dreschen, während die Müllersburschen selig schlafen. Der Phouka, der jetzt als alter, verbrauchter Mann in abgetragener Kleidung erscheint, arbeitet so hart, dass der Müller seine Burschen entlässt. Er verhilft den Müllersleuten zu großem Wohlstand, und aus Dankbarkeit kleiden diese ihn neu ein; was zwar zum Ende des Arbeitsverhältnisses führt, aber nicht etwa, weil sich der Geist ausgezahlt glaubt, sondern weil sich nun die Idee in seinem Kopf festgesetzt hat, er sei viel zu fein für eine solche Arbeit.

47: Zwerge lieben den Wein und den Weinkeller. Illustration von Fritz Baumgarten zum Buch Gasthaus Zur Sonne *von Erich Heinemann, 1955.*

Von dem Treiben eines Cluricauns im Süden Irlands erzählt Crofton Croker: Der kleine Kerl gehörte zu dem Besitz der altehrwürdigen MacCarthys und machte den mit erlesensten Weinen und Spirituosen aus aller Welt reich bestückten Keller unsicher, weshalb es kein Mundschenk lange in dem unter Gästen beliebten Haus aushielt. Was sich dort unten im Weinkeller des Hauses in Ballinacarthy abgespielt hat, vergleicht der letzte Mundschenk Hans Leary mit dem Heulen und Brüllen eines ausgeflippten Ochsen. Dabei seien alle Fässer so heftig ins Schwanken geraten, dass sie fast aneinander zerbrochen wären. Schließlich begab sich der Hausherr todesmutig selbst auf den Weg in den Weinkeller, und „als er näher kam, bemerkte er eine kleine Gestalt, etwa sechs Daumen hoch, welche sich rittlings auf ein Fass mit dem ältesten Portwein gesetzt hatte und einen Zapfen auf der Schulter trug. [...] Er trug eine kleine Nachtmütze auf dem Haupt, vorne ein kurzes Lederschürzchen [...]; die Strümpfe von hellblauer Farbe gingen so weit herauf, dass sie beinahe sein ganzes Bein bedeckten, und an den Schuhen, auf welchen gewaltig große silberne Schnallen lagen, waren hohe Absätze [...]. Sein Gesicht glich einem zusammengeschrumpften Winterapfel, und seine Nase, von glänzendem Karmesin, trug auf der Spitze eine zarte Purpurblume gleich einer Rosine. Seine Augen funkelten wie ein paar Johanneswürmchen, und sein Mund zog sich mit einem verschmitzten Grinsen nach einer Seite". Herr MacCarthy, der bereits den Entschluss gefasst hatte umzuziehen, schnauzte den Ruhestörer an und fragte ihn, was er da in seinem Keller triebe. Der Kleine schielte mit einem Auge zu seinem Herrn und Meister hinauf und hatte eine kecke Gegenfrage parat: „Aber, Herr, ziehen wir morgen nicht aus? Ihr werdet den kleinen Cluricaun Naggenin, der Euch angehört, gewiss nicht zurücklassen?" Da blieb dem ehrenwerten Herrn von Ballinacarthy nichts weiter übrig, als in Zukunft selbst den Mundschenk zu spielen und die allabendlichen Touren in den Keller zu unternehmen. Als er nach einem langen, weinerfüllten Leben, das ihm durch seine Gastfreundschaft, seine edlen Weine und die Fröhlichkeit seiner Gäste nachhaltigen Ruf verschaffte, verstarb, nahm sich der Wichtel den Verfall des Weinkellers so zu Herzen, dass er sich vernachlässigte und bisweilen in Lumpen gekleidet herumlief.

Der Goblin entspricht unserem deutschen Kobold und ist nicht nur ein freundlich-nützlicher Hausgeist, sondern hält viele Überraschungen bereit, die erfreulicher wie unerfreulicher Art sein können. Hobgoblins sind im Gegensatz zu den frechen und missgünstigen Goblins gutartige Geisterlein, ganz wie die deutschen Gutele und Gütchen, und bilden die Gruppe der Heinzelmännchen schlechthin.

48: Das Pub Hobgoblin in Canterbury hat den Hob als Aushängeschild. Foto: Annekatrin Puhle, 2003.

Im Ryedale, einer stimmungsvollen Torfmoor- und Heidelandschaft in Yorkshire, ist die Tradition der Hobgoblins oder Hobs noch nicht abgerissen. Die Hobs dienen den Farmern oder hindern sie an ihrer Arbeit, je nachdem welche Einstellung der Farmer ihnen gegenüber zeigt. Als es noch kein Radio und Fernsehen gab, erzählten sich die Menschen abends am Herdfeuer Geschichten von ihnen.

Hob o' hurst. Aus der Broschüre über Ryedale, Yorkshire, von Joan und Bill Spence (o.J.).

Hob o'Hurst of Farndale war ein Hobgoblin im Ryedale, der lange Zeit von sich reden machte. Es begann kurz nachdem Ralph, ein starker junger Bursche von Farndale, der hart anzupacken gewohnt war, im Moor vom Blitz getroffen wurde. Mitten in der Nacht ließen sich plötzlich laute Schläge auf der Farm vernehmen. Der Farmer untersuchte alles und fand in der Scheune so viel gedroschenes Getreide, wie es keiner in einer ganzen Woche zustande bringen könnte. Die lauten Geräusche ließen sich von nun an jede Nacht hören, aber der Farmer ignorierte sie, weil er jeden Morgen zu seiner großen Freude entdeckte, dass eine der anstehenden Arbeiten auf der Farm über Nacht schnell und effektiv verrichtet worden war. Der Farmer deutete den unsichtbaren Helfer als Ralph, der als Hob zurückgekehrt war, und er wurde durch ihn bald begütert. Aus Dankbarkeit für die kostenlose Arbeit stellte er dem Hob jeden Abend einen großen Becher Sahne mit Brot und Butter bereit. Sein Sohn behielt diese Sitte bei, und auch dessen Sohn fuhr damit fort, da er nicht nur den Hof, sondern auch den Hob geerbt hatte. Das Ganze wäre sicher noch lange so weitergegangen, wenn nicht die Frau dieses jüngsten Besitzers derartig geizig gewesen wäre, dass sie die vollfette Sahne für den Hob durch entrahmte Milch ersetzt hätte. Das verärgerte den Hob so sehr, dass er von nun an seine üble, missgünstige Seite durchkommen ließ. Er machte den Farmersleuten das Leben zur Hölle, bis diese schließlich ihre Sachen packten und umziehen wollten. Als sie all ihr Hab und Gut auf den Wagen geladen hatten und gerade losfuhren, rief ihnen ein Nachbar zu: „Ah, Ihr wollt wegziehen?" „Ja, wir ziehen um", tönte eine Stimme von hinten vom Karren, und es war die Stimme des Hobs. Die Farmer entdeckten den kleinen Hob mitten im Gepäck und gaben sich geschlagen: „Wenn du sowieso mit uns mitkommst, warum ziehen wir dann überhaupt noch um?"

Eine eigene Gruppe bilden die cornischen Knockers, d.h. Klopfer. Wie viele deutsche Berggeister sind sie in den Minen zu Hause und klopfen, um damit anzuzeigen, wo gute Erzvorkommen sind.

Bluecap, Blaukappe, ist ein äußerst fleißiger Geist, der sich auf Kohlebergwerke spezialisiert hat. Mal zeigt er sich als blaues Flämmchen, ein andermal bleibt er unsichtbar.

Die große Klasse der englischen Bogies zeichnet sich dagegen durch ihre Scheußlichkeit aus. Das Glück der schwarz behaarten Biester besteht in nichts Löblicherem, als die Menschen zu traktieren.

49: Ein Feenkreis hat es buchstäblich in sich – wehe dem, der seinen Fuß hineinsetzt! T.H. Thomas: Plucked from the Fairy Circle (Aus dem Feenkreis gezogen), 1880.

Die Pixies gehören zum West Country, neben Somerset, Devon und Cornwall. Sie sind in Grün gekleidet, haben einen roten Kopf, ein relativ kurzes Gesicht, nach oben stehende Nasen und zugespitzte Ohren. Allen ist die unschöne Angewohnheit gemeinsam, einsame Wanderer in die Irre zu führen, doch wenn sie sich einmal einen Menschen auserkoren haben, werden sie ihm helfen, wo es nur geht, genau wie die Brownies. Pferdestehlen ist eine ihrer Schattenseiten. Sie tun das nachts und reiten dann in Kreisen herum, machen die sogenannten *gallitraps*, was so viel wie Feenringe, *fairy rings*, bedeutet. Wehe dem, der aus Versehen einen Fuß in ihre Kreise setzt: Er kann zwar die Pixies sehen, sollte allerdings schleunigst wieder kehrtmachen, denn sobald er beide Füße in den Ring setzt, wird er ihr Gefangener. Mit Puck haben die Pixies ihre Neigung zu Dummheiten und plumpen Späßen gemeinsam. Wo sie herkommen? Es wird spekuliert, wie überhaupt bei den Fairies, ob sie ungetaufte Christen seien oder noch vorchristliche Wesen, etwa die Seelen der Druiden oder die Seelen von Menschen, die für den Himmel noch nicht reif und für die Hölle zu gut sind.

Dies ist nur ein winziger Ausschnitt aus der reichen Volkstradition Großbritanniens einschließlich Nordirlands. Wir könnten beliebig weiterreisen in der nordwestlichen Geisterwelt Europas, etwa zu den Imps, die immer einen Trick auf Lager haben, oder zurück auf das Festland, zu den Nains und Gobelins in Frankreich, den Domoviks in Russland, um schließlich den Kontinent zu verlassen. Überall auf der Welt werden wir ein wildes Getümmel von kleinen herumtollenden zwergen- und koboldartigen Geistern finden.

50: Ein englischer Imp, hier mit Rupert Bear. *Aus* Rupert and the young imp *von Alfred Bestall, Rupert Annuals 1949.*

I.5 Wer Zwerg sagt, muss auch Riese sagen

Wir sollen nicht leichthin über die größten Dinge urteilen.
HERAKLIT

Wer A sagt, muss auch B sagen, und wer von Zwergen spricht, gerät unversehens ins Land der Riesen. Wir kommen bei unserer Reise in das Zwergenreich um einen Abstecher in die Riesenwelt nicht herum. Zwerge und Riesen gehören, wie alle Gegensätze, zusammen, werden in einem Atemzug gedacht und genannt. Klein und Groß bilden eine Einheit, und viele Mythen „verpacken" etwas ganz Großes in kleinstmöglicher Gestalt.

In der germanischen Überlieferung bilden die riesigen Geister zusammen mit den winzigen Geistern die älteste Geistergruppe überhaupt. Der Philologe, Lehrer und Volkskundler Paul Sartori vermerkt in seinem Buch *Westfälische Volkskunde*, dass die Zwerge und Riesen inzwischen als „verschwunden und abgetan" gelten, „wenn auch die Erinnerung an sie noch nicht ganz verblichen ist". Von ihrer ungeheuerlichen, riesigen Größe zeugen die mächtigen Rippen, die man in westfälischen Kirchen hier und da noch hängen sehen könne, so Sartori.

Aus dem alten Griechenland kennen wir Geschichten von überdimensionalen Giganten und Titanen. Weiter berichtet uns der weitgereiste griechische Schriftsteller, Historiker und Ethiker Plutarch, der sich auf Demetrius beruft (Plutarch, *De defectu oraculorum* II), von Geisterinseln, die ganz in der Nähe Großbritanniens liegen sollen. Dazu gehöre eine Insel, auf der ein Riese mit Namen Briarius den Gott Saturn bewache, der dort gefesselt in tiefen Schlaf versunken liege.

In seinem *Buch der Wunder* (*perì thaummasíon* 13ff), einer reichhaltigen Quelle für antike Sensationsgeschichten, berichtet der Historiker Phlegon von Tralleis, ein von Kaiser Hadrian (117-138 n. Chr.) freigelassener Sklave, von neun Funden an verschiedenen Orten und zu ganz unterschiedlichen Zeiten, die auf die Existenz von riesengroßen Menschen schließen lassen. So sollen in der sogenannten *Höhle der Artemis* Gerippe zu besichtigen gewesen sein, deren Rippenknochen fast fünf Meter maßen. Erdspalten brachten nach einem großen Erdbeben, das Sizilien, Reggio di Calabria und das Schwarzmeer-Gebiet erschütterte, Gerippe zutage, die ähnlich riesige Ausmaße zeigten, schickten doch die Anwohner einen Zahn nach Rom, der stolze 30 cm lang war. So verwundert es nicht sehr, wenn im Kimmerischen Bosporus, in der Straße von Kertsch, nach einem Erdbeben ein Skelett zum Vorschein kam, das eine Länge von beinahe elf Metern vorwies, oder wenn Bauarbeiter auf einer Insel bei Athen einen Sarg von fünfundvierzig Metern Länge ausgruben, in dem sich ein verwittertes Skelett von entsprechender Größe befand. Die Sarginschrift lautet: „Ich, Makrosciris, bin bestattet auf einer kleinen Insel, nachdem ich fünfmal tausend Jahre gelebt habe."

Ebenso wurden in Nitriai, in Ägypten, Gerippe von ungeheuerlichem Umfang ausgestellt, wozu unser Autor anmerkt: „Auch sollte man (dem Zeugnis) dieser Knochen nicht misstrauen, wenn man bedenkt, dass am Anfang, als die Natur in ihrer Blüte stand, sie alles den Göttern nahe aufzog, doch mit dem Ablauf der Zeit auch die Größe der Lebewesen geringer geworden ist." Die Gräber von Orestes (bei Tegea), Asterias (bei Milet) und Ajas (bei Troja) erregten nicht wenig Aufsehen, indem sie ebenfalls Wundersames bargen, nämlich ellenlange Skelettreste von sieben, zehn und elf Ellen Länge. Dank der Schriften *Imagines,* von Philostratus dem Älteren (geb. um 190), und seinem Enkel, Philostratos dem Jüngeren, der seine Serie *Imagines* um 300 verfasste, kamen die Sagen von untergegangenen Riesen in Umlauf und erfreuten sich großer Beliebtheit.

Aus der Antike überliefert uns Plutarch, der außerdem Delphi-Priester war und einen starken Einfluss auf die Nachwelt in Montaigne, Shakespeare und den deutschen Klassikern hinterließ, die Geschichte vom Ende des großen Gottes Pan (Plutarch, *De defectu oraculorum* 17), die vielleicht ein Hinweis auf das Ende des Heidentums ist. Sie bleibt bis heute eine rätselhafte Volkssage.

Die Riesen sind die ältesten unter den germanischen Geistern; von ihnen wird eine Namenliste in der *Edda* angegeben (Skåldskarpamâl). Sie sind, wie die Götter, nicht erschaffen, sondern von selbst aus dem Chaos hervorgegangen. So ist der Urriese Ymir aus den

Niederschlägen der Urgewässer entstanden, aus einem Tautropfen, der sich bildete, als ein Feuerstrahl aus der südlichen heißen Welt Muspelheim auf das eiskalte nördliche Niflheim fiel und den Reif zum Schmelzen brachte. Von Ymir leitet sich nun das ganze große Geschlecht der Riesen oder Frostriesen (Hrimthursen), der Joten (Jötune) ab. Aus seiner Körpermasse wiederum sind Erde, Berge, Himmel und Wasser entstanden (Vafthrûdhnismâl 21). Als Ymir von seinem eigenen Sohn Bör getötet wird, gehen alle Riesen unter. Nur einer überlebt, und aus ihm wächst ein neues Riesengeschlecht heran.

Nach der nordischen Mythologie sind die Riesen den Göttern sehr nah, sind selbst halbe Götter. Doch ab und zu stehen sie mit dem Göttergeschlecht der Asen auf Kriegsfuß. Die Riesen oder Joten – im Schwedischen heißen sie heute *jätter* (Sg. *jätte*) – wohnen in Jötunheim. Die Liebe zwischen den Riesen und Göttern ist keine reine, sie ist ambivalent, eine Art Hass-Liebe.

Die Götter schätzen vor allem die wunderschönen Riesentöchter und nehmen sich gerne eine Riesin zur Frau. Allerdings lassen sie es die Riesen deutlich spüren, wem die Herrschaft obliegt. Wenn die Riesen etwa auf die Idee kommen, die Götter aus ihrem Himmel zu stürzen, wie es den griechischen Titanen passierte, bricht ein erbitterter Kampf aus, und es bedarf schon eines Supermannes wie Thor, der mit seinem Hammer nicht nur ordentlich auf den Tisch haut, sondern die Aufrührerischen damit erschlägt. Dass derartige Unterfangen selbst für die beinahe allmächtigen Götter kein Kinderspiel gewesen sein dürfte, beweist die Reaktion des Hünen Skrymir. Als Thor ihm einmal mit seinem Hammer einen gewaltigen Schlag versetzte, erwachte dieser sanft aus seinem Schlummer und meinte, ein Blatt müsse auf ihn gefallen sein. Wie die Riesen letztendlich den Göttern unterliegen, so ziehen sie gegenüber den Menschen den Kürzeren, wenn auch nicht physisch.

51: Giant and Dwarfs (Riese und Zwerge). Illustration aus Keightley 1878.

Riesen sind bekannt für das Stehlen schöner junger Frauen, die anschließend von ihren Verehrern zurückerobert werden müssen, was dann den Tod des Riesen bedeutet. Riesinnen dagegen sammeln mehr aus Versehen Menschenmänner ein. So geht die Sage von einer jungen Riesendame, die einen Bauern, der gerade friedlich seinen Acker umpflügte, mitsamt den vorgespannten Ochsen oder Pferden und dem Pflug vom Feld aufsammelte und in ihre Schürze legte. Als sie ihr neu entdecktes Spielzeug zu Hause voller Stolz ihrem Vater präsentierte, war dieser entsetzt und forderte sie auf, die zappelnden Dinger umgehend wieder an ihren richtigen Platz, auf das Feld, zurückzubringen (nach einer von Chamisso bearbeiteten Sage).

52: Eine junge Riesin sammelt einen niedlichen Bauern vom Feld auf. Bild-Postkarte von Paul Hey: Das Riesenspielzeug.

Anton Zingerle verbindet diese auch in Tirol kursierende Sage mit dem antiken Bericht *Herakles unter den Pygmäen* (Philostratos der Ältere, II, 22). Diesem zufolge war eine Armee von Pygmäen damit beschäftigt, den schlafenden Herakles zu töten, weil dieser Antaeus, als dessen Brüder sich die Pygmäen ausgaben, besiegt hatte. Doch Herakles steht auf und lacht, fegt die feindlichen Mächte zusammen, packt die kleine Mannschaft in seine Löwenhaut und marschiert fort.

53: Moritz von Schwind: Bergriese Rübezahl. Um 1828.

Der Star unter den deutschen Riesen war ursprünglich ein kleiner Bergmönch. Nach alten Erzählungen wirkt und werkelt er im Bergstollen wie ein Kobold und lässt sich mitunter als Huhn, Kröte oder schönes Ross sehen, schreit dagegen aber wie ein Uhu. Erst später wächst der schlesische Rübezahl oder Rubenzagel, wörtlich Rübenschwanz, zu einem Riesen heran, zu einem Schatzhüter und Berggeist, zum Herrn des Gebirges. Er soll im 17. Jhdt. armen Wurzelsuchern, die Lungenmoos zu den Laboranten nach Hirschberg und in andere Städte brachten, ein guter Führer gewesen sein. Wer ihm allerdings ohne den nötigen Respekt entgegentritt, bekommt seine Lektion und wird in die Irre geführt. Er besitzt auch Zauberkräfte und kann wertlose Kohle in Gold verwandeln oder ein Gewitter heraufbeschwören. Die meisten der rund zweihundertfünfzig Geschichten über den Riesen mit wirrem Bart und wehendem Mantel sind von dem Leipziger Magister Johannes Praetorius überliefert. Einige der Erzählungen entspringen reiner Phantasie, und hundert Jahre später fügt der Märchendichter Musäus noch *Fünf Legenden von Rübezahl* dazu.

Ein Gedicht vergleicht den schlesischen Riesen mit dem Wacholder:

54: Maj Fagerberg, Schweden: *Juniperus communis (Wacholder)*.

Ich bin ein Rübezahl,
ein merkwürdiger Bursche.
Willst du mich aufsuchen,
wisse,
ich habe kein gewöhnlich Heim.
Ich gehöre zu den wunderbaren Waldleuten,
liebe Tier, Kraut, Wurzel und Kristall.
Auf mich macht sich niemand einen Reim,
ich bin mir meiner Geheimnisse sicher.
Ich werde nicht gefunden,
ich erwähle und erwecke selbst:
ich bin da,
wenn ich mir deiner Sehnsucht
nach feuergereinigtem Leben,
nach wachem Willen
frei von Ängsten,
gewiss bin.

JÜRGEN TROTT-TSCHEPE: DUFTPOESIE ÜBER DIE WACHOLDER-BEEREN [JUNIPERUS COMMUNIS DO BEEREN])

55: Moritz von Schwind, Rübezahl.

Was Zwerge und Riesen miteinander verbindet, ist ihre genaue Gegensätzlichkeit. Zeichnet sich der Zwerg durch Winzigkeit aus, so der Riese sich durch seine gewaltige Größe. Als Grundsatz für die Größenverhältnisse von Zwerg, Mensch und Riese gilt: Der Zwerg reicht dem Menschen bis ans Knie, während der Mensch etwa Riesenkniehöhe erreicht.

Hat der Zwerg in seinem verhältnismäßig dicken Kopf viel drin, ist gewitzt und klug, so ist der Riese geistig nicht sehr auf der Höhe. Das legen uns die Namen zweier nordischer Riesen nahe, die mit Essen und Trinken etymologisch zusammenhängen. Der Dichter und Wissenschaftler Karl Joseph Simrock, Professor für altdeutsche Literatur in Bonn, stellt den Riesennamen Jötunn zu dem gotischen Verb itan, „essen", und weiter besteht wohl ein Zusammenhang zwischen dem Namen des Nordriesen Thur mit dem Wort Durst, womit Wesentliches gesagt ist. Bei den Riesen ist die Körperlichkeit stärker betont als die geistige Kapazität, während die Klugheit der Zwerge ihren winzigen Körper locker wettmachen kann. Einigen Riesen haftet also der Ruf an, dumm und einfältig zu sein. Reizt man sie, läuft man Gefahr, dass sie in ihrer Ahnungslosigkeit und Plumpheit ungeheuren Schaden anrichten, wutschnaubend ganze Bäume ausreißen oder mit Felsblöcken um sich werfen. Die Riesen, Dursen oder Hünen gelten als wilde und tölpelhafte Wesen, und wer sie provoziert, bekommt ihre physisch überwältigende Seite zu spüren.

Doch zur Ehrenrettung des Riesengeschlechts soll der weise Jote Vafthrudnir genannt sein, den Odin im Wissenswettbewerb nicht leicht besiegen konnte. Er musste erst einen kräftigen Schluck aus Mimirs Quelle der Weisheit zu sich nehmen, und der Sieg gelang ihm auch dann nur, weil er den Riesen danach fragte, was er seinem Sohn einst ins Ohr geflüstert habe (Vafthrûdhnismâl). Auch Alsviðr soll erwähnt sein, nicht das Pferd, das zusammen mit dem Pferd Arvarkr die Sonne über den Himmel zieht, sondern der gleichnamige, in den älteren Edda-Liedern besungene Riese. Der Name Alsviðr bedeutet Allweiser und zeigt an, dass der Riese aller Wahrscheinlichkeit nach runenkundig war.

In vielen Zügen fällt das Persönlichkeitsbild der deutschen Riesen jedoch ähnlich hell und freundlich aus wie das der Zwerge. Riesen sind wie ihre Miniatur-Kollegen im tiefsten Grunde ihres Herzens ein sehr gutmütiges Volk.

Riesen können – wen wundert es? – große Werke vollbringen, zumindest konnte es der Riese Storverkr, „der große Werke Verrichtende". So geht die Entstehung von Sandbänken und Inseln auf die alten Riesen zurück, die einst eine Brücke über eine Meerenge bauen wollten. Sie schleppten zu diesem Zweck Riesenmengen Sand und Steine heran und ließen bei ihrer Arbeit aus Versehen mal hier und mal da ein paar Steine und ein Häufchen Sand fallen, wie es die Alten in Norddeutschland erzählten.

Die Affinität zu den Schätzen der Berge und der Erde ist bei Riesen wie bei Zwergen vorhanden und damit verbunden die Schwierigkeit im Umgang mit den Schätze hütenden Geistern. Wir begegnen der Tücke des Objekts bzw. der Geister. Was anfangs als Vorteil oder Gewinn erscheint, kann blitzschnell ins Gegenteil umschlagen, wenn jemand die Geister zwingen und ihre Gaben eigenmächtig, ohne Rücksicht auf Verluste an sich reißen will. Wer im eigenen Interesse in den Besitz von Schätzen wie Gold und Silber gelangen will, wird sein Wunder, allerdings ein blaues und kein goldenes, erleben.

56: Josef Wilhelm Wallander, Schweden: Jätte (Riese).

57: Paracelsus. Aus Haubers Bibliotheca, acta et scripta magica, 1739-1745.

In Thüringen hüten einige Riesen Schätze und wohnen wie Zwerge in Bergen und Felsen. Sie werden zu passenden oder weniger passenden Gelegenheiten sichtbar, wie wir es von Zwergen kennen. Diese Riesen sind aber nicht zu verwechseln mit wilden Männern oder dem wilden Jäger. Riesen treiben sich in dunklen Wäldern herum, und nach Paracelsus stammen sie von Waldleuten ab (Paracelsus, *Liber de nymphis*, Tractatus V). Der Schwarzwald war schon immer dunkel genug, dass zwischen den hohen Tannen nicht nur Zwerge, sondern auch Riesen umgehen konnten, wie man versicherte. Unter den Zwergen genoss das Glasmännlein, „ein gutes Geistchen von viertalb Fuß Höhe", das stets ein Wämslein und Pluderhöschen, rote Strümpfchen und ein spitzes Hütlein mit hohem Rand trug, den Ruf, Schätze zu verschaffen. Ähnliches vermochte der riesige Holländer-Michel, der am anderen Ende des Waldes umherzog. Er war ein breitschultriger Kerl, der sich wie ein Flözer anzog und dessen Stiefel nach alten Erzählungen so enorme Ausmaße hatten, dass mehrere Kälber ihr Fell dafür lassen mussten. Auch hier haben die Geister ihre Tücken, wenn es den Menschen nur um ihren eigenen Vorteil geht (siehe III.5).

Riesen lieben nicht nur das Innere der Berge als Wohnort, wie es Zwerge meist bevorzugen, sondern mehr noch die Bergeshöhen. Der Riese Stígandi aus der altnordischen Skjalden-Dichtung lässt wieder an seinem Namen erkennen, was er drauf hat, nämlich steigen. Er ist der „Kletterer". Riesen können außerdem selbst als belebte Steine gesehen werden oder als Steinriesen, als versteinerte Riesengestalten, die einst lebendig waren. Steine und Felsen sind das Element der riesigen Geistergestalten, die unsere Märchen- und

Sagenwelt bereichern. Wenn in Norddeutschland irgendwo ein einsamer Felsbrocken herumliegt, weiß die Sage eine gute Antwort: Ein Riese habe ihn fallen lassen, so wie ein Mensch etwa einen störenden Kieselstein aus dem Schuh holt und auf den Weg wirft.

58: Bartolomeo Ammanati: Riesenhafte Skulptur des Appenin, der wie viele Berge als Versteinerung eines Riesen angesehen wird, im Garten der Medici in Pratolino.

Viele Sagen und Legenden drehen sich um Bergriesen, zu Stein gewordene Riesen oder Menschen, etwa um die aufgrund ihres Übermutes versteinerte Riesin Frau Hitt, den versteinerten Riesenkönig Serles oder um König Watzmann. Ein Mensch, wenn auch kein gewöhnlicher, soll hinter dem Watzmann stecken, dem „Bergkönig" des Berchtesgadener Landes. Die Sage spricht von einem grausamen König, der den Namen Watzmann trug. Er war von Geburt an Blut gewöhnt, das seine Muttermilch war, und sein Blutdurst konnte auch sein ganzes Leben hindurch nicht gestillt werden. Seine Frau und Kinder waren von dergleichen rauen Natur und zogen mit ihm bei seiner wilden Jagd durch die Gefilde, Klüfte und Wälder. Er verfolgte das scheue Wild und vernichtete auf seinen Touren die Saat und mit ihr die Lebensgrundlage der Bevölkerung. Die Sache spitzte sich zu, als der König eines Tages mit seiner blutrünstigen Meute auf eine Waldestrift stieß, auf der eine Herde weidete und ein Hirtenhäuslein stand. Es war ein Bild des Friedens: Vor der Hütte saß die Hirtin mit ihrem neugeborenen Kind in den Armen, während ihr treuer Hirtenhund ihr zu Füßen lag und ihr Mann sich in der Hütte ausruhte. Der tosende Jagdlärm von König Watzmann und seinem Gefolge machte dieser Idylle ein jähes Ende, denn als der gute Hund seine Pflicht erfüllte und die eindringende Meute kräftig anbellte, biss ihm einer der Rüden aus Watzmanns Meute die Kehle ab, ein anderer zerfleischte das Baby und ein dritter machte sich über die zu Tode erschrockene Mutter her. Der Hirte war inzwischen von dem Lärm aufgewacht, kam heraus geeilt und erschlug einen der Hunde – ausgerechnet Watzmanns Lieblingshund. Watzmann, der dem Schauspiel lachend zugeschaut hatte, geriet nun in Rage und hetzte, noch teuflischer lachend, Knechte und weitere Hunde auf den Hirten, bis dieser zusammen mit seiner Frau völlig zerrissen niedersank und verendete, den Blick hilfesuchend gen Himmel gerichtet. Mit Gottes Geduld war es nun vorbei: Es dröhnte von überall her ein dumpfes Brausen und Donnern, und aus den Bergesklüften ließ sich ein wildes Heulen vernehmen. Der böse Geist der Rache war in die Hunde Watzmanns gefahren, die sich nun über ihren Herrn und Meister hermachten und ihn samt seiner Gemahlin und Kinder zu Tode würgten, um sich anschließend selbst in den Abgrund zu stürzen. Aus dem Körper des Königs aber wurde ein Steinriese, ... „und so steht er noch, der König Watzmann, eisumstarrt, ein marmorkalter Bergriese, und neben ihm, eine starre Zacke, sein Weib, und um beide die sieben Zinken, ihre Kinder". Das Blut, das der Watzmann lassen musste, rann hinunter ins Tal und bildete einen großen See, den Königssee, während die Alpe, von der sich die Meute hinabstürzte, „Hundstod genannt wird" (Bechstein, Sage Nr. 1000).

59: Adrian Ludwig Richter: Der Watzmann. 1824, Öl auf Leinwand.

Die Spuren der Riesen sind nicht zu übersehen: Wo ein Riese seinen Fuß hingesetzt oder Hand angelegt hat, bleibt selbst im härtesten Gestein eine Spur. Wer die Konturen eines Riesen in einer Steinwand erkennen kann, darf sicher sein, dass sich hier einst ein Riese zur Erholung an die Felswand gelehnt hat. Doch von Riesenbegegnungen berichtet heute kein Mensch mehr. Vielleicht wäre der Anblick eines Riesen zu gewaltig in einer Welt, in der buchstäblich kein Raum mehr für Verborgenes ist. Wohin sind die Hünen gezogen? Wir müssten wohl einen hohen Berg besteigen, um sie in der Ferne noch erspähen zu können.

Ein Zwerg auf den Schultern eines Riesen
kann weiter sehen als der Riese.
WILHELM HEINSE

II
Am Anfang waren sie halbe Götter

Den Kern aller Mythologie bilden die Gottheiten.
JACOB GRIMM (DEUTSCHE MYTHOLOGIE, VORREDE, 1835.)

~ ~ ~ ~ ~ ~ ~ ~ ~

Am Anfang der nordischen Welt stehen die Götter und Riesen. Die Götter schufen aus dem Fleisch des ersten Riesen die Zwerge und machten sie zu mächtigen Geistern der Natur, der Erde und des Gesteins. Zwerge sind Göttergeschöpfe und nicht, wie Götter und Riesen, von selbst aus dem Chaos entstanden. Doch sie sind den Göttern sehr ähnlich, und je weiter wir in der Geschichte zurückschauen, desto näher reichen sie an Götter heran. Das weibliche Zwergengeschlecht ist den Göttern besonders nah, gelten doch die Wichtelfrauen und Elbinnen als noch edler als ihre Männer und ähneln in ihren Eigenschaften weisen Frauen und Göttinnen, während sich die Männlein deutlicher von den Göttern abheben. Zwerge stehen außerdem den Seelen der Menschen, vor allem den Kinderseelen, sehr nah.

Den Kern aller Mythologie findet Jacob Grimm in den Gottheiten. Diese waren fast verschüttet und mussten erst wieder aus der Erde hervorgegraben werden. So überrascht es nicht, wenn wir bei unserer Reise in den Urgrund der Zwergenwelt bald auf Götter stoßen. Den wirklichen Bestand der deutschen Mythologie zu leugnen, hieße auch, das hohe Alter unserer Sprache und deren Kontinuität in Abrede zu stellen, und der Glaube an Götter sei ebenso notwendig wie die Sprache – mit diesen Gedanken führt Jacob Grimm seine Leser in die *Deutsche Mythologie* (1835) und damit in die Götterwelt ein. Wie sah die germanische Götterwelt nun aus? Laut Tacitus (55-120) verehrten die Germanen besonders Merkur (Mercurius), Mars, Herkules (Hercules) und Isis. Sie hielten es für unpassend, ihre Götter in Hallen einzuschließen, sondern weihten ihnen statt Tempeln heilige Haine und Baumgruppen, *lucos ac nemora* (Tacitus, *Germania* 9). Eine alte lateinische Inschrift steht auf einem Stein auf dem Heiligen Berg bei Heidelberg und lautet „Mercurius Cimbrianus", kimbrischer Merkur – der Name des Gottes, unter dem die Römer am Rhein Wodan verstanden und dem sie einen Tempel errichtet hatten. Aus der heidnischen Zeit sind allerdings nur wenige schriftliche Dokumente erhalten, und zwar die *Merseburger Zaubersprüche*, die sich in der Bücherei des Merseburger Domes befanden, dann in einer Handschrift aus dem 10. Jhdt. überliefert und von Jacob Grimm neu herausgegeben wurden. Von den zwei genannten Zaubersprüchen soll der erste bewirken, die Fesseln eines Kriegsgefangenen zu lösen, während der zweite den verrenkten Fuß von Baldurs Fohlen wieder einrenken soll. Weiter ist die *Nordendorfer Runenschrift* ein Zeichen germanischer Zauberkunst. Ihre drei Zaubersprüche lauten:

1.) Entspringe den Fesselbanden, entgehe den Feinden!
2.) Bein zu Bein, Blut zu Blut, Glied zu Glied, als ob sie geleimt seien!
3.) Wodan (bzw. Odin), hemme oder stille die Flamme!

Gleich unter der Götterwelt, in der Mitte zwischen Gott und Mensch, tut sich das Reich der Helden, wahrer Götterlieblinge, auf, zu denen in ältester Zeit Tuisko, sein Sohn Mannus und dessen drei Söhne Ingo, Isko und Irmoni gehören, während im Mittelalter etwa Siegfried, Dietrich, Hildebrand und Wieland als Helden gefeiert wurden.

Neben den rein geistigen, göttlichen Kräften gibt es im germanischen Weltbild noch geistige Kräfte in der Natur, die durch Halbgötter verkörpert werden. Die Riesen, Dursen oder Hünen (Joten) strotzen zwar vor Kraft, sind aber „so dumm wie lang". Dagegen zeichnen sich Zwerge, Wichte und Elben (Alben, Alfen) nicht durch ihre Körpergröße, in der sie den Menschen unterlegen sind, aus, sondern durch geistige Qualitäten. Die Mythologie unterscheidet die schönen, lichten Elben von den hässlichen oder schwarzen, und noch viele andere geheimnisvolle Naturgeister bevölkern die germanische Geisterwelt.

60: Die kleinen Leute sind klug, gelehrt und weise. Rien Poortvliet (1932-1995), Holland. 1982.

II.1 Götter, Halbgötter und Dämonen

Menschen und menschliche Dinge muss man kennen, um sie zu lieben.
Gott und göttliche Dinge muss man lieben, um sie zu kennen.
BLAISE PASCAL

„Die Zwerge gehören zu der Klasse der Elben oder Wichte, mit welchen Namen man Wesen bezeichnet, denen etwas Übermenschliches, was sie den Göttern nähert, beigemischt ist", lesen wir im *Reallexicon der Deutschen Altertümer*. Zwerge haben eine *Hotline* in den Himmel und daneben einen Draht zur Unterwelt. Wie die Sagas verkünden, leben manche Elben im finsteren Erdreich und lassen sich selten bei Licht besehen. Was gibt es nun Schönes am Götterhimmel zu sehen?

Aus der antiken Literatur erfahren wir von den Kabiren, den Söhnen des Hephaistos, deren Herkunft urgriechisch, phrygisch oder thrakisch ist und die meistens in Gruppen erscheinen. Sie sind Gottheiten, Fruchtbarkeitsdämonen, die in verschiedenen Mysterienkulten verehrt wurden und mit einer großen Göttin und als Erdgottheiten mit Hephaistos, dem griechischen Gott des Feuers und der Schmiedekunst, in Verbindung gebracht werden. Die Kabiren wurden oft mit den fingergroßen, zwergenartigen Daktylen verglichen (siehe II.5), traten aber sowohl als Zwerge als auch als Riesen auf. Das Schmiedehandwerk ist fest mit den Kabiren verbunden, und wie Aischylos (525 - 456 v. Chr.) verrät, müssen diese an Trinkfestigkeit den germanischen Zwergen nicht nachgestanden haben. Hephaistos sehr ähnlich sahen die phönizischen Pataikoi, wie die Griechen sie nannten (Herodot, III, 37). Diese zwergenartigen Götter übernahmen die Phönizier möglicherweise von den Ägyptern, deren Gott Ptah oder Patha dem griechischen Hephaistos entspricht. Als Zwergenfiguren wurden die Pataikoi auf phönizischen Schiffen, den Trieren, angebracht, um fremde Küstenbewohner und finstere Mächte abzuschrecken. Gingron und Euphrades waren solche Zwergengötter – letzterer Name bedeutet wohl „der Sprachgewandte". Pataikos war später als männlicher Personenname unter den Griechen geläufig und bedeutete schlichtweg „Zwerg".

Im alten Italien wandelten der Sage nach zwei Dämonen umher, die Zwergen vergleichbar sind: Picus, ein Sohn des Saturn, und dessen Sohn Faunus. Äußerlich ähneln sie Panen und Satyren, doch an Wundertätigkeit und Zauberkraft den idäischen Daktylen. Wie man ein wildes Männlein mit einem wohlduftenden Trunk friedlich stimmen kann, schildert Conrad Gessner in seinem *Thierbuch* (1516-1565), Abteilung Vierfüßler, wo er von *geismannleinen*, also Zwergen, spricht. Das Rezept entnimmt er einem „Histörchen" von Philostratus: Man fülle eine Tiertränke mit vier ägyptischen Eimern Wein, warte, bis sich das Männlein daran berauscht, und sei fortan freundlich zu ihm.

Eine weitere Verbindungslinie führt von den Zwergen als Hausgeistern ins alte Rom. Die Römer verehrten nämlich ihre Penaten (lateinisch *penates*) als Hausgeister und -götter und opferten ihnen. Ähnlich wurden einstmals auch die Zwerge in deutschen Haushalten geehrt und behandelt.

Wie sieht es nun am germanischen und deutschen Götterhimmel bei näherer Betrachtung aus? Sehen wir von der ursprünglichen Verehrung der Sonne einmal ab und begeben uns in die heidnische, vom Christentum noch unberührte Zeit, begegnen wir als höchstem deutschen Gott Wodan (Wode, Wuthan, Wotan), nordisch Odin. Er ist Weltgeist, schöpferischer Gott, Himmel und Sonne zugleich. Er bringt Krieg und Sieg. Aus seiner Umarmung mit der Erde entstand ein mächtiges Kind, Donar (nordisch Thor), der donnernde Gott, der unermüdlich seine Mutter beschützt und die Feinde der Götter wie Menschen bekämpft. Fro (nordisch Freyr) ist der Gott des Friedens und der Liebe wie auch der Ehe, ein frohmachender Gott. Zio (nordisch Tyr) ist die rechte Hand Wodans und wie sein Vater ein Kriegsgott. Ein weiterer Sohn Wodans ist Paltar (nordisch Baldur). Er ist der weise und gerechte, der redegewandte Gott, dem sein Göttersohn Forasizo zur Seite steht und den Vorsitz bei Gerichten führt. Dazu gehören Aki (nordisch Oegir) als Meeresgott und Vol (nordisch Ullr) als Gott der Jagd. Als Gegenspieler der himmlischen Welt taucht Lohho (nordisch Loki) auf, der in vielen späteren Teufelssagen weiterlebt.

Die weibliche Götterwelt wird beherrscht von der Erd- und Fruchtbarkeitsgöttin Nerthus (nordisch Jörd), die mit Wodan viele Kinder bekommt. Neben der Erdgöttin gibt es etliche Schutzgöttinnen, wie Holda (Holle, Hulda) für die Liebenden und Eheleute, Perahta (Bertha, Prechta, Perchta, Precht) für die weiblichen Arbeiten und Hluodana für den häuslichen Herd. Der germanische Götterhimmel kannte noch die von Tacitus (*Annales* I, 51) erwähnte geheimnisvolle Tanfana, deren Heiligtum in der Nähe von Dortmund von den Römern zerstört wurde. Ihr Aufgabenbereich ist nicht mehr bekannt. Die Göttin Nehalennia war eine Göttin der Fülle, Ostara bereitete das aufsteigende Morgenlicht und leitete den blütenbringenden Frühling ein, Frouwa, die Schwester des Fro, auf die der Name der Frau zurückgeht, bescherte Anmut und Schönheit, und nicht zuletzt gehört Frikka (nordisch Frigga) zu den Göttinnen, sitzt sie doch als Gattin Wodans auf dem höchsten Platz, von dem aus sie den Überblick über das Ganze hat. Sie teilt mit ihrem Göttergemahl die Allwissenheit. Gegen die hellen Göttinnen kämpft die dunkle Unterweltgöttin Hellia (nordisch Hel), die ihren Namen der Hölle verliehen hat: Helheim. In die Fänge der Todesgöttin, einer schaurigen und unerbittlichen schwarzen Dame, gelangen die Seelen der an Altersschwäche oder Krankheit verstorbenen Menschen. Den Göttern zu Füßen liegen alle übrigen Kreaturen, wie Menschen und Tiere, doch dazwischen existieren nach der nordischen Mythologie Halbgötter, mächtige Geistwesen, die den Göttern hilfreich sind oder zu schaffen machen. Wir hörten schon von dem aus einem Tautropfen entstandenen Halbgott und Riesen Ymir (siehe I.5), auch Brimir oder Blain genannt, der von seinem Sohn Bör ermordet wurde. Aus dem Leichnam des Stammvaters aller Riesen entstanden nun die Gewässer, Erde, Berge, Steine, Bäume, Wolken, das Himmelsgewölbe mit vier Ecken und auch die Zwerge. Doch nun bedurfte es des Zutuns der Götter: Die Zwerge, gleich Maden im Riesenfleisch, erhielten auf göttlichen Beschluss Verstand und menschliche Gestalt, sollten aber in der Erde und im Gestein wohnen. Anders als diese von Snorri überlieferte Schöpfungsgeschichte lautet die *Saemundar-Edda* (2): Hiernach grübelten die Götter über die Schaffung des Zwergenvolkes nach und ließen als ersten Môtsognir, den vornehmsten aller Zwerge, und nach ihm Durinn aus dem Fleisch und den schwarzen Gebeinen des Urriesen entspringen. Diese beiden Urzwerge formten aus Erde eine Menge weiterer Zwerge, die den Menschen sehr ähnlich sahen. Wie wir dann weiter erfahren (Völuspâ 11, Gylfaginning 8), wurden vier Zwerge unter je eine Himmelsecke gesetzt; sie erhielten die Namen Austri (Osten), Westri (Westen), Nordri oder Norðri (Norden) und Sudri oder Suðri (Süden). Zu guter Letzt kamen dann die Söhne Börs auf die Idee, die Feuerfunken, die das heiße Muspelheim versprühte, als Sterne an den Himmel zu versetzen.

61: William Gerson Collingwood, England: The Northern Gods descending. Um 1890. – Die Asen steigen über die Regenbogenbrücke herab, angeführt von Odin mit dem gehörnten Helm.

Die Zwerge und Elben (Alben, Alfen) sind den Göttern, den nordischen Asen, eng verbunden und werden in einem älteren Teil der Edda, in der die früheste germanische Tradition erhalten ist und deren Quellen im Norden Europas, in Island, Norwegen, Irland und den von nordischen Stämmen belagerten Hebriden liegen, von der Seherin Völa (Vala) bei der Schilderung der Götterdämmerung genannt (Völuspâ 48-56). Zwerge sind kleinere Gottheiten und werden von Snorri wohl den Schwarzelben gleichgesetzt, und im Laufe der Kulturgeschichte werden ihnen ebenso viele gute und lichte Züge zugesprochen (II.4). An die Schwarzen unter den Elben (Schwarzelben) reihen sich die Geister, die im Dunkel der Erde hausen: Unterirdische, Erdgeister, Erdmännchen, Erdweibchen, Gnomen, Kobolde, Ülleken, Lütgenmännchen, Ellerchen, Jülkes u.v.a. (siehe I.1), die bösartige Eigenschaften an den Tag legen können. Wir behalten aber im Auge, dass sie alle ambivalent sind, mal gut und mal böse erscheinen und agieren. Auch die bösen

Feen und Elfen (Alfen) haben ihre Schlechtigkeit aus der niederen Götterwelt des alten Nordens ererbt.

Die goldene Zeit der Asen war nur möglich durch die Hilfe der schwarzen Geister, der Schwarzelben, und zwar hatten diese ein magisches Sechserlei gemischt aus dem Bart von Frauen, den Wurzeln der Berge, dem Schall eines Katzentrittes, den Sehnen der Bären, der Stimme der Fische und dem Speichel eines Vogels – aus Dingen, die es gar nicht gibt. Trotzdem entstand daraus ein ganz leichtes, schlichtes Band, weich wie ein Seidenband, und sein Name war Gleipnir. Mit diesem Band konnte der gefährliche Wolf Fenris gefesselt werden (Gylfaginning 34).

Beide Stränge der Elben, der dunkle wie der lichte, überleben die Zeiten und wirken weiter, vermischen sich mit Erfahrungen und Überzeugungen wie dem Glauben an die fortlebenden Seelen der Vorfahren, die sich sowohl hilfreich als auch schädlich aufführen können. Die Ambivalenz zwischen hell und dunkel, positiv und negativ, ist schon alt und spiegelt sich bis heute in der Einstellung zu diesen Wesen oder in den persönlichen Erfahrungen mit ihnen – in Lichterscheinungen oder in Poltergeistfällen – christlich formuliert in Engeln und Teufeln. Unter dem Einfluss des Christentums wandeln sich nämlich die alten, mächtigen Götter, Halbgötter und Geister in teuflische, gefährliche Wesen, die mit ihren übermenschlichen Kräften immer noch große Macht ausüben können, während alle freundlichen, lichten Kräfte nur von dem einen neuen Gott herstammen können und als beflügelte, in himmlischen Regionen beheimatete Wesen vorgestellt werden, als Engel. Die deutschen Zwerge der freien Natur spiegeln ebenso wie die an das Haus gebundenen Zwerge in unzählbaren Varianten beide Aspekte der ursprünglichen Naturkräfte bzw. der gut wie der übel gesonnenen Ahnen. Von vielen Völkern ist bekannt, dass sie die Geister in ihrem unmittelbaren häuslichen Umfeld als vertraut und hilfreich empfinden, während sie die draußen in der Natur lebenden Geister schwerer einschätzen können und als potenzielle Gefahr ansehen. Der tägliche Umgang und die Erfahrung mit den Geistern des Hauses führt zu Vertrautheit und befreit von der Angst vor ihnen, wobei der Respekt erhalten bleibt.

62: Ein freundlicher schwedischer Elfe aus dem 19. Jhdt.

In vielen historischen Schriften vermischen sich christliche Vorstellungen mit dem alten Glauben an Geister. So berichtet uns z.B. im 16. Jhdt. der berühmte schwedische Gelehrte, Historiker und Geograph aus Gothien, Olaus Magnus (eigentlich Olof Petersson bzw. Storeson), Erzbischof zu Uppsala, in seinen *Historien* (1567; schwedische Originalfassung 1555) von allerlei kleinen Geistern, so etwa von dem Teufel im Bergwerk. „Von der Insel Eyßland/ iren inwohnern und was Wunders sich darinn begibt/ mit erscheinung der verstorbenen Leut/ Geyster oder Seelen." „Von dem Berg Huitsarck und den Zwergen so in Grundlandt wohnen" – und gewährt uns so weitere Einblicke in den als Aberglauben abgestempelten Glauben der nordischen Völker. Die Zwerge nennt er auch Witel, Wichtel.

Was ist in Deutschland aus den alten Halbgöttern der nordischen Mythologie geworden? Sie haben die Zeiten überlebt. Der aus der Gegend um Schwäbisch Gmünd stammende Kulturhistoriker, Schriftsteller und Professor für Geschichte am Polytechnikum in Zürich, Johannes Scherr, der stets am Kern der Dinge interessiert war, sieht die deutschen Hausgeister als wohltätige Wesen, die uns allem christlichen Einfluss zum Trotz aus der altgermanischen Götterwelt erhalten sind.

Unsere Kobolde sind also einstige Gottheiten, Feuergottheiten, Hausgötter und Herdgötter. Man stellt sie oft als kleine Kinder, die in einer Mulde liegen, dar. Die Herdgötter wiederum sind auf einer gewissen Kulturstufe an die Stelle der Nationalgottheiten getreten. Man wollte die Götter ständig um sich herum haben und nicht erst zum Tempel oder an heilige Stellen in der Natur, zu einem heiligen Hain, Wasserfall oder Berggipfel gehen müssen. Den Hausgöttern kommt nun der wichtigste Platz im Haus zu, der Herd, der ursprünglich in der Mitte des Hauses stand. So spielte sich im ostpreußischen Ermland das gesamte Familienleben um den Herd herum ab. Das Herdfeuer spendete schützende Kraft, und man opferte ihm jeden Zahn und jedes ausgefallene Haar. Auf diese Weise ließen sich nach der Auferstehung des Körpers dessen Einzelteile schneller zusammenfinden. Heutzutage hat generell der Kamin die alte Herdstelle ersetzt, und an dessen Götter erinnert im Ermland noch die Bezeichnung Ungaheadschke, Unterherdschen, für die dort hausenden Geister.

Weiter gehören unsere Wichte ihrem Namen nach zu den alten Clan-Gottheiten und sind mit dem altindoarischen Wort *víś* für „Stamm, Volk, Leute" verwandt. In dieser Reihe finden wir auch die nordischen *vættar* und die schwedischen *vättar*, von denen wir schon hörten (I.3 und 1).

Auch die Götter wollen leben und nehmen dankbar Götterspeise und Göttertrank als Opfer entgegen. Da Zwerge und Kobolde götterähnlichen Rang besaßen, waren Speiseopfer angemessene Zeichen ihrer Verehrung. So opferte man den deutschen Hausgeistern wie einst den römischen Laren. Man dachte sich diese Geister als Beschützer der Familien und der Häuser, als die Genien, die Seelen der verstorbenen Vorfahren, die sich noch vom Jenseits aus um das

Wohl der Familie kümmern. Ebenso war die Sitte verbreitet, den Berggeistern Speise und Trank als Opfer an bestimmte, dafür vorgesehene Orte zu bringen, die diese stets dankbar mit Geld oder Getreide belohnten. Damit wurde eine reiche Ernte und der Wohlstand der Familie garantiert. Zwerge und Berggeister sind auch hier wieder die Unterirdischen, die Seelen der Alten, die in der Erde ruhen. So erzählen die Sagen von dem geheimnisvollen Zug der Holle oder Perchta in der Christnacht, der sich mal von Heimchen, d.h. Berggeistern und Zwergen, mal von den im letzen Jahr Verstorbenen rekrutiert. Beide, die Naturgeister wie die Seelen der Verstorbenen, sind namentlich eins, denn Heimchen sind auch Heinchen und haben ihren Namen erhalten von Freund Hein, dem Tod. Auch Schlangen – als Zeichen der unterirdisch weiterhin wirksamen Lebenskraft – wurden als Geister, Genien, verehrt, als Geld- und Korndrachen und mit Milch und anderen Opfergaben von den Familien versorgt. Im Baltikum verehrte man einen Däumling, litauisch *pirštùkas* (zu *pirštùkas*, Finger) mit Speiseopfern.

63: Paul Hey: Frau Holle, Postkarte. Die Schnee ausschüttelnde Frau Holle, die wir heute kennen, erinnert noch an die einst in der Christnacht umherziehende Holle.

Der geheimnisvolle Schauer vor der allmächtigen Natur und ihren Kräften saß noch manchen Völkern vor nicht allzu ferner Zeit in den Gliedern – heute überfällt er uns nur noch in stillen, andachtsvollen Momenten. Furcht und tiefe religiöse Ehrfurcht sind enge Verwandte, was wir noch von etlichen Wörtern ablesen können: So hängt unser Verb „sich graulen" mit dem alten Wort *gralen*, „sich fürchten, Grauen empfinden", zusammen – mittelhochdeutsch *griuwel* bedeutet Schauer – und mit dem geheimnisvollen Gral. Auch das vergessene Wörtchen *eislich* für „schreckhaft" entspringt einem religiösen Kontext. Wenn wir es wirklich wollen, können wir die Verbindung mit den Urkräften, die im Dunkeln weben und wirken, wiederherstellen und uns mit ihnen vertraut machen, ohne die Achtung vor ihnen zu verlieren. Das Letzte geschieht nur allzu leicht, wenn das menschliche Ego bei den Erkenntnissen und Errungenschaften heutiger Zeit über das gesunde Maß an Selbstvertrauen hinausschießt und sich selbst für die Krone der Schöpfung hält. Bei den siebenbürgisch-sächsischen Bauern ließ sich noch im 19. Jhdt. ein tief sitzender Respekt gegenüber der allmächtigen, überwältigenden Natur erkennen. Ihre Sitten und Gebräuche schlossen etwa das Lärmen bei Hochzeiten, Taufen, zu Weihnachten und Neujahr mit ein. Wir kennen es heute überall in Deutschland von der Silvesternacht und in der Berliner Gegend vom Polterabend vor der Hochzeit. Es sind Zeichen der Abwehr böser Geistmächte. Auch beim Säen und Ernten wurden besondere Mittel eingesetzt, um das Dazwischenfunken geisterhafter Kräfte zu verhindern.

Wie lebendig die Götterwelt und Halbgötterwelt des Nordens noch heute in der Vorstellung weiterlebt, weiß jeder, spätestens wenn er den *Herr der Ringe* gelesen hat. Der Oxforder Sprachprofessor für Mittelenglisch, John Ronald Reuel Tolkien (1892-1973), hat beim Verfassen seiner sagenhaften Roman-Trilogie nicht nur aus eigener Phantasie geschöpft, sondern tief aus dem goldenen

Topf der Mythologie, besonders der keltischen und altnordischen. So können wir nicht nur Züge der in den Hügeln Irlands lebenden *fairies* und *little people* in den Hobbits wiedererkennen, sondern auch die Orks sind alte Bekannte der Volkstradition. Der Ladiner Orco ist ein tückischer Geist der Berge, während der Deutschtiroler Ork und Nörkele, eine Mischung aus Kobold und Zwerg, nur neckische Züge hat. Er entspricht dem griechischen *theós chtónios* wie dem deutschen Unnerêrdschen, dem Zwerg. Diese Norgen sind einst aus dem Himmel gefallen und bei ihrem Flug in den Bäumen und Bergen hängengeblieben und fanden schließlich in hohlen Bäumen, Berghöhlen und Erdlöchern ein neues Zuhause. Ebenso liegt die Verwandtschaft des weisen Zauberers Gandalf mit dem zauberkundigen Elben Gandálfr (siehe VI.2) auf der Hand. Für seine Erscheinung hat ein deutscher Berggeist Pate gestanden (siehe Farbteil).

Auch die Verbindung der erhabenen Elves mit den nordischen Lichtelben ist kein Geheimnis. Und der Lichtelbe Legolas singt mit zarter Stimme das traurige Lied von der lichten Jungfrau Nimrodel, die eine Lichtelbin sein könnte. Traurig ist es, weil es erzählt, wie die Dwarves, die den Schwarzelben und alten nordischen Zwergen (englisch *dwarves*) ähneln, Leid über Lothlórien, das Land der Elves (Elben), gebracht haben, als sie das Böse in den Bergen wachriefen.

II.2 Naturgeister und Elementarwesen

Wir begreifen alles,
und deshalb können wir nichts begreifen.

STANISLAW JERZY LEC

64: Anne Anderson, Schottland: Illustration aus: The Mammoth Wonder Book

Ein starkes Naturgefühl und eine ebensolche Naturfreude ist ein gemeinsamer Zug aller deutschen Stämme. Es ist verbunden mit einer Scheu vor den großen Geheimnissen der Natur. Die feierliche Ruhe des Waldes, seine Tiefe und Stille, übt noch bis heute ein große Anziehungskraft auf uns aus. Wer spürt nicht den Zauber der Atmosphäre, die einen alten Forst durchströmt und einhüllt? Die „majestätische Einfachheit des Waldes" hat schon manchen grübelnden Geist inspiriert und Impulse gesetzt sowie den nötigen Frieden zur Konzentration und Kreativität geboten. Wer schon einmal mit Bäumen gesprochen hat, weiß, wie es sich anfühlt, mit der Natur in Kontakt zu sein. Jedem steht es offen, sich auf das Mysterium der Natur einzulassen. Es öffnet sich der Raum, in dem die Wolkenrosse der Walküren durch die Lüfte jagen, an den Ufern der Waldbäche Nymphen auftauchen, in den Nebeln über den Wiesen Elfen ihren Reigen tanzen und Geister im Schein des Mondes durch Moor und Heide huschen.

Im Reich der Elementarwesen

65: Ida Bohatta-Morpurgo, Wien. Der Vortrag. In: Bei den Wurzelmännlein. 1940.

Wenn der Frühling neu erwacht,
der Winter aus den Tälern schleicht,
Wenn wied'rum sprießt der Blüten Pracht,
die Botschaft in's Erdinn're reicht.

Und es beginnt – Natur sich regt,
ein wunderbares Treiben.
Die Erdfee nun den Grundstein legt,
darf nicht mehr ruhig bleiben.

Im Tal und ebenso am Berge,
hört man der Wesen Schritte,
vor allem sind's die braven Zwerge,
sie hol'n den Waldgeist in die Mitte.

Von zarten Elfen wie von Feen,
werden die Blumen bunt gewebt.
Von den Nereiden in den Seen,
wird deren Klarheit angestrebt.

66: Ein Troll von Mona Svärd, Schweden.

Und erst im Unterholz im Wald,
wo Wurzelmänner hurtig werken,
beginnt das Tun der Gnomen bald,
sie werd'n den Boden stärken.

Die Zwerge web'n das weiche Moos
und lachen mit den Trollen.

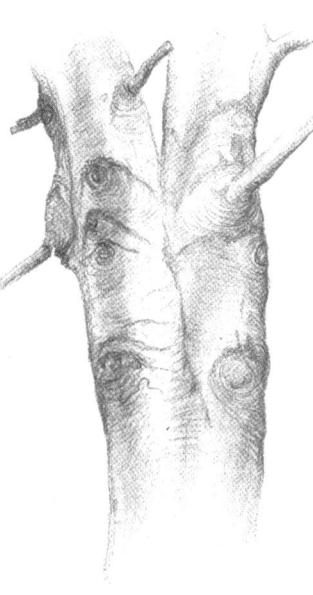

Ida Bohatta-Morpurgo: Buchenstamm aus Skizzenbuch. Aus: **Bohatta-Morpurgo** *1988.*

Im Wald ist jetzt ganz schön was los,
weil alle wirken wollen!

Damit die Mutter Erde blüht
Naturgeister ihr Bestes geben,
nur weil der Mensch sie nicht mehr sieht,
gehör'n sie doch zu uns'rem Leben.

Woran der Mensch heut' nur noch glaubt,
ist materieller Plunder,
somit der Phantasie beraubt,
erkennt er nicht das Wunder .….

Vollbracht von einem Geisteswesen,
welches das Blatt, den Baum beseelt,
niemand kann mehr die Spuren lesen,
weil jener tiefe Glaube fehlt.

Weitet das Herz über die Grenzen
und macht es still und weich,
leugnet nicht mehr die Existenzen,
aus dem elementaren Reich.
Sie sind mit uns, doch nicht verstanden,
und tanzen ihren Reigen,
oh Mensch erkenn', dass sie vorhanden,
dann werden sie sich zeigen.

ANGELIKA LENTNER
(INNSBRUCK, JUNI 2005).

Der Arzt und Philosoph Paracelsus unterscheidet vier große Gruppen von Naturgeistern: Die Nymphen, Sylphen, Pygmäen und Salamander, die er in seinem *Buch von den Nymphen, Sylphen, Pygmäen und Salamandern und anderen Geistern* (*Liber de nymphis, sylphis, pygmaeis et salamandris et de caeteris spiritibus*) den Elementen Wasser, Luft, Erde und Feuer zuordnet. Der Mensch kann, nach Paracelsus, diese geistigen Wesen, die „außerhalb des Verstehens durch das Licht der Natur geschaffen sind", erkennen, da in ihm selbst ein Licht ist, durch das er „übernatürliche Dinge erfährt, lernt und ergründet", ja es ist sogar „das Amt des Menschen, dass er die Dinge erfahren und nicht blind darin sein soll" (*Liber de nymphis*, Prolog). Alles, was von Gott geschaffen wurde, kann und soll der Mensch also auskundschaften. So ist es denn auch „seliger, die Bergleutel unter der Erde zu beschreiben, als Fechten und den Frauen dienen", denn für ein solches Unterfangen setzt man den Geist ein, der göttlichen Werken folgt, während man sich andernfalls des Geistes bedient, der den weltlichen Dingen ergeben ist.

Elementargeister sind für Paracelsus Geistmenschen, und zwar Wasser-, Wind-, Berg- und Feuerleute. Das Element der Bergmännlein oder Gnomen bzw. Pygmäen ist die Erde. So wie unser Element die Luft ist, ist die Erde das Element der Bergleute. Das bedeutet: „So wenig uns die Luft hindert zu gehen, und so wenig werden sie vom Berg und Erde und Felsen gehindert. Und so schwer es uns ist, durch die Luft zu gehen, und dass uns die Luft nicht aufhalten kann, so gering sind ihnen die Felsen und Schroffen" (Tractatus II). Sie können auch durch die Erde sehen, ganz so, wie wir durch die Luft hindurchgucken können, und die Sonne scheint zu ihnen durch die Erde hindurch wie zu uns durch die Luft. Ihre Behausungen bauen sie sich in die Berge hinein. „Darum findet man oft, dass Estriche, Gewölbe und dergleichen, in Höhe eines Ellenbogens und dergleichen, in der Erde gefunden werden."

Auch in Bergwerken und dort, wo Erz ist, sind Spuren der Bergleute. In seinem Kapitel „Wie sie zu uns kommen und uns sichtbar werden" (Tractatus III) erklärt Paracelsus, dass wir bisweilen einen Engel sehen dürfen, damit wir uns vergewissern können, dass es Engel wirklich gibt, und es sich mit den Geistwesen der Elemente ebenso verhält: „So hat Gott diese Kreaturen dem Menschen auch zuweilen vorgestellt und sie sehen, mit den Menschen wandeln, reden und dergleichen lassen, auf dass dem Menschen im Wissen sei, dass solche Kreaturen in den vier Elementen seien, die da vor unsern Augen wunderbarlich erscheinen." Doch nicht genug damit, dass sie mit den Augen gesehen werden können, sie verheiraten sich auch mit den Menschen und bekommen mit ihnen Kinder. „Desgleichen auch die Bergleut nicht allein gesehen, sondern gesehen, mit ihnen geredet und Geld und Streiche und dergleichen von ihnen empfangen." Eine Ehe gehen die Bergmännlein und Erdmännlein im Gegensatz zu den anderen Naturgeistern allerdings selten mit den Menschen ein – sie stehen ihnen vielmehr zu Diensten. Erdmännlein sind auch keine Kreaturen wie die anderen Elementargeister, sondern Geister, „weil sie erscheinen, als ob es nur ein Schein sei oder ein Gespenst", und „wie sie erscheinen, so sind sie Fleisch und Blut wie ein ander Mensch, und dabei wie ein Geist behend und schnell".

Ähnlich wie Paracelsus sieht der Rosencreuzer Heinrich Nollius (Nollius 1619, Liber III) die Auflösung vom Gespensterproblem in Elementargeistern, den Feuer-, Luft-, Wasser- und Erdgeistern.

In der Anthroposophie sind ähnliche Gedanken lebendig. Rudolf Steiner betont, dass es sich bei diesen Wesen nicht um Geister, sondern einfach nur um Wesen handele, denn sie hätten keinen Geist, nur Körper und Seele. Während ihr Körper für die physischen Augen unsichtbar bleibt, können wir aber die Wirkungen dieser

Wesen spüren, so Steiner. Sie besitzen im höchsten Grad „Witz", wovon die Menschen viele Kostproben bekommen haben.

II.3 Die Seelen der Verstorbenen

Wohnt doch die Stille im Lande der Seligen,
und über den Sternen vergisst das Herz
seine Not und seine Sprache.

FRIEDRICH HÖLDERLIN

Im neunten Buch seiner Ideen zur *Philosophie der Geschichte der Menschheit* spricht Herder das „innige Gefühl eines Daseins, das eigentlich von keiner Vernichtung weiß", an. Es gehe der Vernunft voraus, denn sonst wäre diese kaum auf den Begriff der Unsterblichkeit gekommen oder hätte ihn „sehr kraftlos abstrahiert". Selbst der Philosoph könne den Glauben, der im menschlichen Herzen liege, nur durch Vernunftgründe bestärken. „Und so ist der allgemeine Menschenglaube an die Fortdauer unseres Daseins die Pyramide der Religion auf allen Gräbern der Völker." Dieser Glaube wird nun von Generation zu Generation weitergereicht, wobei die Religion als „älteste und heiligste Tradition der Erde" anzusehen ist, wie Herder sagt. Die religiöse Tradition, die sich der Symbole bedient, muss sich wandeln, wenn der geheime, oft sehr im Dunkeln liegende Sinngehalt ihrer Symbole verlorengeht und nicht einmal mehr ihren eigenen Priestern, den weisesten Kennern ihrer Bedeutung, einsichtig ist, d.h. wenn sie leer und oberflächlich geworden ist und die zu ihr gehörigen Gebräuche ihre Heiligkeit eingebüßt haben. Doch der im Menschen tief verwurzelte Glaube an die Unsterblichkeit lebt in vielen Religionen und Glaubensrichtungen, auch in der heutigen Esoterik, weiter.

Elben und Zwerge werden nun mit den Geistern der Verstorbenen in Verbindung gebracht und als Erscheinungsform der weiterlebenden Seelen gedeutet. Daher erklären sich Bezeichnungen wie „die Alten", „die Ältern" und entsprechende Namen wie die norddeutschen Begriffe Aulken, Alken, Ölken, Ôlkers, Ülleken, Üllerken für Zwerge (vgl.I.1). Sie sind wie die römischen Manen (manes) und die indischen Pitris oder Pitaras die überlebenden Geistwesen der Vorfahren. Einen eigenen Artikel *Über die zwerge als seelen der verstorbenen* verfasste der Indogermanist und Mythologe Adalbert Kuhn aus Königsberg und wies darin nach, „dass auf einer älteren stufe der religiösen entwicklung zwerge und geister der toten noch ein und dieselben waren" (Kuhn 1886-1912, Bd.2, S.25).

Im alten Indien kannte man noch weitere elbenartige Wesen, die Maruts, Ribhus und Rudras. Wenn der Name Marut von der Wurzel *mir*, sterben, abgeleitet wird, kommt auch hier wieder die Ansicht durch, dass die Elben die Seelen der Verstorbenen sind.

Aus Mecklenburg stammt die Sage von einem Verstorbenen, der in der Gestalt eines kleinen grauen Männchens umgeht und den Passanten in den frühen Morgenstunden „Morgen, Morgen" zuruft. Mehr ist nicht drin, da es sich um den Geist eines wortkargen, unfreundlichen Gutsbesitzers handeln soll. Eine andere Geister-Episode hat der Historiker Wilhelm Avenarius bei seinen Recherchen zu Geistererscheinungen auf deutschen Burgen erfahren: Auf Burg Kürnberg bei Stamsried geht ein Rotes Männchen um, lassen die Kunstdenkmäler Bayerns uns wissen. Das Männlein ist ein gutmütiger Geist. Es sei eine Erscheinung des letzten Burgkommandanten von 1634, aus dem Jahr, als die Schweden die Burg einnahmen, wie ein Medium erspürte. Der Kommandant habe den Schock des Todes noch nicht überwunden und sei auf der Suche nach seiner gefallenen Mannschaft, um sie zum Widerstand zu animieren.

Spiegeln Zwerge die Seelen von Menschen wider? Warum sind sie dann so klein von Gestalt? Einen interessanten Erklärungsansatz bietet Friedrich Nork in seinem Buch über *Die Sitten und Gebräuche der Deutschen*: „Haben die Seelen der Verstorbenen etwa deshalb die Größe von Neugeborenen, weil man den Tod als die wahre Geburt verstand?" Eine andere Erklärung liegt in dem Verständnis, dass Zwerge ausschließlich die Seelen verstorbener Kinder sind. Diese Kinder können aus verschiedenen Gründen den Tod gefunden haben, nur nicht aus natürlichen. Friedrich Daumer sieht in den Haus- und Berggeistern die Seelen geopferter Kinder. So wird bis heute in der Volkstradition die Ursache für Poltergeist-Phänomene in einem verstorbenen Kind, vor allem in Kindern, die einem Verbrechen zum Opfer gefallen sind, gesucht, wie überhaupt früher der Poltergeist als kleiner Kerl vorgestellt wurde, während die Forschung heute einen Zusammenhang mit der Psyche von Jugendlichen im Pubertätsalter entdecken will.

Nach den in Siebenbürgen noch bis ins 20. Jhdt. verbreiteten Vorstellungen „ist der Tote auch im Grab eine lebende Persönlichkeit". Praktisch bedeutete das, eine Frau konnte, wie es heute noch gerne getan wird, zum Grab eines Verstorbenen gehen und mit ihm Zwiesprache führen oder ihm ihr Herz ausschütten, wenn sie Sorgen hatte. So wird von einer Witwe berichtet, die am Grab ihres Mannes verzweifelt rief: „Komm wieder, lieber Georg! Und wenn Du nicht am Tag kommst, so komm am Abend. Und wenn Du nicht die Gasse heraufkommst, so komm hinter dem Garten." Umgekehrt kannten die Siebenbürgener genauso die Angst vor den wiederkehrenden Toten. „Es kommt heim" oder „der Tote kommt heim", sagten sie dann und hielten einige Abwehrmittel parat. Dass die Toten die Lebenden nach sich ziehen könnten, wovon sie sich bestens bezeugte Vorfälle erzählten, war eine ihrer größten Ängste.

Auch hier kursiert wieder die Idee, die Toten könnten Tiergestalt annehmen und z.B. als schwarze Katze oder schwarzer Hund erscheinen. Es hat keinen Zweck, solch ein Geistertier zu schlagen, denn dann verwandelt es sich nur in ein anderes, noch schrecklicheres Wesen. Hier hilft nur noch, die Toten in den Geisterwald zu den übrigen Geistern zu verbannen, gewöhnlich an abgelegene, unwirtliche Orte wie Felsenabhänge oder Schluchten. Doch hundert Jahre Verwünschung im Geisterwald sind das Höchste der Gefühle. Danach kehren die Toten zurück in ihre Häuser, um fortan ihren Spuk zu treiben.

Das deutsche Märchen vom Soldaten und der schwarzen Prinzessin weiß von einer verfluchten Prinzessin zu berichten, die jede Nacht den Soldaten, der ihr Grab bewachen soll, zu sich in ihren eisernen Sarg holt und auffrisst. Als der zuständige Soldat sich einmal aus dem Staube machen wollte und über Feld und Flur davoneilte, gelangte er auf eine schöne Wiese. Ein kleines Männchen mit einem langen grauen Bart tauchte plötzlich direkt vor seiner Nase auf und fragte ihn, wohin er des Weges wollte. Da nun das Graumännchen gar so treuherzig wirkte, vertraute ihm der Soldat seine Geschichte an und erhielt von ihm – wie es der weise Alte oder die Alte so oft in schicksalhaften Momenten zu geben vermag – den erlösenden guten Rat.

67: Die Seele kann nach dem Tod als Maus erscheinen. Illustration von Rien Poortvliet, Holland, aus Huygen und Poortvliet 1979.

Sehr alt sind die Vorstellungen von einem Seelentier, in das sich die menschliche Seele nach dem Tod des Körpers verwandelt. Die Seele kann die Gestalt einer Maus, eines Hausotters, eines Vogels oder eines Wiesels annehmen. In Schlesien (Grafschaft Glatz) heißt solch ein Seelentier Gevatterle. Hierzu fügen sich die zahlreichen Berichte von Poltergeistern, die traditionell als Hausgeister, als Seelen der Verstorbenen, verstanden werden und ihre Gestalt wandeln und in Tierform erscheinen können. Gleichfalls gehört der kleine Alp in die Reihe der koboldartigen Geister, die ausgesprochen vielgestaltig auftreten. So verlässt die Seele eines Lebenden z.B. als Mäuschen den Mund, wenn sie als Alp auf ihre nächtliche Tour geht, um die friedlich Schlummernden zu bedrücken und zu drangsalieren. Wir stoßen hier auf die beiden extremen Machtpotenziale der Seele: Der Vorstellung von der guten, hilfreichen Macht der Totenseelen steht die Angst vor dem schädlichen Einfluss der Ahnen auf die Lebenden gegenüber. Das ist der Grund für die vielen Bräuche, die sich um den Tod und die Beerdigung eines Menschen ranken. Man will den Weg der Seele zurück in ihr Haus versperren, um sich vor ihren dunklen Machenschaften zu schützen.

In Irland streut man zu diesem Zweck Salz auf den Weg zwischen Grab und Haus. Auch die Ideen von Wiedergängern und blutsaugenden, Lebensenergie entziehenden Vampiren sind hiermit verbunden.

68: Illustration von Ida Bohatta-Morpurgo, Wien, zu: Heinzel wandert durch das Jahr. *1931.*

In Niederösterreich kennt man einen Totenvogel namens Wichtl. Auch Schmetterlinge tragen mitunter Zwergennamen, werden ülken, Zwerge, genannt (vgl.I.1), und viele Sagen erzählen von Zwergen, die als Schmetterlinge erscheinen. Wir werden an die hauchzarten geflügelten Geister der Kelten erinnert, die Shakespeare als *fairies* in seinem „Mittsommernachtstraum" umherfliegen lässt und die in der romantischen Malerei Großbritanniens und anderer europäischer Länder ein fester Begriff geworden sind. Durch Elisabeth Kübler-Ross, die an vielen tausend Sterbebetten gesessen hat, wurde das Schmetterlingsmotiv wieder populär als Zeichen für die Seele, die nach dem Tod den menschlichen Körper verlässt und in ein neues Leben hinüberfliegt.

Altnordische Zwergennamen weisen auch auf die Bedeutung der Zwerge als Totendämonen hin: Bláinn, Dáinn, Nár und Náinn (franz. *nains*, lat. *mortuus*, „gestorben"). Die Seelen der Toten halten sich nach altem Wissen in Grabhügeln und Bergen auf. Die Sprachgeschichte untermauert das, denn in die Wortreihe der niederdeutschen Zwergenbezeichnungen Ölken und Aulken fügen sich die Namen für Gräber aus heidnischer Zeit, die Aulkengräber, und für die darin beigesetzten Urnen, die Ôlkerspött (Diminutiv zu Öllern, „die Älteren"), die man in Ostfriesland und Westfalen gefunden hat. Das ist ein deutlicher Hinweis auf die Vorstellung, dass in den Gräbern die in das Zwergenreich aufgenommenen Seelen der Älteren ruhen. Nach den Sagen wohnen auch die Zwerge vorzugsweise in heidnischen Grabkammern, z.B. in der aus sechs großen Steinen gebildeten Höhle, den Ofensteinen bei Albersdorf (Alversdorf) in Dithmarschen, wie der Sprachwissenschaftler, Sagen- und Märchensammler Karl Viktor Müllenhoff festhält. Dazu kommt die Tatsache, dass Zwerge auch die Holden sind, was begrifflich zu den römischen Manen passt, die ihrerseits als Verstorbene aufgefasst werden.

In Norddeutschland gab es in Girsfelde einen Gasthof, der sich Alkenkrug nannte. Er stand ganz in der Nähe von mehreren riesigen alten Grabstellen, und laut einer weniger bekannten Sage sollen sich in diesem Gasthaus die Alken, d.h. die Alten, deren Asche nun in den Urnen unter den Grabhügeln liegt, regelmäßig zu den Bestattungsfeierlichkeiten ihrer Angehörigen getroffen haben. Werden die Kobolde und Zwerge deshalb Erdmännlein und Unterirdische genannt, weil sie wie die Verstorbenen in unterirdischen Gräbern stecken, wie Nork annimmt? Tote, die aus ihren Gräbern kommen, sei es in körperlicher Gestalt als Vampire oder Wiedergänger, franz. *revenants*, ob in ätherischer, feinstofflicher oder nicht-materieller Form, erwecken eine Urangst vor dem, was jenseits aller Kontrolle geschieht, einen Schauer vor dem Numinosen. Schauerlich und grauenerregend war die Begegnung mit einem Zwerg nach einem Bericht in Kerners *Blättern aus Prevorst*. Eine dunkelgraue kleine Gestalt, die aus der Erde zu kommen scheint, erregt Grauen. Grau ist die Gespensterfarbe schlechthin, doch streng genommen ist Grau keine Farbe, ebensowenig wie Schwarz und Weiß. Grau gezeichnet ist das Unklare und Ungeklärte, es weist auf das Unerklärte. Mit der Farbe Rot bei Zwergen und Kobolden hat es eine andere Bewandtnis. Die rote Kleidung der Kobolde kann nach dem Volksglauben auf einen erlittenen blutigen Tod eines Kindes hindeuten, weshalb man sich die Kobolde manchmal mit einem Messer im Rücken vorgestellt hat. Rote Kappen, rote Hosen und rote Röcke sind weit verbreitet in der Koboldmode.

Etliche der *Deutschen Sagen* der Brüder Grimm zeugen von einer begangenen Bluttat. So findet etwa eine Magd ihren Kobold, den sie endlich einmal zu Gesicht bekommen will, nackt auf einem Kissen liegend vor, mit einem großen Schlachtmesser im Rücken. Nach einer anderen Sage wird sie aus eben diesem Grund in den

Keller bestellt, wo sie in einer Mulde ein etwa dreijähriges Kind entdeckt, blutüberströmt und mit zwei Messern kreuzweise ins Herz gestochen. Das Messer ist das älteste Opferinstrument. Ebenfalls an einen blutigen Tod erinnern die scharlachroten Mäntelchen der „Herdmännlenn uf der Ramsflur zwischenem Dörfle und dem alten Lorenzkapellele". Die Vogelfüßchen der Männlein, von den langen Mänteln verdeckt, zeugen außerdem von dem uralten Glauben an die Vogelgestalt der Seele. Eine grausame Tat an einem Kind wird hinter manchem Poltergeistspuk vermutet, so weiß es der Volksmund immer noch. Einige Gäste des Pubs *Bird Bush* in Elsden, Northumberland, behaupten, Spukerscheinungen im Kaminzimmer erlebt zu haben und bringen diese mit einem Kind bzw. Kinderschuh in Verbindung, den man bei Umbauten im Mauerwerk hinter dem Kamin fand.

69: Der Kinderschuh aus dem Mauerwerk im Pub Bird Bush in Elsden, Northumberland, wird als Hinweis angesehen, dass ein ermordetes Kind die Spukphänomene verursachen könnte. Foto: A. Puhle

Ein Zwerg im roten Kapuzenmäntelchen ist Mittelpunkt des Nicolas-Roeg-Films *Wenn die Gondeln Trauer tragen* (Originaltitel: *Don't look now*, 1973), der auf einer Kurzgeschichte der Londoner Autorin *Dame* Daphne Du Maurier basiert, die unter gleichem Titel bzw. als *Not After Midnight* erschien. Im Film verliert ein junges Ehepaar (gespielt von Julie Christie und Donald Sutherland) seine kleine Tochter. Der Vater kann sie nicht mehr vor dem Ertrinken retten. Als die Eltern wenig später nach Venedig reisen, wo der Mann mit der Restauration einer Kirche beschäftigt ist, kommt die Frau mit einer blinden Seherin in Berührung, die sie davon überzeugt, mit dem Geist ihrer verstorbenen Tochter Kontakt zu haben. Sie glaubt ihr, während der skeptische, von Vorahnungen aber nicht freie Vater bald in den verwinkelten Gassen eine kleine Gestalt (gespielt von Adelina Poerio) hin und her huschen sieht, die wie das ertrunkene Mädchen ein rotes Kapuzenmäntelchen trägt, doch immer, wenn er ihr näher kommt, blitzschnell verschwindet. Am Ende dreht sie sich um, zeigt ihr steinaltes Gesicht – und ersticht den Vater (siehe VI.4).

Nicht immer ist eine Blutspur zu erkennen, wenn ein kleiner roter Geist auftaucht. Das rote Männchen aus dem Märkischen etwa ging „spurlos" in einem der Türme des Domes in Stendal um und ließ sich zuweilen in den Schalllöchern des Turmes blicken. Es sollte der verstorbene und über die neue lutherische Lehre verärgerte Mönch und Diener eines katholischen Pfarrers jener Kirche sein. Kuhn sieht die rote Kleidung der Kobolde als Hinweis auf ihr einstiges Wesen als Herdgeister an. Wie den alten Herdgottheiten, wurden Zwergen und Kobolden Speise und Trank als Opfer dargebracht. In einem Dorf in Siebenbürgen „geht noch heute eine Kröte in einem sächsischen Bauernhaus furchtlos ein und aus und wird mit Milch gefüttert", in der festen Annahme, sie sei die als Hexe verschriene verstorbene Mutter des Hausvaters – eine Angelegenheit, von der man ungerne spricht. Die Opfergaben von Speise und Trank waren als Mittel, sich vor schädlichen Aktionen verstorbener Menschen zu schützen, die als Kobolde Unfug treiben könnten, gedacht.

Auch den Elben wurden einst Opfer dargereicht. In den nordischen Sagen ist die Rede von einem blutigen Opfer, altnord. *álfablót*, das einen Stier aus Fleisch und Blut erforderte. Es galt den Schwarzelben, den Zwergen, die in den Bergen hausten. Mit dem Stierblut sollte der Elbenhügel gerötet werden, während das Fleisch den elbischen Hügelbewohnern als Mahl gereicht wurde (Kormakssaga). Von dem Betreiben eines Opferkultes für die Elben legt auch der

Reisebericht des Dichters Sigvatr Þórðarson nach seiner Schwedenreise Zeugnis ab, weil ihm mehrmals der Zutritt zu Gehöften verweigert wurde, in denen gerade geopfert wurde. In Deutschland weisen die Geschenke an die Zwerge auf alte Opfergaben hin: Sie sind Spuren des Glaubens an die Zwerge als Seelen der Toten.

70: Jenny Nyström, Schweden: Tomtegubbe (Hausalter).

In Schweden ist die erst langsam abnehmende Sitte, dem Tomte und Nisse Grütze zu spenden, vielleicht ein Hinweis auf den archaischen Glauben an das Weiterleben und die Macht der verstorbenen Ahnen. Ebenso gibt es im deutschsprachigen Raum bis heute noch Menschen, die dem Hausgeist regelmäßig etwas zu essen hinstellen, wobei die Deutung, wer der Hausgeist sei, unterschiedlich ausfallen kann. Auch in anderen Ländern lebte die Sitte, den Seelen der Verstorbenen, wie den Zwergen, Kuchenspenden zu bringen, so auf den Western Islands vor Schottland, auf St. Kilda, wo die Einheimischen zu Halloween (All-Hallow-Even) oder Allerheiligen (All Saints) einen großen Kuchen buken, der die Form eines abgerundeten Dreiecks hatte. Er musste in derselben Nacht aufgegessen werden.

Was die Zwerge noch mit den Seelen einstiger Menschen verbindet, ist der Besitz einer Nebelkappe, die sie in bestimmten Fällen einem Menschen überlassen müssen. Diese Annahme ist in der schwedischen Tradition verankert, nach der erzählt wird, dass jemand einen Zwergenhut bekommen kann, wenn er neun Jahre lang, vorzugsweise in der Zeit um das Julfest herum, einen sogenannten Jahresgang (*årsgang*) unternimmt und um Mitternacht auf den Kirchhof geht. Der Mutige wird im neunten Jahr dort viele kleine Burschen, *hverfvar* (Zwerge), antreffen. Sie tragen alle Hütchen und haben nichts Besseres im Sinn, als den Friedhofsbesucher ordentlich zu piesacken. Gelingt ihnen das nicht, muss einer seinen Zwergenhut abtreten.

© *Wenche Skjøndal, Zwergin.* © *Jan Bergerlind, Schweden: Tomtespeise.*

II.4 Licht aus dem Dunkel der Erde: Zwerge als Sterne und Lichtwesen

Sterben ist das Auslöschen der Lampe im Morgenlicht,
nicht das Auslöschen der Sonne.
RABINDRANATH TAGORE

Der Schritt von den Seelen der Verstorbenen zu dem Licht der Seele und den Lichtern der Zwerge ist nicht weit. Zwerge und Wichtel verbreiten hellen Lichterglanz um sich herum, strahlen das Seelenlicht aus. Wenn wir in der nordischen Mythologie nach den Wurzeln der Zwerge suchen, finden wir diese nicht nur in der Dunkelheit. Es ist ein bestimmter Zweig der Zwerge, dessen Wohnungen im unterirdischen Reich verborgen liegen, der Zweig der Schwarzelben, während die Lichtelben in den himmlischen Regionen beheimatet sind. Noch die deutschen Sagen erzählen von Erdmännchen, die nachts in den Häusern arbeiten und dabei in „größten Glanz" gehüllt sind, und von Zwergen, die von einem lichten Schimmer umgeben sind. Die alten Lichtelben (*liós-álfar*) sind das personifizierte Licht, Lichtwesen, deren Lichterglanz in den kleinen sagenhaften Erdbewohnern noch bis in die jüngste Zeit weiterleuchtet. Das Licht nun, die Sonne und die Sterne, stellten sich die Menschen in alter Zeit als etwas Göttliches, als göttliche Wesen vor und entdeckten seinen Widerschein in der menschlichen Seele, die sie als Lichtwesen ansahen. Die Wurzeln der Zwerge weisen in beide Richtungen, zu den lichten Göttern wie zu den leuchtenden, von höherem Licht erleuchteten Seelen, den Astral- oder Sternenkörpern, die nach dem physischen Tod weiterleben und leuchten. Die Sonne hat die engste Beziehung zum Leben überhaupt, zu Körper, Geist und Seele, denn ohne Licht und Wärme sind wir nicht lebensfähig.

Die bulgarische Sprache unterscheidet zwei Arten des Lichtes, Videlina und Svetlina. Videlina, von der indogermanischen Wurzel für „sehen" abstammend, ist das Urlicht, ein geistiges Licht, durch das die geistige, spirituelle Welt wahrnehmbar ist. Svetlina ist das physische Licht und gehört zu einer Wurzel, die „glänzen" bedeutet. Der bulgarisch-französische Philosoph Omraam Mikhaël Aïvanhov beschreibt Videlina als erste Ausstrahlung Gottes, die von der Sonne in sichtbares Licht, in Svetlina, umgewandelt wird. Unser Licht ist das reflektierte Urlicht, materiell gewordenes Licht.

71: Sterntaler – Illustration aus einem alten Kinderbuch.

In der deutschen Tradition finden wir viele Anzeichen für die lichtvollen Seelen der Menschen. Einige Züge der Waldgeister- und Zwergensagen lassen sich noch aus der alten Sonnen-Mythologie herleiten, wie etwa die aus einem Acker oder See hervorsteigenden Kuchen und die nächtens von den Zwergen geschmiedeten Schüsseln und Waffen. Auch viele andere Aspekte stehen in Zusammenhang mit den Sternen. In dem Märchen *Die Sterntaler* fallen die Sterne vom Himmel und verwandeln sich für das arme Mädchen, das sein letztes Hemd hergegeben hat, in „lauter harte blanke Taler".

Nach landläufiger Meinung bringt es Glück, eine Sternschnuppe fallen zu sehen, und was man sich in diesem Augenblick wünscht, geht in Erfüllung. Die Sternschnuppe gilt daneben als ein Todeszeichen und zeigt den Aufstieg einer Seele ins Sternenreich an; ein schon in der Antike vorbereiteter Glaube, nach dem jeder Mensch seinen eigenen Stern hat.

Vieles spricht für die Deutung der Zwerge als Lichtwesen und Sternenseelen der Verstorbenen. Oft beschrieben wird der Glanz, der von diesen Wesen ausgeht. Hinter ihren niedlichen Laternchen steckt mehr, als es scheint. Das Zwergenlämpchen, das sich in jedem Zwergenhaushalt finden lässt, macht auf ihre innere Lichtnatur aufmerksam. Wie uns die Sagen wissen lassen, leuchten die Lichtlein nicht nur hell um die Zwerge herum, sondern direkt aus den kleinen Wesen heraus, und es sieht ganz so aus, als seien sie dem Licht ebenso, wenn nicht sogar mehr verbunden als dem Dunkel des Erdengrundes. Die Heimat der Lichtelben ist ja der Himmel. So verwundert es nicht, dass den Zwergen auch etwas Engelhaftes anhaftet. Zwerge sind nicht nur klein, wie die kindergleichen Engel des Mittelalters, sondern haben etwas Lichtes und Strahlendes, das auf ihre Verbindung mit den leuchtenden Seelen und Sternen aufmerksam macht.

Auch die Astronomie bedient sich der Assoziation von Sternen und Zwergen. Sie spricht von *Zwergen* und meint damit Zwergsterne, die zur Leuchtkraftklasse 5 gehören, während Sterne mit noch stärkerer Leuchtkraft *Riesen* genannt werden. Letztere sind die größeren Sterne. Die Zwergsterne, zu denen die Sonne zählt, bilden mit rund neunzig Prozent die größte Gruppe aller Sterne der Milchstraße, so wie die zwergenartigen Geister der Mythen die weltweit größte Geistergruppe formieren. Wie die alten nordischen Zwerge werden auch die Himmelssterne nach ihrer Farbe benannt: Es gibt gelbe, rote und braune Sterne. Das Zwergenreich ist kein dunkles Reich, trotz seiner unterirdischen Lage.

In Dänemark ereignete sich eine Zwergen-Episode, als eine Frau und ein Mann eines Tages an einer mit Gras bewachsenen Anhöhe vorbeigingen, am Husstedt-Brink. Früher soll an dieser Stelle ein Haus gestanden haben, worauf noch der Name dieses Hügels hinweist. Da sahen sie auf einmal, wie eine Schar kleiner Leute aus einer Öffnung des Hügels munter herausspazierte. Die Leutchen kamen paarweise zum Vorschein, als ob sie zu einer Hochzeit gehen wollten, und stellten sich zum Tanz auf, alle mit einem Lichtlein in der Hand. Doch das war alles, was die beiden zu Gesicht bekamen, denn es wurde ihnen unheimlich und sie machten sich so schnell wie möglich auf und davon.

Geschichten von Lichter tragenden Zwergen gehören nicht allein dem Norden Europas an, sondern sind zu Hauf aus Deutschland überliefert. So wurde in Pommern die Geschichte einer Frau aus Boek am Glandower See erzählt, die mit den kleinen Leuten – dort Üllerkens genannt – auf gutem Fuß stand. Die ganz in der Nähe in einem Berg hausenden Leutchen fühlten sich in ihrem Haus so wohl, dass sie ein kleines Fest im Keller feierten. Die Zwergenmusik war allerdings nicht in Zwergenlautstärke, so dass die Frau neugierig wurde und nachgucken ging, was da los war. Sie fand den Keller hell erleuchtet, und durch die Türspalte sah sie, wie es von Üllerkens nur so wimmelte. Beherzt nahm sie ein Licht und ging hinein, doch da erloschen all die Lichtlein samt ihres eigenen, und das fröhliche Volk ward nicht mehr gesehen.

Zwerge mit brennenden Laternen sind auch in Thüringen und Sachsen zu Hause, und es war noch vor kurzer Zeit ein offenes Geheimnis, dass die Wichtelmännchen aus den Ritzen der Wichtelstube hervorgekrochen kommen. Das Licht der Zwerge strahlt nicht immer von einem Lämpchen oder Kerzlein. So erfahren wir von einem Wichtlein, genannt Hardtmändle, das sich zwischen

Mittelstadt und Neckartenzlingen aufhielt und den Menschen des öfteren einen Schrecken einjagte. Sie hörten es bisweilen, wenn es im Wald Holz hackte. Nicht immer war das Männlein mit einem runden Hut und grünen Rock bekleidet, sondern alleweil erschien es als Licht und war transparent – man konnte seine Rippen zählen. Es schien, als ob ein Lichtlein mitten in seinem Körper angezündet war. Von einem anderen durchsichtigen Männchen, dem Schwarzwälder Glasmännchen, war schon die Rede (I.5) und wird es noch sein (III.5). In der Schweiz wusste man von Glashäusern, aus denen schöner Lichterglanz herausstrahlte, und es hieß, die Erdleute wohnten in ihnen. Weiter erfahren wir von dem großen Glanz, den die Schweizer Erdmännlein aus Leuggern an der Aare bei ihrer Arbeit auf einem Bauernhof um sich verbreiten. Er soll verblassen, sobald die Männlein abziehen. Von Lichterglanz umgeben sind auch die schwedischen *jordvättar*, winzige Erdgeister, die der Ethnologe und Bibliothekar aus Uppsala, Gunnar Olof Hyltén-Cavallius, als Belemniten deutete.

Ein natürliches Geisterlicht, wie die in der Erde leuchtenden Belemniten, die fossile Schalenteile von Tintenfischen sind, ist auch das wilde weißblühende Tausendschönchen (Bellis perennis). Es leuchtet hell in der Abenddämmerung, wenn andere Blumen längst nicht mehr zu erkennen sind, und trägt im Schwedischen den volkstümlichen Namen *vätteljus*, Geisterlicht oder Wichtellicht (in Skåne). In der Gegend um St. Goar kennen auch die Deutschen „Zwergenlichter" und meinen die wollig-fedrigen Fruchtstände des Löwenzahns (Taraxacum officinale). Elfenmantel, Elfenlamperl, Himmelslämpchen, Nachtlichtel, Lichtele, Schlaflichter, Totenlichtlein, Lichtblumen, Leuchter, Laternen, Kerzenblumen, Pustelampen, Pusteblumen und einfach Geistblumen heißen sie in anderen Regionen. Im südlichen und mittleren Schweden wächst eine seltene, eigentümliche, fast unterirdische Pflanze mit weißem Wurzelstock, 5-25 cm hohem, hellrotem, schuppigem Stengel und zartrosa bis roten Blüten, im Volksmund *vätteros* (Lathraea squamaria, Familie Scrophulariaceae), Geisterrose oder Wichtelrose, genannt. So entpuppen sich manche Geisterlichter als etwas Natürliches.

72: *Vätteros im Naturschutzgebiet Sandsjöbacka bei Billdalen südlich von Göteborg. Foto: Annekatrin Puhle, 1.4.2007.*

Ähnlich wie die *jordvättar* sind die *bolvättar* (vgl.I.1). Sie halten sich vorwiegend am Herd auf. Charakteristisch für ihre Kleidung ist ein kurzer weißer Rock; das Haar tragen sie kurz oder lang, und es flattert manchen um die Schultern. Gelegentlich erscheinen sie mitten in der Nacht überraschend in der dunklen Stube „fast wie Mondschein" (*som ett månsken*). Leuchtet es zwischen den Ritzen auf dem Fußboden geheimnisvoll auf, kommentiert es der Volksmund, es sei der Wicht, der das Lichtlein leuchten lasse (*att det är vätten, som bränner ljus*). Glimmt das Feuer in der Asche des längst verloschenen Herdfeuers noch einmal neu auf, wird auch das dem kleinen Wicht zugeschrieben, der ins Feuer blase (*som ligger och blåser på wärmen*). Doch am meisten vertraut ist das Bild des winzigen Vätte, der nachts in der Stube auf und ab geht und dabei ein bläuliches Lichtlein, sein vättaljus, in der Hand hält. Es kann auch vorkommen, dass sich mehrere Vättar nachts im Haus zum Spielen und Tanzen versammeln, und dabei hält ein jedes Männchen ein brennendes Lichtlein in der Hand. Sie stellen die Lichter dann in Kreisform auf dem Boden auf und tanzen fröhlich darumherum, ganz so, wie es draußen in der Nacht die Erdwichte unter freiem Himmel auf den Wiesen gerne tun.

73: Aus einer Weihnachtskarte von Jenny Nyström, Schweden, 1912.

Es gibt weiterhin unzählige Berichte von geheimnisvollen Lichterscheinungen in der Nähe von Sterbenden. Adalbert Kuhn kommt daher zu dem Schluss: „Es ist also die seele des sterbenden, die den körper, noch ehe der volle tod eingetreten ist, verlässt und noch an der todesstätte weilt."

Neben dem hellglänzenden Licht, das um die Zwerge herum oder aus ihnen heraus scheint, gibt es noch andere Lichter, die zu den Zwergen gehören. Besonders geheimnisvoll muten etwa die Zwerge an, die auf ihrem Käppchen jeweils einen großen blauen Edelstein tragen. Wenn diese Blaukäppchen im Dunkeln auf den Wiesen umherhopsen, sieht es aus, als wenn lauter blaue Flämmchen dort tanzen. Rote Lichtsignale setzen die vielen rotgekleideten Zwerge: Ihre leuchtend roten Hütchen, Höschen, Jäckchen oder Mäntelchen zeigen das alte Herdfeuer im Haus an, an dem sie seit der Antike bis vor gar nicht langer Zeit im Ermland (siehe II.1) als göttliche Wesen und mächtige Ahnengeister verehrt wurden. Es war einst eine verbreitete Sitte, rote Lichter in den Häusern für die Verstorbenen anzuzünden und zu Allerseelen oder Allerheiligen bzw. am Totensonntag auf die Gräber zu stellen. Sie hat sich inzwischen bis auf Weihnachten und den Jahreswechsel ausgedehnt. Die

74: Illustration zu dem Buch Unter den Gnomen im Untersberg *von Franz Hartmann. Leipzig o.J.*

roten Lichter sind Zeichen der Leuchtkraft der Seelen, die unabhängig vom Körper existieren können; eine Erinnerung an die Verstorbenen, an den Glanz und die Ausstrahlungskraft ihrer Seelen. Heute erfreuen wir uns nur noch an den Zwergen mit ihren brennenden Lämpchen und hätten dabei fast vergessen, dass es ihr Seelenlicht ist, das so wunderbar leuchtet und erstrahlt. Es ist das Licht des Lebens, das die Zwerge unermüdlich in der Dunkelheit weitertragen, das Licht der Seelen, die wie Sterne strahlen. In einem Glaubenssatz, den Adalbert Kuhn beschreibt, ist dieses alte Wissen noch aufbewahrt: Man soll nicht mit den Fingern nach den Sternen greifen, dann steche man den Engeln die Augen aus. Und wenn wir die Engel mit den Zwergen und den Lichtelben gleichsetzen, dann sind die Augensterne, die Pupillen, der Verstorbenen die natürlichen Himmelssterne. Viele Sagen erzählen von den rot leuchtenden, funkelnden Augen der kleinen Leute. Die Herrmännlein in der Schweiz haben helleuchtende Augen und ganz schwarzes Haar. Auch rote Augen und schneeweiße Kopfhaare, wie es die oberpfälzischen Razeln haben, bilden einen hübschen Kontrast. Die hochempfindlichen Augen dieser Zwergen-Art, die feine Binsenröckchen tragen, können kein Tageslicht ertragen. Ganz rot von dem langen Aufenthalt unter der Erde funkeln die Augen der Fankerln, weiterer Zwerglein der Oberpfalz.

Augensterne werden nicht nur die Pupillen der Augen genannt, sondern der Begriff verweist noch auf etwas anderes Kostbares, den Kern, die Lichtquelle im Menschen. „Du bist mein Augenstern" heißt: Du bist mein Liebstes, Wertvollstes. Die Augen sind Fenster der Seele, lehrte schon Hildegard von Bingen.

Gesang der Leuchtzwerge

Entzündet ein Licht!
Die Lampen sind klein,
Das Dunkel ist dicht,
Noch können wir nicht
Leuchtend und groß
Wie Engel sein.

Entzündet das Licht,
Ein bescheidenes bloß ...
Als helle Spur
Im Erdenschoß.

Ein Lichtlein nur,
Und doch bereiten
Wir schon das Licht,
Das einst nach finsteren Zeiten
Wie Sonne aus der Erde bricht.
URSULA BURKHARD
(IN BURKHARD 1998, S.9)

II.5 Kleine Menschen – unterdrückte Völker

So viele Völker haben vor uralter Zeit gelebt
und sind wieder verschwunden. –
Wären die Menschen verständig, so würden sie einsehen,
wie die Zeit mit anderen verfährt
und es sich zur Warnung dienen lassen.
In blinder Gier sammeln sie Schätze,
die sie nachher anderen überlassen müssen,
während sie selbst – nach allem Abmühen – in's enge Grab steigen.
Tausendundeine Nacht

Unterirdisch, überirdisch oder einfach nur irdisch? Das fragen wir uns, wenn wir nach einer normalen Erklärung für Zwergen-Erscheinungen suchen, die alles Geheimnisvolle mit einem Schlag zerstört. Die einfachste Antwort wäre, dass es sich bei Zwergen um lebende Menschen und nicht um Miniaturseelen Verstorbener handelt. Zwerge können weniger hochgeschossene Menschen sein oder Menschen, die aufgrund genetischer oder hormonaler Faktoren eine relativ geringe Körpergröße erreichen, die man als Zwergwuchs, Nanismus, Nanosomie oder Kretinismus (nach F.E. Fodéré 1792) bezeichnet. Die Größe zwergwüchsiger Menschen liegt zwischen 80 und 130 cm, wobei die Wachstumshemmung meist ererbt ist, aber auch durch einen neu entstandenen Mangel des Wachstumshormons Somatotropin entstehen kann, d.h. eine Unterfunktion der vorderen Hypophyse. Im Gegensatz zu dem hypophysären Zwergwuchs bei Ausfall oder starker Verringerung der Somatotropin-Sekretion bewirkt die Überproduktion des Hormons Riesenwuchs. Der endemisch auftretende Kretinismus ist die Folge einer Unterfunktion der Schilddrüse aufgrund von Jodmangel oder einer Jodverwertungsstörung und kann zu körperlichen Disproportionen, kleinerem Wuchs und Kropfbildung wie zu Störungen in der Entwicklung der Intelligenz führen. Der Begriff „Kretin" schließt sich dem französischen Wort *crétin* für einen Schwachsinnigen an, während er in der Mundart des Wallis für altfranzösisch *crestien* (von lateinisch *christianus*) gebraucht wird und einen Christen, einen armen Christen bezeichnet. Neben den genannten Störungen gibt es weitere erbliche oder nicht-erbliche Faktoren, die das Wachstum erheblich hemmen können, etwa eine Unterernährung oder vitalstoffarme Mangelernährung (Vitamin-D-Mangel). Verschobene Proportionen entstehen nicht immer beim Zwergwuchs. Manche Zwerge sind wohlproportioniert, ihre Proportionen entsprechen der Schönheitsnorm (primordialer Zwergwuchs) und sind hübsch anzusehen, wie in dem Film *The Wizard of Oz* (1938). Traditionell wurde das Phänomen des Zwergwuchses der Einwirkung böser Dämonen zugeschrieben, wie es für viele Krankheiten angenommen wurde.

Machen wir uns nichts vor: Die Menschen früher waren auch keine Engel, und wer weiß, auf welche Ideen sie gekommen sind, wenn sie statt eines niedlichen Babys ein verunstaltetes, hässliches „Ding" in der Wiege vorfanden, runzlig, mit einem viel zu groß geratenen Kopf und einem Buckel obendrein. Wie viele ausgesetzte Kinder, die aus verschiedenen, auch genetischen Gründen anders aussahen als die übrigen, mögen in den Wäldern eine Weile überlebt haben, je nachdem in welchem Alter man sie ausgesetzt hat und wie überlebensfähig sie waren. Und wer weiß, wie viele Leute sich dafür ein schönes Menschenkind von anderswo „geholt" oder „eingehandelt" haben und unter welchen Bedingungen. Kinderhandel ist ein aktuelles Thema und hat, wie das Aussetzen von Kindern, eine lange Geschichte. Manche kleineren Menschen mögen im Erwachsenenalter von selbst das Weite gesucht haben, um dem sozialen Druck ihres Umfeldes zu entfliehen, und sich alleine durchgeschlagen haben. Diese Erklärung mag auf einen Teil der Zwergen-Sagen zutreffen, doch nur auf einen Teil, denn eine stattliche Zahl berichtet von winzig kleinen Wesen, deren Größe weit unter der eines neugeborenen Kindes liegt – daher die vielen Namen wie Däumling. Selbst ein Achtzig-Zentimeter-Mensch wäre daran gemessen schon ein Riese.

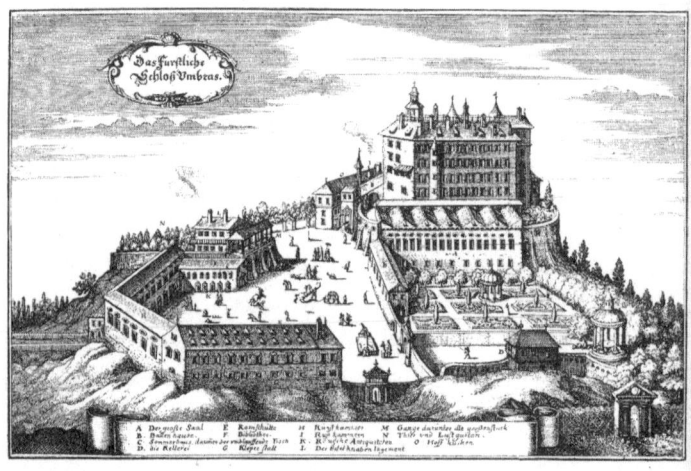

75: *Schloss Ambras bei Innsbruck, 1677.*

Körperliche Kleinheit kann mit geistiger Größe einhergehen, und umgekehrt muss ein riesiger Mensch nicht unbedingt geistig der Aufgeweckteste sein. Ein geistiger Riese auf dem Gebiet der Poesie war zweifellos der englische Dichter und Satiriker Alexander Pope. Eine Tuberkulose (Pott's disease) im Alter von zehn Jahren ließ ihn nicht größer als vier Fuß und sechs Inches (1,37 Meter) werden und versah ihn obendrein mit einem Buckel, was ihm nicht nur gesundheitlich zu schaffen machte. Aus einem kleinen Menschen kann allemal etwas Großes werden, das wussten auch die Könige, und so wurde an manchen Höfen nicht nur ein Riese eingestellt, wie auf Schloss Ambras bei Innsbruck, sondern auch ein Zwerg, ein Hofzwerg, so geschehen mit unzähligen Zwergen, etwa mit Perkeo auf dem Heidelberger Schloss, dem Zwerg am Bonner Hof des Kurfürsten Clemens August oder dem Zwerg des Grafen von Henneberg in Thüringen. Der Hofzwerg von Graf von Henneberg stammte ausgerechnet aus Wichtshausen und hieß Buch-Klaas. Als er eines Tages mit seinem Herrn und Meister in den Wäldern und Gehölzen spazierenritt, machte ihn dieser auf die schönen Bäume aufmerksam. Der Zwerg musste darüber fürchterlich lachen und wies seinen Herrn zurecht: „Du hast hier Bäume stehen, denkst Du? Denkst, die schönen Bäume wären Dein? Dein sind nur die Krummen, die Geraden gehören den Förstern."

76: Anders Luxemburg (1697-1744)
– der echte Zwerg von Luxemburg.

Hofzwerge sind ein Kapitel für sich; und wie nah Realität und Mythos beieinander liegen können, lehrt uns die Geschichte des kleinen, buckligen Angestellten auf Schloss Engsö, Anders Luxemburg, der wegen seiner Ähnlichkeit mit dem französischen Feldmarschall Luxembourg „Zwerg von Luxemburg" genannt wurde. Der Günstling von Karl XII. diente im 18. Jhdt. auf diesem schwedischen Schloss, dessen erster Besitzer im 12. Jhdt. König Erik von Schweden war und das auf einer Insel im See Mälaren in Västmanland, unweit von Stockholm, liegt. Seine letzte Ruhestätte fand er auf dem Friedhof neben der zum Schloss gehörigen Kapelle. Ruhestätte? Nach seinem Tod soll er viele Male in seinem langen, taillierten grauen Mantel und mit seiner grauen Kappe auf dem Weg zwischen Friedhof und Schloss gesehen worden sein.

Zwerge treten in der alten skandinavischen, französischen und mittelalterlichen deutschen Tradition als Diener der Ritter und Helden auf, denen sie freundschaftlich verbunden sind. So erscheinen Zwerge im Zyklus um Dietrich von Bern, erhalten im *Heldenbuch* des 13. Jahrhunderts und in anderen Romanen. Die Zwerge haben die Phantasie und Kreativität der Menschen beflügelt. So ist viel Historisches in die Zwergen-Literatur eingeflossen. Die französischen Zwerge, *nains*, seien nach den historischen Zwergen geformt, meint Fritz Wohlgemuth, während August Lütjens dies verwirft und die Abhängigkeit der französischen Romanliteratur vom keltischen Volksglauben aufzeigt und ihren Ursprung eher dort sucht, was später Vernon Howard in seinem Buch über den Artus-Roman aufgreift. Die französischen *nains* des höfischen Romans bilden eine klar definierte literarische Gattung und stehen in dieser Hinsicht den Märchen näher als den Legenden von übernatürlichen Wesen. Ebenso gehören die Zwerge der mittelhochdeutschen Literatur mehr dem phantastischen Genre, etwa den *förnaldarsögur*, an als die Elfen, die häufiger in historischen Werken und Familien-Sagas mit Realitätscharakter auftauchen. Sie sind – nach Lütjens – Kreuzungen mit den höfischen nains und viel erdhafter als die Zwerge der deutschen Volkstradition. Auch die Märchenfigur *Der gestiefelte Kater* ist nicht ganz realitätsfern, denn im Mittelalter wurden Kater und Affen als Diener zu höfischen Zwecken abgerichtet. Nicht gedient, nur gewohnt hat im alten Schloss Calenberg ein gestiefelter Zwerg. Der „kleinknurpsige" Kerl trug riesige Stiefel, aus Angst, ein Pudel könnte ihm seine Beinchen abzupfen, und ließ sich im Schloss mit Konfekt und Milch verwöhnen. *Stiefelchen* soll die Seele eine Muttersöhnchens gewesen sein.

Sind die kleinen Gestalten, die sich nur sekundenweise erblicken und selten einfangen lassen, vielleicht Bilder von Menschen, die von der neuen Bevölkerung ihres Landes unterdrückt wurden, die entweder körperlich klein oder klein im Sinne von vertrieben und unterlegen sind? Sind es historische Bilder, die von Generation zu Generation als Erinnerungen weitergegeben werden und noch nicht ganz verblichen sind? Sind es Erinnerungen, die in bestimmten Situationen aktiviert und in traumähnlichen Zuständen wahrgenommen werden können? Wir kennen Geister-Erscheinungen aus dem ortsgebundenen Spuk, Bilder, die an Orten, an denen Schicksalhaftes stattgefunden hat, ihre Spuren eingeprägt haben und über Jahre die Vergangenheit widerspiegeln. Zeugen Zwerge von einer grausamen Vergangenheit, von gewaltsamer Unterdrückung von Menschen? Die menschliche Erinnerung kann im Nachhinein Gesehenes, das unbekannt ist – auch außergewöhnlich kleine oder große Menschen – ins Extreme steigern, d.h. Kleines verkleinern und Großes vergrößern.

Viele Völker kennen Sagen von zwergartigen Wesen, die sich in den Untergrund geflüchtet haben. Die Alten Griechen erzählten von kunstfertigen Zwergen, die sie idäische Daktylen (griechisch *Idaioi Daktyloi*), nannten, Däumlinge aus dem Waldgebirge Ida (in Phrygien und Troas an der mystischen Grenze südöstlich von Troja). Von einigen Daktylen sind Namen überliefert: Kélmis, Damnameneús und Ákmon. Wie viele Daktylen es gab? Darüber streiten sich die Zwergen-Gelehrten, denn möglicherweise haben sie ihren Namen von der Zehnzahl der Finger erhalten und bestehen aus fünf weiblichen und fünf männlichen (Diodor). Oder waren sie viel mehr, wie Sophokles weiß, und wurden wegen des Fingerkontakts zur Göttin Rhea so genannt? Sie waren wohl Kobolde, „Fingermännchen". Wo die griechischen Zwerge verehrt wurden, lässt sich nicht mit Sicherheit sagen, doch weisen einige Quellen (Apollodors *Katalogos Neon*) auf den Kult um die kretische Göttin

Rhea, die Tochter von Himmel und Erde (Uranos und Gaia) und Mutter des Zeus, die nicht nur eine Schwester der Zeit, sondern auch Gemahlin der Zeit, des Kronos, war. Wie alle Götter, wird sie in üble Machenschaften verwickelt und muss ihre Kinder vor ihrem eigenen Göttergatten retten, der befürchtet, sie könnten ihn entmannen. Mit List kann Rhea Zeus verstecken, der seine Geschwister befreit, sobald er erwachsen ist, dann aber seinen Vater stürzt. In den homerischen Hymnen wird Rhea im Zusammenhang mit der Geburt von Artemis und Apollon besungen und außerdem in Verbindung mit dem Schicksal der Persephone.

In die geheimen wie nicht geheimen Künste der alten griechischen Zwerge gewähren uns die antiken Autoren Einblick. Homer (*Ilias*) lässt sie mit ihren kunstvoll geschmiedeten Waffen gegen die Kraniche antreten. Andere berichten von den Zauberkräften der Zwerge, die daher auch Zauberer, Góes, hießen (Phoronis). Nach einem Bericht von Pherekydes gab es linke und rechte Zwerge: Die linken Zwerge konnten verzaubern und die rechten den Zauber lösen. Zwanzig rechte und zweiunddreißig linke Daktylen soll es gegeben haben. Die Daktylen haben auch Einweihungen in die Mysterien durchgeführt (Porphyrios), werden als Lehrer von Orpheus vorgestellt und mit Faunus und den Laren in Verbindung gebracht. Weiter sind die Daktylen Entdecker der Schmiedekunst. Sie konnten mit rhythmischem Bearbeiten das Metall zum Klingen bringen und wurden darum auch als Erfinder der Musik angesehen.

Sind Zwerge nun untergegangene oder unterdrückte Völker? Sind die Daktylen die Urbewohner Kretas, wie Dipodor annahm? Sind die schwedischen Zwerge vertriebene Finnen und Lappen, die Zwerge Ostbayerns einstige Slawen, die des Spreewalds die Wenden, die Pixies die ursprünglichen Bewohner Cornwalls und die schottischen Fairies die Pikten? War das Kleine Volk Irlands ursprünglich das Volk der kleinwüchsigen Kelten, das in den Hobbits in der mythisch-phantastischen Welt Tolkiens zu neuem Leben erwacht ist? Sind die Venediger-Leute und Venediger-Männlein, die in deutschen Bergwerken umgingen und sie unsicher machten, in Wirklichkeit kundige Gastarbeiter aus Venedig, die ursprünglich aus Kleinasien in die deutschen Mittelgebirge und nach Italien kamen, wie Paulus Diaconus beschreibt. Repräsentieren Zwerge eine Bevölkerung, die dem Gedächtnis der Späteren allmählich entschwindet, etwa eine indoeuropäische Klasse von „artisana" (Handwerkern), aufbewahrt als eine verblasste Erinnerung, wie Lotte Motz in Erwägung zieht? Sind die ausgelöschten Völker kleinere Menschen gewesen, Pygmäen oder Pygmaei, die schon Plinius erwähnt?

77: *Die deutschen Bergmänner waren klein und drahtig. Sie trugen als Kopfschutz hohe Mützen wie die Zwerge.*
Aus G. Agricola 1556.

Oder spielt die Erinnerung den Überlebenden einen Streich, indem sie die ausgelöschte Bevölkerung nachträglich in viel kleinere Wesen verwandelt, so wie eine ungewöhnliche Erscheinung im Nachhinein mitunter als viel größer oder kleiner erinnert wird, als sie wirklich war? Oder will das Gedächtnis der Nachwelt die an ihren Vorgängern begangenen Schandtaten und das schlechte Gewissen schmälern? Geistererscheinungen von verstorbenen Menschen stimmen in ihrer Größe mit dem Originalbild des lebenden

Menschen gewöhnlich überein. Nur das Alter der Geister-Person kann variieren, und so kann ein leidender, kranker Mensch in seiner Sterbestunde einem anderen in blühender Gesundheit erscheinen, frei von den Zeichnungen des Lebens, während ein verstorbenes Kind in einem fortgeschrittenen Alter, das es zu Lebzeiten gar nie erreicht hat, zur Zeit der Erscheinung aber hätte, als Geist auftreten kann. Wir stehen vor Rätseln und bekommen eine ganz Reihe von Erklärungsansätzen zur Auswahl (siehe II.6).

78: Ein Troll. Elsa Beskow, Schweden.

Spannen wir den Bogen in die jüngere Vergangenheit zu einem sonderbaren Beispiel aus dem Norden: An der Westküste Schwedens liegt etwa 120 km nördlich von Göteborg eine kleine Insel, die noch vor gut hundert Jahren von einem geheimnisvollen Kleinen Volk bewohnt wurde, von dem sich die Leute eine sonderbare Geschichte erzählen. Aufgeschrieben hat sie der Sohn eines Mannes, der in Schweden Zwergen-Berichte gesammelt hat, die unter der Landbevölkerung als wahre Begebenheiten gelten. Leider sind diese Berichte nicht schriftlich festgehalten, doch sein Sohn Edvard Matz stellte eine Anthologie von Erzählungen von allerlei Naturwesen, wie Trollen und musizierenden Wassergeistern, zusammen, darunter *Das Zwergenvolk, das auf dem Meer verschwand*. Dieses Völkchen soll bis zum Jahr 1813 auf der Insel Bohus-Malmön an der schwedischen Westküste gelebt haben. Es waren kleinwüchsige

Menschen, Malmöpyttarna oder Malmöbarnen genannt, wörtlich die „kleinen Malmöer" oder „Malmö-Kinder". Ihre Größe entsprach Kindern im Alter von zwölf oder dreizehn Jahren. Sie hatten dunkle, glatte Haare, braune Haut, Schlitzaugen und eine fliehende Stirn. Ihre Stimmen klangen quengelig. Auf dem Festland hatte man die Meinung, sie seien nicht die Allerklügsten. Die meisten von ihnen waren Fischer, denn die Insel bot nicht viel fruchtbaren Boden, so dass ihnen nur das Meer blieb. Sie waren sehr abergläubisch und schrecklich arm. Die große Tragödie passierte im Jahr 1813: Eines schönen Sommertages zog die ganze Flotte zum Fischen aus. Da kam plötzlich, ohne Vorwarnung ein heftiger Wind vom Festland her in Orkanstärke auf und riss die gesamte Flotte mit sich. Ein Teil der Boote sank sofort, während die übrigen Boote auf dem Meer verschwanden. Auf diese Weise sind die Malmö-Kinder genau in dieselbe Richtung verschwunden, aus der sie einst, nach eigenen Angaben, auf einer treibenden Eisscholle angeschwemmt wurden, nach Jütland.

II.6 Wer sind sie wirklich?
– Die sieben Zwergen-Deutungen

Es stimmt nicht,
dass es keine Wunder mehr gibt.
Wir haben höchstens beschlossen,
keine mehr anzuerkennen.
ADOLF SOMMERAUER

79: *Die sieben Zwerge. Zeitgenössische Illustration zu* Schneewittchen *in Grimms Märchen-Ausgabe von 1819.*

Angenommen, Zwergen-Erlebnisse sind nicht bloß schnöder Betrug von Menschen oder frei erfundene Geschichten, die wir mit einem Wisch vom Tisch fegen können, was sind sie dann? Stellen wir einmal zusammen, welche Erklärungen die Menschen im Laufe der Jahrhunderte und Jahrtausende für Zwerge gegeben haben und welche wir heute noch hinzufügen können. Wie es sieben Zwerge gibt, sieben Metalle – früher waren nur sieben bekannt – und sieben Planeten, die um die Sonne kreisen, so gibt es sieben Zwergen-Deutungen:

1. Zwerge sind göttliche Dämonen, höhere Wesenheiten oder Halbgötter, involviert in die Schöpfung der Welt. Sie sind den Menschen weit überlegen.
2. Zwerge sind unterirdische Naturgeister, geistige Wesenheiten, als Elementargeister gebunden an das Element Erde; sie sind den Menschen teilweise überlegen, teilweise unterlegen.

3. Zwerge sind die Seelen verstorbener Menschen; die das Leben der Menschen beeinflussen können; sie sind Lichtwesen und können als Sterne weiterleuchten.
4. Zwerge sind kleine Menschen.
5. Zwerge sind Erinnerungsbilder an frühere kleine oder unterdrückte Völker.
6. Zwergenerscheinungen sind Täuschungen und beruhen auf psychophysischen Faktoren.
7. Der Zwerg ist ein Archetypus, der in schicksalhaften Situationen erscheint, und ein Totengeleiter. Er ist ein von Gott gegebenes inneres Bild, das äußere Gestalt annehmen kann.

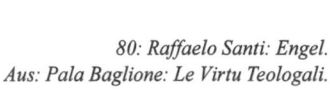

80: Raffaelo Santi: Engel.
Aus: Pala Baglione: Le Virtu Teologali.

Während die ersten beiden Punkte Zwerge als selbstständige Wesenheiten erachten, die den Göttern nahestehen und selbst über göttergleiche oder dämonische Kräfte verfügen bzw. die Naturkräfte verkörpern, sehen die nächsten drei Erklärungen (Punkte 3-5) in den Zwergen Menschen – lebende oder verstorbene. Als lebende Menschen sind sie besonders klein von Gestalt, als Verstorbene spiegeln sie die Seelen, die man sich wie Engel in Kindergröße vorstellt, oder sie leuchten wie die Sterne und sind selbst Sterne und Lichtwesen. Als unterdrückte und untergegangene Völker können sie einerseits in der menschlichen Erinnerung weiterleben, wobei sie in bestimmten Situationen aktiviert und abgerufen werden können, während sie andererseits, nach neueren Theorien, über das „Gedächtnis eines Ortes" auch an bestimmten Plätzen, wie Erdlöchern, Höhlen, Bergen, Felsen, Bäumen oder auch Häusern, in Scheunen, Ställen und Mühlen in noch unerklärter, rätselhafter Weise ihre Spuren und „Eindrücke" hinterlassen. Die letzte Möglichkeit wird in jüngster Zeit im allgemeinen Zusammenhang mit Geistererscheinungen diskutiert.

81: Mili Weber, St. Moritz: Engelsleiter.

Punkt 6 reduziert die Zwerge auf die Zwergenseher, d.h. auf Phänomene der menschlichen Psyche und Wahrnehmung, die uns die moderne Psychologie und Physiologie in vielen Varianten anbieten. So können Fehlwahrnehmung, Fehlerinnerung und Bewusstseinsstörungen Ursachen für Erscheinungen sein. Doch bleibt auch hier der berühmte unerklärte Rest, der die Sache so spannend macht und das Geheimnis der Zwerge bis in unsere Tage aufrechterhält (vgl. IX und X). Die letzte, faszinierende Möglichkeit, Zwerge zu deuten, liegt in der Annahme, der Zwerg sei ein Archetypus und könne in entscheidenden Lebenssituationen erscheinen und eingreifen (vgl. IX.1), so auch die Funktion eines Totengeleiters übernehmen. Damit schließt Punkt 7 den Kreis und verbindet Menschen und Götter, denn als Archetypus trägt der Zwerg den Charakter des Machtvoll-Göttlichen und ist gleichzeitig der menschlichen Seele urverwandt (vgl. VI.4).

II.7 Steinalt oder unsterblich?

In alten Zeiten muss die ganze Natur lebendiger und sinnvoller gewesen sein als heutzutage.
NOVALIS (HEINRICH VON OFTERDINGEN, 1.TEIL)

Mit dem Alter ist das so eine Sache: Die Wenigsten mögen es, nicht alle können es mit Würde tragen, einige erreichen es erst gar nicht und wieder andere werden so alt, dass sie gerade dadurch ehrwürdig wirken. Letzteres gilt auch für die Zwerge, deren lange weiße Bärte und runzlige Gesichtchen mit den klug hervorblitzenden Augen auf ein weises Alter schließen lassen. So hat der Elbenkönig Elberich gut fünfhundert Jahre auf dem Buckel. Wie die Menschen, so machen auch die Zwerge gerne ein Geheimnis aus ihrem Alter, zumindest die ausgetauschten Zwerge, die man als Ersatz für gestohlene Menschenkinder in die Wiege gelegt hat (siehe VIII.2). Wenn man diesen Wechselbälgen mit List und Tücke ihr Alter entlocken kann, kommt Erstaunliches heraus. So lässt sich das Kind eines Unterirdischen, das als Wechselbalg bei den Menschen gelandet war, von einem Bier, serviert in einer Gänse-Eierschale, zu dem Geständnis hinreißen: „Ich bin so alt wie der Böhmerwald." Ein andermal ist der Westerwald das Maß für das Zwergenalter, wie sich ein weiterer Wechselbalg verplappert, als er zum Lachen gebracht wird. Humor ist das beste Rezept, um aus dem Wichtel die Wahrheit über sein Alter herauszukitzeln. Auch ein irischer Wechselbalg, *changeling*, kann sich beim Anblick des Kochens in Eierschalen nicht mehr beherrschen und sagt ganz unverblümt: „Ich bin fünfzehnhundert Jahre auf der Welt." Eine alternative Methode, das Alter eines Zwerges zu erfahren, ist etwas mühseliger: Man zähle die Nadeln einer Tanne – der Zwerg ist nämlich genau so viele Jahre alt, wie die Tanne Nadeln hat.

82: Einar Norelius, Schweden: Tomtefar (Zwergvater).

Zwerge werden alt, uralt, steinalt, und es kann passieren, dass sie, wie ihre großen Brüder, die Riesen, in Stein verwandelt werden. In der Tat sind sie dem zeitlosen Steinreich eng verbunden, sind in ihm zu Hause. Sie leben in Felshöhlen, im steinernen Berginneren, in Hünengräbern und sind selbst so grau wie Stein. Wenn das Licht auf sie scheint, verwandeln sie sich in Stein. Oder sie fallen der Willkür eines Geisterbanners zum Opfer, wie es mit den freundlichen und allzeit hilfsbereiten Bergzwergen im schönen rauen Egertal in Böhmen geschah, die gerade auf dem Weg zu einer Hochzeitsfeier waren und von einem erzürnten Menschen in den Felsen gebannt wurden – nur einer von ihnen wurde zu Stein. Dieser Felsen erhielt den Namen „Verwünschte Zwergenhochzeit".

83 (links): Der Zwerg mit dem Grabscheit. Zwergl-Garten, Schloss Mirabelle, Salzburg.
84 (rechts): Die Zwergin mit dem Zwiebelbund. Zwergl-Garten, Schloss Mirabelle, Salzburg.

Die Erde ist das Revier der Zwerge, ihr Element. Hier können sie sich richtig tummeln. Die Erde ist das dauerhafteste Element, verglichen mit den drei anderen Elementen Luft, Wasser und Feuer. Dauerhaftigkeit und Beständigkeit sind die Kennzeichen des irdischen Elementes. Zwerge sind so erdhaft und erdnah, dass sie sich in eine Wurzel verwandeln können, z.B. in die Wurzel des Allermannsharnischs, und diese wiederum war oft ein Ersatz für die seltene Alraunenwurzel, die geheimnisvollste Wurzel in der Kulturgeschichte Europas. Doch eine Verwandlung bedeutet noch nicht ewiges Leben, und ein hohes Alter bleibt immer noch ein Alter – das Tor zur Ewigkeit bleibt den Zwergen dennoch verschlossen. Unsterblichkeit können nur die Götter für sich in Anspruch nehmen, während der Trunk der Unsterblichkeit auch ein niederes Geschöpf, ein unter ihnen stehendes Wesen, in den begehrten Zustand versetzen kann. Wir kennen aus dem antiken Ägypten, Kleinasien und Griechenland eine Reihe von Göttern, die zwischen Sterblichkeit und ewigem Leben hin- und herpendeln, Götter, die sterben und in die Unterwelt absteigen müssen, aber regelmäßig, etwa für jede zweite Jahreshälfte, wieder in der Oberwelt auftauchen: Osiris, Tammuz, Attis, Persephone und Adonis. Sie verkörpern den Lebenszyklus der Vegetation, die Wiederbelebung der Natur, und ihre Rückkehr wurde in Ritualen gefeiert.

Bekannt sind aus alter Zeit auch die Abstiege der Helden in die Unterwelt. So wagt Odysseus den Abstieg in das Land der Toten, um die Voraussagen des weisen Sehers Teiresias zu erfahren (Homer, *Odyssee*, Buch 11), während Aeneas in der Unterwelt die Prophezeiungen der Sibylle vernimmt und auf ihren Rat hin den goldenen Zweig von einem Zauberbaum bricht, was ihn in die glückliche Lage versetzt, mit seinem verstorbenen Vater Kontakt aufzunehmen und seine gefährliche Reise erfolgreich durchzuführen. Eine antike Orakelstätte in Süditalien lag tief in den Felsen verborgen, und es bedurfte einer wahren Heldenleistung, bis zu der Seherin durch einen halben Meter hohe, stockfinstere, sich lang hinziehende Höhlengänge bis ins Berginnere vorzudringen. Im nordischen Altertum reist der Held Vainamoinen in die Unterwelt von Tuonela, um einen Zauberspruch zu lernen. Dante schildert in seiner *Göttlichen Kömödie* (um 1320) den Abstieg in die Hölle und setzt ihn zeitgleich mit Jesu Höllenfahrt von Karfreitag bis Ostersonntag an, lässt aber neun Höllen durchfahren, unter Vergils Patenschaft (1. Buch, Inferno).

Als Unterweltwesen vermögen es die Zwerge zwar, den Menschen den Tod zu bringen, aber sie selbst müssen ebenfalls sterben. Zwerge sind keine Götter, auch nicht zwischen den Welten pendelnde Götter. Sie sind sterblich. Und woran sterben sie? Die Todesursachen sind vielfältig, und eine von ihnen ist, neben ungesalzenem oder mit Fenchel gewürztem Brot, der Mensch. Menschen haben sie im Laufe der Geschichte nicht nur vertrieben, sondern totgeschlagen, verbrannt, ertränkt oder vertilgt. Sogar der ruhelose Geist eines verstorbenen Diebes soll das Verschwinden der Erdmännchen auf dem Gewissen haben. Zuletzt kann ihre eigene Zwergenliebe sie umbringen: Das gesamte Volk der Erdmännchen hat sich einst ertränkt, als ihr König starb.

Wenn Zwerge Götter und Dämonen niederer Rangordnung oder Naturwesenheiten sind, ist es verständlich, dass sie eines Tages dem Tod ins Gesicht blicken müssen. Sind sie hingegen die Seelen verstorbener Menschen, warum müssen sie sterben, da sie den Tod schon überlebt haben? Ziehen sie in noch ein weiteres Reich? Oder sind sie den geisterhaften Schatten der Astralgeister, d.h. Sternengeister, verwandt, von denen Paracelsus sagt, sie schlichen noch einige Zeit nach dem Tod auf der Erde herum, während nur der von Gott gegebene Geist des Menschen zu Gott zurückkehre und in die Unendlichkeit und das ewige Leben eingehe? Die Frage nach dem Schicksal der Zwerge konfrontiert uns mit der spannenden Frage nach unserem eigenen Verbleib und gibt uns zu bedenken, ob vielleicht ein besonderer Aspekt des Menschen dem Reich der Ewigkeit angehört.

85: Illustration von Elsa Beskow zu Solägget, *1932.*

III

Ein Königreich für Zwerge

Was ist das Schwerste von allem?
Was dir das Leichteste dünkt:
Mit den Augen zu sehen,
was vor den Augen dir liegt.
JOHANN WOLFGANG VON GOETHE

86: Henry Meynell Rheam, Queen Mab, England.

Kleine Leute, Kleines Volk – Zwerge bilden ganze Völker und haben Könige und Königinnen. Huldra heißt etwa die schöne Königin des Huldrenvolkes, von der die schwedischen Sagen wissen. England kennt eine *queen of fairies*, eine Königin der Feen, während Frankreich eine *Morguein de elvinne* hat. Eine Sage aus Cornwall spricht von einer engelhaft schönen, wenn auch sterblichen Zwergenfrau. Als das Kleine Volk sie in der Lelant Kirche bei St. Ives bestattete, hörte man den Ruf: „Our queen is dead!". Von den männlichen Zwergen haben wir mehr Informationen: In den deutschen Heldensagen ist von dem Zwergenkönig Goldemâr oder Vollmar die Rede. Auch ein Fürst der Zwerge wird erwähnt, ein seltsamer Alter namens Heiling. Die berühmtesten deutschen Zwergenkönige heißen Bîlêî, Laurin, Piper bzw. Pippe kong, Grigoras und Glecidolân. Sie sind Herren der Zwerge, wohl aus den Reihen der Schwarzalben. Andere Zwergenkönige sind Alfrigg, Antilois, Böler, Coryllis, Ewaldus, Finn, Gewis, Montsognir, Oronomassan und Tonnegold. Worblestrüsken oder Prenz Walberstrückse heißt

87: Ida Bohatta-Morpurgo, Wien: Aus: Die Leutchen im Walde. 1934.

ein Erdmännchenkönig. König Gibich (Gübich bzw. Hibich oder Hübich) regierte ein sagenhaftes Reich in Bad Grund im Harz. Noch ein Zwergenkönig lebte beim Scherfenberger, und das irische Märchen *Die verwandelten Elfen* zeigt einen Elfenkönig in fürstlicher Haltung im Mondschein unter einem großen Pilz bei einer uralten Eiche.

88: *The Arrival of the King and Queen in Fairyland (Ankunft des Königs und der Königin im Feenland). Frühes 20. Jhdt.*

Auch einen Bergkönig (Bergkong) gibt es, ja sogar einen Gott der Zwerge (Albrecht von Halberstadt erwähnt ihn). König Alberich ist, wie sein Name besagt, ein Albe (bzw. Elberich ein Elbe). Er kommt, wie Laurin und Antilois, auf einem stolzen Ross geritten, das so groß wie eine Geiß oder ein Reh ist. Zum Bühnenstar Oberon avancierte Alberich in Shakespeares *Mittsommernachtstraum*, wo er als Feenkönig auftritt. Schon in der altfranzösischen Fabel erscheint er als Oberon (bzw. Auberon), der über das Reich der Feen, *royaume de la féerie*, die Herrschaft hat. Im Nibelungenlied (entstanden um 1200 aus unbekannter Quelle im Donaugebiet) ist er nicht der König, sondern steht im Dienst der Könige Schilbung und Nibelung. Im Gegensatz zu den anderen Königen gehört Oberon wohl nicht zu den Schwarzalben.

Von den Wohnungen der Lichtalben in den Himmelsregionen sind keine Sagen mehr bekannt, und so begeben wir uns nun wohl oder übel in die unterirdischen Reiche der schwarzen Alben, der Zwerge, in denen es am Ende gar nicht so finster ist, wie es auf den ersten Blick erscheint.

III.1 Im unterirdischen Reich

Alwis [Alvíss] heiß ich, unter der Erde
Steht mein Haus im Gestein.
EDDA, ALVÍSSMÁL

Ob irdisch, überirdisch oder unterirdisch, Naturgeister bringen Leben in die Elemente, in Erde, Luft, Wasser, Feuer und sogar in den himmlischen Äther. Die Zwerge sind für den irdischen und unterirdischen Bereich zuständig, für die Erdoberfläche und das Erdreich, das sich darunter auftut. Niemand weiß genau, wo die Grenzlinie zwischen der irdischen und der unterirdischen Welt verläuft. Wir haben keinen Zugang zu diesen dunklen Gründen, können uns aber im Geist in sie hineinvertiefen. In der Tiefe hat das Leben seinen Grund, sind die Kräfte der Natur am stärksten, dort wuselt es nur so von den kleinen Erdwesen. Zwerge sind „Verkörperungen der im Inneren der Erde wirkenden Naturkräfte", können wir mit Drechsler sagen. Im Erdengrund sind sie in ihrem

Element. In der dunklen Winterszeit sind sie am aktivsten, wenn sie die Fruchtbarkeit für das kommende Jahr vorbereiten, doch im Frühjahr, wenn die Erde aus ihrem Winterschlaf erwacht, spüren wir diese Kräfte ganz deutlich.

89: Illustration von Rien Poortvliet (1932-1995), Holland.

Im Erdreich tummelt sich nun das muntere Zwergenvolk, nur ab und zu kommen die kleinen Geister ans Tageslicht. Zwerge und Elben sind lichtscheu und meiden die Sonne. Sobald sie ein Lichtstrahl trifft, versinken sie in der Erde. Daher werden die kleinen Nachtwesen auch Nachtvolk genannt (Vorarlberg). Nur in Ausnahmefällen kommt es vor, dass die Erdmännchen im Sonnenschein spielen. Wenn sie dabei jemand beobachtet, fühlen sie sich entsetzlich gestört und ziehen sich sofort zurück, doch mit ein paar Zwergen-Gaumenfreuden, wie Weißbrot und Bier, lassen sie sich versöhnen.

Als Erdgeister stehen uns die Zwerge von allen Naturgeistern am nächsten. Sie sind uns vertrauter als die luftigen, wässerigen oder feurigen Geister, auch wenn wir mit allen erstaunlich viele Wesenszüge teilen. Das Volk der Erdmännchen ist mit der Erde verbunden, wirkt und webt mit ihren Kräften. In diesem Sinn sind sie irdische und unterirdische Geister. Doch ihrer Herkunft nach stehen sie den Göttern nah und sind wie diese überirdischer Natur. Heute jedenfalls gehören sie dem irdisch-unterirdischen Bereich an und sind die Bodenständigen unter den Naturgeistern, diejenigen, die den Bezug zum Alltag, zum Handfesten haben. Wenn auch die Luft-, Wasser- und Feuergeister ihr natürliches Element verlassen können und in den Häusern der Menschen aufkreuzen, stehen doch die Erdgeister den Menschen noch näher. Sie packen bei der täglichen Arbeit mit an (siehe VII.2) und lassen sehr menschliche Züge durchblicken.

90: Ein Bergtroll in Schweden.

Die Erdleutchen hausen an allen möglichen Orten. Ihnen stehen interessante Wohnprojekte zur Auswahl, vom zweckmäßigen Schlupfloch bis zum prächtigen Königspalast. Ihre Namen zeigen ihre Vorlieben, wie die angelsächsischen Bergälfen, Dunälfen und Muntälfen nach Gebirgsschluchten und Höhlen benannt sind. In Dänemark gibt es das Bergvolk (*biergfolk*) und den Bergtroll, und jeder hat wohl von den deutschen Bergmännchen, Erdmännchen und Wurzelmännchen gehört. Wurzelwerk und schöne Bäume sind Luxus-Villen für das Erdvolk.

Die Natur liebt es, im Verborgenen zu bleiben.
HERAKLIT

91: Jill Barklem, England: Illustration zu Spring Story. *1980.*

III.2 Zwergenbäume

Man sieht oft etwas hundertmal,
tausendmal,
ehe man es
zum allererstenmal
wirklich sieht.

CHRISTIAN MORGENSTERN

Einst herrschte in Deutschland und Skandinavien die Überzeugung, bestimmte Bäume übernähmen eine Schutzfunktion für Haus und Hof. Die enge Beziehung von Haus und Baum oder Mensch und Baum ist nicht etwa einseitig, sondern geht offensichtlich auch vom Baum aus, und zwar von bestimmten Bäumen, wie etwa dem Holunder (Sambucus nigra). Die älteren Steiermärker und Schweizer kannten die Regel: „Vor einem Kranawetstrauch [Wacholderbusch] soll man den Hut abnehmen, vor einem Hollerboschen aber niederknien." Um einen Holunderstrauch sei ein Kommen und Gehen, besonders nachts, behauptet heute der Drogist und Heilkundige René A. Strassmann, da der Busch dunkle, schwere Erdwesen, die ihr Reich verlassen und den Weg verloren haben, wieder zurückführe und die Wesen oberhalb der Erde vor dem Übergriff der unterirdischen Wesen schütze.

Der Hausbaum und Schutzbaum (schwedisch *vårträd* oder *boströ* bzw. *boträ*) bietet unterschiedliche Hilfe an. Nach ältester Vorstellung dient er als Körper für ein Baumwesen, das in ihm lebt, wie bei der mächtigen Zauber-Weide in Tolkiens *Herr der Ringe* (Buch 1, VI). Später stellt man sich vor, der Baumgeist könne aus seiner Baumhülle heraustreten und umgehen. Weiter bietet ein Baum auch

Schutz für Mensch und Tier sowie Haus und Hof, weil unter seinen Wurzeln Raum für kleine hilfreiche Naturwesen ist. In der Natur halten sich Zwerge noch lieber auf als in den von ihnen versorgten Häusern. Im Erdreich, in Hügeln, Bergen und Erdlöchern, oder im Wurzelreich und unteren Stammbereich auserwählter Bäume fühlen sie sich am wohlsten.

92: Die alte Ulme von Gülitz. Die Malerin Eleonore Heine-Jundi hat in ihr Bild geschrieben: „Hier haben Baumgeister über Jahrhunderte geformt, gespielt, gelebt und ein Baumwunder geschaffen."

Zwergenbäume genossen früher in Norwegen besonderen Schutz; sie durften nicht gefällt werden. Auch in Dänemark wusste man aus Erfahrung, dass Zwergenbäume nicht gefällt werden dürfen, sofern man das Glück des Gehöftes, zu dem der Baum gehört, nicht aufs Spiel setzen will. An diesen Rat hielt sich ein alter Däne, auf dessen Land bei Eskildstrup, im Verwaltungsbereich Sorö, ein Zwergenbaum seine Wurzeln geschlagen hatte. Sein Vorgänger hatte nämlich einen großen Fehler begangen: Er hatte einen der beiden gleichen Bäume, die dort ursprünglich wuchsen, umhauen lassen und musste seine Tat mit dem Unglück, das anschließend über ihn und sein Haus hereinbrach, teuer bezahlen. Im Süden Schwedens stand auf einer Heide zwischen Falsterbro und Skanör in Skåne ein uralter Apfelbaum, unter dem sich das Pysslingefolk häuslich eingerichtet hatte. Es war eine Schuhmacher-Zwergenfamilie, deren Anwesenheit noch im 19. Jhdt. gespürt wurde, hängten sie doch ihre Leinenkleidung bei schönem Wetter in dem Baum zum Trocknen auf. Wer sich eines grünen Zweiges dieses Zwergenbaumes bediente, wie der Hirte Jons Påhlsson, der sich daraus seinen Hirtenstab anfertigte, musste mit einer Reaktion der Zwerge rechnen. Jons handelte sich Bauchschmerzen ein, die so lange anhielten, bis er den Baum um Verzeihung bat. Auch Spott mochten die kleinen Leute nicht, und einmal machten sie einen spöttelnden Vorbeifahrenden so irre, dass er die ganze Nacht mit seinem Wagen um den Baum herumfahren musste – die Räder hinterließen bleibende Spuren.

Wenn auch die Strafen für das Beschädigen eines Baumes im Laufe der Zeit immer milder wurden, so kam es doch 1744 vor, dass ein Mann aus dem schwedischen Bohuslän für das Abhauen eines Zweiges von einem Hausbaum bei seiner Beichte zu einer Strafe verdonnert wurde. Ein anderer schwedischer Bauer, der kurzen Prozess gemacht und den Schutzbaum gefällt hatte, hörte

93: Zeichnung von Eleonore Heine-Jundi. Die „tausendjährige Ulme in Gülitz", Brandenburg, hat mindestens achthundert Jahre auf dem Buckel und einen Umfang von fast zehn Metern. Viele Gesichter, Köpfe und Figuren lassen sich in ihrem Stamm erkennen.

am Abend aus dem Baumstumpf die kleine Geistergesellschaft im Chor singen: „Wir verloren unser Haus, wir verloren unser Haus, auch du sollst das deine verlieren." Am nächsten Tag brannte das gesamte Gehöft nieder.

Aus Sicht der deutschen Zwerge sind Apfelbaum, Rüster (Ulme) und Holunder am attraktivsten, aber auch andere Bäume haben ihre Reize. Super komfortabel sind ausgehöhlte Bäume. Im Spreewald (in oder bei Lucknitz) stand eine Eiche, unter die ein Fußsteig führte, auf dem ein reger Zwergenverkehr herrschte.

III.3 Zwergenlöcher und Königreiche

Möge der Regenbogen
dich an die Brücke erinnern,
über die du ins himmlische Paradies gelangst.

IRISCHER SEGENSWUNSCH[5]

Himmel und Erde sind Gegensätze, die sich, wie alle Gegensätze, verbinden und aufheben lassen, sei es gedanklich oder bildlich, etwa durch eine Regenbogenbrücke, auf der die Menschenseelen in den Himmel steigen. Wenn Zwerge Menschenseelen sind, können sie das auch. Die niederen Enden der Brücke ruhen auf der Erde, während die Höhe des Bogens den Himmel erreicht (siehe II.3). So spannt sich der Bogen vom finsteren Erdreich hinauf in den lichten Himmel. Bifröst oder Asenbrücke heißt die Brücke, über die täglich die Asen vom Himmel zur Gerichtsstätte hinunterreiten, die sich an dem heiligen Brunnen der Norne Urdhr unter der dritten Wurzel der Weltenesche Yggdrasil befindet, die in den Himmel hinaufragt. Aber nicht jeder kann den Götterweg in den Himmel nehmen, denn das Rot im Regenbogen ist brennendes Feuer (Gylfaginning 15). Die Zwerge sind nach den Sagas ja nicht die Seelen der Menschen, sondern Schwarzalben. Sie halten sich in Schwarzalbenheim (Svartálfaheimr) auf, während die Dunkelalben, die „schwärzer als Pech sind" und unter der Erde hausen (siehe I.1), und die bildschönen Lichtalben im himmlischen Álfheimr wohnen. Der Ursprung der Alben liegt im Dunkeln wie im Hellen.

Bis zum Himmel ist es ein weiter Weg, besonders aus der Zwergenperspektive. Versetzen wir uns in die Zwergenwelt, so entdecken

5 (ausgewählt von Hermann Multhaupt (2003) für den 17. Juli)

wir innerhalb dieser Miniatur-Welt eine weite Spanne, die sich vom gewöhnlichen Zwergenloch bis hin zum prachtvollen Königreich erstreckt. Die winzige Welt der Zwerge hält für uns große Überraschungen bereit, wenn wir es wagen, in sie hineinzuschauen und unsere Augen auf das Kleinste zu richten, das wir sehen können. Mit Zwergen-Erscheinungen verhält es sich wie mit anderen Erscheinungen geisterhafter Natur: Sie führen uns an die Grenzen des Sichtbaren, Erkennbaren, Messbaren, der Sinneswahrnehmung und des logischen Denkens. Das Besondere an den Zwergen ist, dass sie uns nicht nur in die Welt des unendlich Kleinen führen und/oder entführen, sondern uns ebenso an das Große und Erhabene unserer Seele heranführen. Die Wichtelmännchen locken uns nicht nur in das untergründige Reich hinab, sondern zeigen uns die verborgenen Schätze und Kostbarkeiten, die sie in ihrem Reich heimlich horten. Das Unbekannte lehrt uns gerne das Fürchten, und es macht uns gleichzeitig staunen, wenn wir die Angst einmal überwunden haben. Dann tut sich ein neues, bisher nicht gekanntes Reich auf.

Bei oberflächlichem Betrachten sehen Zwergenlöcher wie einfache Erdlöcher aus. Urplötzlich schießen die Erdleutchen aus ihren Schlupfwinkeln wie aus Mauselöchern heraus, sprießen wie Pilze aus dem Erdboden, um bald wieder blitzschnell in ihnen zu verschwinden, als wäre nichts geschehen. In Oberösterreich ging die Sage, dass Heidelbeeren die Eingänge von Zwergenlöchern verdeckten. Der Heidelbeerbusch hatte nämlich Mitleid mit dem kleinen Gesindel, das wegen seiner im Boden verborgenen Goldschätze von den Menschen beneidet und verfolgt wurde. Auch an Felsritzen sieht man die Kleinen flink heraus- und hineinschlüpfen. Das gesamte Werratal in Thüringen, von Gerstungen über Berka, Sallmannshausen und Hörschel bis Spichra, soll zu Bechsteins Zeit reich mit Wichtlein bevölkert gewesen sein. Einige Löcher waren so beliebt unter den Kleinen, dass die Menschen ihnen einen Namen gaben. So wohnten die Böhlersmännchen im Böhlersloch. Auch bei Gera liegen einstmals begehrte Zwergenlöcher. In Halbendorf, im Spreewald, befand sich in der Gegend, wo einst eine Windmühle stand, ein Zwergenloch. Mit etwas Glück konnte man in diesem Erdloch Geldstücke finden, denn es hatten sich Luttchen dort niedergelassen. Sie waren so groß wie ein Jahr alte Kinder und trugen rote Kleidchen. Beim Sprechen machten sie alles verkehrt. Wenn sie sich zum Backen von Sauerteigbrot ein Fass ausleihen wollten, sagten sie: „Wir möchten ein Nichtbackfässchen haben", oder verlangten, wie es einem Bauern in Gablenz passierte, ein Nichtbutterfass und versprachen ihm dafür Nichtbuttermilch.

In Jämlitz lebten einst Zwerge unter der Erde an einer runden sumpfigen Stelle. Ihr Eingang führte schräg nach unten in die Erde und war mit einem Stein verschlossen. Auch sie brachten die Worte nur in umgekehrter Bedeutung heraus und baten den Bauern Meto um ein Nichtbackfass. „Luttchenlöcher" hießen mehrere Gruben im Spreewald, so einige in Schönheide und Graustein, drei Gruben bei Schleife und eine größere Mulde in der Kiefernheide von Schönheide. Ebenso lebten sie in Bohsdorf unter der Erde und ließen die Erinnerung an ein paar für sie typisch verquere Worte zurück: „Borgt mir Euer Nichtbackfässchen, ich will Euch ein Nichtbrötchen backen."

Wer der Meinung ist, Zwergenlöcher seien in Wirklichkeit Unterschlüpfe für Menschen gewesen, wie der Thüringer Chronist Sebastian Güth in seinem Buch *Gründliche Beschreibung der Stadt Meiningen* behauptet, in dem er die Zwergenhöhlen als Zufluchtsorte der Bevölkerung zu Hunnenzeiten degradiert, der irrt. Kein anderer als Bechstein selbst, der Märchen- und Sagensammler aus Weimar, hat eigene Erfahrungen mit den Zwergenhöhlen gemacht. Er hält es kaum für möglich, dass einst die schwächeren Leute vor den Hunnen in schwer zugängliche Waldungen geflohen sein könnten, um sich zu verstecken, denn er versichert, dass die sogenannten Wichtleinshöhlen nicht genug Raum für Menschen böten: „Ich bin als Knabe unzählige Male in diese kleinen Felsklüfte gekrochen, die so raumbeschränkt, so eng und so niedrig sind, dass kaum ein Knabe, nicht aber ein Erwachsener darin stehen kann, auch sind derselben nur sehr wenige."

Ein Dorf zwischen Meiningen, Bechsteins Geburtsort, und Dillstedt heißt Wichtshausen. Es liegt an der Hasel, und ganz in seiner Nähe zieht sich eine zerklüftete Felswand hin, der Wichtelstein oder einfach nur Stein, in dem sich eine tief ins Innere führende Öffnung auftut. Dieses Wichtleinsloch führt weit unter die Erde und soll der Eingang zu einem langen unterirdischen Pfad sein, der in einen Keller in Schwarza mündet, der eine Stunde entfernt vom Wichtelstein liegt. Heute spricht man von mehreren Wichtelsteinen, Muschelkalkfelsen mit vielen kleinen Öffnungen. Von den sechs Wichtellöchern ist das erste mit siebenundvierzig Metern das längste, wie Höhlenforscher nachweisen konnten. Ein weiterer Bericht handelt „Von denen Hölen oder Zwerg-Löchern zwischen Elbingerode und dem Rübelande."

Schwerer als Erdlöcher oder Felsspalten sind Astlöcher als Aufenthaltsorte für Zwerge zu identifizieren. Löcher im Holz sind ideale Wohnungen oder wenigstens Durchgangsstationen für Elben (siehe VI.1). So war eines schönen Tages im schwedischen Småland eine junge Elbin auf Sonnenstrahlen durch ein Astloch in der Wand in ein Haus gelangt. Sie verguckte sich in den attraktiven Sohn des Hauses, vermählte sich mit ihm, schenkte ihm vier Kinder und verschwand alsbald beim Sonnenschein auf eben dem Weg, auf dem sie hineingekommen war, wie wir von dem schwedischen Sagenforscher und Hofprediger Arvid August Afzelius erfahren.

94: Ein Zwerg lenkt den Schlitten der Eiskönigin in Narnia. Illustration von Pauline Baynes, England.

Umgekehrt können Menschen, besonders Kinder, die Zugang zur magischen Welt haben, etwa durch die Holzwand eines Schrankes in ein Fabelland hineingelangen, wie es der Ire Clive Staples Lewis in seinem kürzlich wieder neu verfilmten Roman *Der König von Narnia* zeigt. Der Roman ist etwa gleichzeitig mit Tolkiens *Herr der Ringe* entstanden, etwa 1954 bis 1955. Beide Autoren waren Oxford-Gelehrte, Lewis für Englisch und Tolkien für Mittelenglisch, kannten sich, waren Freunde und diskutierten lebhaft ihre Buchthemen. In Lewis' Narnia-Geschichte folgen drei Geschwister ihrer jüngsten Schwester, die in einem kunstvoll geschnitzten massiven Holzschrank per Zufall den Weg in das Zauberland Narnia entdecken, und erleben dort allerlei Abenteuer, indem sie in den Kampf zwischen den guten und den bösen Mächten verwickelt werden. Der Löwe steht im Roman für das Positive, die Macht des Herzens, während die Hexe als Eiskönigin die kalten Gegenkräfte repräsentiert.

Aus der schönen Literatur ist ein Schneekönig bekannt und auch aus Mythen Finnlands ein dreihundert Jahre alter Schneekönig namens Snaer (der Greis), Sohn von Jökull (Eisberg) und Frosti (Frost), der drei Schneetöchter hat: Fönn (dichter Schnee), Drifa (Schneegestöber) und Mjöll (fein glänzender Schnee). Wer in Finnland alt werden möchte, wünscht sich ein Alter wie Snaer. In Deutschland kann man sich immerhin wie ein Schneekönig freuen, was auch eine gute Basis für ein hohes Alter ist. Im Deutschen trägt der hübsche Zaunkönig den Zweitnamen „Schneekönig". Die Schweiz kennt das Schneemannli neben anderen Schneegeistern, die allesamt in die Zukunft sehen und einen korrekten Wetterbericht geben können, ganz wie die Nebeldämonen; und schließlich taucht noch ein Schneefräulein dort auf.

Zurück zu den Wohnungen: Komfortablere Apartments als simple Erd- und Felslöcher dürften in den Augen der Zwerge Höhlen sein, und solche Zwergenhöhlen gab es nicht nur im alten Norden, wo man sie *gaudri* nannte, sondern viele Jahrhunderte später in Deutschland, in Westfalen. Auch in der Nähe der thüringischen Stadt Naila, zwischen Markt Selbitz und Lichtenberg, liegt eine Höhle, die bekannt für ihre Zwergenbewohner ist. Eine Tropfsteinhöhle zwischen Meschenbach und Rabenäußig, auch in Thüringen, hat sich eine Schar von Zinslein als gemütliches Mehrfamilienhaus mit Buschgarten und Bergbach auserkoren. Dieses sogenannte Zinselloch ist etwa zwanzig Fuß hoch, zwei bis acht Fuß breit, und man muss um die sechshundert Schritte machen, um die ganze Höhle zu durchschreiten.

Weitere Lieblingsorte des Kleinen Volkes sind Hügel, vorzugsweise Grabhügel. Manchmal wohnen sie in Steinhaufen, die nicht selten auf alte Ruhestätten der Verstorbenen schließen lassen. Oft leben sie unter Hügelchen, unter Rasenhüglein in der Heide, etwa in der Lüneburger Heide, weshalb man dort sehr vorsichtig gehen muss, um nicht aus Versehen auf einen Zwergenhügel zu treten. Wer sich die Mühe macht, von dem Dörfchen Peccatel aus, das etwa eine Meile östlich von Schwerin liegt, noch tausend Schritte weiterzulaufen, wird – so erzählt ein altes Sagenbuch – auf drei Kegelgräber stoßen, deren größtes Rummelsberg genannt wird. Natürlich verbergen sich auch hier wieder die Unterirdischen, die aber zu größeren Gelagen herauskommen sollen. Man erkennt das an der gedeckten Tafel, Kesseln und anderen Geräten, die bei Zwergen gebräuchlich sind. Die dazugehörigen Messer sehen etwas merkwürdig aus, und als ein Junge eines schönen Tages solch ein Messer mit nach Hause brachte, schimpfte ihn sein Vater aus und sagte, er solle es sofort wieder zurückgeben. Gesagt, getan, doch im selben Moment entschwand die Zwergentafel ins Reich des Unsichtbaren.

95: Ein junger Imp ruft nach Rupert Bear aus einem Steinhaufen. Aus: Rupert and the young imp, *von Alfred Bestall,* Rupert Annuals *1949.*

Zwerge reimen sich auf Berge, und das Paar gehört tatsächlich eng zusammen. Es herrscht eine starke Affinität zwischen diesen beiden extremen Größenordnungen. Die Verbindung ist so eng, dass wir unter Bergmännchen Zwerge verstehen. Im Norwegischen bezeichnet ein und dasselbe Wort, *houboer*, einen Bergbewohner und einen Zwerg. Berge bergen nicht nur Schätze, wertvollste Steine und Metalle, deren Hüter Zwerge sind, sondern bieten den optimalen Arbeitsplatz für einen richtigen Zwerg, ein Bergmännchen. Wir finden in den Bergwerken die Spezies Kobold, die als eifrige Bergarbeiter fleißig mithämmern und mitklopfen, aber wie alle anderen Kobolde zu Unruhestiftern werden, sobald man sie vernachlässigt und schlecht behandelt. Steine sind, wie die Erde, das Element der Zwerge, und in Gebirgen kommen sie gut zurecht. Abhänge, Schluchten und Abgründe meistern sie problemlos, und im Inneren der Berge liegen ihre Gemächer, voller edler Steine und Metalle. Helden und Könige, auch einfache Menschen, locken sie zu sich in den Berg, um sie anschließend, wenn sie die Charakterprüfung bestanden und sich bescheiden und dankbar erwiesen haben, reichlich mit Gaben bedacht in die Freiheit zu entlassen. Berge sind ferner die idealen Aufenthaltsorte für die Seelen der Toten, die klangvoll auch Seelenwindgeister heißen.

Es stellt sich die Frage, ob es überhaupt irgendeinen Berg in Deutschland gibt, von dem nicht die Sage geht, dass Zwerge in ihm hausten. So sind der Jagelberg, der Mönkenberg oder goldene Berg bei Rostock, der Petersberg in Mecklenburg, der Desenberg im nordrheinwestfälischen Warburgland und der Untersberg bei Salzburg Zwergenberge (siehe IV.1). Im Desenberg, auf dessen Gipfel sich seit wohl tausend Jahren – nachweislich seit dem 8. Jhdt. – eine Burg befindet, hausen Zwerge und bewachen Karl den Großen. Auch ein Kampf mit einem Drachen soll auf dem Berg stattgefunden haben. Im Spreewald gilt der Schloßberg zu Burg als Zwergenberg. In ihm soll einst ein Zwergenkönig, ein wendischer König, gehaust haben. Nacht altem Volksglauben birgt der Kyffhäuser – nach anderer Version auch der Trifels oder Untersberg – Friedrich Barbarossa, Kaiser Rotbart (ca. 1122-10.6.1190), doch heute wissen wir, dass er im Fluß Saleph in Anatolien unter ungeklärten Umständen ertrank und sein Fleisch, seine Knochen und Organe jeweils in Antiochia, Tyros und Tarsos begraben wurden.

Auch ein einfacher Sandberg tut gute Dienste: Die Luttchen bei Boblitz waren in einen Sandberg eingezogen und knüpften eifrig Kontakte mit den Menschen, indem sie sich ständig Dinge von ihnen borgten, die sie stets mit einem kleinen Geschenk zurückgaben. In Trebatsch heißen runde Hügel Lutgenberge, und in Lindenberg sind alte Grabhügel als Lutkenberge bekannt. Dies ist wiederum ein Hinweis auf die Zwerge als Verkörperungen der Seelen verstorbener Menschen. Vom Hausberg bei Hirschberg in Schlesien sagt man direkt, er berge die Seelen Gefallener. Der Petersberg ist die Heimat des Schweriner Koboldes Petermännchen. Das treue Männchen hatte jahrelang dem Mecklenburgischen Fürstenhaus als Familiengeist gedient, bis es sich eines Nachts entschied, nach Schwerin zu fliegen und in das dortige Schloss umzuziehen. In der Hohen Nonne, einem kleinen, kegelförmigen Berg zwischen Güstrow und Schwerin, an dessen Südhang einst stolze Tannen emporragten und der mit Moos und Wacholderbüschen zugewachsen war, soll die Wiege eines Wendenfürsten stehen. Auch einen kostbaren, von Zwergen behüteten Schatz soll der Berg verbergen, den zumindest bis zum Ende des 19. Jhdt. kein Mensch heben konnte. Wir finden in Bergen also nicht nur Zwerge und Schätze, sondern auch die von Zwergen entführten Menschen, sogenannte Bergentrückte. So befinden sich in den Bergen die Wiegen etlicher Könige und Kaiser, und diese werden strengstens von den Zwergen bewacht. Die Sagen erzählen weiter von den treuen Diensten der Zwerge, die sie für die Verzauberten als Diener und Boten leisten, wie die Zwerge im Kyffhäuser für Rotbart. Auch die alten Schweden können noch ein Lied von den Bergentrückten singen, den *bergtagna*. Ein schwedischer Bergkönig entführte einmal eine Jungfrau in seinen Berg und bekam mit ihr in acht Jahren sieben Söhne und eine Tochter, bis sie wieder frei war. Die Angelegenheit funktioniert auch andersherum: Zwerginnen haben sich flotte Menschenmänner als Ehepartner auserkoren und sie ent- und verführt.

96: Schlossberg Schwerin, späterer Sitz des Koboldes Petermännchen. Deutsche Bauzeitung, 24.12.1913.

97: Der Palast des Gnomenkönigs im Untersberg. Aus: Unter den Gnomen im Untersberg *von Franz Hartmann, o.J.*

Elben und Zwerge sind keine Einzelgänger. Sie leben in Familien, heiraten und bekommen Kinder, bilden Völker und haben einen König und eine Königin. Elben- und Zwergenkönige sind in der Regel greise Männer mit langem weißen Bart wie Alberich. „Alberich der Kühne, ein wildes Gezwerg" wird im Nibelungenlied um 1200 als greiser Mann mit Bart beschrieben, kühn, listig, grimmig, stark, mit Helm und Panzerringen und einer schweren Geißel aus Gold an seiner Hand. Hier ist er nicht selbst König, sondern den Königenbrüdern Nibelung und Schilbung dienstbar. Im 14. Jhdt. erscheint er in der französischen Sage von Huon de Bourdeaux als Auberon, und von dort wird er in die Artus-Epik übernommen, um dann als Elfenkönig Oberon in Shakespeares *Mittsommernachtstraum* ein Weltstar zu werden. Als Oberons Partnerin und Königin des Elbenreiches kreiert Shakespeare Titania, wobei ihr Name nichts mit den antiken Titanen, den Riesen, zu tun hat, sondern auf die deutschen Heldensagen zurückgeht, wo sich im kleinen Wolfdietrich der Titan findet. Im keltischen Sagenkreis ist der Held Cú Chulainn aus dem größten irischen Epos Táin Bó Cuailnge kein reiner Elbe oder Zwerg, wohl aber ein Elbensohn, der Sohn einer irischen Königstochter, der Tochter von Conchobor und des Elben Lug Mac Ethnenn.

Könige haben Königreiche, natürlich auch Zwergen- und Elbenkönige. Ihre Reiche und Paläste liegen versteckt im Inneren der Berge. Auch die unterirdischen Wohnungen der Zwergenkönige Laurin und Alberich bzw. Elberich sind zu prachtvollen Gemächern ausgebaut. Zwergenkönigreiche üben eine geheimnisvolle Anziehungskraft auf viele Menschen aus, und eine junge Bäuerin aus Mecklenburg gab ihr Söhnchen dafür her, dass es ein Zwergenkönig werden sollte.

98: Zwergenkönig aus Moritz von Schwinds:
Der Traum des Gefangengen, 1836.

III.4 Ein Rosengarten für den König

Rosen beschatten alle Hänge
Traumlos rieselt der Schlaf
Von ihren bebenden Blättern
SAPPHO

Der berühmteste aller Rosengärten liegt als kleines Paradies in den Südtiroler Dolomiten, vergleichbar mit der Blümlisalp aus den Schweizer Sagen. Keine einzige Rose darf hier gebrochen werden. Der Garten gehört dem sagenhaften Laurin, der wohl Modell gestanden hat für den Zwergenkönig Antilois im höfischen Roman *Alexander* (von Ulrich von Eschenbach; Ende 13.Jhdt.). Wir befinden uns mitten in den mittelhochdeutschen Heldensagen, die auch von dem Rosengarten in Worms erzählen. Im 13. Jhdt. entstand das Helden-Epos *Laurin* oder *Der kleine Rosengarten*, in dessen Mittelpunkt die Kämpfe zwischen Laurin und Dietrich von Bern (eine dem historischen Ostgotenkönig Theoderich von Verona (454-526) nachgebildete Person) stehen. Laurins Rosengarten ist wie der Garten in Worms von einem Seidenfaden umspannt: Wer den Faden durchreißt, wird von Laurin bestraft. Doch die Berner zerstören den Garten und besiegen Laurin, obwohl dieser mit seinem Zaubergürtel so stark wie zwölf Männer ist. Der listige Laurin lädt Dietrich und seinen Freund zu sich in den Berg ein und macht seine Gäste beim Gastmahl betrunken. Er lässt sie fesseln und einkerkern, aber Künhild, die geraubte Schwester Dietleibs, eines Mannes im Gefolge Dietrichs, die als Königin im Zwergenberg residiert, befreit sie, und so wird Laurin mit seinen Leuten noch einmal besiegt. Schließlich müssen sie Frieden geloben und Künhild freigeben. Am Ende wird Laurin zum Christentum bekehrt und ein treuer Anhänger Dietrichs. Mag Laurin erdichtet sein, so war sein Rosengarten kein Phantasieprodukt. Nach einer Mecklenburgischen Urkunde aus dem Jahr 1288, in der ein *(h)ortus rosarum* erwähnt wird, war es ein Rosengarten, in dem die Verlobung des Markgrafen Waldemar mit der Tochter des Markgrafen Hermann gefeiert wurde (*Mecklenburgisches Urkundenbuch* Nr. 1497).

Zwar liegt der Gedanke auf der Hand, ein Rosengarten habe mit Rosen zu tun und sei der Königin der Blumen gewidmet, doch belehrt uns die Geschichte eines Besseren, indem sie von der tieferen Bedeutung der ursprünglichen wilden Rose, der Hagerose oder Heckenrose, weiß, die nicht, wie die edle Rose, aus dem Orient zu uns gekommen ist und in der Antike und im frühen Christentum eine wichtige Rolle spielte. Der Rosengarten der Germanen war eine von Rosenhecken eingerahmte Kult- und Grabstätte, ein heiliger Ort, an dem die Ahnen und Helden verehrt wurden. Hier trafen sich die Sippe oder der Stamm, um Recht zu sprechen und besondere Anlässe – wie Hochzeit, Initiation und die Frühlings- und Sommerspiele – zu feiern. Feste, die heute noch gerne in Rosengärten begangen werden. Die alten Rosengärten dienten vor allem zu Beratung und Rechtsprechung, Totenverehrung und Kult-Spielen.

In Zürich hieß der alte Kirchhof im Kreuzgang des Frauenmünsters Rosengarten, und in Basel und Bern heißen die Friedhöfe jetzt noch Rosengärten. Rosengärten-Friedhöfe waren einst auch die Gärten in Greifensee, Kanton Zürich, in Oberlunkhofen, Kanton Aargau, und in Solothurn. In vielen anderen Gegenden war der Name gebräuchlich, und in Kärnten, der Steiermark, im Allgäu und in Bayern ist er es noch. Rosengärten wurden oft Wiesen und Äcker, Täler und Höhen, kleine Siedlungen, Straßen oder Plätze genannt, über deren einstige Bedeutung längst der Schleier des Vergessens liegt. Es gibt viele Erzählungen von Rosengärten, deren Wurzeln auf den alten Totenkult zurückreichen. Sie drehen sich meist um unterirdische Schätze. So soll der Rosenberg von Hohenleipa an der sächsisch-böhmischen Grenze ein alter Totenberg sein und eine Kapelle voller unsagbarer Schätze bergen; ihr Eingang öffnet sich Karfreitag um Mitternacht. Auch im Rosengarten in Küttingen auf dem Löhren sollen Schätze liegen, während dem paradiesischen Rosengarten bei Brackwede nachgesagt wird, er sei von Zwergen bevölkert. Rosendornen wurden im Totenkult zum Verbrennen der Leichen benutzt und vermutlich als Apotropäum, als Zaubermittel zum Bannen der Toten. Heute gilt in der wieder neu entdeckten Aromakunde das kostbare ätherische Öl der Rosa Damascena oder Rosa Centifolia als eine Geborgenheit schenkende Seelenhilfe für Sterbende. Auch der verlassene Rosengarten in *The Secret Garden* von Frances Hodgson Burnett (1909) hat eine geheime Verbindung mit dem Totenreich, war er doch der Garten der verstorbenen Mutter eines kranken Jungen. Mit Hilfe eines Rotkehlchens findet der Junge den Eingang zu dem verschlossenen verwilderten Garten und kann dort Kontakt zu seiner Mutter aufnehmen. Am Ende überwindet er seine Lähmung und kann wieder am Leben teilnehmen.

Im Göteborger Rosengarten, 1842 angelegt durch Inspiration von den Botanischen Gärten in Berlin und Greifswald, blühen jedes Jahr von April bis in den Oktober hinein fünftausend Rosen – von der ältesten zartweißen Rosa Sancta über die Damaszener-Duftrosen bis zu den betörenden englischen Austin-Rosen. Sie hüllen ihre Besucher in ein feines Flair, in eine verführerische Atmosphäre. An diesem auserlesenen Ort im Herzen Göteborgs ahnt man die Anwesenheit wohlwollender Naturwesen. Hier liegt in der Luft, was der Intellekt nicht erfassen kann, dass es geheimnisvolle Naturkräfte gibt, die sich nur dem inneren Auge und Sinn des Betrachters erschließen. Hier schwebt etwas Heiliges über dem Ort, das den Besucher in eine heilige Atmosphäre hüllt. Er ist eine *hagia chora*, wie die Griechen einen Ort nennen, dessen Qualität ohne Sinneswahrnehmung in einem veränderten Bewusstseinzustand gleichsam erfühlt werden kann (Platon, *Timaios* 56b). Hochzeiten und das Mittsommerfest werden an diesem Ort festlich begangen.

Nicht nur Rosengärten, auch Rosenberge weisen auf den germanischen Totenkult hin. Manche Berge beherbergen geheimnisvolle Wohnungen der Toten und sind Wohnorte von Geistwesen, wie Zwergen und Riesen, der weißen Frau und den sogenannten *drei Fräulein*. Der Sage nach schläft ein Kaiser mit seinem gesamten Heer im Rosenock, einem Berg in den Kraninger Alpen, in dem es einen Prachtsaal geben soll, dessen Decke von vier Goldsäulen getragen wird. Ebenso liegen unter der Rosenburg bei Müllheim im Markgräfler Land ungeahnte Kostbarkeiten. Der Rosenberg im oberfränkischen Kronach galt in vorchristlicher Zeit als heiliger Ort, und es befand sich dort ein Tempel, in dem ein magisches Schwert aufbewahrt wurde, das seinen Kämpfer unbesiegbar machte. Weiter sollen die Rosenberge bei Windisch-Kamitz in Sachsen und bei Sulzbach sagenhafte Schätze bergen.

III.5 Steinreich: Die Schätze der Zwerge

Geld ist ... der Dämon, der auch Freundschaft erkältet und auflöst, er macht auf der Lippe die herzlichen Worte und Beteuerungen erfrieren und erstarren, die sich eben noch aussprechen wollten. Das starre, tote Metall übt einen magischen Zwang aus, und der ist ihm in der Regel auch am meisten untertan, der die größte Masse davon besitzt.
LUDWIG TIECK

Während Tieck das Geld im Auge hat, geht es bei den Zwergen um das Ursprüngliche, um Gold, Metalle und Edelsteine. Zwerge sind die Hüter der Schätze, die in der Erde und Bergwelt verborgen liegen, die „Fürsten der Materie", wie Jamblichos sagt. Der Mystiker wurde von seinen Zeitgenossen der wunderbare, göttliche Jamblichos genannt, weil er etwa während des Betens zehn Fuß über der Erde geschwebt und sein Gewand dabei einen goldenen Ton angenommen haben soll. Jamblichos hat eine ganze Geisterlehre aufgestellt und geht von einer Hierarchie aus, in der Götter ganz oben stehen, gefolgt von Erzengeln, Engeln, Dämonen, Fürsten, sogenannten Gewalten und Menschenseelen (*De mysteriis Aegyptiorum*, II.3.4). Die Schatzhüter nun sind Elementarfürsten. Sie haben die Aufsicht über die materiellen Dinge, sind widerwärtig, dunkel, verworren, gefährlich, herrschsüchtig und sorgen für Tumult. Sie bringen uns die irdischen und materiellen Güter.

Nach Golde drängt,
am Golde hängt
Doch alles. Ach wir Armen!
GOETHE (FAUST I)

99: Carl Emil Doepler: Ein Nibelung. Kostüm-Skizze, 1976.

Wir werden an die dunklen und schwarzen Alben erinnert, die Ahnen der altnordischen Zwerge. So war der Hort der Nibelungen ein unschätzbare Reichtümer fassender Zwergenschatz, und noch bis in unsere Tage glauben manche, dass die kleinen Erdgeister die kostbarsten Dinge horten. Der Zwerg Andwari (Andvare, Andvari) soll zwei magische Gegenstände besessen haben, den Aegishelm und den Ring Andvaranaut (siehe VI.2). Vor allem aber hortete er einen Schatz. Eine böse Norne hatte ihn schon früh dazu verurteilt, als Hecht im Wasser herumzuschwimmen. Wie es dazu kam, dass er gefangen wurde und sein Gold hergeben musste, erzählt uns ein Lied der *Edda*:

Die drei Götter Odin, Hönir und Loki kommen an einen fischreichen Wasserfall, und Loki wirft einen Stein nach einem Otter, der dort gerade am Flußufer sitzt, genüsslich an einem frisch gefangenen Lachs herumkaut und dabei blinzelt. Sie ziehen dem erschlagenen Otter das Fell ab, ohne die leiseste Ahnung, dass sie soeben Otr, den dritten Sohn von Hreidmar und Regins Bruder, der häufig die Gestalt eines Otters annahm, getötet haben. Das Ganze kommt ans Licht, als die über ihren Fang hocherfreuten Asen ausgerechnet bei Hreidmar, dem Vater des Otr, Unterkunft suchen und stolz ihre Beute vorzeigen. Dieser zwingt sie, als Entschädigung das Otterfell mit Gold zu füllen und außen ganz und gar bis auf das letzte Haar in rotes Gold zu hüllen. Die Wahl fällt auf Loki, das Gold zu beschaffen, und er kommt zu der Göttin Ran, die ihm ein Netz gibt, mit dem er den Zwerg Andwari, der als Hecht im Wasser herumschwimmt, fangen kann. Loki zwingt ihn, seine Schätze herauszurücken, was dieser zwar widerwillig tut, aber einen Fluch damit verbindet. Dadurch wird Hreidmar zufriedengestellt. Das Gold jedoch will Hreidmar für sich behalten und seinen Söhnen Fafnir und Regin nichts davon abgeben.

Da tötet Fafnir seinen Vater und behält ebenfalls das Gold ganz für sich, anstatt es mit seinem Bruder Regin zu teilen. Regin sucht den Rat seiner Schwester und bekommt Unterstützung von Sigurd, seinem Ziehsohn, der ihn dazu überreden will, Fafnir zu töten. Doch es kommt genau umgekehrt, und Regin verführt Sigurd dazu, Fafnir zu töten. Der sterbende Fafnir warnt Sigurd vor Regin und vor allem vor dem Unheil, das der „glutrothe Schatz" über ihn bringen wird. Sigurd bringt nun auch Regin um. Er verspeist Fafnirs Herz und trinkt das Blut von beiden. Der verfluchte Goldschatz ist nun im Besitz Sigurds – und er soll einst der Nibelungenhort werden (Sigurdharvidha Fafnisbana önnur I).

100: Zwerge wissen, wo die Schätze liegen. Ernst Kreidolf, Bern: Die Schatzgräber.

Es ist eine uralte Sitte, Opfergaben auf den Gräbern darzureichen, sei es den unterirdischen Kräften, den überirdischen Göttern oder den Toten selbst, die man sich als höhere, hilfreiche Geister vorstellte. Sie weist auf den Reichtum hin, der den jenseitigen Wesen eigen ist. Die Zwerge betrifft das in doppelter Hinsicht, da man diese Wesen als geisterhafte Verkörperungen der vormals lebenden Menschen oder als personifizierte Kräfte der Erde und ihrer Schätze ansah. Reich sind sie allemal, wie auch immer wir ihre Erscheinung deuten wollen. Der germanische Gott Odin, alias Wotan, der Herr der Toten, verlangte von den Seelen der Verstorbenen, dass sie mit Schätzen vor ihn treten sollten, so wie bei den alten Griechen der Fährmann Charon von jeder Seele, die er auf die andere Seite des Lebens übersetzte, einen Obolus erwartete. Die kostbaren Mitbringsel aus dem Diesseits sind dem Totengott geweiht. Überall in Europa hat man den Toten Münzen in den Mund oder in den Sarg gelegt. Kein Wunder, dass ein Gott des Todes, wie der griechische Pluton oder römische Pluto, gleichzeitig der Reichtum verschaffende Gott ist – sein Name bedeutet „der Reiche". Pluton, der den Schlüssel zum Hades besitzt, ist auch im Besitz eines unsichtbar machenden Helmes, den er dem Seelenführer Hermes abtritt, der ebenfalls Schätze spendet und besonders den Geschäftsleuten und Dieben günstig gesonnen ist, aber zugleich der Gott der Zauberlehrlinge ist. In der Alchemie bringt der gebannte Geist in der Flasche, Mercurius (Quecksilber), wie der römische Name des Hermes lautet, Reichtum, indem er Unedles in Gold verwandelt. Der Zusammenhang von Schätzen und Tod ist keine Seltenheit in der Götterwelt. Bei den Indern ist der Totengott Yama ein Bruder des Schatzgottes Kuveras, der mit zwergenartigen Gnomen in einem Berg haust. Die Erde birgt nicht nur die Toten, sondern mit ihnen große Schätze.

Das Thema „Geld für das Jenseits-Ticket" klingt in vielen deutschen Zwergensagen an. Die kleinen Leute geben es ihrem Fährmann beim Übersetzen über den großen Fluss für seine Dienste, ganz wie Totenseelen.

101: Zeitgenössische Illustration zu Schneeweißchen und Rosenrot *in Grimms Kinder- und Hausmärchen, 1819.*

Paracelsus nennt die Erdgeister Bergleute. Sie sind den Menschen gegenüber großzügig im Geldgeben: „Denn die Bergleut haben Geld, Ursach: sie münzens selbst." Ein Bergmännlein bekommt auf der Stelle alles, was es sich wünscht, und wenn es dringend Geld braucht, so bekommt es das im Handumdrehen, und es ist „gut Geld", wie Paracelsus betont (Paracelsus, *Liber de nymphis*, Tractatus III). Man dürfe die Großzügigkeit dieser reichen Bergmännlein aber nicht überschätzen, denn wenn sie den Menschen, die in ihre Bergklüfte geraten, Geld schenken, so geschehe das aus einem einzigen Grund: Sie wollen diese schnell loswerden, sie „kaufen die Leut hinweg". Doch warum sind Elementargeister wie Erdmännchen überhaupt geschaffen worden? Seine Antwort klingt vertraut: Gott hat die Gnomen, Pygmäen und Manen als Hüter über die Natur geschickt, denn er will nichts ungehütet lassen (Paracelsus, Tractatus VI). Zwerge sind die Hüter der Schätze, die im Dunkeln geborgen liegen. Die von ihnen behüteten „mächtigen Schätze" sind die Metalle, „gewaltige Haufen Erze", die „von uns abgewendet und verborgen" werden sollen, „dass sie bis auf ihre Zeit nit an den Tag kommen". Die Schätze der Erde sollen nach Paracelsus peu à peu entdeckt und gehoben werden, nicht alle auf einmal und nicht alle an ein und derselben Stelle. Es ist echtes Gold, das Zwerge hüten und dem schenken, der – einfach gesagt – die nötige Reife dafür hat. Gold ist die Sonne der Erde, das Licht, nach dem die Zwerge streben und das sie als Halbgötter oder Seelen selbst ausstrahlen. Große Schätze liegen in den Bergwerken, in denen sich Bergmännchen, Metallmännchen, Erzmännchen und Kobolde scharenweise nützlich machen.

Viele Berge sind Geisterberge und von Zwergen bevölkert, wie der Untersberg, der Kyffhäuser und der Hörselberg oder Hör-Seelen-Berg. Nehmen wir den Hör-Seelen-Berg beim Namen, wissen wir schon, worauf es ankommt: Aus dem hohen, zackigen Gipfel, dem wichtigsten Träger der Mythen Thüringens, ließen sich die Stimmen der unglücklichen, unseligen Verstorbenen vernehmen. Hier lebte die mächtige Holde, die durchaus eine Unholde sein konnte und sich im Mittelalter in eine Teufelin verwandelte; hier litten die Seelen im Fegefeuer, und deren Klagen und Wimmern dröhnten so laut aus dem Berg heraus, dass er den lateinischen Beinamen *mons horrisonus*, „schrecklich tönender Berg", erhielt. Auch um Thüringens großen Wartberg, gleich gegenüber dem Hörselberg und nicht weit von der Burgruine Scharfenberg gelegen, kreisen zahlreiche Sagen, die man in alten Büchern nachlesen kann. Auf seinen Hängen, die von Laubwäldern wie von einem grünen Mantel überzogen sind, „blühen am goldenen Sonntage die Wunderblumen, duften die Heilkräuter, öffnen sich dem glücklichen Finder und Pflücker der ersteren die verzauberten Schachte voll Schätze", etwa das Geißbeinsloch. Und das Backofenloch, auch im Wartberg zu finden, führt in ein Höhle, in der viel goldhaltiger Sand gelegen haben soll. Überhaupt war Thüringen, vor allem in der Gegend um Altenstein, Steinbach und Liebenstein, reich an Erdvorkommen, wie Silber, Kupfer, Kobalt, Eisen, Fluß- und Schwerspat, und das gab Anlass zu näherer Bekanntschaft mit den entsprechenden schatzhütenden Berggeistern und den Bergentrückten. Die halbmythischen Venetianer – es kamen bergwerkskundige Arbeiter von kleiner Statur aus Norditalien in die deutschen Bergwerke – und die in Tirol als „Venediger Manndl" bekannten Berggeistermännchen bilden reichlich Stoff für die Sagen, von weiteren Schatzhütern wie Jungfrauen, Schlangen, Hunden, Drachen und monsterartigen Wesen, Vorlagen zu Tolkiens Gollum, abgesehen.

Auch am Fuße des Flussbergs, der bei Liebenstein und Steinberg die Landschaft überragt, und ganz besonders am verrufenen Flussloch, einer tief ins Berginnere hineinreichenden Kluft, treiben die

Wichtlein alten Erzählungen zufolge ihr Unwesen. Sie führen den einsamen Wanderer zu später Stunde in die Irre, zupfen ihn mit unsichtbaren Händen am Ohr oder an der Jacke, und der Ahnungslose wird zu allem Überfluss noch „mit Maulschellen bewirthet". Sie rufen ihn ungesehen bei seinem Namen und lassen dabei ihre wimmernden Kinder-Stimmchen vernehmen. Einem Bergknappen aus Steinbach haben die Wichtlein vom Flussberg eine gehörige Lektion erteilt. Als er einstmals im Berg eine Menge Bergwichtlein, die emsig mit ihrer Arbeit beschäftigt waren, zu Gesicht bekam, ging er etwas täppisch auf sie zu. Da stürzten sich die Wichtlein vor Schreck kopfüber in den Schacht, und der ganze Stollen brach vor seinen Augen zusammen. Das versetzte auch den Knappen so sehr in Schrecken, dass er seinen Arbeitsplatz wechselte und zu einem Messerschmied in die Lehre ging. Nach seiner Rückkehr führte er das neu erlernte Handwerk in seinem Heimatort ein.

In unzähligen deutschen Sagen wird von den Tests berichtet, die Zwerge mit den Menschen durchführen, wenn es um deren materielle Bereicherung geht. Schatzjäger sollten auf der Hut sein, wenn sie sich mit Zwergen einlassen. In der Regel findet nur derjenige einen Schatz, der keinen sucht, und wer nur das bloße Gold im Kopf hat, geht leer aus. Eine Mensch-Zwerg-Begegnung nimmt daher nicht immer ein gutes Ende, wenn es um das liebe Gold geht. Die Gier nach größerem Reichtum sitzt vielen Menschen so tief in den Gliedern, dass sie nicht auf die Zwerge hören und am Schluss wieder alles verlieren. So passierte es einem Schäfer in Mecklenburg.

102: Troll mit Schatz. John Bauer, Schweden.

Eine Sage aus den Beskiden erzählt von der Seele eines verstorbenen Mannes, die einen Schatz hüten muss. Der Schatz gehörte einst einem geizigen Mann, der ihn zu Lebzeiten keinem gönnte und nicht einmal mit seinem Tod der Nachwelt hinterlassen wollte. Die Seele eines solchen Geizhalses muss nach altem Glauben den Schatz weiterhin hüten, ihn „trocknen" und ein erbärmliches Dasein führen, d.h. als „blasses, kränkliches Flämmchen" am Tatort „beharrlich und trübe" vor sich hin leuchten und „in einem fahlen, bläulichen Licht die ganze Nacht hindurch brennen".

In vielen anderen Ländern sind kleine schatzhütende Männchen bekannt. In Irland ist es der launische, mal hilfreiche, mal bösartige Cluricaun, der vergrabene Schätze kennt und einen Glücksschilling, Spre na Skillenagh, besitzt, mit dem er beliebig oft bezahlen kann. Auch im polnischen Oberschlesien „gibt es der Erdgeister mancherlei", sagt Drechsler und verweist auf die unterirdischen Geister, die mal als Zwerge, mal als Bären und mal als schwarze Hunde auftauchen und Schätze hüten. „Ihr Gebieter ist der von allen Bergleuten scheuvoll verehrte Berggeist oder der Schatzmeister (Skarbnik), der Herr der Kohlen und Metalle". Der kleine Skarbnik war aber nicht bloß ein Schatzhüter, sondern er legte selbst Hand an in Steinbrüchen und Bergwerken. Mal trat er als Steiger, Bergmann oder kleines Männlein, mal als Maus in Erscheinung.

Schatzhütende Zwerge sind mit Vorsicht zu genießen, und eine Begegnung mit ihnen kann erfreulich oder unerfreulich ausfallen. Die Brüder Grimm kennen die Sage vom guten Kellermännlein, das sich als Beschützer eines Hauses erwiesen hat. Es soll im Jahr 1665 in Lützen aus einem Keller gekommen sein und vor dem Haus Wasser versprengt haben. Jenes Haus blieb bei dem bald darauf ausbrechenden Feuer, in dem viele Nachbarhäuser abbrannten, wie durch ein Wunder verschont.

Die oberste Regel im Umgang mit Zwergenschätzen ist, dass man sie buchstäblich schätzen muss, im Sinne von einschätzen, abschätzen, messen, und das hat mit Maßhalten zu tun. Wer die Schätze nicht zu schätzen weiß und eigennützig und raffgierig nach ihnen die Hände ausstreckt, kann sein blaues Wunder erleben. Und blau sah es in der Tat aus, das Schwarzwälder Glasmännchen mit seinem blauen Pfeifchen, ein „gutes Geistchen von viertehalb Fuß Höhe", mit dessen Auftreten uns Wilhelm Hauff eine gründliche Lektion in der Sage *Das kalte Herz* (aus dem Zyklus *Das Wirthshaus im Spessart*) erteilt:

Im Schwarzwald lebte einst ein einsamer schwarzer Kohlenbrenner, Peter Munk, genannt der Kohlenmunkpeter. Er hatte es satt, wie sein Vater sein Lebtag ein armer, elender Köhler bleiben zu müssen und träumte davon, etwas Besseres zu sein. Er wollte so angesehen sein wie die Glasmänner, Uhrmacher und Musikanten und so reich werden wie der dicke Ezechiel, so kühn sein wie alle drei Flözer von der anderen Seite des Waldes, gemachte Leute, aber verhasst wegen ihres Geizes und ihrer Gefühlskälte gegenüber ihren Schuldnern. Beim Grübeln, wie er zu Geld kommen könnte, fielen dem schwarzen Peter die alten Sagen vom Glasmännlein ein, das Reichtum verschaffen kann. Um es zu rufen, muss man einen Zauberspruch aufsagen ... Aber Kohlenmunkpeter konnte sich trotz größter Anstrengung nur an die ersten drei Zeilen erinnern:

Schatzhauser im grünen Tannenwald,
Bist schon viel hundert Jahre alt;
Dir gehört all' Land, wo Tannen stehn.

Immerhin zeigten bereits die wenigen Worte einen Effekt, sah Peter doch zu seinem Entsetzen eine so winzige wie merkwürdige Gestalt hinter einer dicken Tanne hervorlugen, ja es kam ihm so vor, als habe er soeben das Glasmännchen zu Gesicht bekommen. Es sah genau so aus, wie es immer beschrieben wurde, trug ein schwarzes Wämslein, Pluderhöschen, rote Strümpfchen und hatte ein spitzes Hütchen mit großem Rand auf, unter dem ein fahles, aber ebenso feines wie kluges Gesichtlein hervorschaute. Die Erscheinung war so schnell wieder verschwunden, wie sie aufgetaucht war. Nur ein leises, heiseres Kichern ließ sich noch ab und zu vernehmen. – Ein Traum war es, der ihm die fehlende Zeile in Erinnerung rief. Er sah das freundliche Glasmännchen auf einer grünen Flasche heiser kichernd durch das Zimmer reiten, bis es ihm ein paar Worte ins Ohr brummte, die Eselsbrücke zum Reim. Und bei nächster Gelegenheit stand Peter wieder vor der ungeheuren Tanne, verneigte sich vor ihr wie damals und sprach:

Schatzhauser im grünen Tannenwald,
Bist schon viel hundert Jahre alt;
Dir gehört all' Land, wo Tannen stehn -
Lässt dich nur Sonntagskindern sehn.

Auch wenn die letzte Zeile nicht exakt den Wortlaut der Zauberformel traf, entfaltete der Spruch doch seine volle Wirkung, und ein zartes, feines Stimmchen sprach das Sonntagskind von hinten an. Das kleine alte Glasmännlein saß unter einer schönen Tanne, gekleidet wie eh und je in schwarzem Wams und roten Strümpfen, dazu der relativ große Hut auf dem Kopf, zu dem ein feines, freundliches Gesichtlein mit einem zarten Bärtchen wie aus Spinnweben gehörte. Es rauchte, so sonderbar es auch klingen mag, ein blaues Glaspfeifchen, und überhaupt schien bei näherem Betrachten die gesamte Kleidung des Männchens aus blauem Glas zu bestehen, das noch warm und geschmeidig zu sein schien.

103: Peter trifft den riesigen Waldgeist. Illustration zu Wilhelm Hauffs: Das kalte Herz, *1878.*

Die Geschichte nahm einen anderen Verlauf, als der Köhlersbursche es sich gewünscht hatte. Peter, der es auf schnelles Geld und großes Ansehen abgesehen hatte, erschrak über den Ernst des Männleins, das ihn eindringlich ermahnte, die drei Wünsche, die es jedem, der es aufsuchte, zu gewähren pflegte, müssten sorgfältig ausgewählt werden. Und es gab sich wirklich redlich Mühe, Peter bei der Wahl zu helfen, doch wie es so oft mit freien Wünschen passiert, ging es auch hier gründlich daneben. Die ersten beiden Wünsche hatte er bereits vergeben und nur das Schlechteste daraus gemacht. Als er dann später das Glasmännchen noch einmal aufsuchte, um seinen dritten Wunsch, nämlich zweihunderttausend Taler, einzulösen, schrie er den kleinen Tannengeist an, er sei an allem Schuld, und schüttelte ihm kräftig die Hand. Letzteres hätte er besser nicht getan, denn der Schatzhauser verwandelte sich auf der Stelle in glühendes Glas, und Peters Hand war von nun an gebrandmarkt. Das Männlein aber verschwand.

Peter versuchte sein Glück im Tannenwald noch mit einem anderen Geist, dem riesigen Waldkönig, den die Leute Holländer-Michel nannten, und der ihm zufällig über den Weg lief. Der Waldriese hetzte ordentlich gegen den Waldzwerg, und am Ende gelang es ihm, dem geldgierigen Peter für hunderttausend Gulden sein schönes warmes Herz abzukaufen und ihm ein kaltes Herz aus Marmelstein (Marmor) dafür anzudrehen. Der Herzhandel wurde gemacht, und am Ende der Geschichte kam Peter glücklich zur Besinnung: Wie schön war es doch mit seinem lieben alten Herzen im Leib, das immer froh und munter war, auch wenn es ihm so manches Mal einen dummen Streich gespielt hatte. Wie konnte er es nur zurückbekommen? Zum Glück hatte er ja noch einen dritten Wunsch beim Glasmännchen gut! Schnurstracks eilte er zu der stolzen Tanne, sagte den Zauberspruch auf, und der kleine Herr vom Tannenwald kam hervor – nur freundlich und traulich sah er diesmal nicht aus, sondern düster und traurig, und sein Stimmchen klang dumpf. Peter trug seinen Wunsch vor, sein Herz zurückzubekommen. Aber das gute Männlein war nicht mehr willens, ihm einen Wunsch zu erfüllen, zumal Peter den Handel mit dem Waldriesen abgeschlossen hatte. Doch da der Wunsch nicht so töricht wie die ersten beiden war, bot es wenigstens seine Unterstützung bei dieser schwierigen Aktion an.

104: Der kleine Herr des Tannenwaldes zaubert Peters Mutter und Ehefrau herbei. Illustration zu Hauffs: Das kalte Herz, *1878.*

Ende gut, alles gut, Peter Munk bekommt mit viel Zwergenlist sein warmes Herz zurück, und dies schlägt nun ganz kräftig, wird ihm aber gleichzeitig auch recht schwer, sehnt er sich doch nach seiner

Mutter, die er verloren, und seiner Frau, die er verstorben glaubt. Der kleine Herr Tannengeist, bei dem Peter Trost sucht, ist seine letzte Rettung. Dieser hilft dem reumütigen Peter, indem er beide Frauen herbeizaubert und alle drei glücklich miteinander vereint. Ihre einfache alte Hütte aber hatte das Glasmännchen in ein stattliches Bauernhaus verwandelt. Als Peter bald darauf Vater wurde, ging er noch einmal in den Wald zu der dicken Tanne und rief den kleinen Herrn Schatzhauser an, den er zum Paten für sein Söhnchen machen wollte, doch das Männchen ließ sich nicht blicken. Traurig hob Peter zum Andenken ein paar Tannenzapfen auf, die ein leiser Windstoß auf den Boden geworfen hatte, und ging nach Hause. Da purzelten aus seinem Sonntagswams vier stattliche Geldrollen heraus, voller echter badischer Taler. Das war das Patengeschenk des Glasmännleins aus dem Tannenwald für das neugeborene Peterlein.

Zwerge sind nicht nur stolze Besitzer kostbarer Schätze, sondern erweisen sich immer wieder als großzügige Geber, vorausgesetzt die Menschen befolgen ihre Bitten. So erging es der armen Frau im Niederreuther Holz, in dem es „nicht ganz richtig" war. Die Alte sammelte trockenes Laub im Wald. Es war mucksmäuschenstill, nur der laute Schrei der Holzkrähe schallte durchs Gehölz. Als die Frau von ihrer Arbeit einmal aufschaute, stand urplötzlich ein Moosmännlein vor ihr. Es sprach sie an: „Wenn du mir ein wenig Brot gibst, kriegst du auch was; aber heb's gut auf!" Die arme Frau hatte ein großes Herz und gab ihm ein Stückchen von ihrem Brot ab. Zum Dank warf ihr das Männchen zwei Handvoll Laub in die Schürze. Die alte Frau war nicht gerade begeistert und warf das Laub achtlos fort. Nur ein paar Blätter waren aus Versehen in der Schürze hängengeblieben – gerade genug, um das Herz der Armen zu erfreuen, denn die Blätter verwandelten sich Stück für Stück in blanke Krontaler.

105: Das Moosmännlein und das schöne Mädchen. Nach einem Scherenschnitt von Karl Krauß. 1932.

Eine andere Sage aus der Ascher Gegend trägt den Titel *Das Moosmännlein und das schöne Mädchen*:

Hier begegnet eine hübsche junge Frau, Hübl Bärbl, in der Heide zwischen Niederreuth und Oberreuth einem Moosmännlein. Das Moosmännlein hat nun nicht etwa Appetit auf Brot, sondern bittet das Mädchen sehr höflich, ihr doch einen Schuh ausziehen zu dürfen. Das ist gerührt von der sehnlichen Bitte des Männleins und erfüllt ihm seinen Wunsch. Hocherfreut zieht ihr das Moosmännlein vorsichtig den Schuh aus, um ihn sogleich mit blitzblanken Talern aufzufüllen.

Geistermännchen, die Gold oder Geld bringen, sind in deutschsprachigen Ländern so verbreitet, dass sie schlicht Geldmännlein heißen. Sie können als kleine Männchen mit hellen, klaren Augen, als graue Männchen oder in einem grünen Jäckchen auftreten, als Alraunmännchen, d.h. als menschenähnlich geformte Wurzel, oder wie im Kanton Uri als Gäldschyßer, der, falls er nicht ebenfalls eine Wurzel ist, ein „wirklich lebendes, muzigkleines Mandli" sein soll.

Geldgeisterchen können, wie viele Geister, auch Tiergestalt annehmen und z.B. als Kröte auf einem Geldhaufen hocken.

Lassen sich die Zeilen über die Schätze der Erde schöner zusammenfassen als in den Worten Omraam Mikhaël Aïvanhovs: „Liebt die Edelsteine, nicht um sie als Schmuck zu verwenden, sondern um von ihrer Quintessenz erleuchtet und genährt zu werden".[6]

Edelsteine sind
die Weisheitsgedanken der Natur.

Illustration von Rien Poortvliet aus:
Huygen und Poortvliet *1982*.

---

6   Aïvanhov 2002, 28. Dezember, S.368.

IV
Geschickte Handwerker und kleine Künstler

Phantasie ist wichtiger als Wissen.
ALBERT EINSTEIN

❧ ❧ ❧ ❧ ❧ ❧ ❧ ❧ ❧

106: Ruth Koser-Michaëls: Illustration zum Märchen: Die Wichtelmänner *1937, Aquarell.*

So klein wie Zwerge sind, so geschickt sind sie. Wendigkeit, nicht nur im Geiste, und Fingerfertigkeit sind ihre Stärken. Schon seit ältester Zeit werden die Zwerge als Künstler geschätzt, als Schmiedekünstler etwa, wie schon die antiken Kabiren und Daktylen (II.1). Zwerge haben viele Fähigkeiten und Berufe, sind Zimmermänner,

Bauingenieure oder Schuhmacher. In Irland profilieren sich viele
Zwerge – Leprechauns wie Cluricauns – als Schuster. Dies bezeugt
auch die alte Moirna Hogaune. Als sie eines Abends gemütlich in
Lorenz Reillys Pub, nördlich von Cork, am Torffeuer saß, bekam sie
einen Cluricaun in ihrem Garten zu Gesicht. Das alte Männchen,
kaum viertel so groß wie ein frisch geborenes Baby, rauchte ein
Pfeifchen und übte emsig sein Schuhmacher-Handwerk aus. Auch
auf Schonen erzählte man sich von einer Schuhmacher-Zwergfamilie, und in Deutschland kennen wir die kleinen Schuster auch.
Eduard Mörike ersinnt, auf alten Sagen aufbauend, sein Märchen
Das Stuttgarter Hutzelmännlein. Als Theodor Storm es im Frühling
1853 zugesandt bekam, war er so entzückt, dass er den Tag zu einem
der schönsten seines Lebens erklärte. Das kurze und „stumpige"
Männchen in Schurzfell und Pantoffeln, mit pechschwarzen Haaren
und hellblauen freundlichen Augen, schenkt einem Schuhmachergesellen am Abend vor seiner Wanderreise nicht nur ein Laibchen
Hutzelbrot, sondern auch zwei Paar Glückschuhe, ist es doch selbst
ein kleiner Schuhmacher.

Auch von Architektur verstehen Zwerge etwas. Im Voigtland eilte
den Zwergen nicht nur der Ruf als Bergmännchen voraus, sondern
die Kleinen galten als außergewöhnlich gute Baumännchen oberhalb der Erde. In Schweden ist der Tomte nicht nur verantwortlich
für Haus, Grund und Boden (schwedisch tomt), sondern bereits für
den Hausbau (vgl. I.3).

Weiter bereicherten die Elben, das freundliche, stille und gute
Volk, einstmals die Menschen durch ihre Künste im Weben und
Spinnen. Auf diesem Gebiet tun sich die Zwerginnen und Elbinnen
hervor. Sie sind in der Lage, die allerfeinsten Stoffe herzustellen,
und das ist noch längst nicht alles, was Zwergenfräulein und -männlein auf dem Kasten haben.

107: Zwerge sind handwerklich sehr geschickt. Aus: Der verkannte Bimpfi *von Ida Bohatta-Morpurgo, 1939.*

IV.1 Was klopft und pocht da im Berg?

Es liebt die Welt, das Strahlende zu schwärzen
Und das Erhabne in den Staub zu ziehn.
FRIEDRICH VON SCHILLER (DAS MÄDCHEN VON ORLEANS, STROPHE 31)

Begeben wir uns etwas tiefer in das Erdreich und in das Innere der Berge, so entdecken wir, dass aus dem schwarzen Grund etwas Leuchtendes zum Vorschein kommt: Im Dunkeln liegt das Gold geborgen, als wäre es die Sonne der Erde, und noch manche anderen edlen Metalle und Steine. Und welche Kräfte sind hier im Stillen, Verborgenen am Wirken und bewachen das Gold? Es sind die kleinen Geister der Erde und der Berge, die Geister der Elemente, denen diese Aufgabe obliegt und die sie sehr genau nehmen. Die Erdgeister wissen, wo die Schätze liegen, und bewachen sie, aber sie werkeln auch kräftig mit, wenn es den Menschen darum geht, die Erdvorkommen zu heben oder abzubauen. So schallt das eifrige Klopfen, Pochen und Hämmern der Bergmännlein aus vielen Bergen und Bergwerken heraus. Es gibt eine ganze Gruppe von Geistern, die Klopfer heißen, wobei das Klopfen nicht ausschließlich an die Bergwerksarbeit gebunden ist, wenn es auch seinen Ursprung darin haben mag. Knockers heißen auch die englischen Bergmännchen, kleine schwarze Geister, die kräftig beim Klopfen und Pochen (englisch *knocking*) in den Bergwerken mithelfen und wissen, wo man die Erze findet.

Bergmännchen-Sagen sind in allen bergreichen Gegenden Deutschlands zu finden. So kursieren im thüringischen Voigtland viele Sagen dieser Art, vor allem in der Gegend um Saalfeld. Bisweilen kommt es vor, dass jemand, meist ein Bergmann, ein Berggeistlein zu Gesicht bekommt. „Da gibt es verschiedene Wesenheiten, die an den verschiedensten Orten der Erde vorhanden sind. So zum Beispiel können Sie sie sehen, wenn Sie namentlich in solche Tiefen der Erde kommen, die nie durchwachsen, nie durchsetzt waren von lebendigen Wesen, von lebenden Gewächsen, also zum Beispiel Stellen in einem Bergwerk, die immer mineralischer Natur waren", lesen wir in Rudolf Steiners Abhandlung *Gnomen, Undinen, Sylphen und Salamander* aus dem Jahr 1908. Ein Bergmann aus dem norddeutschen Raum weiß von einem Berggeist mit Stulpstiefel, gelben Lederhosen und Blechhandschuhen mit Spikes, der gelegentlich Ohrfeigen verteilt – die Spuren davon sollen „ewig sichtbar bleiben".

Es ist der *dämon metallicus*, der Metallgeist, der im Berg in Form eines Bergmännleins wirkt, und er wird mit einer „fundigen Zeche", die man für ihn liegen lässt, belohnt und besänftigt, erklärt der Arzt und Mineraloge Georgius Agricola. Berggeister wurden andererseits, wie alle Zwerge, weiter als Seelen verstorbener Kinder gedeutet (siehe II.6), und zwar in diesem Fall als Seelen jener Kinder, die einst im Dunkel der Berghöhlen in unterirdischen Kapellen geopfert wurden. Solche Seelen wandelten sich, wie man annahm, nach dem Tod in wohltätige Genien für genau die Orte, an denen sie ihr Leben ließen und ihre sterblichen Überreste lagen.

Nicht nur schwarze Raben und Adler, sondern auch Sagen kreisen um den Untersberg, der in der Nähe von Salzburg liegt (vgl. III.3). Der Berg mit Hunderten von Höhlen strahlt heute noch etwas Mysteriöses aus und lässt die sagenhaften Gnomen, den Riesen Abfalter (Alfalter) und die Wildfrau leicht vor dem inneren Auge erscheinen. Vor allem aber verbinden die Sagen den Wunderberg mit einem wilden Zwergvolk, den Untersberger Manndln, wie sie im Volksmund heißen. Sie sollen zu heidnischen Zeiten den Berg ausgehöhlt und prachtvolle Gemächer, Säle und Gänge, die von Gold und Edelsteinen funkeln, eingerichtet haben. Seitdem sind sie die Hüter der kostbaren Schätze des Berges. Auch wunderbare Blumen sollen dort blühen und reiche Borne fließen.

Von Zwergen entführt, schlafen in seinem Inneren Kaiser Karl der Große und seine Getreuen, bis sie am Tag der höchsten Not im Land, wenn sich des Kaisers Bart, der mit seltenen Perlen durchflochten ist, dreimal um den vor seinem Thron stehenden Tisch gewickelt haben wird, wieder aufwachen, um ihren Landsleuten zu Hilfe zu kommen, weiß die Sage. Ebenso wird Kaiser Friedrich Barbarossa in den Untersberg, nicht nur in den Kyffhäuser, verbannt. Darüber hinaus ist oft ein langer Zug von Männlein, Untersbergsmännchen, um Mitternacht aus dem Wunderberg herausmarschiert und schnurstracks nach Salzburg gewandert, um im Dom Gottesdienst zu halten. Die Schildwache an der Hauptwache in Salzburg hat die Männlein paarweise über den Residenzplatz in die Domkirche ziehen sehen, woraufhin helles Licht aus der Kirche schien und Orgelklang sowie Chorgesang ertönte. An der nahegelegenen Kugelmühle, die aus dem weißlich bis zartrosa-farbenen Marmor des Untersberges Marmeln oder Murmeln herstellt und über die ganze Welt verbreitet hat, entführen die wilden Frauen gelegentlich Jungen, weiß noch Bechstein. Einmal haben Waldarbeiter ein vermisstes Knäblein ein Jahr später auf einem Baumstamm sitzend gesehen, in einem schönen grünen Kleidchen. Doch als seine Eltern es abholen wollten, war es wieder verschwunden. Tatsächlich lag im Untersberg einst ein alter Kultplatz verborgen, an dem man Kinder opferte. Ihre Seelen sollen sich später zu Schutzgeistern des Ortes und der gesamten Gegend gewandelt haben.

108: Auch die sieben Zwerge Schneewittchens arbeiten im Berg. – Illustration von Hermann Vogel.

Winzige Bergmädchen tun sich in einigen Bergwerken um und bringen ihnen reichen Segen, sofern man sie achtet und nicht beleidigt. Sie bekamen einmal von den Leuten rote Schuhchen zur Belohnung, was sie verscheuchte und das Ende der Glücksperiode für das Bergwerk einleitete. Die thüringische Sage von den sechs, nicht sieben Zwergen weist wie Hunderte andere in dieselbe Richtung. Sie erzählt von einem Bergwerk im Talgrund der Piesau in Thüringen, das früher in der Nähe der Ortschaften Oberbock, Unterbock und Teich lag, ein Kupferbergwerk, das seinen Erfolg der fleißigen Mitarbeit von sechs Bergzwergen zu verdanken hatte. Entsprechend sahen die Anzüge der Erdmännchen aus, schmutzig und zerlumpt. Als die Besitzerin des Bergwerkes, eine Berg-Räthin Hammann, aus Dankbarkeit den Bergmännlein ein Weihnachtsgeschenk machte und ihnen hübsche bunte Anzüge und je einen schönen weißen Christ-Stollen vor das Stollenloch legte, zogen diese traurig-komische Gesichter, schnitten Grimassen und wehklagten, dass sie nun ihren End-Lohn bekommen hätten. Die Bergmännlein machten sich auf und davon, und das ehemals so reiche Bergwerk kam zum Erliegen.

109: Ein Bergmännchen mit Licht. Italienisches Design.

Wie die Seelen der Menschen und die Engel sind auch die Bergmännchen Lichtträger. Die Zwerge und Kobolde, die in Bergen hausen und in Bergwerken mitwirken, tun es den großen Bergmännern gleich. Die letzten sind in Agricolas Klassiker *De re metallica* abgebildet und zeigen starke Ähnlichkeit mit Zwergen.

IV.2 Schmiedekünstler und Zimmermann

Die kleinste Arbeit schaffe, als sei sie ein Meisterstück, rasch und gut.
JEREMIAS GOTTHELF

Zwerge werden seit der Antike mit der Schmiedekunst in Verbindung gebracht, mit dem griechischen Hephaistos, dem Schmied der Götter (siehe II.1). In der nordischen *Edda* sind fast alle Zwerge (*dvergar*) Schmiedekünstler. Sie haben in Bergen und Höhlen ihre Werkstatt, und so klein sie an Körpergröße auch sein mögen, so groß sind sie in ihrem Handwerk. Ein Zwerg der *Edda* heißt Dwalin – nach ihm benennt Tolkien einen der Zwerge in *Der Hobbit* (siehe X.4) –, hier ist er mythischer Vater einiger Nornen (Fafnismâl 17) und Stammvater eines Zwergengeschlechtes (Völuspâ 14), das ganz im Gestein lebt. In der Olaf-Tryggwasonarsaga (c17) ist er einer der vier Schmiede, die Freyjas Kette Brisingamen angefertigt haben. Sie heißen wegen ihrer Geschicklichkeit im Schmieden auch hagir *dvergar*, geschickte Zwerge (Sæmundr 114a). Weitere altnordische Zwergennamen verraten mehr über ihre Qualitäten als Schmiedekünstler und als Künstler überhaupt, wie Hánarr oder Hánnar (der Kunstfertige), Nýráðr (der Neu-Ratende?), Næfr (der Tüchtige), Skirvir (der Spucker), Draupnir (der Tropfer – ein Goldschmied?), Fjalarr (der Verberger – ein Schlauer?), Bifurr (der Zitternde – der wie ein Biber Emsige?) und Gloi oder Glóinn (der Glühende). Zwerge haben die kostbarsten Besitztümer für die Götter angefertigt und sind selbst im Besitz der mächtigsten Waffen. So haben die Zwergenbrüder Sindri und Brokkr Thors Hammer Mjöllnir, Freyrs goldborstigen Eber Gullinborsti, der schneller als jedes Pferd durch die Lüfte und über die Gewässer dahinfliegen kann, und Odins Ring Draupnir, aus dem alle neun Nächte acht wertvolle Ringe heraustropfen, geschmiedet.

110: J. Doyle Penrose: Iduna. Um 1890. Die Asin schenkt ihre goldenen Äpfel, die ewige Jugend verleihen, den Göttern.

Auch der Zwerg Ivaldi ist ein Meister der Schmiedekunst. Er ist der Vater der Zwerge und Vater der Iduna, einer Göttin aus dem Geschlecht der Asen, die, wie die griechische Göttin Gaia, im Besitz der goldenen Äpfel war, die den Göttern die ewige Jugend schenkten. Als das Ende der Welt nahte, entschwand die schöne Iduna in die Unterwelt und betätigte sich später als Göttin der Jugend und Unsterblichkeit. Zu den großen Schmiedewerken Ivaldis, die in Gemeinschaftsarbeit mit seinen drei Söhnen entstanden, gehören Odins Speer Gungnir, Freyrs Schiff Skíðblaðnír und das Goldhaar, das wie echtes Haar wächst, der Asin Sif, der Gemahlin Thors (Skåldskaparmâl 61). Ebenso ist Freyjas kostbares goldglänzendes Halsband Brísingamen echte Zwergenhandarbeit und stammt aus der Zwergenschmiede von Alfrigg, Dwalin, Berlingr und Grerr, allerdings verbunden mit einer Bedingung: Jeder Zwerg durfte eine Nacht mit ihr verbringen. Das Edda-Lied von Völundr besingt weiter einen Schmied und „Albengesell", Wieland, den „Weisen der Alben", Sohn eines Finnenkönigs und Landsmann wie Führer der Alben (Völundarkvidha).

111: J. Doyle Penrose: Freyja mit ihrem exquisiten Halsschmuck Brisingamen, einer Zwergenarbeit. Um 1890.

Während Zwerge auch in der deutschen Volkstradition ihren Platz als große Künstler im Schmieden behaupten, gelten Riesen oder Hünen nur selten als Schmiede, wie man es allerdings in Rüspe, südlich von Ober-Hundem in Westfalen, glaubte. In Westfalen hatten eher die kleinen Schönaunken den Ruf, Meister der Schmiedekunst zu sein. Pflugeisen und dreibeinige Brandröste waren ihre Spezialität. Im Osnabrückischen kursierten gleichfalls Mären von schmiedenden Zwergen, besonders in der Gegend der Baumberge im Münsterland. Der Held dieser Geschichten, die um den Hof des Schulten Dale in Nienberge kreisen, ist der Grinkenschmied, ein kleiner Dämon, dessen schöne Kunst die Eisenarbeiten der ganzen Umgebung inspiriert haben soll. Der Volksmund behauptet, man brauche nur ein Stück rohes Eisen vor dem Eingang einer Zwergenhöhle abzulegen, und schon am nächsten Morgen könne man, sofern man einen geringen Lohn dazugelegt habe, sein fertig geschmiedetes Teilchen wieder abholen. Eine Schmiedegeschichte aus dem norddeutschen Basum weiß von Bergmännchen, die es genau so getan haben, doch als sie einmal Dreck statt barer Münze vorfanden, hingen sie ihren Job an den Nagel.

Auch im Zimmern waren die Zwerge sehr begabt, wie wir aus Sagen und dem Gedicht von den Kölner Heinzelmännchen von August Kopisch erfahren.

In Schweden war es noch zu Anfang des 19. Jhdt. eine Selbstverständlichkeit, dass ein Zwerg am Hausbau beteiligt war. Kein Haus ohne Tomte; darauf weist schon der Name dieses emsigen Männchens hin, denn schwedisch *tomt* meint ein Haus im Sinne von Gehöft und Grundstück, also Haus und Hof mit allen dazugehörigen Nebengebäuden. Oft ist es ein Tomtegubbe, ein Hausalter, der als unsichtbarer Geist und Gast auf einem Anwesen lebt. „Auf diesem Tomt wird der Alte sorgend und bewachend und mitternächtlich umherwandelnd gedacht." Der politische Schriftsteller und Theologe Ernst Moritz Arndt schildert in den Erinnerungen an seine einjährige Schwedenreise 1803/04 die Lage:

112: Tomtegubben, der Hausalte.
– Jenny Nyström, Schweden.

„Oft horchte und lauschte man während des Hausbaues genau nach, ob nicht irgendein Hacken oder Picken vermerkt würde, ohne irgendeines Täters gewahr zu werden, weil man da glaubte, es sei der Tomtegubbe (Hausgeist), dem die Arbeit gefiel und der bei dem Bau mithalf, über welchen sich dann immer das Glück niederließ. Wenn man aber nichts dergleichen vermerkte, glaubte man, der Tomtegubbe sei unzufrieden, und fürchtete für den Bau. Von alldergleichen wusste der Zimmermann viele tröstliche Dinge zu erzählen. – Obgleich man den Tomtegubbe nicht sah, war man doch überzeugt, dass er mit im Gelage tanze. Bei den Mahlzeiten verwunderte man sich, und das wirklich mit Recht, wie die hochgefüllten Schüsseln mit solcher Hast geleert werden konnten. Dies gab zu dem unter den Bauern geltenden Glauben Veranlassung, dass am Tische mehrere Unsichtbare saßen und mitaßen. Diese Unsichtbaren hatten sich Tarnmäntel zu verschaffen gewusst, die man Bahattar (Bahüte) nannte, die, solange sie auf dem Kopfe saßen, ihre Träger den Augen aller verbargen. Dieses oder jenes glückliche Donnerstagskind (Thorsdagsbarn ist unser Sonntagskind. Thor, der Donnergott, war des Nordens Mächtigster, sein

Jupiter.) hatte sie wohl zuweilen sehen gekonnt, aber alle merkten deutlich an der unbegreiflichen Hastigkeit, womit die Speise verzehrt ward, dass sie anwesend waren." (Arndt o. J., S. 51f.)

IV.3 Mit Leib und Seele beim Backen

Die Seele ernährt sich von dem, worüber sie sich freut.
AUGUSTINUS

Die Zwerge besaßen auch im häuslichen Bereich Fähigkeiten, wie wir der *Zimmerischen Chronik* entnehmen (16. Jhdt.). Als Graf von Ober-Eisenburg auf Schloss Büdingen seinen Schloßbäcker fragte, wie er seine viele Arbeit alleine bewerkstelligen könnte, verriet ihm jener, dass er einen geheimen Helfer hätte. Nachts käme regelmäßig ein Männlein und nähme ihm alle Arbeiten ab, nur nicht das Heizen. Backen ist natürlich ein Muss in jedem gut geführten Haushalt, und Zwerge haben auch diese Aufgabe problemlos erfüllt – in den eigenen Felswänden wie in den vier Wänden der Menschen:

Aufsteigende Nebelsäulen oder Dampf und Rauch aus Erdlöchern sind ein sicheres Zeichen für einen Eingang zu einer unterirdischen Wohnung, in der gekocht oder gebacken wird. Und wenn es im Wald nach Kuchen duftet, rührt er sicher von einem Holzweibel-Kuchen her. Ein anderswo gegebenes Rezept für Zwergen-Streuselkuchen macht uns den Mund wässerig. Zwergen sind Spitzen-Köche. Ihre wohlduftenden Speisen steigen Menschen angenehm in die Nase. In Kombination mit ihrer Gutmütigkeit und Hilfsbereitschaft in Notsituationen ergibt das eine verführerische Mischung. Eine Kostprobe bekamen die beiden Knechte eines Mollenstorfer Bauern, jeder auf die ihm angemessene Weise: Der Dankbare wurde stark, der Neidische immer schwächer und schwächer.

113: Zwerge verstehen zu leben. – Fritz Baumgarten: Das Gasthaus Zur Sonne, *1955.*

Im Helfen sind die Kleinen unübertroffen. Einem schwäbischen Lammwirt assistierten zwei Erdmännle, die unglaublich große Augen hatten und – für Zwerge ganz untypisch – keine Kleider trugen, emsig beim Brotbacken. Ein Bäcker in der Oberpfalz hatte kleine Razeln dafür eingestellt, dass sie ihm beim Brotbacken helfen sollten. Als Lohn gab er ihnen drei Brötchen und drei Pfennige. Auch die Heinzelmännchen aus Köln wurden für ihre Brotbackkünste bekannt. Sie nahmen für keine ihrer Arbeiten viel Lohn.

114: Julgubbe. Illustration von Catarina Kruusval, Schweden, zu Egon och julgubben, *1998.*

Es muss nicht unbedingt der eigene Teig sein, den Zwerge zu Brot oder Kuchen verbacken. In einer Meierei bei Bergkirchen in Westfalen ließ sich eines Abends auf dem Hausflur ein Flüstern vernehmen. Bei näherem Hinsehen strahlte ein Lichtschein unter einer an die Wand gelehnten Wanne hervor, und als der Meier die Wanne anhob, kamen vier Unterirdische zum Vorschein, die munter damit beschäftigt waren, den frisch gestohlenen Teig zu bearbeiten.

In Stralendörp in Mecklenburg (auch Stralendorf, bei Parchim) borgten sich die Unterirdischen von den Dorfbewohnern gelegentlich den „Backeltrog" aus. Gewöhnlich brachten sie den Trog nach ein paar Tagen wieder zurück und schenkten den Leuten zum Dank ein Brot, das noch viel besser schmeckte als das Brot, das die Bäcker im Dorf backen konnten.

Rührend verwöhnen die Erdleutchen die Personen, die ihnen sympathisch sind, mit Kuchen. In einem Getreidefeld bei Gippingen lebten Unterirdische, die einem Bauern immer, wenn er auf sein Feld kam, eine leckere Wähe auf den Pflug legten. Anderswo versorgten sie jeden Abend einige erschöpfte Feldarbeiter mit köstlichem Brot und Kuchen. Doch wehe, es benahm sich einer daneben, dann ließen sie sich nie wieder blicken. Manchmal genügt schon das bloße Aussprechen des Verlangens nach Süßem: Am Görnersee bei Netzen fuhr eines Tages ein Mann an einem Hügel vorbei, in dem die Unterirdischen mit dem Backen beschäftigt waren. Er rief ihnen zu, sie sollten ihm doch etwas zu kosten geben. Prompt fand er am Abend zu

Hause in Brandenburg auf seinem Wagen einen Kuchen vor. Backwerk kann auch Zeichen der Dankbarkeit von Zwergen sein. Zwei junge Zwergenfrauen baten einst einen Bauern, der seinen dicht am Burgberg liegenden Acker bestellte, doch mit der Arbeit aufzuhören, da ihnen durch sein Pflügen immer der Sand in die Backschüssel fiele. Er kam ihrer Bitte nach und erhielt zum Dank einen Kuchen.

115: Jill Barklem, England: Illustration zu Spring Story, *1980. Ob Mäuschen oder Zwerg, ihre Küchen nehmen sich nicht viel.*

Zwergenspeise ist mit Vorsicht zu genießen, vor allem wenn sie einem in Form von Kuchen zugeflogen kommt. Sie kann schaden und tödlich sein. Allein die Berührung und der bloße Appetit auf sie sind gefährlich. Selbst wer bereits gestorben oder sonstwie in die Unterwelt geraten ist, hat nichts Gutes zu erwarten, versperrt doch der Genuss von Unterweltbrot den Rückweg in die Oberwelt.

Im Umgang mit Zwergen kommt es immer wieder zu unliebsamen Überraschungen, auch beim Thema „Speis und Trank":

So vernahm ein Bauer eines schönen Morgens merkwürdige Geräusche beim Eisinger Loch, die verdächtig nach Kuchenbacken der Zwerge klangen. Er bekam sofort Heißhunger und sagte, er wolle auch Kuchen haben. Als er nach dem Mittagessen wieder an dieselbe Stelle kam, lagen auf seinem Pflug prompt ein Stückchen frischgebackener Kuchen und ein Messer dazu. Er aß den Kuchen gleich ganz gierig mit den Händen, und da kam aus dem Loch ein Erdmännlein hervorgekrochen und sprach zu ihm: „Hättest du den Kuchen zerschnitten, wollte ich dich auch zerschnitten haben." Anschließend verschwand das Männchen so geschwind wie der Wind.
FREI NACH KUHN (1886-1912, BD.2, S.27)

Vergessen wir nicht: Zwerge wollen ihre Arbeit gewürdigt wissen und belohnt werden, wenn auch in bescheidenem Rahmen. Daher ist es angebracht, den kleinen Helfern etwas Einfaches, aber Feines, wie frische Milch, Sahne, Butter und Brot oder Kuchen, bereitzustellen. Diese Geste erinnert an die alten Seelenopfer, die Speiseopfer für die Hausgötter und Ahnen (II.3). „Wir sind daher vollkommen berechtigt", bekräftigt der Sagenforscher Kuhn, „aus dieser sitte der gaben von kuchen und broten an die abgeschiedenen seelen auch den ursprung jener an die zwerge herzuleiten." Zwerge und Brot sind ein Paar; wie auch die Korngeister dazugehören, werden wir sehen (VII.1).

IV.4 Fröhliche Bierbrauer

Was kann der Schöpfer lieber sehen
als ein fröhliches Geschöpf.
EPHRAIM LESSING (MINNA VON BARNHELM)

116: Zwerge lieben das Bier.

Ein echt germanischer Zwerg löscht seinen Durst mit Bier, mit viel Bier. Er ist nicht in der Lage, Durst auszuhalten (Tacitus, *Germania* 4) und stillt diesen, wie die alten Germanen, mit einem süffigen Gebräu, das jene aus Gerste oder Weizen destillierten und nach der Fermentation einen weinähnlichen Geschmack annahm (Tacitus, *Germania* 23). Auch wenn sich uns Nichtzwergen der Magen umdreht: Bier und Kuchen sind eine gelungene Mischung und werden in Zwergensagen häufig in einem Atemzug genannt, wie in der Spreewälder Sage von den zwei Bauern, die eifrig am Pflügen waren, als ihnen die *ludki* zwei Glas Bier reichten mit den Befehl „austrinken könnt ihr, aber muss wieder vull [voll] sein". Das brachten die Bauern mit einem Trick zustande, auch wenn nicht überliefert ist, mit welchem. Doch die Luttchen kamen wieder und brachten Kuchen, deftigen Brotkuchen mit etwas Butter oder Speck, mit der Auflage „ganz aufessen und ganz lassen". Die schlauen Bauern wussten sich auch jetzt zu helfen und schnitten die Kuchenstücken aus der Mitte heraus, bis nur der Kuchenrand stehenblieb. Als die Luttchen das sahen, staunten sie nicht schlecht und sagten: „Euch hat auch der Teufel gut den Verstand gegeben."

117: Die Zwerge vom Osenberg. Holzschnitt nach einer Zeichnung von A. Ehrhardt, Bechsteins Deutsches Sagenbuch, *1853.*

Der Bierdurst der Wichtelmännchen befällt ebenso die Weiblein. Im thüringischen Schwarza trinken die Wichtelweiblein der Hulda den jungen Männern das frisch geholte Bier vor der Nase weg. Von Bier trinkenden Zwergen und Erdmännlein im Osenberge hören wir, dass sie sich regelmäßig in einem Wirtshaus im Dorf Bümerstedt Bier ganz warm von der Bütte holten und mit feinstem, wenn auch unüblich geprägtem Silbergeld bezahlten. Einmal kam ein steinaltes Zwerglein in das Brauhaus und nahm ein paar kräftige Schluck von dem Gebräu, so dass es auf der Stelle einschlief. Als es erwachte, bekam es einen Heidenschreck, denn was würde sein Großväterchen dazu sagen? Es stürzte davon und vergaß in der Eile sein Krüglein. Der Wirt aber bewahrte den kleinen Bierkrug sorgfältig auf, und sein Gasthaus brachte ihm auch fortan, obwohl kein Gezwerg mehr Bier holen kam, guten Lebensunterhalt ein. Als seine Nachfolger den Krug versehentlich zerbrachen, ging es mit dem Wirtshaus den Bach hinunter.

Nicht nur im Zechen, auch im Bierbrauen sind Zwerge Experten. Allerdings dürfte es schwierig sein, die Behauptung zu prüfen und einen Schluck Zwergen-Export und Moosmännchen-Pils zu probieren.

118: Henry Justice Ford, England: Illustration zu: The Underground Workers *(estnisches Volksmärchen)*, 1889.

Zu den Bier brauenden Zwergen gesellt sich ein geisterhafter Bieresel, ein unangenehmes Nachtgespenst, das den Leuten aufhockt, so verbürgt in Thüringen (im Jonas- und Götzental bei Arnstadt und in Steinbach bei Liebenstein sowie in Ruhla). Die Warnung vor dem Genuss von Zwergenbackwaren gilt in gleicher Weise für das Zwergenbier. Wer die Chance hat, ein Zwergenfest zu beobachten, halte Distanz und lange besser nicht zu. Wem das nicht gelingt, der zeige sich zumindest dankbar, wenn ihm Zwergenspeis und -trank angeboten werden, sonst kann es ins Auge gehen. Eine preußische Sage erzählt von einem dreisten Knecht, dem beim herrlichen Duft nach frisch gebackenem Brot und Bier aus einer unterirdischen Backstube der Wunsch über die Lippen kam, davon kosten zu wollen. Umgehend standen für ihn und seinen Kameraden Brot und Bier auf dem Feld bereit. Es schmeckte köstlich, doch er gab den Bierkrug schmutzig zurück. Unmittelbar danach wurde er schwer krank und starb.

Die nordischen Zwerge sind buchstäblich Vollblut-Braumeister, haben doch Fialar und Galar aus dem Blut des von ihnen getöteten

Kwasir, des weisesten aller Menschen, der auf alles eine Antwort wusste, mit Honig einen kräftigen Met gebraut. Wer ihn trinkt, soll ein Dichter oder Weiser werden (Bragarödhur 57).

119: *Der Wiesenzwerg Tulli im Keller seines* Gasthauses „Zur Sonne", *Fritz Baumgarten, 1955.*

Auch im Keltern von Wein sind Zwerge geübt; so sorgten die Heinzelmännchen von Köln für den Wein, schwefelten ihn, pantschten und manschten kräftig, während der Küfer seinen Rausch ausschlief.

Ein lustiger Weinkobold machte es sich im Bauch eines Weintrinkers gemütlich, und die beiden freundeten sich miteinander an. Das Weinklopferle ist ein anderer pfiffiger Geist und nicht dem Reich der Poesie entsprungen. Er weiß, ob das nächste Jahr ein gutes Weinjahr werden wird, was er mit Klopfen an die Weinfässer ankündigen wird.

Wir könnten leicht dem Trugschluss unterliegen, das Zwergenleben sei ein einziges Genießen und die Zwerge die reinsten Leckermäuler mit einem Hang zum Alkohol. Demnach müssten sie kugelrund sein, doch Zwerge mit Kullerbäuchen gibt es nicht. Die traditionelle Zwergenküche ist eine einfache Küche, die sich aber durch Qualität auszeichnet: Sie besteht im Wesentlichen aus Butter, Sahne und Getreide, und ihr süffiger Gerstentrank ist nach germanischem Reinheitsgebot gebraut So ist der schlichte Speisezettel der Zwerge in Verbindung mit ihrem treuen, redlichen Charakter das Geheimrezept für ihre Gesundheit und ihr sagenhaftes Alter, wie uns ein Zwerg aus dem 10. Jhdt. verrät. Zwerge sind überhaupt mit den Geheimnissen der Natur vertraut, wissen, welche Nahrung ihnen guttut und welche nicht. Sie kennen sich mit den Heilkräften von Pflanzen und Steinen aus. Das Härdmändlene, das mit Enten-

120: In der Gaststube vom Zwergengasthaus „Zur Sonne". Fritz Baumgarten, 1955.

füßlein ausgestattet und in ein bodenlanges, scharlachrotes Mäntelchen gehüllt in einer Höhle (auf der Ramsflue zwischen dem Dorf Hard und der alten Lorenzkapelle) weit ab vom Schuss lebte und ein zurückgezogenes Leben führte, wusste genau, wie es sein verwundetes Fingerlein behandeln musste: Mit einem Heilkraut vom Wegesrand brachte es die Blutung zum Stillstand und reinigte die Wunde (Hieronymus Hagebuch aus Aarau). Die Kräuterkenntnisse und das Wissen um die Schädlichkeit der modernen Zivilisationskost der Menschen stellt die Zwerge in die Nähe der germanischen Götter, die nicht unsterblich wie die Götter der Griechen sind, aber kerngesund und durch spezielle Speisen und Trünke langlebiger als gewöhnliche Sterbliche. Odin braucht gar keine Speise, um gesund und munter zu bleiben. Er lebt einzig und allein vom Wein, einem Göttertrunk, ähnlich dem köstlichen griechischen Nektar und Ambrosia oder dem indischen Amrita.

121: Margaret Winifred Tarrant, England: Woodland Hospital. – Zwerge leben gesund und sind heilkundig.

V

Ein Völkchen für sich – allerlei Eigenheiten der Zwerge

Manchmal bedarf es nicht des Verstandes,
um die Dinge richtig verstehen zu können.

༺༺༺༺༺༺༺༺༺

122: Zwergentanz: Buchschmuck von Rudolf Schiestl. Aus: Der Deutsche Spielmann, *1910.*

Wer Witz hat und Geist, gerne tanzt und feiert, auch mal tiefer ins Glas guckt, wer Spaß liebt und auch über die Stränge schlagen kann, wer Launen kennt und ab und an überempfindlich reagiert und wer dazu Wünsche hat, bei denen nur noch Wesen aus einer anderen Welt helfen können, der kann fast nur ein Zwerg sein. Von den anderen Qualitäten der Zwerge, ihrer praktischen Begabung und ihren magischen Künsten, wollen wir vorerst schweigen (siehe VI und VII). Fühlen wir uns in die Zwergenmentalität ein.

V.1 Lebensfreude und Übermut

Es tanzt ein Butzemann
In unserm Haus herum di dum
VOLKSWEISE AUS DES KNABEN WUNDERHORN
(1805-1808; VON ACHIM VON ARNIM UND CLEMENS BRENTANO)

123: Wilhelm Petersen: Bi-Ba-Butzemann. Aus dem gleichnamigen Kinderliederbuch von 1954.

Der Butze, bekannt als Bi-Ba-Butzemann, ist ein winziger, koboldhafter Wicht, nicht ganz so groß wie ein Zwerg. „Verbutzen" ist ein fast vergessenes Wort, das wir in Eduard Mörikes Hutzelmännlein finden; es bedeutet „verkleiden, vermummen". Als vermummter Geist hat der Butzemann zur Fastnacht seinen großen Auftritt: Dann klopft er und pocht er und wird zum Popanz wie der Butzebär. Andere Butze sind mit ihm verwandt, wie der Tiroler Bütz oder Bützel, der Pütz aus Vorarlberg und der Botz aus Montafon. Sie sind gutartige Wesen, nur den Vorarlberger Elbputzen eilt ihr schlechter Ruf voraus. Bütze und Pütze sind erlösungsbedürftige Geister, und so wurde der Stutzli endlich erlöst, weil er ein Kindchen gewiegt hat.

124: Emilie Renberg-Åquist, Schweden: Zwergentanz. 2005.

Wo fröhlich gefeiert, getanzt, gesungen, gepfiffen und getrommelt wird, ist das Kleine Volk nicht weit. Das Kleine Volk ist ein fröhliches Volk. Humor und Lebensfreude wird bei ihm groß geschrieben. Heute stellen wir uns unter tanzenden Naturwesen eher Feen vor, transparente Geister mit hauchzarten Flügeln. Sie drehen ihre Reigen schwebend im Mondschein auf den Wiesen in der Nähe von Erlen und hinterlassen ringförmige Tanzspuren, die am nächsten Tag im Morgentau zu sehen sind. Viele germanische Mythen berichten von tanzenden und musizierenden Zwergen, und wir kennen die geheimnisvollen *fairy rings* aus Großbritannien. Ein Österreichisches Volkslied besingt zwei tanzende Zwerge auf einem Berg (*dânzn zwoa zweargl*), und wenn der Mondschein um Mitternacht sein silbriges Licht auf die Wiesengründe wirft, kriecht auch in Deutschland das Nachtvolk aus seinen Schlupfwinkeln heraus, tanzt um die Grabhügel und singt dabei nach Herzenslust. Man störe es hierbei lieber nicht, denn der Abstecher in ihre Welt könnte etwas länger dauern, sich über Jahre und Jahrhunderte hinziehen, wenn überhaupt ein Ende abzusehen ist.

Kreuzwege und Kirchhöfe bieten in mondhellen Nächten ebenfalls eine ideale Tanzfläche für lebenslustige Nachtgeister. Verbirgt sich nun hinter der Ausgelassenheit eine innere Unruhe, die Unruhe der Seelen, die auf Erlösung warten? Die Helligkeit ihrer Kleidung – die Palette reicht von Schwarz bis Weiß – zeige den Grad ihrer Erlösung an, weiß man in der Oberpfalz. Je heller das Hemd, desto näher dem Ziel. Eine entsprechende Aussage hören wir auch von der Geisterseherin aus Prevorst. Aus Niederösterreich wird überliefert, dass am Lichtenstein bei Mödling einst Berggeister lebten. In hellen Vollmondnächten kamen sie aus ihrem Berg heraus und veranstalteten allerlei Schabernack auf den weiten Wiesenflächen. Eine ihrer Spezialitäten war es, einen goldenen Schuh über die Wiese zu tragen. Eine andere Sage aus Niederösterreich schildert das Erlebnis eines Mädchens, das sich bei Vollmond nachts im Wald verirrte und auf einer Lichtung Zwerge im Mondlicht tanzen sah, die es für Kinder hielt. Es lief zu ihnen hin, doch als es näherkam, waren die kleinen Leute verschwunden. Das Reigen-Tanzen ist eine gemeinsame Eigenschaft von deutschen Zwergen, Kobolden und Feen und den keltischen Fairies. Ebenso lieben die deutschen Truden, die in Siebenbürgen Irrlichter heißen, den Tanz und führen nächtliche Heimkehrer in die Irre, d.h. zu ihren geheimen Tanzplätzen, wo die Ärmsten dann Augenzeugen vom Trudentanz werden, statt ihren Weg nach Hause zu finden.

Angenommen, Zwerge seien die Seelen von verstorbenen Menschen, so fällt ihre übersprühende Lebensfreude auf, die fern von Trübsal und Seelenqual Ausdruck von Zufriedenheit mit ihrem Dasein sein könnte. Wenn es etwas zu feiern gibt, sind die Leutchen mit von der Partie. Sie kommen aus ihren Erdlöchern, Bergen,

Gräbern, Höhlen, Palästen und verlassenen Gemäuern heraus und setzen sich als ungeladene wie unsichtbare, aber durch Zeichen erkennbare Wesen an den festlich gedeckten Tisch. Wie viele Zwerge haben wohl heimlich auf Hochzeiten mitgetanzt, mitgespielt und mitgetafelt! Die Zwerge vom Breitenberg taten so und trieben auf einer Hochzeitsfeier ihren Schabernack.

125: Die Zwerge vom Breitenberg treiben Schabernack auf einem Hochzeitsfest. Holzschnitt nach einer Zeichnung von A. Ehrhardt, Bechsteins Deutsches Sagenbuch, *1853.*

Zwerge tanzen nicht nur auf fremden Hochzeiten, sondern feiern auch eifrig ihre eigenen Hochzeiten. Wir wissen das aus der Gegend um Halberstadt. Fand jemand einen Kuchen in einer Furche auf dem Feld, so wurde höchstwahrscheinlich gerade eine Zwergenhochzeit gefeiert. Was die Zwerge den Menschen zumuten, gilt allerdings nicht für sie selbst: Sie dulden keine ungeladenen Gäste. Als das Zwergenvolk im Petersberg in Mecklenburg einmal lustig feierte, ritt ein Bauer vorbei und fragte neugierig, was sie denn veranstalteten. Das hätte er lieber nicht tun sollen, denn die kleine Schar ging auf ihn los und verfolgte ihn, so dass er sich mit Mühe und Not in ein Flachsfeld retten konnte. Es kann allerdings auch passieren, dass sich ein Mensch vor der Liebe der Kleinen retten muss – so geschehen in Thüringen, wo ein Mädchen von einer Alten im Sterbebett einen Apfel geschenkt bekam. Die Ärmste wusste erstens nicht, dass es sich um einen Liebesapfel handelte, und zweitens nicht, dass die erotische Macht dieses Apfels auch Geister anzieht, und so fing sie sich einen Koboldverehrer ein.

Als kleine Genießer, denen Kuchen und Bier über (fast) alles geht, sind Zwerge auch dem Tabak nicht abgeneigt. Sie stecken sich gerne ein Pfeifchen an, nicht nur in Deutschland. Die irischen Leprechauns und Cluricauns werden oft mit Pfeifchen gesehen, und manchmal kann man an verlassenen Orten ihre weißen Ton-Pfeifchen finden, heißt es im Volksmund. An einem nebligen Spätsommertag, Mitte der Siebziger Jahre, machten wir in County Sligo einen Spaziergang in einer gottverlassenen Landschaft und trafen auf ein verfallenes, grün überwuchertes Haus, den idealen Platz für Leprechauns! Innen fand ich ein winziges Pfeifchen aus weißem Ton. Erst später erfuhr ich von einem Einheimischen, was es damit auf sich hatte.

Das Kleine Volk ist immer guter Dinge, sofern man seine bescheidenen Wünsche respektiert. Es freut sich des Lebens, eines überaus langen Lebens. Ihr Lebensstil ist rundum gesund, halten die Kleinen es doch mit Jonathan Swift, der Dr. Diät, Dr. Ruhe und Dr. Fröhlich für die besten Ärzte der Welt hält. Dabei ist Diät im ursprünglichen Sinn gemeint, als naturgemäße, ganzheitliche Lebensweise.

Die verstehen sehr wenig, die nur verstehen, was sich erklären lässt.
MARIE VON EBNER-ESCHENBACH

ZWERGE

Maj Fagerberg, Schweden: Glänta (Die Tür einen Spalt öffnen). Aquarell. © M. Fagerberg

Maj Fagerberg:
På berget (Auf dem Berg). Krustatel (Drahtschmiele, ein Süßgras, Deschampsia flexuosa), Stensöta (Engelsüß, Gemeiner Tüpfelfarn, Polypodiaceae, Polypodium vulgare), Ängskovall (Gemeiner Wachtelweizen, Melampyrum pratense).
© M. Fagerberg.

Maj Fagerberg:
Ein kleines Wesen inmiten von Hummeln und dem Duft nach Blaubeeren und Erdbeeren. Illustration aus *Humlans Blomsterbok* von Stefan Casta und Maj Fagerberg. © S. Casta und M. Fagerberg, 1993 und 2002.

Sibylle von Olfers (1881-1916), Deutschland: Illustration zu *Etwas von den Wurzelkindern*, 1906.

Bettina Stietencron, Deutschland: Aus: *Nachts am Berge tanzen Zwerge*, 1991. © B. Stietencron.

(oben links): Thekla Brauer, Deutschland: Schneewittchen. Aquarell. Aus: *Grimm's Kinder- und Hausmärchen*, 16.Aufl., Leipzig o.J.
(unten links): Thekla Brauer: Rumpelstilzchen. Aquarell. Aus: *Grimm's Kinder- und Hausmärchen*, 16.Aufl., Leipzig o.J.

(oben rechts): Henry Meynell Rheam (1859-1920), England: Once upon the time (Es war einmal)
(mitte rechts): John McKirdy Duncan (1866-1945), Schottland: The Riders of the Sidhe (Die Reiter der Sidhe). 1911, Dundee.

(unten rechts): Moritz von Schwind, Österreich und Deutschland: Gesamtentwurf zu *Der Ritter Kuno von Falkenstein*, 1843-1844. Die Gnomen helfen dem Ritter, den Weg zu seiner Liebsten zu bahnen.

Aune Larris, Finnland, Schweden: Göteborgs Rosarium mit Direktorvilla, Trädgardsföreningen. Aquarell. © A. Larris. – Rosengärten haben eine alte Tradition, die auf Zwerge wie Laurin sowie auf die Seelen der Verstorbenen hinweist.

(rechts): Emilie Renberg-Åquist, Schweden: Die Rose als Liebeszeichen unter Zwergen. 2005. © E. Renberg-Åquist

(links): Peter Ebenhoch, Deutschland: Großfamilie Wurzel. © P. Ebenhoch.
(rechts): Peter Ebenhoch: Großfamilie Wurzel. © P. Ebenhoch.

ben): Harald Wiberg (1908-1986), Schweden: Illustration zu Viktor Rydbergs Buch *Tomten* (Der Zwerg).
VG Bild-Kunst.
nten): Harald Wiberg: Illustration zu Viktor Rydbergs Buch *Tomten* (Der Zwerg). © VG Bild-Kunst.

Maj Fagerber[g]
Tänker vackr[a]
tankar
(Denke schö[ne]
Gedanken).
© M. Fagerbe[rg]

(links oben): Ida Bohatta-Morpurgo (1900-1992), Österreich Aus: *Schneckenpost.* 1951
(rechts oben): Ida Bohatta-Morpurgo Piep. Aus: *Piep und Maus im Winter zu Haus.* 1953.
(links unten): Ida Bohatta-Morpurgo Die Ermahnung. Aus: *Bei den Wurzelmännlein.* 1940.
(rechts unten): Ida Bohatta-Morpurgo: Heinzel zwischen 14 Uhr und 14 Uhr 15.
Aus: *Heinzel wandert durch den Tag.* 1949.

(links): Karl Hauff (gefallen 1943), Deutschland: Sommerglocken. Aquarell über Bleistift.
(rechts): Karl Hauff: Zwerge im Grünen.

(oben):Daniela Drescher:
Zwergenabenteuer.
© D. Drescher.

(unten): Daniela Drescher,
Deutschland und Schweiz: Frühjahr.
Aus: *Komm mit ins Reich der Zwerge*.
© D. Drescher.

(oben): Mili Weber: Pilzkreis. © Vontobel.
(unten): Mili Weber: Leuchte mir, Laternchen. © Vontobel.

(oben): Valentina Kuprina, Russland, Schweden: Der nordische Zwerg Regin. Runesilk („Rune auf Seide"), © V. Kuprina. - Freundlicherweise hat die Künstlerin dem enthaupteten Regin das Haupt wieder aufgesetzt (vgl. die Abbildung in Kap.VI.2).
(unten): Edith Weiss, Österreich: Geistige Kräfte der Erde. 2003, Gouache. © E. Weiss.

…eheimnisvolles Foto von einem Zwerg – zeigt es den Zwerg von Luxemburg, der auf Schloß Engsö bei Stockholm seit Jahrhunderten umgehen soll? Das Foto wurde in meiner Gegenwart aufgenommen im großen Saal in Schloß Engsö und in der Göteborger Abendzeitung Aftonbladet am 12.4.2000 veröffentlicht. Durch eine gleichzeitige Videoaufnahme entpuppte sich der „Zwerg" als die Schloßbesitzerin Gräfin Katharina Piper. Foto © Jonas Bilberg, 11.4.2000.

(unten): Bettina Stietencron: Aus: *Nachts am Berge tanzen Zwerge*, 1991. © B. Stietencron.

Lars Klinting (1948-2006), Schweden: Nils Holgersson und der Gänserich Martin. Illustration zu dem Buch *Nils Holgerssons wunderbare Reise* von Selma Lagerlöff, 1989

© Lentz Verlag in der F.A. Herbig Verlagsbuchhandlung GmbH, München. Erschienen in der Franckh-Kosmos Verlags-GmbH Co. KG. Schwedischer Originaltitel: *Nils Holgerssons underbara resa genom,* Sverige © Bonnier Carlsen,1989, © Illustrations: La Klinting 1989. Original Titel: *Nils Holgerssons underbara resa genom,* Sverige © Bonnier Carlsen,1989, © Illustrations: Lars Klinti 1989. Deutsche Ausgabe: *Nils Holgerssons wunderbare Reise* © für die Deutsche Ausgabe: Lentz Verlag in der F.A. Herbig Verlag buchhandlung GmbH, München. Erschienen in der Franckh-Kosmos Verlags-GmbH & Co. KG.

Bettina Stietencron: Aus: *Nachts am Berge tanzen Zwerge*, 1991. © B. Stietencron.

(oben und unten): Bettina Stietencron: Aus: *Nachts am Berge tanzen Zwerge*, 1991. © B. Stietencron.

(oben): Wenche Skjøndal, Norwegen, Schweden: Tomtepaar mit Hagebutten. © W. Skjøndal.

(mitte links): Elsa Beskow (1874-1953), Schweden: Zwergenkinder erschrecken sich vor dem Bergtroll. Aus: *Tomtebo barnen*, 1919. Aquarell, Nationalmuseum Stockholm.

(mitte rechts und unten): Wenche Skjøndal. © W. Skjøndal.

(oben): Rien Poortvliet (1932-1995), Holland: Heinzelmännchen mit Piepmatz in den Blaubeeren. Aus: Huygen und Poortvliet 1979.
(unten): Harald Wiberg: Illustration zu Viktor Rydbergs Buch *Tomten* (Der Zwerg). © VG Bild-Kunst.

(oben): Bettina Stietencron: Aus: *Nachts am Berge tanzen Zwerge*, 1991. © B. Stietencron.
(links): Wenche Skjøndal. © W. Skjøndal.

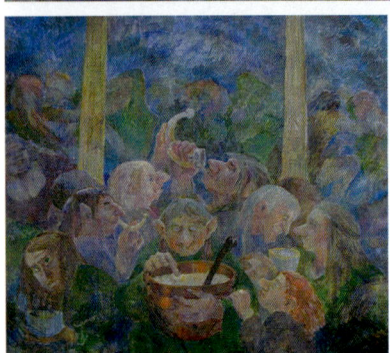

(links): Wenche Skjøndal. © W. Skjøndal.
(oben): Jule Ehlers-Juhle, Deutschland: Illustration zu *Die Rückkehr der Zwerge* von Hermann Krekeler. 1991. © Carlsen Verlag, Hamburg.

(oben): Fritz Baumgarten: Das Wiesenmännlein
Tulli, der gute Geist der Wiese, hat für hungrige
und durstige Wiesenbewohner eine Blätterzelt-
Schenke eingerichtet. Illustration zum
Gasthaus Zur Sonne von Erich Heinemann, 1955.

(unten): Fritz Baumgarten (1883-1966), Deutsch-
land: Umzug mit dem Wiesenmännlein in der
Mittsommernacht. Illustration zum
Gasthaus Zur Sonne von Erich Heinemann, 1955.

(oben links): Wenche Skjøndal:
Trollkind mit Lebkuchenherz.
© W. Skjøndal.
(oben rechts): Wenche Skjøndal.
Trollkind mit Kerze. Es war
versehentlich mit dem
Weihnachtsbaum ins Haus gelangt.
© W. Skjøndal.
(unten): Wenche Skjøndal:
Tomtepaar mit Hagebutten.
© W. Skjøndal.

(oben): Rien Poortvliet,
Holland: Das Sandmännchen.
Aus Huygen und Poortvliet 1989.
(unten): Maj Fagerberg: På tak i juletid
(Auf dem Dach in der Weihnachtszeit),
Aquarell. © M. Fagerberg.

(oben): Maj Fagerberg: Lucia der Weihnachtszwerg. Aquare[ll]
© M. Fagerberg.
(unten): Lena Petersson, Schweden
© VG Bild-Kunst

Catarina Kruusval: Schweden, Weihnachtskarte. © C. Kruusval.

Catarina Kruusval. Illustration zu *Egon och julgubben* („Egon und der Weihnachtszwerg"). 1998. © C. Kruusval.

Daniela Drescher. Nacht. Aus: *Komm mit ins Reich der Zwerge*. © D. Drescher.

ZWERGE

V.2 Zwergenwitz und Riesenspaß

Der Heitere ist Meister seiner Seele.
WILLIAM SHAKESPEARE

Dick genug sind sie allemal, die Zwergenköpfe, um Raum zu bieten für allerlei Kindereien. Der Unfug, der Zwergen im Kopf steckt, ähnelt dem Unsinn, den die Kinderseele liebt, und die Reime aus Zwergenmund erinnern an Kinderlieder, sind einfache Verse. Schabernack und Hinterlist gehören zum festen Repertoire der Zwergenpersönlichkeit, wobei die witzige Seite am besten von den Kobolden repräsentiert wird, den ulkigen Verwandten der Zwerge. Diese Witzbolde schießen Kobolz, werden zu Kobolden, und von ihrer Sorte gibt es viele. Die Berichte über die lustig herumtollenden Winzlinge entspringen nicht etwa nur dem Volksmund, sondern sind von vielen Gelehrten akkurat dokumentiert worden, oft mit Angabe von Zeugen, die eine stattliche Zahl erreichen können. Die Spaßliste der Zwerge und Kobolde ist lang, doch jeder Spaß hat seine Grenzen, wenn wir an die Possen der Poltergeister denken, von denen wir dreißig Gruppen unterscheiden. Die Grenze zwischen Humor und Quälerei ist dünn, und die meisten Poltergeistphänomene, von denen Menschen auf der ganzen Welt seit Jahrhunderten berichten, sind unwillkommen und destruktiv und können die Betroffenen zur Verzweiflung bringen und dazu zwingen, ihr Haus zu verlassen. So werden die ursprünglich nützlichen und lustigen Kobolde zu Störenfrieden.

Einer der beliebtesten Koboldstreiche ist das Verfilzen von Haaren, Menschen- wie Tierhaaren. Im westfälischen Bergkirchen verfilzen die Unterirdischen mit Vorliebe die Mähnen von Pferden, und dasselbe kann mit Pferdeschwänzen passieren. Die geplagten Tiere sind am nächsten Morgen schweißgebadet. Eine ältere Schwarzwälderin berichtete mir von einem Stallspuk in ihrer Jugend, der in einem Dorf bei Freiburg vorkam – ein früher nicht seltenes, aber unerklärtes Phänomen.

Kobolde haben Riesenspaß daran, Menschen zum Narren zu halten: Am Neuruppiner See soll eine Stimme laut über den See geschallt und die Fischer auf das andere Ufer gelockt haben. Als die Gutgläubigen daraufhin übersetzten, war keine Menschenseele dort, nur das Hohngelächter des Kobolds, der sie gefoppt hatte, schallte aus dem Schilfrohr. In dem Gedicht *Ekerken* ärgert der gleichnamige Wicht und Kobold selbst Tiere, doch bringt die Pferde zum Glück nur zum Niesen.

126: Emilie Renberg-Åquist, Schweden: Tomte mit Pferd. 2005.

Kobolde schießen nicht nur Kobolz, sondern mit ihren Tollereien über das Maß des Erträglichen hinaus. Sie werden lästig, wie das norddeutsche Koboldmädchen aus einem Berg bei Cannewurf, das nachts im Zimmer eines Soldaten erschien und an dessen Bettdecke zupfte. Dem Soldaten platzte der Kragen, und er schlug mit seinem Säbel nach der kleinen Gestalt, die offenbar nichts als Luft war. Die Koboldin soll ein anderer Soldat dagelassen haben, klärte ihn der Wirt am nächsten Morgen auf und gab ihm noch einen Rat, wie er in Zukunft mit Hilfe eines Besens am Bett und einem Stiefel, dessen Spitze nach innen zeigt, in Ruhe schlafen könnte. Leider wird nicht gesagt, ob die Methode effektiv war.

Eine Portion Humor war nötig bei dem Vorfall mit dem alten Zwerg im schwedischen Schloss Engsö, wo wir eine Kostprobe vom Zwergenwitz bekamen (Foto im Farbteil). Witz und Klugheit liegen dicht beieinander, wie List und Hinterlist. Wer mit Zwergen ins Geschäft kommt, sei auf der Hut, denn die Kleinen haben ihre eigenen Vorstellungen, wie es laufen soll. Ein Zwergenhandel wird zwar von Seiten der Zwerge genauestens eingehalten, d.h. sie betrügen nicht, aber ihr Handelspartner kann sich übers Ohr gehauen fühlen. Ein Beispiel sind die Thüringischen Zinselein oder Zinselmännchen, die sich zum Ärger eines Bauern über ein Erbsenfeld hermachten. Der Bauer erwischte ein Zinslein am Mützchen, woraufhin dieses ihm aus lauter Verzweiflung eine Wünschelrute versprach, wenn er ihm sein Mützchen zurückgäbe. Die Sache wurde abgemacht, doch was der Bauer vorfand, waren Hunderte von Wünschelruten. Die echte Wünschelrute zu identifizieren, war unmöglich. Im Nu waren die Ruten zu Bäumen gewachsen und der Bauer zum stolzen Waldbesitzer geworden, nur im Besitz einer Wünschelrute war er nicht. Der Bauer war bedient, und auch die Zinselein hatten die Nase voll: Sie zogen aus der Gegend weg und werden wohl erst am St. Nimmerleinstag wiederkommen.

Wenn auch die Mehrheit der Zwerge heute über alle Berge sein dürfte, ereignen sich bisweilen Episoden, die an die Kleinen und ihren Humor erinnern, wie etwa das Erlebnis eines meditierenden Freundes von Jan Fjellander, der einen Sinn für Zwerge hatte. Kam er zu Jan zu Besuch, wies er stets auf bestimmte Stellen im Garten, an denen die kleinen Leute lebten. Jener Freund war Priester, gleichzeitig aber auch Gärtner, und er hatte des öfteren Gelegenheit, die merkwürdigsten Dinge in seinem Küchengarten zu beobachten. So saß er gelegentlich in der Küche und meditierte, den Blick in den Garten gerichtet, und bemerkte zu seinem Erstaunen, wie die schön gewachsenen Karotten ganz langsam von unsichtbarer Hand in die Erde hintergezogen wurden. Doch das Geheimnis lüftete sich: Der Gemüsegarten war nämlich ein Paradies für Wühlmäuse, deren unterirdische Fressmanöver dem Auge des oberflächlichen Betrachters verborgen blieben. Der Freund schloss ein Abkommen mit den gefräßigen Gesellen und machte ihnen klar: „Dies hier ist euer Platz, und das hier ist meiner!" Seine Bemühung wurde von Erfolg gekrönt.[7]

Gnomenscherz

Mitten in der Nacht
Bin ich aufgewacht
Es knackt, es kracht
In einer Wand sonderbar
Ich sah mich um. Wer lacht?
Was wohl der Ruhestörer war?
Kleiner Gesell,
Entkamst du so schnell?
URSULA BURKHARD (BURKHARD 1998, S.65)

---

[7] Nach einem mündlichen Bericht von Jan Fjellander an A. Puhle, Stockholm, 12.3.2005)

V.3 Ambivalenz und Grenzen des Zwergengemütes

Betrachte immer die helle Seite der Dinge!
Und wenn sie keine haben?
Dann reibe die dunkle, bis sie glänzt!
SPRICHWORT

127: Helga Gebert, Freiburg: Zwerge.

Die Beispiele vom Zwergenhumor geben einen Eindruck von den Tücken des Zwergengemütes. Jedes Ding hat zwei Seiten, auch das kleine Ding, der Zwerg. Wie oft ist doch den Hauskobolden der Kragen geplatzt! Wie allen Urbildern oder Archetypen (vgl.X.2) haften auch Zwergengestalten gegensätzliche Züge an: Die einen weisen nach oben ins Helle, sind günstig, die anderen nach unten ins Dunkle, sind ungünstig oder neutral. Manche Zwerge haben nur ein Auge, ein Bein, eine Hand oder, wie das Einfüßle im Tübinger Nonnenhaus, nur einen Fuß. Das weist auf einen Verlust hin: Sie haben ihr Augenlicht, ihre Fähigkeit zur Ein-Sicht in die „dämonische Dunkelwelt" verloren. So birgt jede Begegnung mit einem Zwerg eine Überraschung und die Ungewissheit, wie die Sache ausgeht: Kommt die helle Seite zum Vorschein oder ist mit einem Durchbruch der unheimlichen Kräfte zu rechnen? Wie innen, so außen. Die Ambivalenz des Zwergencharakters spiegelt sich in der Unterscheidung der Geister in helle und dunkle oder schwarze, wie bei den nordischen Alben. Beide Alben-Gruppen zeigen weiter konträre Aspekte von Totendämonen, todbringende und lebensförderliche, doch wie alle Gegensätze gehören Tod und Leben zusammen, sind Toten- und Fruchtbarkeitskulte eng miteinander verknüpft.

Die meisten zwergenartigen Geister rangieren zwischen gut und böse auf der Werteskala, so Alben, Zwerge, Hauskobolde und Wichte. Sie können fürsorgliche, hilfreiche und liebenswerte Gütchen sein oder sich als Unruhestifter, als Quälgeister und Poltergeister entpuppen und gehörigen Schaden anrichten. Was dem einen dient, schadet dem anderen, und nach diesem Motto schaffte ein Pfälzer Hausdrachen seinem Bauern den Mist vom Nachbarhof heran und verdarb jenem die Ernte. Geister treiben ihr Wesen oder Unwesen. Die geheimnisvollen Bilwisse etwa, bekannt aus Bayern, der Oberpfalz, Schlesien, Sachsen und Thüringen, tragen Züge der germanischen Göttin Bil, der Asin, die den abnehmenden Mond personifiziert, und später elbische Züge.

Im Wesen der Hauszwerge schwingt etwas Melancholisches mit. Die hypersensiblen Wesen reagieren leicht gekränkt und sind bitter enttäuscht, wenn die Menschen ihnen nachspionieren oder Kleidung schenken, um die sie nicht gebeten haben.

128: Zwerge kommen im Mondlicht zum Vorschein. Illustration von Jenny Nyström, Schweden.

Dann suchen sie unter Jammern und Wehklagen das Weite. Ihre Launen und Empfindlichkeiten, könnte man meinen, hingen mit Frau Luna zusammen, die das Zwergengemüt auf Trapp hält und launisch macht. Lateinisch *luna*, „Mond", gehört zu „Laune". Das Kleine Volk ist und bleibt ein Nachtvölkchen, das am liebsten im Mondlicht zum Vorschein kommt.

„Wer Zwergen etwas nimmt, der seh sich vor", beginnt das Kopisch-Gedicht *Kaspars Löffel* und erzählt die Geschichte eines Müllers, der einen Zwergen-Löffel mitgehen ließ. Als der Dieb endlich gestellt war, weil ihm der Löffel aus der Tasche fiel, „da kam das ganze Kleine Volk herbei und schlug mit Löffeln ihn beinah zu Brei".

An die Grenzen des Zwergengemütes stoßen wir unversehens, denn es ist nicht einfach und eindeutig, was den kleinen Wesen gefällt. Aufmerksamkeit und gebührende Achtung ihrer Arbeit, ihrer Person sind ein Muss, wenn wir sie nicht verstimmen oder vor Zorn platzen lassen wollen. Auch die Geschenke des Kleinen Volkes wollen gewürdigt sein. Im Haus des „tollen Geists von Beeren", eines Gutsbesitzers in der Mark Brandenburg, veranstaltete das Kleine Volk einmal ein Familienfest, nachdem es die Hausdame um Erlaubnis gebeten hatte. Es bedankte sich anschließend mit einem schönen Geschenk, einem Püppchen namens Allerhühnchen, das als Maskottchen dienen sollte. Doch als der tolle Geist das gute Stück eines Tages voller Verachtung ins Feuer warf, ging es mit dem Haus und seiner Familie bergab. Während sich Zwerge wie Kobolde als liebenswürdige und fröhliche Hausfreunde geben können, besteht daneben die Gefahr, dass ihr Temperament umschlägt und sie sich zu unberechenbaren Taten hinreißen lassen, wie z.B. ihrer Familie das Haus über dem Kopf anzuzünden. Heute noch kommen gelegentlich Poltergeistfälle vor, in denen berichtet wird, dass Feuer auf unerklärte Weise ausbricht, so etwa im Spuk auf Schloss Wildenstein, einem Fall, dem Prof. Hans Bender nachgegangen ist.[8] Zum Glück entsteht in Poltergeistfällen niemals lebensgefährlicher Schaden. Daher ist es ein zuverlässiges Zeichen für die Unechtheit eines Spukfalles, wenn Menschen bei sogenannten Poltergeistaktivitäten ernsthaft Schaden nehmen oder gar den Tod finden – das Opfer wird nämlich in echten RSPK-Fällen (siehe I.1) in der Regel haarscharf verfehlt.

129: Ein Zwerg kann ein Glückszwerg sein, doch nicht jeder ist ein Glückspilz, der einen Zwerg oder Kobold im Haus hat. – Italienisches Design.

Während es nicht einfach ist, einen frechen und lästigen Hauskobold wieder loszuwerden, kann es ganz schnell gehen, einen hilfreichen Hausgeist zu verlieren. Eine falsche Handlung reicht aus, um ihn auf immer zu vergraulen. So nehmen sie es übel, wenn ihre tägliche kleine Mahlzeit ausbleibt, verstehen sie diese doch als ihren bescheidenen Lohn. Auf plumpe Bezahlung dagegen reagieren sie höchst empfindlich, denn sie fassen ein Geldgeschenk meist als Auszahlung und Abschiedsgabe auf.

Nichts ist beständig, und so entwickelt sich unser Wissen und unsere Einsicht in die tieferen Zusammenhänge des Lebens und der Welt im Laufe des Lebens weiter. Unsere Stimmungen unterliegen Schwankungen, selbst unser Wesen kann sich verändern. Auch ein Zwerg bleibt nicht immer derselbe.

---

8   Bericht in Avenarius 2004, S.31

V.4 Zwergenwünsche, Zwergennöte

Wie viele Freuden werden zertreten,
weil die Menschen meist nur in die Höhe gucken
und, was zu ihren Füßen liegt, nicht achten.

ELISABETH GOETHE AN IHREN SOHN WOLFGANG

130: Illustration von Hermann Vogel zu Schneeweißchen und Rosenrot, *1894. – Ohne die Hilfe der beiden lieben Schwestern wäre der Zwerg verloren.*

Es gibt nur wenige Situationen, in denen Zwerge auf die Unterstützung von Menschen angewiesen sind: Dies sind Geburten und Hochzeiten, die Teilung von Schätzen und die Schlichtung von Streitigkeiten.

Trotz ihrer überlegenen Kenntnisse im Heilen mit Kräutern und Steinen holen sich Zwerge mitunter Menschenfrauen zu Hilfe, wenn ihre eigenen Zwergenfrauen entbinden. Die Frauen, nicht unbedingt Hebammen, werden in die Berge entführt, wo sie den Zwerginnen bei einer Geburt beistehen sollen. Davon wissen viele europäische Sagen, auch schwedische, zu berichten. In Finnland herrschte die Überzeugung, dass unter dem Kirchenaltar kleine verunstaltete Wesen lebten, das Kirchenvolk (*kirkonwäki*), und wenn deren Frauen in die Wehen kamen, konnten sie nur erlöst werden, wenn eine Christin zu ihnen kam und ihnen ihre Hände auflegte. Gold und Silber waren der Dank dafür. Eine deutsche Sage erzählt, wie eine Frau von Rantzau aus dem alten holsteinischen Adelsgeschlecht nachts von einem kleinen Männchen mit einem Laternchen aus dem Bett in ihrem Schloss geholt und in einen hohlen Berg gebracht wurde, um dort einer Zwergin, die in den Geburtswehen lag, Hilfe zu leisten. Auch die frisch aus Dänemark eingeheiratete Gräfin dieser Adelsfamilie wurde mitten in der Nacht, diesmal von einem ellenbogengroßen „wunderbar schönen Fräuchen" mit einem Licht in der Hand aufgeweckt und zur Geburtshilfe unter die Erde geführt, wo es vor Gold und Edelsteinen nur so flimmerte. Beide Frauen wurden mit Geschenken belohnt, und beide Fälle waren mit Weissagungen verbunden, die eintrafen.

Für Hochzeiten stehen dem Kleinen Volk nicht immer die geeigneten Räumlichkeiten zur Verfügung. Daher sind die kleinen Leute überglücklich, wenn sie einen schönen Saal in den Häusern der Menschen nutzen dürfen. Sie danken es ihnen mit einem schönen Geschenk. Die Zwerge aus den Zwergenbergen bei Aachen, bei Jena und in der Grafschaft Hohenstein pflegten die Städter aufzusuchen, wenn sie Kochgeschirr für ihre Hochzeiten benötigten. Die geliehenen Töpfe, Schüsseln und Bratspieße gaben sie immer zuverlässig wieder zurück.

Mal ist es nur ein Stück frisch gebackenes Brot, das die Zwerge erbitten und so schnell wie möglich durch ein selbstgebackenes ersetzen. Eine wahre Geschichte, wie sich wohl gegen Ende des 16. Jhdt. eine Zwergin aus dem Zwergenloch im Wald zwischen Selbitz und Marlsreuth Brot von einem Bauern borgte, erzählten zwei „ehrliche, glaubhafte Männer" im 17. Jhdt.. Einer der beiden war der Enkel des Betroffenen und hieß Hans Kohmann. Er verstarb 1679. In der Regel sind es kleinere Dinge, die sich Zwerge von Menschen ausleihen, meist Küchengeschirr, wofür sie sich stets dankbar erweisen.

Die Teilung eines Schatzes ist Männersache, jedenfalls nach Ansicht des Kleinen Volkes, und so greifen die Zwerge bisweilen auf den weisen Rat eines erfahrenen Mannes zurück. Das Gleiche gilt, wenn es darum geht, Streitigkeiten beizulegen.

Was Zwerge fast regelmäßig in die falsche Kehle kriegen, sind Kleidergeschenke. Es ist schwierig, ihre Wünsche zu erraten. Manche Zwerge verlangen von Zeit zu Zeit ein neues Gewand oder geben, wie Pück, eines in Auftrag, mit genauen Anweisungen, wie es auszusehen habe. Ein andermal sind sie tödlich beleidigt über ein Kleider-Geschenk und ziehen ein für allemal davon. Doch was in jedem einzelnen Fall angebracht ist oder nicht, bleibt ein immer wieder neu zu lösendes Rätsel. Selten nehmen die Hausgeister ein hübsches Jäckchen oder Höschen einfach freudig an und tragen es auch, manchmal nehmen sie es nur, um sich sogleich darauf aus dem Staub zu machen. Der freche, aber gutartige Hauskobold Blauhösler aus Königsberg bei Wenglingen im Allgäu trug gerne das winzige blaue Höschen, das ihm seine Bäuerin gestrickt hatte. Das alles sind aber keine Allüren, weil sie sich ihre Anziehsachen alleine aussuchen wollen, sondern, wie schon gesagt, verstehen sie neue Jäckchen und Höschen, mit denen sie ihre abgetragenen Lümpchen ersetzen könnten, als Auszahlung, als einen Wink mit dem Zaunpfahl, das Haus, in dem sie so treu und redlich gedient haben, verlassen zu müssen. Wer kann es ihnen verdenken, dass sie klagen und jammernd von dannen ziehen, wenn ihnen grundlos und fristlos gekündigt wird? Ähnliches gilt für die ausländischen Zwerge, etwa die Pixies in Devonshire, die ihre neuen Kleider anprobieren und so lange glücklich und zufrieden in der Scheune umherhopsen, bis Bauern aus der Nachbarschaft auf die geniale Idee kommen, auf die tanzenden Leutchen zu schießen:

Now the pixies work is done,
We take our clothes and off we run.
ATHENÄUM (NR.299)

„Nun ist das Werk der Pixies getan, wir nehmen unsere Sachen und ziehen davon" – viele deutsche Zwerge verabschieden sich ähnlich poetisch mit wohlklingenden Reimen, die ans Herz gehen.

In arge Not geraten die Kleinen, wenn ihnen nachspioniert wird: Als die Frau eines Schneiders nachts Erbsen streute, um den Heinzelmännchen auf die Schliche zu kommen, purzelten die Zwerge die Stufen herunter und ließen sich von Stund an nicht mehr blicken. Da half auch kein Klagen mehr: „Ach, dass es noch wie damals wär!" Die schöne Zeit kam nicht wieder her.

131: Zwerg von Jule Ehlers-Juhle, 1981.

Natürlich haben auch die Menschen jede Menge Wünsche, die sie den Zwergen antragen. So wussten früher die Bewohner der Gegend zwischen Braunschweig und Halberstadt von einem Berg nordöstlich des Städtchens Dardesheim, aus dem eine kristallklare Quelle, der Smansborn, entsprang, dem man seine Wünsche vortragen konnte. Der Berg war nämlich voll von hilfreichen Zwergen, und die Menschen brauchten nur dreimal anzuklopfen und ihren Wunsch zu äußern – sei es ein elegantes Kleid oder ein Utensil für eine Hochzeitsfeier – und mit deutlich vernehmbarer Stimme die Worte sprechen: „Frühmorgens eh die Sonne aufgeht, schon alles vor dem Berge steht." Sie konnten Gift darauf nehmen, dass ihre Bestellung umgehend ausgeführt wurde und das erwünschte Stück bald vor dem Berg lag. Aber die Menschen haben sich nicht immer anständig dafür bedankt und obendrein noch angefangen, über das Kleine Volk herzuziehen. Daher ließ sich dort schon zur Zeit der Gebrüder Grimm kein einziger Zwerg mehr blicken oder hören. Allerdings sind der Sage nach ein paar neugierige und mutige Bauernknechte der Sache auf den Grund gegangen und haben das Zwergenloch genauer inspiziert. Was sie darin vorfanden, war ein sehr niedriger Gang, der auf einen quadratischen Platz zuführte. Dieser war mehr als mannshoch, und nach allen Seiten gingen viele kleine Türchen ab. Doch geöffnet haben sie die Türchen vor lauter Angst nicht.

Zwergenvolk. Illustration von Jule Ehlers-Juhle zu: Die Rückkehr der Zwerge *von H. Krekeler, 1981.*
© *Carlsen Verlag, Hamburg.*

VI

An den Grenzen von Zeit und Raum

Was du sehen kannst, das sieh,
und brauche deine Augen,
und über das Unsichtbare und Ewige
halte dich an Gottes Wort.
MATTHIAS CLAUDIUS

❧ ❧ ❧ ❧ ❧ ❧ ❧ ❧ ❧

Einsamkeit und Stille heißt die Vogelfluglinie in die andere Welt, eine Welt jenseits von Raum und Zeit. Es gibt keinen schnelleren Weg, der zum Ziel führt und uns die Grenzen des kategorischen Denkens überwinden helfen kann. Stille und Einsamkeit sind die besten Voraussetzungen, die unser Bewusstsein öffnen, auch um das Wesen der Zwerge zu erfassen. Es ist wie mit allen geistigen Kräften: Wir treffen sie nur auf ihrer eigenen Wellenlänge an, auf geistiger Ebene, nicht durch kalkulierendes, logisches Denken. Wir können uns auf sie einstimmen und ihnen auf halbem Weg entgegengehen. Alle Methoden, die diese Kräfte fördern und stärken, wie eine achtsame Lebensweise, sorgfältige Beachtung und Auswahl der Gedanken, Gefühle und Handlungen, der Aufenthalt in der Natur, Meditation, Gebet, Konzentrationsübungen, das Wachsein im Traum, Gesang, Tanz, Fasten, vegetarische und vollwertige Ernährung und schließlich die Anwendung von Heilkräutern und Edelsteinen, sowie das Einatmen erlesener Räucherstoffe und Duft-Öle, sind geeignet, um auch eine Idee von dem Sinn der Zwerge zu bekommen.

Das stille Volk lebt auf jener Schwelle, die von der Welt, die von Zeit und Raum begrenzt ist, in eine freiere Welt ohne diese Schranken führt. Der Raum ist für sie nicht undurchdringbar, und Zeit spielt keine Rolle, denn Vergangenheit, Gegenwart und Zukunft verschwimmen zu einer Zeit, zur Ewigkeit.

132: Emilie Renberg-Åquist, Schweden: Zwerge lieben die Stille. 2005.

VI.1 Zwerg Allwissend oder der alte Weise

Ohne die jenseitige Welt
ist die diesseitige Welt
ein trostloses Rätsel.
AUGUST STRINDBERG

Im Verhältnis zum Körper ist der Zwergenkopf ausgesprochen groß, so sehen wir es immer wieder in Bildern und Zeichnungen von Zwergen, in Zwergenpüppchen und natürlich in den Gartenzwergen. Wenn dies zwar nichts über die Anzahl der Hirnwindungen oder die Menge der Synapsen zwischen den Nervenzellen im Zwergenhirn aussagt, so ist es doch ein bildlicher Ausdruck für den Gehalt und die Bedeutung des Zwergenkopfes. Der Dickkopf hat es in sich.

Die pfiffigen Zwergenäuglein verraten ein Weiteres. Klugheit, Schlauheit und Weisheit sprühen aus ihren Augen, und der Blick der zauberkundigen Alben war einst sehr gefürchtet. In Schleswig-Holstein kennt man den Nisebok oder Nisspuk, einen Zwerg von der Größe eines Kindes zwischen anderthalb und drei Jahren, der einen dicken Kopf, lange Arme und winzige helle, kluge Äuglein hat. Die Sylter behaupten allerdings, er habe so große Augen wie ein neugieriger Mensch. Hellleuchtend gucken auch die Augen aus den schwarzen Wuschelköpfen der Herrmännlein in Koblenz im Schweizer Aargau hervor. Die vielen Berichte von den leuchtenden Augen der Zwerge sprechen für die geistige Wachheit wie für die Lichtnatur der kleinen Wesen (siehe II.4).

Die nordischen Mythen geben reichlich Auskunft über die Klugheit der Zwerge. Sie erzählen von dem schlauen Fialar in seinem

Felsen (Hâvamâl 13), von dem Zwerg Antilois, der ein guter Ratgeber für Alexander war, und von dem besonders klugen Pacolet, der ein hölzernes Pferd herstellte, auf dem man durch die Lüfte reiten konnte. Der Zwerg Dain ritzte die starken, mächtigen Runen – eine Erfindung Odins – und Rat-Stäbe für die Alben, Dwalin für die Zwerge (Hâvamâl 143). Wie die Sagenzwerge, sind auch die Märchenzwerge den Menschen hilfreiche Wesen und kluge Ratgeber. Nur sind sie leicht erregbar und schnell zu verärgern. Der einen Rat gebende Zwerg tritt Menschen gegenüber stets alleine auf.

Die oft steinalten Zwerge sind buchstäblich altklug. Sie wissen weit mehr als die Menschen. Allwissend war der altnordische Zwerg Alvíss und machte seinem Namen alle Ehre, wenn er auch von Thor, dem mächtigen Donnergott und Höchsten der Asen, ausgetrickst wurde, nachdem er sich heimlich in Thors Abwesenheit mit dessen Tochter Trûdh verlobt hatte. Thor hält nämlich den gebildeten Zwerg, der alle neun Welten durchreist hat und von allen dort lebenden Wesen weiß, so lange mit Fragen über deren Namen in den anderen Sprachen auf, bis die Sonne in den Saal scheint. Als der erste Sonnenstrahl auf Alviss trifft, wird er zu Stein, wie die letzten Zeilen des ihm gewidmeten Eddaliedes Alvîssmâl lauten (Alvîssmâl 36).

Neben Alvíss spielen noch andere Zwergennamen auf die Klugheit der Zwerge an. Der Zwerg Fjölsviðr, der in den Thulur der altisländischen Dichtung besungen wird, ist seinem Namen nach ein Vielwisser oder ein sehr Weiser, während der Name Ráðsviðr leicht zu enträtseln ist als „kluger Ratgeber", ebenso bekannt aus den Thulur und dem Eddalied von der Seherin Völa. Weiter besingen die Thulur den ratsprechenden Zwerg Raðspakr, den Scharfsinnigen. Auch Zwerge, deren Namen nicht die Fähigkeit des Weissagens ansprechen, wie Eugel im Hürnen Sifrit im ersten Teil der Nibelungen-Sage, können weissagen. Ebenso hatten die germanischen Zwerge Andvari und Grîpir die Gabe der Weissagekunst. Nach einem alten Volkslied (St. Andreas Schutzpatron) wird das Echo, altnordisch *dvergmál*, zum Weissagen benutzt. Schließlich weist das Wort „Zwerg" (zu gotisch *dvairgs*, althochdeutsch *tuerc* und mittelhochdeutsch *tverc*) auf höhere Fähigkeiten hin, sofern es mit griechisch *theourgos*, „übernatürliche Dinge verrichtend", verwandt ist.

133: Illustration von Rien Poortvliet, 1979.

Ihre Weisheit holen sich Zwerge mitunter aus dem Himmel, lesen sie direkt von den Sternen ab, wie es der Zwerg, französisch *nains* und lateinisch *nanus*, mit Namen Frocin aus dem altfranzösischen Tristran bei der Geburt eines Kindes tut.

Das Wissen der Zwerge reicht weit über das bekannte Zeitmaß hinaus und erfasst zukünftiges Geschehen. Die schöne Sage von dem Zwergenkönig Vollmar oder Goldemar auf Burg Hardenstein ist ein Beispiel für die außergewöhnlichen Wahrnehmungen der Zwerge, in diesem Fall für ihre Kunst, in die Zukunft zu sehen. Die heutige Forschung über außersinnliche Wahrnehmung (ASW) bei Menschen hat sich erst relativ wenig mit dem Vorauserkennen der Zukunft, mit Präkognition, wörtlich *vorauserkennen* (zu lateinisch *prae*, „voraus", und *cognoscere*, „erkennen"), befasst. Das Voraussehen wird eher mit einschneidenden Ereignissen verbunden als mit Lapalien, d.h. mit Krisensituationen, Schwangerschaft, Geburt und Tod, auch mit Gewinnen bei Wetten, Spielen usw. und beruflichen Angelegenheiten, wie die amerikanische Wissenschaftlerin Louisa E. Rhine aus ihrer Tausende von Fällen umfassenden Sammlung ersehen konnte. Ein Grund ist, dass alltägliche Dinge schnell in Vergessenheit geraten, selbst wenn sie sich später bewahrheiten. Das Gleiche gilt vom Zweiten Gesicht, das sich oft auf bevorstehende Todesfälle bezieht. Daher verwundert es nicht, wenn weissagende Zwerge das Augenmerk ebenfalls auf schicksalhafte Begebenheiten im Leben der Menschen richten. Hochzeiten und Todesfälle sind häufig Themen der Zukunftsschau. Wir werden noch von dem Zwerg in seiner Rolle als Totengeleiter hören (VI.4), die ihn mit dem Schicksal des Menschen aufs Innigste verknüpft.

134: Kleiner Geist aus Asbjørnsens Waldgeister-Buch, 1881.

Einige Kobolde sind darauf spezialisiert, Vorausgewusstes durch Klopfzeichen anzukündigen. Es gibt verschiedene Arten von Klopfgeistern, vom freundlichen Weinklopferle, das ein gutes Weinjahr ankündigt, bis zum destruktiven Poltergeist, dessen Klopfen der Auftakt zu einem Poltergeist-Drama ist. Der Klopfer oder das Klopferle weiß manchmal die Güte der Ernte des nächsten Jahres voraus oder um den bevorstehenden Tod eines Menschen in seinem Haus. Der Glaube, dass jemand stirbt, wenn es ohne erkennbaren Grund klopft, meistens dreimal anklopft, lebt bis heute in Deutschland weiter. Auch hier gibt es wieder eine Parallele zu den Geistern von Menschen, die sich nach alter Überzeugung um die Sterbezeit herum von ihrem Körper lösen und durch Geräusche wie Klopfen ihren nächsten Angehörigen, die räumlich von ihnen entfernt sind, bemerkbar machen und ihren Tod selbst mitteilen. Auch das Anklopfen zur Todeszeit spricht für eine Verbindung von

Zwergen und Menschenseelen. Im Ascher Land gibt es nach alter Überzeugung Zwerge, die mit der Gabe des Tod-Ankündens bedacht sind: So kündet der Erdschmied mit dumpfem, lautem Pochen aus dem Erdboden den Tod einer nahestehenden Person oder ein Unglück an. Todsicher aber muss mit einem Trauerfall gerechnet werden, wenn das rätselhafte Erdhühnel durch die Stube huscht. Für Neugierige gab es einen Erdspiegel, in dem die Zukunft wie verborgene Schätze zu sehen waren.

Geisterhaftes Klopfen und Pochen wurde zu einem gefürchteten Omen. In Großbritannien kennt man auch einen Klopfgeist, den Knocker. Zwerge künden nicht nur mit geheimen Klopfzeichen die Zukunft an, sondern prophezeien sie auch, wie das schwäbische Erdmännlein, das einem Feldschützen zurief, er werde es vielleicht noch erleben, dass auf der neuerbauten Straße einst ganz wenig Leute gehen werden, um dann plötzlich zu verschwinden.

Unter dem Titel *Der Hausgeist* erzählt der Arzt und Dichter Justinus Kerner, dem wir einen akkuraten Bericht über die Seherin Friederike Hauffe verdanken, von dem unheimlichen Auftritt eines sprechenden Zwerges in der Familie der Grafen von F. Dieser Hausgeist empfange – so die Sage – eine neu Eingeheiratete bei ihrem ersten Aufenthalt im Stammhaus zu A. Einmal erschien einer Neuvermählten vor dem Zubettgehen ein graues Männchen mit zwei Armleuchtern in den Händen, das sie fragte, ob es ihr irgendwie dienen könne. Die junge Frau erschrak so sehr, dass sie nur noch die Augen schloss und „fort, fort" rief, woraufhin der kleine Geist auf Nimmerwiedersehen verschwand. Auch in anderen alten Gebäuden sollen sich nachts dienstbare Geisterlein mit Laternen und Lichtern gezeigt haben, doch abgeschiedene Menschenseelen seien es nicht, sondern Wesen einer anderen Gattung von Geschöpfen.

135: Aus: **Körlings großem Weihnachtskalender für Kinder**, *1919, von Elsa Beskow.*

In anderen Fällen brauchen Zwerge gar nicht erst den Mund aufzumachen, denn hier reicht schon ihr bloßes Erscheinen, um etwas Bevorstehendes anzuzeigen. So deutet in Schlesien (Frankenstein, Warmbrunn, Sprottau und Glogau) das Sich-Zeigen des Graumännels wichtige Ereignisse an, und es knüpfen sich viele Sagen an dieses Zwergenwesen.

Auch die geheimnisvolle *Weiße Frau*, z.B. die der Hohenzollern, spricht in der Regel nicht, sondern kündet durch ihr bloßes Erscheinen den Tod eines Familienmitgliedes an. Wie sie und viele andere an hochherrschaftliche Familien gebundene Geister – in den keltischen Ländern ist es die Banshee – kann auch der Zwerg als Schicksalsfigur erscheinen. So wandelte in Heroldsberg, dem Herrschaftssitz der Freiherren von Geuder, in der Nacht vor einem Krankheits- oder Todesfall ein buckliges Männchen vom Gelben Schloss zum Weißen und Grünen, schlich sich hinein, setzte sich zu den Kindern ans Bett und hielt geheimnisvoll den Finger vor den Mund. Doch sobald die Kinder es ansprachen, verschwand es. Dies geschah mehrmals, und jedesmal bezeugten die Geschwister, die sich gegenseitig weckten, dass das Männchen Wirklichkeit war.

Auch Paracelsus beschreibt das Wissen der Zwerge. Die von den Zwergen stammenden Erdmännlein nennt er *monstra*, Monster. Sie wissen mehr. „Sie wissen auch alle zukünftige Ding, gegenwärtige

Ding und die schon geschehenen, die nicht vor Augen, sondern verborgen sind; darin können sie den Menschen dienen und ihn erhalten, warnen, führen und dergleichen." Sie haben nämlich die Vernunft von den Menschen, Verstand und Wissen aber von den Geistern (Paracelsus, *Liber de nymphis*, Tractatus III). Paracelsus bestätigt, dass die Zwerge durch ihr bloßes Erscheinen etwas Großes ankünden: „Sie bedeuten etwas Schweres in der Menschheit", etwa den bevorstehenden Untergang desselben Landes. Ihr Erscheinen kann außerdem große Armut im Volk voraussagen. Zwerge sind nicht selten Vorboten einer schwierigen, unglückseligen Zukunft, und dasselbe muss von den Riesen gesagt werden.

Zwerge kennen nicht nur Einzelschicksale, sondern wissen um das Schicksal ganzer Völker. Eine wundersame Geschichte dieser Art kursierte im Frühjahr 1914 in Ostpreußen, nach der ein unheimliches Männchen einem Nachtwächter immer wieder erschien, zuletzt mit drei Särgen an seiner Seite. Der Fall erregte Aufsehen, und die älteren Leute, die noch im Deuten von Zeichen bewandert waren, sahen einen Krieg auf sie zukommen, wie ihn die Welt noch nicht erlebt hat.

Klugheit, Weisheit und Weissagung sind Verbündete. Der weissagende Zwerg ist auch ein Weiser. Daher erscheint der Zwerg immer wieder als guter Ratgeber, während die Menschen oft nicht einmal klug genug sind, seinen Rat anzunehmen, wie die ausgelassenen Gäste auf der Wiese vor einem Wirtshaus in der Nähe der böhmischen Grenze zwischen Mähring und Rehau. Als ein Gewitter aufzog und sie sich nicht darum scherten, tauchte auf einmal ein Männchen auf der Tanzfläche auf und gebot mit schriller Stimme Einhalt. Keiner nahm das Männchen ernst, weder beim ersten noch beim zweiten Auftritt. Als es aber zum dritten Mal erschien, schlug ein Blitz in das Gasthaus ein, und sowohl das Haus als auch der Garten mit Tanzboden versanken im Erdboden.

Zwerge sind nicht nur selbst hellsichtig und haben einen Blick für die Zukunft, sondern sie können auch Menschen dazu befähigen. Wer durch ein Astloch im Holz guckt, das nach alter Volksweisheit von den Elben herrühren kann, oder wer durch ein Loch in einem Tierfell schaut, das von einem Zwergenpfeil geschossen wurde, der kann Dinge sehen, die sonst verborgen bleiben. Doch auch die Weisheit der Zwerge hat ihre Grenzen, sonst wären sie ja Götter. Dies wird angedeutet durch die Tatsache, dass manche Zwerge, wie einige Götter, nicht mehr im Besitz aller Körperteile sind. Ihnen fehlt ein Auge oder ein Bein, wie Zwergenkönig Piper, wohingegen Riesen mehrere Exemplare eines Körpergliedes besitzen können, z.B. viele Köpfe. Offenbar haben diese Zwerge einen Teil ihrer Kraft verloren – die Einsicht und Möglichkeit zur Erleuchtung?

VI.2 Die magischen Kräfte des Kleinen Volkes

Die Zwerge der grauen Zeiten wussten mächtigen Zauber,
während die Hämmer wie klingende Glocken erklangen,
im Unterirdischen, wo die dunklen Geheimnisse schlafen,
in den großen Höhlen unter den kahlen Hügeln.
J.R.R. TOLKIEN (DER KLEINE HOBBIT, 1937)

Kleine Leute haben es in sich. Wenn wir uns in die Welt der Winzlinge begeben, kommt Erstaunliches zum Vorschein. Die Größe der Gestalt bestimmt nicht ihren Gehalt. C. G. Jung sieht in der Welt des unendlich Kleinen das Unbewusste verborgen, dessen entdeckte Macht und Größe dem gesunden Menschenverstand wie eine Beleidigung vorkommen müsse. Es mag sein, dass wir bei den Visionen von Zwergen, die auch aus dem Schatz unserer reichen Psyche künden, die Gestalten der Seele als etwas Kleines wahrnehmen, weil wir denken, sie müssten klein sein, um darin Platz zu haben. Doch das wäre eine Rationalisierung. Vielleicht ist die Verkleinerung des Wahrgenommenen – oder manchmal auch die Vergrößerung ins Riesenhafte – ein Resultat des veränderten Raum- und Zeitgefühls, das in unserem Unbewussten herrscht. Der Typus des Weisen in Zwergengestalt ist unermesslich klein, doch von „schicksalsbedingender Kraft, wie man sehen kann, wenn man den Dingen wirklich auf den Grund geht", sagt Jung.[9] Der winzige Weise teilt seine Kleinheit mit dem Atom, dem wahrhaftig ungeheure Kraft innewohnt, wie wir aus der Atomkernforschung und den verheerenden Folgen der Atombombe wissen. Was in der äußeren Physis, der Natur, passiert, gilt auch für den innerpsychischen Raum: „Wie oft hängt in den kritischen Augenblicken des Lebens an einem scheinbaren Nichts ein Alles."

Erkennen können wir die immense Macht der kleinen Geister an ihren magischen Künsten und Fähigkeiten, denn Zwerge sind als Zauberer gefürchtet. Macht, Ver-mög-en und Magie gehören, wie schon die Sprachgeschichte erweist, eng zusammen. Magische Kräfte werden den Zwergen, wie den Alben überhaupt, in den altnordischen Liedern, etwa im Alvíssmâl der Edda, angedichtet. Angedichtet? In der Poesie liegt immer ein Körnchen Wahrheit, sonst würde sie uns nicht gefallen, uns nicht erreichen, uns berühren und ansprechen, sondern schlicht und einfach nichtssagend sein.

136: John Bauer (1882-1918), Schweden: Loki und Idun.

---

9   C. G. Jung 1976ff, Bd.9.1 1976, S.240

Aus den nordischen und deutschen Sagen wissen wir, dass der Zwerg Andwari dem Asen Loki seinen gesamten Schatz als Lösegeld für Otr, den versehentlich getöteten Sohn Hreidmars, herausrücken musste (siehe III.5). Er bittet Loki jedoch, einen einzigen kleinen Goldring für sich behalten zu dürfen – aus dem geheimen Grund, dass er sich damit wieder einen neuen Goldvorrat zulegen könnte, denn der Ring, so die Snorra Edda, vermehrt das Gold, sofern er ihn bei sich behält (Gylfaginning 49, Skâldskaparmâl 61 und 62). Der Ase aber bleibt kalt und fordert auch diesen Ring ein, denn Hreidmar verlangt den gesamten Schatz. Aus Wut darüber verwünscht Andwari den Ring, auf dass er jedem, der ihn besitze, den Tod bringe, und spricht: „Mein Gold soll keinem zugute kommen" (Sigurdharvidha Fafnisbana önnur 5). Und so geschieht es: Der Ring geht der Reihe nach an Hreidmar, Fafnir, Sigurd, Brünhild und Gudrun, und alle sterben einen gewaltsamen Tod, nur Gudrun wird vom Meer nicht verschlungen, sondern weitergetragen. Der Zauberring trägt den Namen Andvaranaut. Wir wissen aus vielen Zwergensagen, dass ein wertvoller Schatz zu wertlosem Zeug wird, wenn er in falsche Hände gerät und schlecht gehandhabt wird. Doch hier reicht der Zauber noch weiter: Er entwertet und entzaubert nicht nur etwas Wertvolles, sondern richtet zusätzlich Schaden an.

Die Faszination, die ein magischer Ring ausübt, ist keine Sache der Vergangenheit, sondern bewegt bis heute die Gemüter von Jung und Alt. Sie ist mit Tolkiens *Herr der Ringe* wiederbelebt worden. In der Trilogie provoziert der Ring Mord und Totschlag und lässt die gewaltigen Fronten von Gut und Böse aufeinanderprallen und einen erbitterten Krieg gegeneinander führen. Mit dem Ring lässt Tolkien vergessene mythische Wesen der keltischen und nordischen Länder wiederauferstehen, wie die zauberkundigen Elben und Zwerge. So hat der mächtige Weiß-Magier Gandalf einen großen

Elben der nordischen Mythen zum Ahnen: Gandalfr (Völuspa 12, Gylfaginning 14).

137: Gandalf und Frodo. Tolkien lässt viele Wesen der nordischen Mythologie auferstehen. Illustration von Alan Lee.

Weniger ernst ist die Rolle des magischen Ringes in dem Gedicht *Hütchens Ringlein*, in dem Kopisch dem harmlosen Hausgeistlein Gütchen einen „Firlefanzering" andichtet, mit dem ein dummer Mann kluge Reden wie Cicero schwingen kann.

Alberich oder Elberich ist ein mächtiger Zwerg, der in der deutschen Heldensage mehrfach auftritt. Im Nibelungenlied dient er den Königen Nibelung und Schilbung, wird von Siegfried bezwungen, seiner Tarnkappe beraubt und wie Andwari zur Herausgabe des ganzen Nibelungenhortes gezwungen. In der Dietrich-Sage ist Dietrich sein Bezwinger, dem er von nun an dient. Später, im *Otnit* (13. Jhdt.), ist er selbst König und wird Vater des Otnit. Hier hat der mächtige Zwergenkönig die Möglichkeit, sich unsichtbar zu machen, wozu er sich nur einen Fingerling aufsetzen muss, unter dem er einen magischen Edelstein versteckt hält. Wer ihn trägt, heißt *nebelkap*. Alberich machte sich das edle Gestein zunutze, um Otnits legalem Vater, der mit seiner Frau keine Kinder bekommen konnte, wie er in den Sternen las, zu einem leiblichen Erben zu verhelfen. Er setzte sich den Fingerling mit dem magischen Stein auf, wurde unsichtbar wie ein Elfe und „überkam die künigin wider jren willen", um ihr anschließend zu erklären, dass alles nur zu ihrem Besten geschehen sei. Die Königin wurde prompt schwanger, der junge Otnit erbte das gesamte Königreich und wurde römischer

Kaiser. König Alberich überreicht seinem Sohn Otnit, der König über Lamparten (Lombardei) ist, das goldverzierte Schwert Rôse, das er aus dem Berg Almarî mitgebracht und im Berg Göikelsas (Kaukasus) angefertigt hat, überzeugt davon, dass es auf der ganzen Welt kein besseres Schwert gebe. Ein anderes Geschenk ist ein Helm, der eine Meile weit glänzt. Alberich, der mal als schönes Kind und mal als alter, graubärtiger Zwerg vorgestellt wird, mangelt es nicht an Schätzen, und schon seine Edelstein-Krone ist weit wertvoller als das riesige Reich Otnits, lässt uns das mittelhochdeutsche Epos Otnit wissen. Wenn ein Mensch einen Zwergenkönig besiegt, gewinnt er Macht über dessen Zwergenvolk. So geschah es mit Siegfried nach seinem Sieg über Alberich.

Ein weiterer, ebenso magisch begabter wie kunstreicher Zwerg des Nordens ist Regin, galt er doch als „weise, grimm und zauberkundig" (Sigurdharvidha Fafnisbana önnur I). Wieder ein anderer nordischer Zwerg brachte es fertig, König Sveigdhir in einen Stein zu bannen, auf dass er nie wieder zum Vorschein kommen sollte (*Snorra Edda*, Ynglingasaga 12).

138: Der enthauptete Regin (links im Bild). Der Schmied Regin wurde von seinem Ziehsohn Sigurd enthauptet (vgl.III.5). Das Bild ist die Vorlage zu Kuprinas Seidenmalerei, in der die Malerin Regins Haupt wieder aufgesetzt hat (vgl. Farbtafel).

In den deutschen Sagen leben die mächtigen nordischen Elben und Götter weiter. So soll in Thüringen, in der Gegend um Mihla an der Werra und im Hainich, einem Bergwald zwischen dem Hörsel-, Werra- und Unstruthal, ein wilder Jäger namens Elbel sein Unwesen getrieben haben, wie einst Wotan bzw. Odin. Wer diesem Unhold begegnete, das galt vor allem für Jungfrauen, hatte nichts mehr zu lachen und konnte sich bestenfalls mit dem Griff nach einem Kreuz in Sicherheit bringen. Vorsicht ist immer geboten, wenn Zwerge mit einem magischen Kunststück aufwarten. Wer eine Tischdecke von Zwergen geschenkt bekommt, kann eine Überraschung erleben, wie der Schäfer bei Wonsgehäu. Das ersehnte Menü erschien zwar auf seinen bloßen Wunsch hin auf dem ausgebreiteten Tischtuch, doch als er seiner vor Neugier platzenden Frau von dem Wundertuch verriet, war der Zauber vorbei, und der dortige Zwerglesbrunnen lief neun Tage lang blutrot an, weil sich die Zwerge reihenweise umbrachten.

Wie die Elben und Zwerge, haben auch die in vielen deutschen Landen umgehenden Bilwisse (*witten belden*) magische Fähigkeiten und sind zauberkundig. Der zaubernde und wahrsagende Bilwis, auch Pilwis oder Pielweiser genannt, ist genau genommen eine Bilwissin, eine böse Zauberin. Zu dem magischen Potenzial der Zwerge und besonders der Kobolde gehört die Kunst, andere Formen und Gestalten anzunehmen. Ihrer Verwandlungskunst scheinen keine Grenzen gesetzt zu sein. Eine beliebte Erscheinungsform ist die Kröte. Vielleicht kommt daher der Osnabrückische Name Sgönunken; Naarunken sind nämlich Kröten.

Die Zauberei ist auch den Trollen auf den Leib geschrieben, lautet doch der schwedische Begriff für Zauberkunst *trollkonst*, Trollkunst, und der schwedische Zauberer ist ein echter *trollkarl*, ein Trollkerl. Welche kleinen Geister wir auch unter die Lupe nehmen

– magische Kräfte schlummern in ihnen allen. Nur die Zwecke, für die sie ihre Fähigkeiten einsetzen, sind nicht immer gleich und gut. So können Hausgeister wohl-tuende Helfer sein, sich als übergeschnappte Kobolde aufspielen oder als garstige Teufel gebärden. Besonders in finanzieller Hinsicht sind kleine Geister mit Vorsicht zu genießen, denn Kobolde sind hinterlistig und betrügerisch. Es ist auch in der Geisterwelt nicht alles Gold, was glänzt.

139: Zwergenkind mit Kröte. Hinter mancher Kröte verbirgt sich nach altem Glauben ein Zwerg. Elsa Beskow, aus: Tomtebo barnen, *1919.*

Gut sind vor allem die Hauszwerge, die auf wundersame Weise treu ihre Arbeit verrichten, sofern man sie ehrt und ihre bescheidenen Wünsche respektiert, ihre Zwergen-Regeln befolgt, ihnen ihre kleinen Eigenheiten, wie die Unsichtbarkeit, lässt und ihnen nicht nachspioniert. Poltergeister haben entgegengesetzte Ziele, sind destruktiv und rumoren so lange, bis die Menschen aufmerksam werden, den Ernst der Lage erfassen und ihre Situation überdenken. Die meisten Poltergeister treiben ihr wüstes Spiel in der Umgebung von Menschen, die große Probleme mit sich herumtragen. Ihre magischen Kräfte, wie das Werfen von Gegenständen, das Öffnen von Türen, das Verschwinden- und Auftauchenlassen von Objekten, ohne dabei gesehen zu werden, rütteln Menschen wach, als wollten die Geister sie zwingen, den Kurs ihres Lebens zu ändern und Ordnung in ihr in Unordnung geratenes Leben zu bringen. So dienen sie letztendlich einem höheren Zweck (siehe VIII.3). Poltergeistfälle können in der Regel schnell gelöst werden, oft von ganz alleine beim Eintreffen der Fachleute, doch gibt es Fälle, in denen das Happy-

End ausbleibt. Ein Beispiel ist der gut untersuchte Poltergeistfall im Haus des Nationalrates Melchior Joller am Vierwaldstätter See, der 1860 begann: Jollers kinderreiche Familie musste, von Poltergeist-Aktivitäten geplagt, ihr Haus verlassen. Joller ergraute kurz danach über Nacht und verstarb wenig später überraschend in Rom, wo er eigentlich auf die Hilfe des Papstes gehofft hatte.

„Erdmännchen" ist ein alter Name für Alraunen, die menschenähnlich aussehenden Wurzeln der Mandragora. Aus ihnen oder ähnlich stark wirkenden Wurzeln wurden Püppchen geschnitzt, denen ungeheure zauberische Kräfte nachgesagt werden. Angebot und Nachfrage für Wundermännchen oder -frauchen waren groß, und neben den seltenen echten Alraunenwurzeln waren viele falsche Exemplare von anderen Pflanzen auf dem Markt, alle zu gepfefferten Preisen. Die Wunderwurzeln galten als Glücksbringer, weshalb sie neben vielen anderen Beinamen den Namen „Glücksmännchen" bekamen. Sie sollten ihrem Besitzer ein glückliches Leben in jeder Hinsicht bescheren. Die Sache hatte den Haken, dass es kein wahres, dauerhaftes Glück war. Wer nämlich als Alraunen-Besitzer stirbt, ist nicht glückselig, sondern kommt in die Hölle. Die Kunst besteht darin, die Alraune fast so lange zu behalten, wie man lebt, und sie in der letzten Minute zu verkaufen.

140: Alraunenmann. Mittelalterliche Darstellung einer Mandragora officinarum, L.

Magische Künste sind nicht weit entfernt von der Kunst des Heilens. Die lieben Holzweiblein sind groß auf diesem Gebiet und kennen heilbringende Kräuter für viele Krankheiten. Einst zog ein Mädchen in den Wald, um Beeren für seine kranke Mutter zu sammeln. Als es merkte, dass die Beeren schon alle gepflückt waren und zu weinen anfing, stand plötzlich ein Holzweibchen vor ihr und führte es an einen Hügel voller reifer Beeren. Das Mädchen füllte freudig sein Körbchen, das heilkundige Holzweibchen drückte ihm noch ein Kräuterbündchen in die Hand – und am nächsten Morgen war die Mutter geheilt. Zwerge schätzen den Wacholder als Helfer in der Not. Als ein Zwergenpärchen durch Menschenhand getrennt wurde – jemand hatte das Männchen gefangen – rief das Zwergenweibel ihrem Zwergenmandel noch schnell zu, es dürfe alles sagen, nur nicht, warum die Wacholderbeere ein Kreuz auf dem Rücken habe, wie uns eine Sage aus Pfarrkirchen in Niederbayern wissen lässt. Die wilden Weibchen beim Rodenstein in Hessen wussten um die Heilkraft des wilden weißblühenden Heidekrauts und des wilden weißen Wiesensalbeis. Auch sie wollten um keinen Preis das Geheimnis preisgeben, und als ein Weibchen in die Fänge eines Bauern geriet, rief ein anderes ihm zu, es solle bloß nicht verraten, wozu die Heilkräuter gut seien. Dagegen erklärten die Nörkelen aus dem Berg Mutkopf beim Schloss Tirol den Menschen, als die Pest ausbrach, dass sie dank Bibernell und Himmelsbrot allesamt noch am Leben wären.

Kleine Geister, großer Effekt – das gilt für Zwerge wie für kleingeistige Menschen und im positiven wie negativen Sinn. Jedem noch so geringen Ding wohnt ein Potenzial inne, das Erstaunliches bewirken kann, und ein Wort, eine Idee oder ein Gedanke können schwerwiegende Folgen haben. Das erfährt der attraktive junge Mann, der von einer Kräuterhexe in einen Zwerg mit einer hässlichen langen Nase verwandelt wird, erzählt in Hauffs Märchen der Zwerg Nase:

141: Fi-fi, die kleine Hauptfigur aus Maj Fagerbergs Vilken Tur *(Welch ein Glück), 2005.*

In einer bedeutenden Stadt in Deutschland lebte vor Jahren ein Schuster mit seiner Frau, einer erfolgreichen Obst- und Gemüseverkäuferin. Ihr attraktiver zwölfjähriger Sohn war für sein Alter schon weit entwickelt und erfreute sich allseits großer Beliebtheit. Seine Tage verbrachte er mit der Mutter auf dem Markt. Da kam einmal eine hässliche, in Lumpen gekleidete Alte zu ihnen an den Stand gehumpelt, um nach Kräutern Ausschau zu halten. Mit unangenehmer Stimme krächzte sie „wollen sehen, wollen sehen" und wühlte mit ihren dunkelbraunen Spinnenfingern in dem wohlsortierten Korb voll auserlesener Kräuter herum, hielt das eine oder andere Kraut an ihre lange, spitze, gebogene Nase, so dass man sich ekelte, um schließlich die wohlduftenden Kräuter mit dem Kommentar „schlechtes Zeug, schlechtes Kraut" wieder in den Korb fallen zu lassen. Das ging dem jungen Jakob gegen den Strich. Er legte sich mit der Alten an und sagte ihr unverblümt, was ihm nicht gefiel, dass sie nämlich die schönen Kräuter an ihre lange Nase hielt, so dass sie niemand mehr kaufen wollte. Sie lachte ganz widerwärtig und ächzte mit heiserer Stimme: „Söhnchen, Söhnchen! Also gefällt dir meine Nase, meine schöne lange Nase? Sollst auch eine haben, mitten im Gesicht, bis übers Kinn herab." Der junge Jakob nimmt kein (Kohl-) Blatt vor den Mund mehr und sagt der Alten noch weitere Wahrheiten ins Gesicht: „Dein Hals ist ja so dünne wie ein Kohlstengel, der könnte leicht abbrechen, und dann fiele dein Kopf in den Korb; wer wollte dann noch kaufen?" Doch wer sich mit einer Kräuterhexe anlegt, muss mit dem Verhexen rechnen, und wir ahnen schon, worauf die Geschichte hinauslaufen wird. Die Alte kauft alle sechs Kohlköpfe und erreicht, dass der schöne Jakob sie ihr nach Hause trägt. Nun hat sie den jungen Mann völlig unter ihrer Kontrolle. Sie beeindruckt ihn mit einigen Zauberkünsten, lässt Meerschweinchen in Menschenkleidern und Eichhörnchen in türkischen Hosen und grünen Samtmützchen auftanzen, bis sie dem Jüngling ein kräftiges süßsaures Zaubersüppchen kredenzt, dessen aromatische Düfte ihm mit dem von den Meerschweinchen abgefackelten arabischen Weihrauch in die Nase steigen. Das Süppchen mundet ihm köstlich, doch, ohne es zu merken, wird er in einen Zwerg mit einer hässlichen langen Nase verwandelt.

Niemand erkennt den schönen Jakob wieder, nicht einmal seine Eltern, als er sie nach sieben Jahren – Jakob hatte völlig das Zeitgefühl verloren – wieder aufsuchte. Sein Vater, gerade emsig beim Schustern, bot ihm für seine abstoßende Nase, die inzwischen dick und wohl zwei Hände lang war, ein Futteral von rosenfarbigem Glanzleder an, worüber er sehr erschrak, denn er hatte sich ja noch nicht betrachten können. Erst mit Mühe und Not konnte er einen

Barbier dazu bewegen, ihm einen Spiegel vor die Nase zu halten: Er hatte sich in einen missgestalteten Zwerg verwandelt. Der dicke Körper thronte auf viel zu langen und dünnen Beinchen, statt in die Höhe war er in die Breite gegangen, seine braungelben Hände hatten spinnenlange Finger, die bis auf den Boden reichten, ohne dass er sich bücken musste. Die widerliche Alte hatte nun zwar seinen Körper verunstaltet, doch sein Geist blieb hell und wach. Gelernt hatte er vieles in den verzauberten Jahren, so z.B. während seiner Zeit als Eichhörnchen die große Kräuterküche. Daher bot er dem Herzog des Frankenlandes, einem Gourmet, seine Kochkünste an und überzeugte ihn mit seiner Kenntnis von dem Rezept der roten Hamburger Klößchen, zu denen unter anderem Wein und Ingwer gehörten, und als Geheimtipp Magentrost.

142: Der in einen Zwerg mit langer Nase verwandelte Jakob wird von seinem Vater nicht mehr wiedererkannt. Illustration zu: Wilhelm Hauff, Der Zwerg Nase. *1878*

Die folgenden zwei Jahre war der Wunderzwerg hochangesehen und Gesprächsthema Nummer Eins in der Stadt. Einmal kaufte er drei Gänse, oder dachte es wenigstens, doch hinter der einen

Gans, die sprechen konnte, verbarg sich die von einer bösen Fee verwandelte Tochter des Zauberers Wetterbok aus Gothland. Die beiden tauschten sich über allerlei Zaubereien aus und waren sich einig, dass ihre Rückverwandlung und Zukunft an einem wunderkräftigen Kraut hing. Und tatsächlich, Zwerg Nase findet endlich das Wunderkraut unter einem Kastanienbaum, eine betörend süß duftende, leuchtend rote Blume mit gelbem Rand, und atmet ihren Duft tief ein. Der Zauber fällt von ihm ab, er gewinnt seine schöne Gestalt wieder und bringt die Gans zu ihrem Vater zurück, der nun auch sie entzaubert – was für eine Überraschung! Das Ende der Geschichte ist gut, der verlorene Sohn wird wieder mit seinen Eltern vereint, kauft sich einen Laden und wird reich und glücklich. Doch ein Paar werden die entzauberten Gans und Zwerg nicht. Hauffs Märchen endet mit den einsichtsvollen Worten: „So führen oft die kleinsten Ursachen zu großen Folgen; und dies, o Herr, ist die Geschichte des Zwerges Nase."

VI.3 Zwischen Sichtbarkeit und Unsichtbarkeit

Was uns an der sichtbaren Welt entzückt,
ist ewig nur die unsichtbare.
MARIE VON EBNER-ESCHENBACH

Zu den Eigenschaften der kleinen Leute gehört ihre faszinierende Kunst, sich unsichtbar zu machen. Dieses Zwergen-Charakteristikum ist so hervorstechend, dass es im *Reallexicon der Deutschen Altertümer* gleich im ersten Satz angeführt wird. Schon Martin Luther erwähnt die Tarnkappe, *helekeplin*, die das Unmögliche möglich macht. Zwerge sind in Gefahren gut gerüstet mit der Tarn- und Nebelkappe, ja die Zwergenmütze und der Zwergenhut sind das Beste, was ein Zwerg überhaupt besitzen kann, und das gilt vice versa: Für Alberich bedeutete der Verlust seiner Tarnkappe, die ihm Siegfrid entwenden konnte, das Ende.

143: Ein Zwerg ohne Tarnkappe ist sichtbar. Aus: Egon och julgubben *von Catarina Kruusval, 1998.*

Wer im Besitz eines Nebelkäppleins ist, kann sich also jederzeit unsichtbar machen. Das wusste nur der thüringische Bauer aus Meschenbach nicht, als er wutschnaubend nach einer Schar Zinselchen griff, die sich auf seinem Acker gütlich tat. Als er endlich eine Zwergenmütze in den Händen hielt, gab er sie dem jämmerlich flehenden Zwerg, der sich ohne sein Mützchen zu Hause nicht mehr blicken lassen durfte, zurück. Das gewitzte Zinslein hatte ihm nämlich als Entschädigung eine Wünschelrute versprochen. Aber wir wissen ja, wohin ein Zwergenhandel führen kann.

Tarnhüte gehören zur Grundausstattung der Zwergengarderobe und sind auch unter höheren Götter-Wesen üblich. So trug Odin seinen magischen Schlapphut mit der weiten Krempe, und am römischen Götterhimmel konnte man Merkur mit seinem Wunschhut Petasus vorbeifliegen sehen. Auch die Patäken, Kabiren und Dioskuren trugen Wunderhüte, und die Märchen flüstern uns heute noch etwas von den Wünschelhüten zu. Der Zwerg Euglin trug eine Nebelkappe, und in dieser Zwergennebelkappe lässt sich die Wolke, die einst einen Gott und seine Begleiter umhüllte, erkennen.

Die Unsichtbarkeit der Zwerge kann noch von anderen Kleidungsstücken abhängig sein, etwa einem Mantel oder Rock. Ein Scharlachmantel oder, etwas dezenter, ein Rock in Grau zaubert seinen Träger hinweg, lässt ihn aber sofort wieder auf der Bildfläche erscheinen, wenn er aus Versehen das gute Stück ablegt. Die Kraft des Unsichtbarmachens kann weiter an einen Ring gebunden sein, wie wir es von Alberich hörten, und die Sache funktioniert auch andersherum: Wer den Ring trägt, kann Alberich sehen. In der Kunst des Unsichtbarmachens finden wir einen Zug, der für alle Geister gilt, auch die Geister von Menschen, die von einem Moment auf den anderen erscheinen und ebenso überraschend und plötzlich wieder verschwinden, ein Zug, den alle Geister mit göttlichen Wesen gemeinsam haben.

144: Unsichtbarer Zwerg.
Foto: Annekatrin Puhle,
2006.

Mal sind Zwerge zu sehen, mal zu hören, ein andermal lassen nur ihre Taten auf ihre Anwesenheit schließen, wie die aus einem Felsenloch aufsteigende Rauch- oder Nebelsäule auf eine Zwergenküche. Der Zwergenkönig Goldemar und Vollmar bleibt stets unsichtbar, nur sein Schatten und der seines Pferdes können gesehen werden, doch er lässt sich an den Händen berühren. Mal taucht eine Zwergenhand auf, mal leuchten die Lichtlein der Zwerge, und noch ein andermal lassen sich Gesang und Stampfen wie von Tanzenden vernehmen.

Von dieser Fähigkeit machen Zwerge tüchtig Gebrauch. Sie treiben allerlei Schabernack mit den Menschen, führen sie nach Strich und Faden an der Nase herum, wobei sie vorzugsweise unsichtbar bleiben. Wir haben eine bunte Palette von Phänomenen, die bis heute aus Poltergeistfällen bekannt sind und die den betroffenen Personen ordentlich zu schaffen machen können, ungeachtet der heute in der Wissenschaft verbreiteten Annahme, dass diese Phänomene mehr mit dem Geist eines Lebenden als mit Geistern zu tun haben. Es ist nicht nur lustig, Geister im Haus zu haben.

Tiere bekommen ebenfalls Kostproben von den Neckereien und Launen der kleinen Geister. So wurden immer wieder Kühe und Pferde im Stall von unsichtbaren Wesen behelligt, die Haare und Schwänze verfilzen, verknoten oder kompliziert verflechten. Diese Tiere haben einen Alpzopf, Drudenzopf, Wichtelzopf oder Weichselzopf, heißt es dann. Es überrascht daher nicht, wenn wir im Englischen auf das Verb *to elf*, „das Haar verfilzen", stoßen.

Zwerge tanzen gerne auf Menschenhochzeiten mit. Im Dörfchen Glaß bei Salzburg, unweit vom Untersberg, mischte sich ein freundliches Bergmännlein unter eine Bauernhochzeit. Es holte sich einige junge Damen zum Tanz, drehte mit ihnen die Runden, und das mit sonderbarer Zierlichkeit. Andere Zwerge nehmen ungesehen an

Hochzeiten teil, wie in Pinneberg. Der Spaß ging so lange gut, bis die Nebelkäppchen fielen.

145: Illustration von Rien Poortvliet (1932-1995), Holland.

Wie im alten Rom den Laren am Hochzeitstag eines jungen Paares Opfer dargeboten wurden, um von ihnen Kindersegen zu erhalten, so sind im Ermland elbische Hausgeister bei einer Hochzeit anwesend. Hier weisen die maskierten Leute, die „Maschke", die bei einer ermländischen Hochzeit um Mitternacht zu den Festlichkeiten stoßen, auf die Überzeugung hin, dass die Beteiligung von Fruchtbarkeitsdämonen bei einer Hochzeitsfeier für die Ehe unerlässlich ist. Auch an einer Mecklenburger Hochzeit nahmen einst ungeladene wie unsichtbare Gäste teil, doch weder schweigend noch fröhlich, denn als ein Bote ins Hochzeitshaus kam und „Reiter, sag' Hal, Pingel ist tot" rief, was ihm eine geheimnisvolle Stimme wie von einem Kind zugerufen hatte, entstand unter den Gästen ein Gewinsel, das sich der Tür näherte, um dann zu verstummen. Die Leute meinten, es sei eine Zwergengesellschaft gewesen. Wer unbedingt einen Zwerg zu Gesicht bekommen möchte, aber kein Kind mehr ist und schon gar kein Sonntagskind, das von Natur aus Geister sehen kann, hat noch die Möglichkeit, sich eine Tarnkappe aufzusetzen. Doch woher nehmen, wenn nicht stehlen? Freiwillig geben die Zwerge ein so kostbares Teil nicht her. Eine Tiroler Sage schlägt noch eine dritte Methode zur Erlangung einer Nebelkappe vor: Man lege sich stillschweigend in der Allerseelennacht, wo die Armen Seelen der Verstorbenen um Mitternacht zum Opfer gehen, so nah an die Stufen eines Altars, dass jede sich nahende Arme Seele notgedrungen auf einen treten muss. Der letzte Geist muss dann seine Nebelkappe abtreten, die einen nach Belieben unsichtbar machen kann. Wenn es kein Zwergenhut sein muss, tun es auch Zauberring und Zwergenmantel. Wer sich ein solches Kleidungsstück zugelegt hat, kann den gleichen Zweck damit erreichen, wobei auch hier die Frage ist, ob die Kleidergröße wohl hinkommt. Positive Nebeneffekte der unsichtbar machenden Kleidung sind der Zuwachs an physischer Kraft und die Macht über die Habseligkeiten der Zwerge.

Wie alles, hat auch die magische Kunst des Unsichtbarmachens eine Schattenseite, handelte sie doch den Zwergen den Ruf der Unzuverlässigkeit und des Be-Trügerischen ein. Zwerge fingen sich dadurch den Ruf von Trugteufeln und unseligen Geistern ein.

146: Das Zwergenhütchen ist ein kostbares Stück. Illustration von Fritz Baumgarten, 1955.

VI.4 Der Totengeleiter

Möge der Vater
dich in seine liebenden Arme nehmen,
wenn du einen reißenden Strom überquerst
und den schwarzen Fluss des Todes.
IRISCHER SEGENSWUNSCH[10]

Seit Jahrtausenden wird in Mythen auf der ganzen Welt das Wissen von der Unsterblichkeit der Seele bewahrt und weitergereicht. Ebenso alt ist die Erfahrung und Gewissheit eines geistigen Wesens, das dem Menschen im Tod bei-steht und ihn in die jenseitige Welt geleitet. Es ist der Totengeleiter und Jenseitsführer, ein Wandlungsgott, der beim großen Übergang zugegen ist. Die Schweizer Analytikerin Aniela Jaffé (1903-1991) beschreibt in ihrem Buch *Geistererscheinungen und Vorzeichen* die Geistergestalt des Totengeleiters, woraus ich zwei Beispiele angeführt habe, in denen dieser Geleiter die Gestalt eines kleinen Männchens angenommen hat (IX.4; Puhle 2004a, Totengeleiter). Jaffé versteht die Erlebnisse mit Totengeleitern als „intensivierte Träume" oder Wachträume bei vollem Bewusstsein, in denen sich archetypische Inhalte der Seele aus dem Unbewussten eindringlich bemerkbar machen. So übt das geisterhafte Männchen seine schicksalhafte Aufgabe als Seelengeleiter aus wie ein Gott, wie der griechische Hermes, der römische Merkur (Mercurius) oder der ägyptische Thot. Wie die alten Götter, ist es ein Geist der Offenbarung und Transformation, ein Geist, der die Seele in die Mysterien einführt. Dieser Geist leitet die Seele auch schon durch das irdische Leben, hilft ihr bei der Verwirklichung des Schicksals, führt sie bis zum Tod

10 Ausgewählt von Hermann Multhaupt (2003) für den 22. Juni.

und darüber hinaus in die jenseitige Welt. Er ist ein Seelenführer, ein Psychopompos.

In den deutschen Heldensagen wird erzählt, dass Dietrich von Bern am Ende seines Lebens von einem Zwerg abgeholt wird. Auch in der neueren Literatur taucht ein geisterhaftes, todbringendes Männlein auf: Leo Tolstoi lässt es in seinem Roman Anna Karenina im Traum wie im Wachen erscheinen. Zuerst meldet es sich in einer Traumserie *Anna Kareninas* als altes Geistermännchen mit wirrem Bart, bis es am Ende, im Moment des Todes, als Anna Karenina sich vor den fahrenden Zug wirft, in konkreter Gestalt erscheint. In dem Film *Wenn die Gondeln Trauer tragen* wird das todbringende Männchen als ein garstiger steinalter Zwerg dargestellt. Das Geistermännchen ist eine bedrohliche Gestalt und zeigt sein grauenvolles Gesicht. Es ermordet den Vater des ertrunkenen Mädchens, das zur Todeszeit wie es selbst ein rotes Mäntelchen trug, in dem Moment, wo dieser es einholt und erkennen kann. Eine schönere, für wahr gehaltene Geschichte wird im Spreewald überliefert. Hier tritt ein Zwerg, ein Ludk, als Lebensretter auf und hält einen Mann namens Hoban aus dem Ort Gablenz im letzten Moment vom Selbstmord ab, indem er ihn fragt, was ihn bedrücke – und ihm das fehlende Geld borgt. Eine weitere schicksalhafte Geistergestalt ist der *spiritus familiaris*, Dämon und göttlicher Geist, der seit ältester Zeit als Schutzgeist beschrieben wird, wie etwa das rote Männchen, das Napoleon Bonaparte gelegentlich aufsuchte, warnte und beschützte, oder der Dämon des Sokrates. Der *spiritus familiaris* ist ein guter Zwerg, wie auch der Totengeleiter kein Schreckgespenst, sondern ein Reiseleiter ins Jenseits ist.

C.G. Jungs Kollegin Aniela Jaffé betont den archetypischen Charakter von Geistererscheinungen und definiert den von Jung entdeckten Archetypus als „Eigenschaft der Seele: Sie enthält angeborene, instinktive Grundstrukturen oder urtümliche, typische Formen des Erlebens und Denkens, die sich immer und überall wiederholen."[11] Er liege als „Anordner" dem menschlichen Erleben zugrunde und bestimme nicht nur die menschlichen Grundbeziehungen, wie diejenigen zwischen Mutter und Tochter, Vater und Sohn, Mann und Frau, sondern auch urtümliche Situationen, wie Geburt und Sterben, Hochzeit, seelische Wandlung usw. Der Totengeleiter wird hier als eine ewig wiederkehrende Urform verstanden, die in jeder Situation in einem neuen individuellen Gewand erscheint. Er ist eine archetypische Geisterfigur, und die subtile Form, in der er in Erscheinung tritt, kann durchaus eine Zwergengestalt sein.

Aus der Sterbeforschung wissen wir inzwischen, dass Menschen zur Todeszeit Erscheinungen haben, die auf rein psychologischer Ebene nicht befriedigend zu erklären sind. Sterbende erhalten häufig Besuch von geliebten Verstorbenen, einem hellen Licht, Lichtwesen, Engeln und religiösen Persönlichkeiten, wie Jesus und Buddha. Sie begegnen Vorboten des Göttlichen. Wenn jemand nun einen Zwerg sieht, sei darauf hingewiesen, dass Zwerge sehr wohl Erscheinungen von einstigen Göttern sein können. Odin (Wotan) taucht später in manchen deutschen Sagen als Zwerg mit dem für Odin typischen Mantel und Krempenhut auf. Ebenso mag Hermes (Merkur), der Gott, der die Seelen ins Jenseits hinübergeleitet, in Zwergengestalt als Totengeleiter auftreten.

---

11 Jaffé 1995, S.22

VI.5 Der Zwerg als Seelenführer

Das Schönste,
was wir erleben können,
ist das Mysteriöse.
Es ist die Quelle
jeder wirklichen Kunst
und Wissenschaft.
ALBERT EINSTEIN

Was hat der himmelgewandte geflügelte Götterbote der alten Griechen, der oft mit Nymphen gesehen wird und von Herodot als Vater des Pan beschrieben wird, der ebenfalls Nymphen, Herden und Musik liebte, mit Heinzelmännchen zu tun? Wenn auch den griechischen Hermes und römischen Mercurius nicht mehr viel mit den neueren Varianten der Zwerge verbindet, so doch um so mehr mit dem Urtypus des Zwerges. Eine ganze Reihe von Zwergen-Aspekten erinnert an Hermes, nicht nur das Totengeleiten:

1. Geschicklichkeit, Wendigkeit, Fingerfertigkeit
2. Künstlerische Begabung, Schmiedekunst, Baukunst, Musik, Tanz
3. Geistige Wendigkeit, Klugheit, Schnelligkeit
4. Magische Künste, Zauberei, Verwandlungskunst
5. Affinität zu den Metallen (wie Merkur zum Quecksilber)
6. Beziehung zum Gold und Geld, zu Schätzen, zum Materiellen
7. Diebische Veranlagung – noch in den Hauskobolden zu sehen
8. Seelenführung, Beziehung zur Unterwelt, Ankünden des Todes und Totengeleit.

Alle gemeinsamen Kennzeichen der Zwerge und des Gottes sind wiederum untereinander verbunden. Geschicklichkeit ist notwendig, um künstlerische Begabung ausführen zu können, aber auch eine Voraussetzung für Gewandtheit und Schnelligkeit. Schnelligkeit der Gedanken bedingt Klugheit und Gewitztheit, und hier liegen Betrug und Täuschung, wie sie Magier und Zauberkünstler auf der Bühne präsentieren, dicht beieinander. Wie den tricksenden Magieren, von denen mehr als achtzig Prozent an echte Phänomene glauben, überraschenderweise ebensolche echten, paranormalen Phänomene als Nebenprodukte unerwartet unterkommen können, sind auch Zwerge, wie Hermes, für beides bekannt – für echte Magie wie für schäbigen Betrug. Hermes ist daher nicht nur der Gott der Geschäftsleute, Betrüger und Diebe, sondern auch jener jungen Adepten und wahren Zauberlehrlinge. Magische Kraft und magische Kunst hängen zusammen, weshalb beide Ausdrücke synonym gebraucht werden. Auch der Magier hat zwei Gesichter, kann sogenannte paranormale Fähigkeiten vorweisen oder nur Unterhaltungskünstler sein, der Magisches vorgaukelt und dabei zufällig echte Phänomene produziert.

Die Alchemisten erkannten schon im 14. Jhdt., „dass das, was sie suchten [der Stein der Weisen, *lapis philosophorum*], sie nicht nur an alle möglichen geheimen Substanzen, Heilmittel und Gifte, sondern auch an vielerlei Lebewesen, Pflanzen und Tiere und schließlich an einen unbekannten mythischen Menschen, an einen Zwerg, Erd- oder Erzgeist oder gar an etwas wie einen Gottmenschen erinnerte".[12] Metalle werden von den Zwergen bearbeitet, und in der Alchemie steht der Name des Merkur für das Quecksilber:

---

12 C. G. Jung 1976ff, Bd.13 1978, S.319

Mercurius. Das flüssige Metall ist so flüchtig und flink wie der Gott, es ist quick-lebendig, „lebendiges Silber", wie der mittellateinische Begriff *argentum vivum* lautet. Mercurius schwebt zwischen den Welten, zwischen dem materiellen Metall und der Welt des Geistes. Die edelsten Schätze der Zwerge sind Gold und Silber, und mit dem Gold kamen die Taler und das Geld. Zwerge hüten und hegen es, aber spenden es auch. Ebenso obliegt Merkur das Materielle. Er hilft den Handelsleuten, ihre Münzen zu bekommen und anzuhäufen, auf welchem Wege auch immer.

Betrug und Täuschung kommen in der Magie wie auch bei Geschäften leicht mit ins Spiel. Der Handelsgott Merkur hatte schon als kleiner Junge seine Tricks auf Lager und wusste, was das besondere Attribut einer Götterpersönlichkeit ausmachte und er daher am ehesten stehlen musste. So stahl er Venus (griechisch Aphrodite) den Venusgürtel und Göttervater Jupiter (griechisch Zeus) den Donnerkeil. Das stimmt mit dem alten Bild der Edda überein, das Zwerge und Elben als diebische Wesen zeichnet, ob sie nun glücklichen Eltern die neugeborenen Kinder oder Vögeln die Eier unter dem Bauch wegstehlen, hübsche junge Frauen in Berge entführen oder sich mit frischen Erbsen begnügen. Auch Hauskobolde haben ihre helle Freude daran, Gegenstände im Haushalt verschwinden zu lassen – manchmal auf Nimmerwiedersehen, ein andermal, um sie später an einem absurden Ort wieder auftauchen zu lassen.

Die Kunst der Verwandlung in ein anderes Wesen ist eine Voraussetzung für die Qualifikation als Seelenführer, in der sich sowohl Hermes als auch die Zwerge bewährt haben. Auch Kobolde haben es hierin zur Meisterschaft gebracht. Sie erscheinen den Menschen in tausendfältigen Variationen. Es ist die Fähigkeit zur Selbsterneuerung, die Kunst, sich selbst wieder neu zu erschaffen, die einen befähigt, auch anderen bei einer Umwandlung zu helfen. Praktisch bezieht sich diese Wandlungshilfe auf Umbruchs- und Übergangssituationen, die vor allem bei Krankheit und Tod entstehen. Vergessen wir auch nicht, dass Mercurius, also Quecksilber, todbringende Dämpfe ausströmt. Psychologisch gesprochen, erscheint der Zwerg als Individuationsprinzip, als *principium individuationis*. Er ist ein Seelenführer, ein Führer durch das irdische Leben bis hin ins Jenseits, wie auch Hermes oder Merkur verantwortlich für die Leitung der Seelen sind und in Übergangssituationen, wenn Wandel und Tod angesagt sind, helfen. Auch der Zwerg geleitet die Seele von Geburt an durch alle Höhen wie Tiefen ihrer Entwicklung, ist Schicksalsbegleiter bis in den Tod und führt sie hinüber in die jenseitige Welt. Bei den mittelalterlichen Alchemisten stellt Mercurius bzw. Hermes den Geist des Unbewussten dar, und C.G. Jung sieht seine Bedeutung für die Seele darin, dass er als erdverbundener Gott (*deus terrestris*) auch etwas von einem verborgenen Gott (*deus absconditus*) an sich habe, der einen wesentlichen Teil des psychologischen Selbst bilde, das von einem Gottesbild nicht unterschieden werden könne.

VII
Orte der Begegnung mit dem Kleinen Volk

Alle geistige Berührung gleicht der Berührung eines Zauberstabs.
NOVALIS

147: John Howe, Der Zauberer Gandalf aus *Der Herr der Ringe* mit seinem Zauberstab.

Richtige Zwerge sind gesellige Wesen und nehmen gerne Kontakt zu Menschen auf. Der Kontakt geht meistens von Seiten der Zwerge aus. Sie holen sich bestimmte Menschen in den Berg oder statten ihnen Besuche in ihren Häusern ab, in die sie mitunter einziehen. Sie leisten gute Dienste, helfen in Haus und Hof, können anhänglich werden und sich über Generationen hinweg einquartieren, wie die Kobolde Hütchen, Hinzelmann und Petermännchen. Für ihre Arbeit erwarten sie kaum Lohn, sind zufrieden mit etwas Milch, ein paar Krümchen Brot oder Münzen. Nur Kleidergeschenke, auch Spott oder Nachäffen, verscheuchen die kleinen Gesellen.

Die Nähe zu den Menschen kannte keine Grenzen, auch einer Heirat zwischen Mensch und Zwerg stand nichts im Wege, wie uns Sagen wissen lassen. Im Spreewald wussten die Menschen von einer jungen Frau, die bei den kleinen Leutchen, den Luttchen, eine Stelle als Köchin antrat und in das Zwergenvolk einheiratete. Aus der Ehe mit ihrem zweiten *ludk*, der erste verstarb, ging ein Kind hervor. Zwerge und Kobolde waren einst enge Verbündete der Menschen, wenn sie sich nicht durch ihre Schelmereien und Allüren die Freundschaft buchstäblich verscherzten. Manche Namen von Zwergen und Kobolden weisen auf ihre Funktion als Walter und Hüter des Hauses oder „geistige" Stellvertreter des Hausherrn hin, wie z.B. Walterken oder Wolterken (Walter). Andere Namen stammen aus den Reihen der Menschen selbst und spiegeln deren Sympathie für die kleinen Helfer wider, wie Heinzelmann oder Hinzelmann (Heinz), Bartel (Bartholomäus), Chimken, Chimmeken oder Chiemke (Joachim), Ludi (Ludger), Nis (Nikolaus), Petermännchen (Peter), Rudi (Rudolf), Rüpel oder Robin (Ruprecht), Stoffel (Christoph) usw. Erst im Laufe der Jahrhunderte haben die wohltätigen Geister mit zunehmender Verbreitung des Christentums ihre schlechten Seiten herausgekehrt. Ihnen passte die neue Glaubenswelt der Menschen nicht mehr, und wie alle Geister, die sich nicht eindeutig als „englisch", d.h. engelhaft, einstufen ließen, wurden sie verteufelt. Durch diese Schwarzweißmalerei wurden die ursprünglich guten Geister zu Hausteufeln pervertiert. Die Menschen haben ihre wohlwollenden Kräfte nicht mehr sehen wollen und können.

*148: Anne Anderson (1874-1940), Schottland:
Illustration zu:* The Mammoth Wonder Book.

Kobolde und Zwerge folgen den Menschen bei all ihren Aktivitäten. Sie ziehen mit ihnen in Mühlen und mahlen fleißig mit. Sie scheuen auch nicht die hohe See, gehen mit ihnen an Bord und werden zu Klaubautermännchen. August Kopisch hat den „wackeren Geist" in einem Gedicht eingefangen und mit ihm seine guten Eigenschaften, wie Rührigkeit, Wetterfestigkeit, Unverdrossenheit und Fröhlichkeit. Er kommt zu dem Schluss „Courage heißt der Klabautermann".

VII.1 Zwerge im Grünen

Je näher wir der Natur sind, desto näher fühlen wir uns der Gottheit.
MATTHIAS CLAUDIUS

Zwerge sind in der Natur zu Hause, im Grünen. Kein Fleckchen wird von Zwergen verschmäht, wenn sie auch ihre Lieblingsplätzchen haben. Ein alter Name für das Echo verrät uns, wo wir sie leicht finden können – in den Bergen. Das altnordische Wort *dvergmâl*, „Echo", bedeutet nämlich Zwergengespräch, Zwergengesang (siehe auch VI.1). Wie wir in die Berge hineinrufen, schallt es nicht etwa wieder heraus, sondern – origineller – es hallt uns die Antwort der Zwerge entgegen. Nach irischer Vorstellung ist das Echo ein nicht ganz so zauberhafter Vorgang, denn es ist einfach ein *mucc*, ein „Schwein", dessen Ruf aus den Felsen zu uns zurückhallt. Als

Naturwesen bevorzugen Zwerge als Wohnungen Schlupfwinkel wie Erdlöcher, Felsspalten, Berge, Hügel und Höhlen, Wälder und Wiesen, Hain und Flur. Viele Zwergen-Begegnungen finden folglich im Grünen statt. Auch Getreidefelder gehören zu ihrem Revier. Wenn die Bauern bei der Arbeit auf den Feldern sind, tauchen urplötzlich Zwerge auf und bringen frisch gebackenes Brot oder Kuchen, einen Krug Bier oder andere kleine Aufmerksamkeiten. In Teschow, in Mecklenburg, ist es vorgekommen, dass Zwerge pflügende Männer mit Pfannkuchen versorgten. Diese ließen es sich munden, stellten die leeren Teller wieder hin und bedankten sich. Wer jedoch respektlos mit den großzügigen Gaben der Zwerge umging, konnte nicht mit Nachschub rechnen, sondern mit einer bösen Überraschung.

Auf den Feldern fordern die kleinen Korndämonen als „der Alte" oder „die Alte" gebührenden Respekt ein und werden vor allem in der letzten Garbe der Getreideernte, dem Glückshäufele, wie man es in Südbaden nennt, noch im 19. Jhdt. verehrt. Der Zwerg sitzt aber nicht nur im Grünen, mitten auf dem Feld, sondern auch im verbackenen Getreide, direkt im Brot. Das Brot aus dem letzten Korn hat besondere Heilkraft, weiß man aus Erfahrung in Schlesien. In ihm steckt die Kraft des Ährenmannes, den man auf Dänisch *gamle mand*, Norwegisch *skurekajl* und auf Polnisch *dziad* nennt, sowie die Fruchtbarkeit der Ährenmutter, Erntemutter und Groß-Mutter, der Kornalten, Kornmuhme und Roggenmutter. Doch wie überall in der Natur lauern auch in den Kornfeldern Gefahren, weshalb es die Menschen sowohl mit dem harmlosen Kornmännel als auch mit dem gefährlichen Hagelweibel zu tun bekommen konnten. Erst später hat es weitere Wald- und Feldgeister in die Äcker verschlagen, z.B. Wald- und Wichtelmännchen, Moosfräulein, die Nachtmutter und lange Els.

149: Ein in einen Baum verwandelter Prinz. Ilustration von Arthur Rackham zu: Brothers Grimm: Little Brother and Little Sister, and Other Tales, *1917.*

Der dunkle deutsche Wald war einst ideales Geisterterrain. Noch im 6. und 7. Jhdt. hielten sich hier viele dämonische Wesen auf, denen zu Ehren man einen Waldgeisterkult pflegte, wobei bestimmte Bäume den Dämonen heilig waren. In Wald und Flur tummelten sich auch Zwerge und Zwergenverwandte, z.B. das stets zu Späßchen aufgelegte Schrätlein, der Schrettel und Waldwichtel, der früher als ernster, großer, rauer und zottiger Waldschrat galt, ähnlich dem römischen Faun und Silvanus (Livius 2,7) und dem griechischen Satyr. Wie seine Geisterverwandten, lebte er allein und hatte keine Waldschrätin zur Seite. Schrate und Schrätlein sind einsame Waldgänger. Eine gewöhnungsbedürftige Spezialität dieser ungeselligen Geister ist das Zöpfeflechten. Wann immer ihnen der Sinn danach steht, verfilzen sie die Haare der Menschen oder flechten einen Schrötleinzopf. Auch Tiere mit langen Haaren, wie Pferde und Kühe, bleiben vor den Frisierkünsten von Schrat und Schrätlein nicht verschont.

In den Wäldern vergangener Zeiten stoßen wir weiter auf wilde Leute, Waldleute, Holzleute, wilde Männer und Frauen, alles Geister, die den Zwergen nahestehen und wie diese in Völkern leben. Sie sind nur ein kleines Stückchen größer als die Elben, sehen grau und ältlich aus und zeichnen sich durch ihre samtige Mooskleidung aus. Um auf Holzmännchen, die weniger gutartig als ihre Weibchen sein sollen, zu treffen, muss man noch tiefer in den Wald vordringen. Dort kann man sie in ihren grünen Kleidern mit rotem Aufschlag und schwarzen, dreieckigen Hütchen mit etwas Glück finden.

Tief im Märchenwald leuchtet ein grünes Licht, das bei näherem Hinsehen ein grünes Männchen ist, ein schwach schimmerndes Geistlein, hauchdünn wie ein Nebel und aus toten Augen vor sich hinsehend. Wenn es sich aufregt, bläst es sich zu Baumgröße auf.

Auf Wiesen und Getreidefeldern halten sich Geisterarten auf, wie der Bilwis und die Roggenmuhme. Diese Wesen waren einst gutartiger Natur, doch wie so oft ging ihre helle Seite im Laufe der Zeit verloren, und ihre unangenehme Seite kehrte sich hervor. So stiften sie nach späteren Berichten oft gehörigen Schaden, schneiden die reifen Getreideähren ab, verfilzen wie die Schrate das Haar und benehmen sich auch sonst nicht feiner als Schreckgespenster.

In den Büschen hausen die Buschmännchen und Buschweibel. Nicht weit vom hellen Strand der Saale entfernt, erzählen sich die Menschen von der Buschgroßmutter und ihren Moosfräulein, einer Art Königin der Waldfräulein, wie die Elbinnen-Königin oder die englische *weird lady of the woods*, die eigentümliche Walddame, von der Thomas Percy schreibt, sie weissage den Rat-Suchenden aus ihrer Höhle heraus. Wie eng die Waldweibchen mit den Bäumen verbunden sind, zeigt die alte Volksweisheit, die besagt, dass immer, wenn jemand ein Bäumchen so lange dreht, bis der Bast abspringt, ein Waldweibchen sein Leben lassen muss. Wie es eine goldene Regel im Umgang mit Zwergen ist, ist es auch im Falle der Waldweibchen ratsam, sich gut mit ihnen zu stellen und ihnen niemals einen Wunsch abzuschlagen. Sie vergüten es redlich. So bedankte sich ein Waldfrauchen, das um Reparatur eines Rädchens an ihrem zerbrochenen Schubkärrchen bat, mit einem Goldgeschenk bzw. einem unendlich langen Knäuel Garn. In der Gegend um Asch kannten die Anwohner gute Holz- oder Moosweiblein mit uralten Gesichtchen, die zu gottesfürchtigen Menschen in die Häuser kamen, nicht hingegen zu Streithähnen.

Zwerge lieben die Natur, suchen aber auch die Nähe zu Menschen und Häusern (siehe VII.2). Kuhn ist der Ansicht, der Hauptaufenthaltsort der Zwerge seien alte Klöster und verfallene Gebäude. In Irland ist es ein offenes Geheimnis, dass Leprechauns verlassene und zugewachsene Häuser bevorzugen, wie ich noch in den siebziger Jahren in County Sligo erfuhr. Verfallene, von Pflanzen umrankte Häuser sind Orte, wo sich Kultur und Natur miteinander verflechten, ineinander übergehen.

Zwerge ziehen zuweilen in Bäume (siehe III.2), und von einem solchen Zwergenbaum darf kein einziger Ast abgebrochen werden. Unter diesen Bäumen mögen allerdings die Leichen von Kindern vergraben liegen, die zu Familiengeistern wurden, spekulierte man früher. Ludwig Bechstein, dem wir nicht nur schöne Märchen, sondern auch eine stattliche Sammlung von tausend deutschen Sagen (1853), rund fünfhundert speziell thüringischen (1841), und unzähligen weiteren regionalen Sagen verdanken, berichtet in der Sage *Der begrabene Däumling* von einem Kobold, der unter einem Birnbaum in einer kleinen Schachtel begraben war. Werden deshalb auch so viele Zwerge in Ställen, Scheunen und Kellern wahrgenommen, weil es typische Stellen sind, an denen getötete Kinder versteckt wurden?

150: Arthur Rackham, England: Butter is made from the roots of old trees. Aus: Peter Pan in Kensington Gardens, *von J.M. Barrie, 1906.*

151: Jill Barklem, England: Illustration zu Spring Story *(Frühlingsgeschichte). 1980. – Zwerge ziehen gerne in Bäume ein.*

Von Zwergenbergen und Bergzwergen haben wir viele Geschichten und Sagen. Sie erzählen vom Untersberg, Kyffhäuser, Hörselberg, Osenberg, Breitenberg, Pilatus und anderen Bergberühmtheiten. Die gesamte Schweiz und die Alpengebiete Deutschlands und Österreichs sind übersät mit Zwergen (siehe auch IV.1).

Drinnen wie draußen bewahren Zwerge ihre guten Eigenschaften. So erweisen sich die Geister des Waldes als hilfreich und gut gegenüber den Menschen. In Thüringens dunklen Wäldern, beim hohen Bleßberg, lässt sich das Geräusch einer unsichtbaren Säge vernehmen, die man den Zwergen zuschreibt, die den wackeren armen Waldarbeitern zur Hand gehen sollen. Im Thüringischen streift auch die wilde Bertha mit ihren Heimchen durch die Wälder und Höhen, die sie aber nicht unsicher macht, wie es den Hullenpöpeln nachgesagt wird. Bertha, die im Orlagau Prechta heißt, ist die Königin dieser zarten, schwachen Geisterschar, die als Seelchen ungetaufter Kinder aufgefasst wird und somit an die Seligen oder Saligen Tirols erinnert. Die Heimchen haben vieles mit den Erdmännchen gemeinsam, besonders die winzige Gestalt, und werden auch Erdmännele, Heimele und Butzelmännele genannt. Für die Menschen halten sie immer ein paar schöne Geschenke bereit. Wie die aus Skandinavien und von den Britischen Inseln bekannten Lichtelfen und Feen lieben sie den Tanz, und so kann man mit etwas Glück die weiß gekleideten Wesen in der Abenddämmerung oder im Mondschein in großen Scharen tanzen sehen. In Siebenbürgen, wo noch am Anfang des 19. Jhdt. „die meisten Sagen als wirkliches eigenes oder von einem Nächststehenden erfahrenes Erlebnis" ausgegeben werden, wird erzählt, wie ein Bauer von seiner Arbeit in der Mühle nach Hause kommt und unverhofft auf einen Truden-Tanzplatz stößt. Er ruft verwundert den Gruß aus: „Gott greß ich ire Raen" und erhält die freundliche Antwort: „Gott mir (mehre) ich ire Sack", was den Effekt hat, dass ihm von Stund an das Mehl nicht mehr ausgeht. Das Wunder hält an, bis das Geheimnis gelüftet wird.

Die guten Zwerge machen auch bei Tieren keine Ausnahme. Da Tiere keine Schätze brauchen wie die Menschen, tun sie ihnen Gutes auf andere Weise: Sie sind Tierschützer. Einem Jäger kommen sie in die Quere oder verhelfen ihm zu einem einmaligen Erfolg, mit der Auflage, dass er anschließend nie mehr jagen dürfe – andernfalls „schmissen sie ihn die Felsen hinunter und bließen sie ihm

273

das Lebenslicht aus elendiglich". Auf der Liste der zu schützenden Tierarten stehen unter anderem Gemsen, Fische und Forellen. Bergzwerge, Bergmanndli und Herdmanndli lieben die Tierwelt.

152: Elsa Beskow, Schweden: Illustration aus Tomtebo barnen, *1919.*

Zwergengeister pendeln zwischen den Welten, zwischen Natur und Kultur, und die Thüringer Holzleute, Holzweibel und Holzmännel, die Moosleute, Moosweibchen und Holzmännchen sind Beispiele dafür. Die Ärmsten werden vom Wilden Jäger, dessen Jagddurst niemals gestillt wird, gehetzt, und nur ganz bestimmte Baumstämme gewähren ihnen Zuflucht. Wann immer die Menschen solchen Schutzstamm herausnehmen wollten, flehten sie ganz erbärmlich, es bleiben zu lassen. Die Hirten baten sie oft um Brot und dankten es ihnen reichlich, indem sie ihre Kühe segneten, so dass sie mehr Milch gaben. Dankbar erwiesen sie sich regelmäßig, wenn sie in den Häusern Brot und Knödel, ihre Lieblingsspeisen, zu essen bekamen. Selten kam es vor, dass sie eine Kleinigkeit mitgehen ließen. Grundsätzlich nahmen sie nie etwas mit, das gezählt war, wodurch die Hausbewohner motiviert wurden, Ordnung in ihren Sachen zu halten. Draußen auf den Weiden halfen sie den Hirtenmädchen beim Stricken oder machten ihnen kleine Geschenke. Eine junge Frau, die dem Bitten eines Holzweibchens nachgab und ihm ein Stückchen

Brot abgab, wurde mit einem Garn belohnt, das unendlich lange zu reichen schien, bis sie einer Freundin die Quelle verriet und auf der Stelle das Ende des Garnknäuels in ihren Händen hielt. Noch eine Stärke der Holzweiblein lag darin, Schutz gegen Diebstahl zu gewähren.

153: Die Wolframslinde in Ried, Bayern, wird auf tausend Jahre geschätzt. Beim Anblick ihres Stammes ist nicht viel Phantasie nötig, um sich Zwerge in oder unter ihr vorzustellen.

Wer meint, das alles sei Vergangenheit, wird eines Besseren belehrt. Jan Fjellander, aktives Mitglied der Gesellschaft für Parapsychologie (Sellskap för parapsykologisk forskning) in Stockholm, erinnert sich an das Haus, in dem er aufwuchs. Dort stand ein alter Tannenbaum im Garten, nicht weit, drei oder vier Meter, von der kleinen Kapelle entfernt, die sich ebenfalls im Garten befand, da sein Vater Bischof (der Liberal-Katholischen Kirche) war. Unter den Zweigen der Tanne befand sich ein großes Loch, eine Stelle, die sich von allem anderen deutlich unterschied, denn dort war es immer ganz sauber und rein, keine Blätter lagen da, und das Gras war frisch und grün. Die Kinder, also seine Schwester, sein Bruder und er, sagten oft zueinander: „Hier wohnen Elfen und Zwerge."[13]

Die deutschen Gartenzwerge sind eine mehr oder weniger gelungene Reminiszenz unserer guten alten Zwerge und drücken die leise Hoffnung aus, die lieben Geisterchen auf diese Weise herbeizuzaubern.

---
13 Nach mündlichem Bericht von Jan Fjellander an A.Puhle, Stockholm, 12. März 2005.

 *154: Ein Gartenzwerg in Berchtesgaden.*

VII.2 Gute Geister in Haus und Hof: Glücksmännchen und Gütchen

Das Gute wirkt im Stillen.
DEUTSCHES SPRICHWORT

Die kleinen Geister im Grünen, aus Wald und Wiesen, Bergen, Hügeln und Höhlen, als da sind Zwerge, Gnomen, Wichte, Wurzel-, Moos-, Holz- und Erdleutchen, Waldmännlein und Waldweiblein und viele andere, statten den Menschen bisweilen Besuche in ihren Wohnungen und Häusern ab oder ziehen komplett bei ihnen ein. Naturgeister können zu Hausgeistern werden. Elben gelangen in echter Geistermanier auf ungehörte und ungesehene Weise überall hin, auch in die Häuser und Wohnungen der Menschen. Sie gehen auf Elbenzehen (*Se geit op elben tehnen*), sagt man in Magdeburg und Umgebung, wenn Menschen leise schleichen. Es sind Zwergenmännchen wie -weibchen, die nach Hause kommen; und so wohnten in der guten alten Zeit Zwerginnen, wie Saligfräulein, selige Jungfrauen, wilde Frauen, Waldweiblein, Holzfräulein und Fanggentöchter, so gut wie in jedem Haus, betont der Innsbrucker Sprachprofessor Ignaz Vinzenz Zingerle Edler von Summersberg.

Zwerginnen machen sich wie männliche Zwerge sehr verdient um ihr Haus und können sich „vollkommen als gute Hausgeister" bewähren. Sie finden die irdischen Männer offenbar so attraktiv, dass sie manchmal eine Ehe mit ihnen eingehen und eine Familie gründen. Sie verlassen diese nur, wenn ihr Geheimnis, ihr Name oder ihre Herkunft enthüllt wird. Aber sie kommen in Abständen zurück, um nach ihren Kindern zu schauen.

Das Bild von den deutschen Hausgeistern sieht nun den römischen Hausgeistern, den Laren (lat. *lares*), so ähnlich, dass Arndt von den deutschen Laren spricht. Er weist dabei auf die Verwandtschaft des Wortes „Lar", das Haus und Wohnung bedeutet und das wir noch in den Namen alter Städte, wie Fritzlar und Wetzlar, finden, mit dem Verb „lassen" hin, das *hausen* und *beherbergen* meint und zu dem Wort „Gelass" gehört. Der Lar ist ein echter Hausgenosse.

In Tirol heißen die Hauszwerge wörtlich Heimzwerge, Hoamzwergl, und im Schwedischen nennt man sie die Alten des Hauses, Tomtegubbar.

Aus alten Häusern nicht wegzudenken, ist noch ein verwandter kleiner Geist, der Kobold. Der deutsche Hauskobold stammt von den Zwergen und Alben (Elben, Alfen, Elfen) des Asenreiches der nordischen Mythologie ab. Kobolde sind ursprünglich wohltätige Hausgeister, die es zu respektieren gilt, auch wenn ihre Gestalt so winzig wie die der Zwerge ist. Der Glaube an diese guten und hilfreichen Geister ist so stark, dass er die christlich geprägten Jahrhunderte und Jahrtausende überlebt hat. Während die Kobolde alleine in einem Haus erscheinen, lieben Hauszwerge die Gesellschaft und kommen zu zweit, zu dritt oder zu noch mehreren. Im Gegensatz zu den Hauskobolden, die sich im Haus niederlassen, ziehen sich die Zwerge nach getaner Arbeit gern wieder in ihre Berg- und Felsenhöhlen zurück. Sie leben in Völkern und haben ihren König oder ihre Königin. Hauszwerge sind im Gegensatz zu Kobolden, die sich wie kleine Teufel gebärden können, grundsätzlich gemäßigter, auch wenn sie Rache kennen und es denen, die ihnen Unrecht tun, ordentlich heimzahlen. Genau wie Zwerge, reagieren Kobolde sehr empfindlich auf Geschenke oder Gaben, die wie eine Entlohnung aussehen, selbst wenn diese gar nicht so gemeint sind. Sie kehren diesem Haus den Rücken.

155: Alan Wright, Schottland: Illustration zu Teeny Wee, *von Anne Anderson und Alan Wright.*

Früher kannten die alten Preußen im Baltikum die Barstucken, ein kleines Erdvolk, das den Göttern diente und vor allem dem Erdgott Puschkaytus, der unter dem Holunderbaum seines Amtes waltete. So wurde der Holunder zum heiligen Ort sowie zur Opferstätte, an dem die Leute Brot und Bier spendeten. Auch unter der heiligen Linde bei Rastenburg in Ostpreußen lebten zu heidnischen Zeiten Erdmännchen, Barstucken. Wer einmal ihre Zuneigung gewonnen hatte, konnte auf ihre Hilfe bauen. Die kleinen Geister sorgten für ausgleichende Gerechtigkeit und beschenkten die Bewohner des Hauses ihrer Wahl mit dem Korn, das sie den Leuten wegnahmen, die sie schlecht behandelt und keinerlei Zeichen des Dankes gezeigt hatten. Sie waren es gewohnt, am Abend, wenn sie aus ihren Erdlöchern in die Häuser kamen, dort einen schön gedeckten Tisch vorzufinden, auf dem Brot, Butter und Käse bereitstanden, mit einem feinen Bierchen dazu. War das Zwergen-Buffet am nächsten Morgen geleert, so freuten sich die Hausbewohner und verstanden es als gutes Omen. Blieb die Tafel jedoch unberührt, bedeutete das den Abzug der Zwerge, mit denen auch das Glück aus dem Haus verschwinden würde. Eine besondere Stärke der Barstucken war die Krankenpflege. Wenn nachts der Mondschein hell schien, statteten sie den kranken Menschen einen Besuch ab und kümmerten sich liebevoll um sie.

156: Ein Gartenzwerg. Foto: Helmut Milas, Nettelstedt.

Hausgeister erscheinen manchmal in einem Alter, das ihrer minimalen Körpergröße entspricht. So gibt es unter den Hauszwergen Nordeuropas Einjährige, und auch in Deutschland sehen einige fast wie neugeboren aus. In Bischofsrode war ein zweijähriger Hauskobold bekannt, während der Kobold von Hudemühlen erst drei Jahre alt war. Das erinnert an die Deutung der Zwerge als Seelen verstorbener Kinder.

Kleine Hausgeister tragen mitunter Menschennamen, wie wir hörten, allen voran die Heinze. Die Heinzelmännchen aus der Feder von August Kopisch machten einen Siegeszug durch Deutschland. Kein Wunder, dass ihr Name zu einem synonym für alle guten Hausgeister wurde, denn:

Wie war zu Cölln es doch vordem
Mit Heinzelmännchen so bequem!
Denn, war man faul, …. man legte sich
Hin auf die Bank und pflegte sich: […]
Und eh ein Faulpelz noch erwacht, …
War all sein Tagewerk …. bereits gemacht!

AUGUST KOPISCH (1. STROPHE DES GEDICHTES DIE HEINZELMÄNNCHEN)

„Glück und Segen ist in dem Haus, in dem ein kleiner Hausgeist sein Wesen treibt", schreibt Götzinger in seinem *Reallexikon*, und die Hoffnung, dass die Zeiten von Köln noch nicht vorüber sind, schlummert heute noch in vielen Deutschen. Die kleinen Hausgeister sind so gut, dass ihre Namen zum Teil auf diesen edlen Charakter anspielen, wie Gütchen, Gütigen, Gutele, Gütel, Gutel, Gutgesell, gutes Kind und guter Junge. Der Chemnitzer Gelehrte Georgius Agricola teilt mit, die Deutschen hätten ihnen den Namen „Guttel" gegeben, weil sie Freunde der Menschen wären und ihnen um ihretwillen Gutes täten. Nach anderer Auffassung ist Gütel das Gespenst Jütel. Der Verfasser des bedeutenden Werkes „Von Gespänsten ..." (1569), Ludwig Lavater, nannte die Bergmännchen Gutelos. Goethe spricht von den Gnomen als „den frommern Gütchen nah verwandt" (*Faust* II), und auch die Elben oder die guten Holden, *the good people*, heißen Gütchen. Im Voigtland heißen die gutartigen und hilfreichen Hausgeister Gupel, was natürlich an die Gütel, Gutel und Gütchen erinnert, wenn es denn nicht, wie Bechstein es weiter für möglich hält, eine Verunstaltung des Wortes „Kobold" ist, denn die dortigen Zwerge sind sehr eng mit den Kobolden verwandt. Die Familiennamen Göpel und Göbel gehen auf die freundlichen Geister des thüringischen Voigtlandes zurück.

Wir müssen uns nicht mit den Kölner Heinzelmännchen begnügen. Sagen von gutartigen Geistern und Wichten im Haus sprudeln aus Tausenden von Quellen allein schon aus Deutschland. Die Kerlchen packen an, wo immer es geht, und setzen ihre praktischen Fähigkeiten ein: Sie helfen beim Zimmern, Backen, Schneidern – und auch außer Haus, in Hof und Stall. Es ist kaum zu glauben, was sie alles bewerkstelligen. Wären sie nicht echte Gütchen, müssten wir sie treffender Putzteufelchen nennen, denn sie fegen, waschen, putzen die Schuhe, und das alles für nur ein paar Häppchen Brot oder sonst eine einfache Speise, die man für sie auf den Tisch legen soll und die am nächsten Morgen auch garantiert verschwunden ist. Andere Geister heißen *Backofentrescherlein*, weil sie in einem Backofen dreschen. Eine positive Variante von Hausgeistern betätigte sich im mittelfränkischen Steigerwald, in Gollhofen bei Uffenheim: Die Hausdüsterle. Sie kochten den Bäuerinnen, während diese auf dem Feld arbeiteten, das Essen und erwarteten als Gegenleistung lediglich, dass sie am Sonnabend mit dem Feierabendläuten alles stehen und liegen ließen und von den Feldern nach Hause kamen.

Heinzelmännchen & Co haben ihre eigenen und strengen moralischen Vorstellungen, die immer zugunsten ihres Hausherrn ausfallen. Will sich einer der Angestellten einen lauen Lenz machen, lassen sie es ihn deutlich spüren, und der Ärmste hat dann nichts mehr zu lachen. Das betrifft auch die weiblichen Hausangestellten. Immer wieder kommt es vor, dass Hausgeister ihrem Herrn und Meister mehr Gutes tun wollen, als ihm guttut. So vermehren sie gerne seinen Besitz auf Kosten der Nachbarn.

157: Hans Arnold, Schweden und Schweiz: Zwerge sind gute Schuhmacher.

Aus Litauen ist der Zwergengeist *kãukas* bekannt, der die Allüren des Kobolds hat sowie die guten Eigenschaften der Heinzelmännchen und das glückbringende Element der Alraune. Er gilt als kleiner Hausgott, der materiellen Segen bringt. Aber er kann auch schaden: Wo er vorbeizieht, zerbersten die Bäume, und wenn er angeflogen kommt, muss man schnell unter einem Dach Zuflucht suchen, sofern man keine Geschwüre bekommen will. Die kleinen Kauken erscheinen als Jungen mit Hütchen und Täschchen und üben ausgleichende Gerechtigkeit aus, indem sie den Reichen etwas nehmen, was sie den Armen zukommen lassen.

Zur Zeit der Gebrüder Grimm geisterten guttätige Zwerge, „das stille Volk zu Plesse", um das hessische Bergschloß Plesse herum. Sie hausten im Felsen, waren „von Fleisch und Bein", zeugten Kinder und starben, doch sie konnten sich unsichtbar machen und durch Fels und Mauer gehen. Den Menschen, die ihnen sympathisch waren, schenkten sie kostbare Dinge. Manche gutmütigen und hilfsbereiten Erdgeister haben sich die edlen Eigenschaften des Elbenvolkes, der guten Holden, bewahrt. Auch die norwegischen Unterirdischen werden *goede kinder* genannt, und die Litauer nennen sie *bálti žmónes*, wörtlich „weiße, reine Menschen", d.h. ehrliche, gute, liebe Leute, oder *baltíejie*, das mit demselben Adjektiv gebildet ist. Gutmütigkeit ist eine der besten Eigenschaften der kleinen Leute, die sie mit manchen ihrer großen Brüder, den Riesen, teilen. Großzügigkeit ist nur einen Schritt weit von ihr entfernt, denn beide entspringen einem großen Herzen. Die guten Leutchen sind groß im Schenken. „Es ist ein Wunderliches um die Geschenke, die Menschen von den Geistern empfangen haben", heißt es in der Sage von Frau von Alvensleben zu Kalbe, die von einer Zwergin, der sie Hebammendienste leistete, einen güldenen Ring bekommt. Das Märchen „Die Geschenke des kleinen Volkes" handelt vom einem bescheidenen Schneider und einem goldgierigen Goldschmied, die eine Kostprobe von der Großzügigkeit der Zwerge bekommen und dann lernen müssen, dass die Zwerge ihr Gold nicht zum Fenster hinauswerfen. Dankbarkeit wird von den Zwergen stets belohnt, Habgierige dagegen kommen nicht ungeschoren davon.

158: Karl Hauff, Stuttgart: Lebkuchenmaler. – Hausgeister machen sich nützlich und sind dabei fröhlich, verspielt und vergnügt.

Ist das nur ein Märchen? Es gibt eine Reihe ernsthafter Bücher, die sich mit Hausgeistern als realen Wesen bzw. wirklichen Phänomenen befassen, sie nicht als Phantasieprodukte, Einbildung, Täuschung oder Sinnestäuschung ignorieren. So erfahren wir aus der ersten Hälfte des 16. Jhdt. von Johannes Agricola von den in Deutschland umgehenden „kleynen mendlin", die viel Nützliches getan haben, wie z.B. die „schusseln in der kuchen gewaschen" oder die „pferde gewartet", und von der damals verbreiteten Meinung, dass „wo eyn solch wichtlein sey / da sey eittel gluck und gedeyen".

159: Henry Justice Ford, England: Illustration zur Sage vom kleinen König Loc in Langs Olive Fairy Book, 1907. – Abeille schläft im Wald auf weichem Moos ein und findet sich unter kleinen Männern mit langen weißen Bärten wieder.

Nach Ernst Moritz Arndt ist der deutsche Hausgeist weit mehr als eine Märchenfigur: Er ist ein nächtlich rundwandelnder Spaß- und Neckgeist, ein strafendes Kindergespenst mit Klumpsack, ähnlich Knecht Ruprecht, ein ehrwürdiger Geist in alten Ritterschlössern und Bauernhäusern, die seit Generationen im Besitz einer einzigen Familie sind, der Alte des Schlosses, sein grauer Mann. „Ich weiß noch", erinnert sich Arndt, „wie dieser hochadlige Wiedergänger in der Person eines alten Majors von Kobolden in dem Haus, worin ich zur Welt kommen die Ehre hatte, die ersten sechs Jahre meines Lebens erschreckt hat, indem er gemeldet ward, längs dem langen Steindamm des Hofes vorschreitend in den Mitternächten um Haus und Scheunen zu wandeln und sich endlich in dem Blumengarten bei dem Bienenhause zu verlieren." Diese Hausgeister seien, so

Arndt, unsere deutschen Laren, „und sie leben mehr, als die Leute glauben, noch in Schlössern und Hütten und werden um die stillen Mitternächte noch von vielen gespürt und von einigen Sonntagskindern gesehen".

Märchen beinhalten Märchenhaftes, Sagen Sagenhaftes und Erfahrungsberichte Erfahrenes, doch auf allen drei Ebenen können Botschaften übermittelt werden. Während in den Industrieländern eine exakte Dokumentation harte Fakten liefert, haben in anderen Gesellschaften Trauminhalte einen hohen Wert. Menschen im herrschenden Zeitstrom schenken Träumen weniger Be-Achtung und bewerten sie anders. Die Menschen im alten Schweden lebten noch in einem „mit Mythen umstellten Horizont" (Nietzsche). Ihre Erfahrungen waren viel reicher. Hier erlebte Arndt, der zu Beginn des 19. Jhdt. insgesamt vier Jahre in Schweden verbrachte (1803-1804, 1806-1809), wie bedeutsam Pucke oder Kobolde für die Bevölkerung sind. *Tomtegubbe* (der Alte von Haus und Hof) und *Nisse god dräng* (Nisse, guter Knecht) heißen sie und sind die Schutzgeister des Ortes. Auch sie weisen auf den englischen Robin Hood und unseren Knecht Ruprecht hin. Unter Holunder und Haselsträuchern wohnen sie am liebsten, weshalb diese Büsche nicht ungestraft umgehauen werden.

Das Wort „gut" bezeichnet nicht nur einen ethischen Wert und eine Charakterstärke, sondern auch etwas Profanes und Materielles, nämlich Geldsegen. Jemand ist gut und gütig oder besitzt ein Gut und ist begütert. Begütert ist, wer ein Anliegen und Ländereien hat und Geld auf dem Konto oder beides. Das Gütchen schließt alle diese Aspekte in seinem Wesen als Hausgeist ein, da es rundherum für das Wohlergehen der Bewohner seines Hauses verantwortlich ist. Es hilft, so gut es irgend kann, greift mit zu, erzieht die Hausangestellten, wenn sie ihre Arbeit vernachlässigen oder Dummheiten anstellen, sorgt dafür, dass alles seinen Gang geht, füllt obendrein den Geldbeutel und passt auf, dass er niemals leer wird.

Ich bin ein Geist, und geh herum und heiße mit Namen Hütchen:
Wer früh aufsteht und fleißig ist, bekommt von mir ein Gütchen!
August Kopisch (Anfang des Gedichtes Hütchen)

Mit ihrer Eigenschaft des Begüterns erweisen sich Gütchen als enge Verwandte der Zwerge, der Hüter der irdischen Schätze, deren Reich und Reichtum edle Metalle und Steine sind. Sie müssen denen, die das Glück haben, eines von ihnen in ihre Gewalt zu bekommen, auf Gedeih und Verderb dienen und Glück und Reichtum bescheren (Temme). Die Geister des Steinreiches bereichern in doppelter Hinsicht: Sie bringen Gutes und Güter.

So gut und nützlich Hausgeister sein können, so lustig und fröhlich sind sie. Sie halten es mit Fontane: „Wer schaffen will, muss fröhlich sein." Wir haben lustig tanzende und singende Zwerge und übermütige, vor Witz und Schabernack sprühende Kobolde vor Augen: Auf ihre Lustigkeit gehen die Redewendungen „wie ein Kobold lachen" und „Kobolz schießen" zurück. Doch auch der Spaß des Kobolds hat ein Ende. Seine Possen schlagen ins Grauenvolle um, und die Sache wird plötzlich bitterer Ernst, wenn sie auf Undankbarkeit stoßen.

Das Arbeitsfeld der Hauszwerge sind Küche und Herd, dann die zugehörigen Äcker und Ländereien. Aus dem Wildleutloch bei Oberflockenbach stiegen wie zu erwarten wilde Leute heraus. Sie halfen den Bauern bei der Feldarbeit, für etwas Brot und Milch. Die Erdweiblein aus der Höhle bei Hasek waren bekannt für ihre Kuchenspenden und obendrein für ihre Mithilfe in Haus und Hof.

Die Erdleutchen sind Allround-Genies und erweisen sich auch in Restaurants als geschickte Angestellte. Auf diese Weise konnte das älteste Wirtshaus im oberpfälzischen Schwarzenfeld einen Angestellten einsparen, denn die kleinen Razeln leisteten ausgezeichnete Dienste für minimalen Lohn, etwas Brot, das man ihnen vor die Tür legte. In einem Gasthof in der Oberpfalz, in Rötz, haben die guten Strazeln die liegengebliebene Arbeit erledigt und obendrein noch der Wirtin Kostproben von ihrer Backkunst dargereicht – kleine Brotlaibchen. Nahm die Wirtin sie einmal nicht an, wurden die Zwerge ganz traurig und weinten bitterlich. Doch als sich die Wirtin eines Tages erkenntlich zeigen wollte und den Kleinen ihrerseits ein paar Köstlichkeiten für den Gaumen hinstellte, fassten es diese als Auszahlung auf und ließen sich nie mehr sehen.

Die Zuneigung der Hauszwerge zu den Menschen schließt deren Haustiere mit ein. Zwerge pflegen, füttern und umsorgen die Tierchen mit viel Liebe und halten Hof und Stallungen in Ordnung. Sei es nun der Hühner-, Kuh-, Schaf-, Schweine- oder Pferdestall, überall sorgen sie für das Rechte und bürsten und putzen die Tiere mit großer Hingabe. Hauszwerge sind geborene Tierfreunde.

Die Erdleutchen auf dem Winikoner Letten hüteten das Vieh und bekamen vom Bauern als Dankeschön Obstkuchen serviert, Ziberlisturm. Einige dänische Zwerge waren so tierlieb, dass sie die Körnchen vom Weg auflasen und an die Hühner verfütterten und das Vieh blitzblank putzten. Die Bergmännchen aus dem norddeutschen Ort Iburg hatten einen Schimmel ins Herz geschlossen und so aufgepäppelt, dass er besser in Form war als alle anderen Pferde. Auch für genug Flachs auf dem Spinnrad und die Qualität des Brotes sorgten die Kleinen. Hauszwerge haben sich auch im Krankheitsfall von Mensch oder Tier bewährt, wo sie die Funktion von Heilern und Pflegern übernehmen, wie wir schon von den altpreußischen Barstucken erfuhren. Und mehr noch: Zwerge können auch Schutzgeister sein und sogar Schutzengel. Pater Balbius oder Balbin aus Böhmen erzählt uns in seinen *Miscellanea historica regni Bohemiae* (1679-1688) von einem böhmischen Haus, in dem gute Hausgeisterlein das Regiment führten. Sie erschienen in der Gestalt schöner fünfjähriger Bübchen, spielten und lachten und wurden von den Hausbewohnern andächtig als heilige Schutzengel verehrt. Die Hausengelchen haben sich dankbar gezeigt und dafür gesorgt, dass es dem Vieh gut erging und es schön fett wurde.

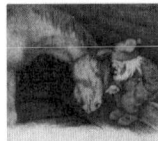

*160: Theodor Kittelsen (1857-1914), Norwegen:
Das weiße Pferd und der Hofalte.*

Der Lebensstil der Hauszwerge ist schlicht und einfach. Sie wohnen, sofern sie nicht ihre Felsenlöcher und Unterschlüpfe in der Natur vorziehen, recht bescheiden, im Stall oder in der Scheune, in versteckten Winkeln und Hausecken, auf dem Dachboden oder im Keller. Manchmal wohnen sie auch unter den Häusern und Scheunen, niemals aber unter Ställen, weil dadurch ihre Wohnungen beschmutzt würden. Weitere Lieblingsplätze sind der Bereich unter der Türschwelle und hinter dem Ofen und Feuerplatz. Damit hängt die Beachtung der Türschwelle in verschiedenen Gebräuchen zusammen. So solle man beim Betreten einer neuen Wohnung ja nicht auf die Schwelle treten, um die darunter hausenden Seelen nicht zu verletzen (Oberfranken), und man solle auf der Schwelle kein Holz hacken, weil es die Hausotter, die ein verwandelter Hausgeist sein könnte, hervorlocke (Bayern, Vogtland, Böhmen). Eine frisch getraute Frau erweist mit dem Küssen der Schwelle, indem sie eine Münze auf sie legt oder etwas Honig oder Öl auf sie streicht, den Seelen der Vorfahren ihres Mannes die Ehre. Nach russischer Sitte klopft die hochschwangere Frau dreimal auf die Türschwelle, um die Ahnen für die bevorstehende Geburt zu Hilfe zu rufen. Es leuchtet nun ein, warum eine Frau, die zum ersten Mal in das Haus ihres Ehemannes kommt, über die Schwelle gehoben wird: Man will die Geister nicht provozieren (Schlesien, Mark Brandenburg). Auch Türenknallen ist unter diesem Aspekt keine gute Idee, stört es doch die „armen Seelen zwischen Tür und Angel".

Naturgeister und Hausgeister lieben die Stille. Wen wundert es, wenn die liebenswerten Tomtar in Skandinavien, wo so gut wie jede Familie ihr Sommerhäuschen, *sommarstuga*, besitzt, den langen Winter über in die nun leerstehenden Holzhütten umziehen und sie mal ganz für sich allein haben wollen, während sich ihre Besitzer in den warmen Stadtwohnungen aufhalten, wie es der norwegische Forscher Peter Christen Asbjørnsen überliefert? Geister sind potenziell überall. Und wer kennt nicht die alte Hausregel, dass in einem Haus Brot und Salz niemals ausgehen dürfen? Der Grund dafür ist nicht die Angst, eines Abends nach Ladenschluss kein Brot mehr im Haus vorzufinden, sondern hier stecken die Hausgeister dahinter, die ihre bescheidenen Opfergaben einfordern. Auch eine Münze erfüllt den Opferzweck, doch das Brot ist die älteste Gabe an die Geister von Haus und Herd.

161: Peter Christen Asbjørnsen, Norwegen. 1881. Seine Waldgeister-Sagen *(*Norske huldreeventyr ok folkesagn *(1845) boten viel Stoff, z.B. für die Szene in der Halle des Bergkönigs, zu Henrik Ibsens Dichtung* Peer Gynt *(1867), die Evard Grieg 1876 vertonte.*

Hausgeister sind anspruchslose Gesellen. Sie erwarten für ihre treuen Dienste an den Menschen einen vergleichweise lächerlichen Lohn: Einfaches Essen, etwas Milch, Obst oder Brei stellen sie zufrieden, nur zu Weihnachten sollte es etwas Besonderes geben, sofern sie auch noch im nächsten Jahr im Haus bleiben sollen. Wer ihnen auf die Schliche kommen will und Asche oder Mehl streut, wird sie mit Sicherheit verlieren, und mit dem Haushalt wird es bergab gehen. Ihre Anonymität wollen Hausgeister stets gewahrt wissen. Selten stellen sie Ansprüche und geben wie Petermännchen oder Pück ein Kleidungsstück in Auftrag, etwa ein rotes Hütchen oder einen bunten Rock mit lauter Glöckchen. Als Grundregel gilt: Kleider für Hausgeister sollten Auftragsmodelle sein, keine freiwilligen Gaben, die sie beleidigen und verjagen. In so einer Situation wird ein Zwerg ganz eisern sein: Als die Hüttenleute im Unterharz einem Zwergenkönig als Dankeschön, weil er ihnen mit seinem Zwergenvolk viel Glück beschert hatte, ein paar schöne Stiefel hinstellten, nahm er sie zwar an, kam aber nie wieder. In Gibelflüh in der Schweiz war es dagegen Usus, den Erdmännchen rote Röcklein und Mäntelchen als Geschenke an die Türen zu hängen, allerdings mit zweifelhaftem Erfolg: Die kleinen Leute nahmen die Sachen willig mit, zogen sie aber nicht an.

Die Nacht ist nicht die einzige Zeit der Hausgeister. Im Dunkeln kommen zwar einige Zwerge aus ihren geheimen Schlupflöchern hervor und machen sich im Haushalt nützlich, indem sie liegengebliebene Arbeiten zu Ende bringen, abwaschen, fegen und wischen, aufräumen, die Pferde striegeln und den Stall reinigen. Doch auch tagsüber gehen die kleinen Helfer unzähligen Berichten zufolge zur Hand und packen draußen unter freiem Himmel bei der Feldarbeit mit an und halten die Knechte und Mägde zur Arbeit an. Mitunter greifen sie zu rabiaten Methoden – wie Alpdrücken.

Auch die zu Poltergeistern abgesunkenen Hausgeister sind keine Nachteulen, sondern spuken am Tag und sind, wie die Forschung herausgefunden hat, keine „klassischen" Geister, sondern geisterhafte Phänomene im Umfeld von Menschen. Diese Phänomene werden nicht von Menschen verursacht und sind nicht kausal mit den Personen verknüpft. Vorzugsweise nachts spuken im Gegensatz zu Poltergeistern, die an Personen gebundenen sind, die ortsgebundenen Geister, englisch *hauntings*, wie Schlossgeister, Burggeister usw. Wie bei den Zwergen lautet bei Hauntings eine der vielen Interpretationen, sie seien die Seelen längst verstorbener Menschen.

Warum kommen die Geister der Natur überhaupt zu den Menschen in die Häuser und Gehöfte? Die Antwort hängt von ihrer Identität ab: Sind sie die Seelen von Menschen, kommen viele Gründe für ihre Rückkehr in Frage. Nach dem Arzt und Geisterkundigen Paracelsus kommen vor allem die Erdmännchen, die er als eigenständige Naturgeschöpfe versteht, niemals ungerufen, d.h. „nicht außer durch eine Ursache vom Menschen". Wer sie bei sich einstellt und ihnen ein Gelöbnis abnimmt, kann sicher sein, dass sie es einhalten werden – vorausgesetzt auch der Mensch hält sich an die Spielregeln. „Denn die Pflichten müssen gegen Pflichten gehalten werden, dann sind sie wahrhaftig beständig und ganz in ihren Dingen" (Paracelsus, *Liber de nymphi*s, Tractatus III). Und sind sie einmal da, gibt es kaum eine schwierigere Aufgabe, als sie wieder loszuwerden. Muss der Hausbesitzer notgedrungen umziehen, kriegt der pfiffige Geist schnell Wind von dem Plan und kommt seinem Herrn und Gebieter zuvor: Er sitzt schon vergnügt auf dem Umzugswagen, wenn sein echauffierter Meister kommt, und freut sich, dass es endlich losgehen kann.

162: Karl Hauff, Stuttgart: Wichtel mit Flöte. – Laut Paracelsus kommen die Geister der Natur niemals ungerufen.

Das Zusammenleben mit den Wichteln geht so lange gut, wie der Mensch sie respektiert und ihnen ihre Freiheit lässt. Ein thüringisches Kellergeistchen, ein liebenswertes Gütchen, kümmerte sich einst rührend um ein Haus und machte seine Bewohner zu reichen Leuten. Nur der große abgeflachte Stein, unter dem es seinen Unterschlupf hatte, wackelte ständig hin und her, weshalb der Hausbesitzer auf die Idee kam, ihn festzukeilen; doch als er den Stein unter Fluchen anhob, erschall eine Kinderstimme, und zum Vorschein kam ein totes Kind, das im nächsten Augenblick wieder verschwunden war. Mit dem Haussegen war es von nun an vorbei, und die Familie hatte nichts mehr zu lachen.

163: Zwerge bringen Geschenke. – Jenny Nyström, Schweden.

Das Kleine Volk überschüttet die Menschen mit den Gaben der Natur, mit den Schätzen der Erde, mit Reichtum. Es belohnt sie immer, wenn sie seine Schätze respektieren, ihnen etwas geben oder borgen. Immer sind es kostbare kleine Dinge, echte Kleinode, die sie hinterlassen und die Glück bringen sollen.

VII.3 Mühlenzwerge

Das Schönste, was wir erleben können, ist das Geheimnisvolle.
ALBERT EINSTEIN

Mühlenzwerge sind keine Zwergenart, sondern Zwerge, die in Mühlen einziehen und dort mitarbeiten. Alte Kornmühlen sind ein heißer Tipp unter Zwergen, denn sie lieben das Ambiente und mahlen gerne mit. Zwerge sind ein Segen für jede Mühle, und wer sie nicht vergraulen will, schenke ihnen keine Kleider und Schuhe, wie es in einer Mühle geschah, in der die Waldmännchen so lange fleißig geschuftet hatten, bis die Müllersleute sie mit ihren Geschenken vor den Kopf stießen. Ein ganzer Haufen Erdluitle tummelte sich in einer Mühle bei Murrhardt und machte sich nachts nützlich. Der Müller beobachtete sie heimlich bei ihrer Arbeit und sah, wie lumpig sie gekleidet waren und ließ für sie Mäntelchen und Röckchen anfertigen. Die Erdluitle nahmen das Geschenk nicht an und kamen nie wieder.

Eine entsprechende Geschichte handelt von zwei Gütchen in Thüringen, die in einer Schleifmühle kräftig mithalfen. Die Mühlenbesitzer, zwei Brüder, machten viel Geld und waren sich der leisen Helfer bewusst, die sie einige Male zu Gesicht bekamen. Als sie den Fehler begingen, und blaue Höschen, braune Mützchen und rote Jäckchen für die Kleinen hinlegten, jammerten diese, dass sie nun ihren Lohn erhalten hätten, griffen aber zu und verschwanden samt neuer Kleidung auf Nimmerwiedersehen. Die Mühle musste bald geschlossen werden.

In einer anderen thüringischen Schleifmühle machte sich ein Gütchen oder Hütchen zu schaffen. Es hatte die Größe eines einjährigen Kindes und trug ein Hütchen, das wie eine umgestülpte Glockenblume aussah. Es schliff und schliff und gab dabei ab und zu einen eigentümlichen Laut von sich. Da kam der Müller auf die Idee, das Gütchen nachzuäffen – wir können uns denken, wie die Geschichte ausgeht.

Im Voigtland trieb sich der Kobold Pumphut in der Gegend um Pausa herum, arbeitete in vielen Mühlen emsig als Mühlknappe und vertrieb sich den Rest der Zeit mit allerlei Späßchen und Unfug. Der Geist Pumphut ist auch aus Westfalen bekannt, wo es außer ihm noch Timphüte und Langhüte gibt, die Annette von Droste-Hülshoff, die selbst viel Geisterhaftes erlebt hat, beschreibt.

Zwerge sagen mitunter den Tod von Menschen voraus. Umgekehrt kommt es vor, dass sie Menschen beauftragen, den Tod eines Wesens aus ihren eigenen Reihen zu verkünden, so z.B. den Knecht eines Müllers, der in der Mühle in Roten ansagen sollte, dass der Zwerg Prigelken (oder Pragelken) tot sei. Als die Botschaft in der Mühle verkündet wurde, ertönte ein geheimnisvolles Wehklagen die Nacht durch. „Das sind Unterirdische", meinten die Müllersleute.

VII.4 Am Abend kommt das Sandmännchen

Wohl denen, die ihren Kindern den Sinn dafür bewahren, dass kleine Dinge sie freuen.
JEREMIAS GOTTHELF

Das Sandmännchen ist ein kleiner Geist mit Zipfelmütze aus der Kinderwelt, aus der Zeit, bevor es Fernsehen gab. Es bringt feinen Sand mit sich und streut ihn Kindern in die Äuglein, wenn es

Zeit ist, ins Bett zu gehen und sich in die bunte Welt der Träume zu begeben. Weder ihn noch sein Säckchen voll Sand können die Erwachsenen sehen, nur die Augenlider ihrer Kleinen, die sie nach dem Bestreuen mit Sand nur noch mit Mühe aufhalten können. Natürlich können sie auch die harten Körnchen sehen, die sich innen in den Augenwinkeln der Kinder absetzen.

164:Das Sandmännchen bekommt Hilfe bei seiner Arbeit. Rien Poortvliet, 1989.

165: Das Sandmännchen spannt seinen Bilder-Schirm über einem schlafenden Kind auf. Illustration von E.H. Wehnert und W. Thomas zu Andersen's Fairy Tales, *1998.*

Das hauptsächlich in Norddeutschland bekannte Sandmännchen ist ein sympathischer, gutmütiger Geist, der die Aufgabe hat, den

Kindern zu helfen, ins Bettchen zu gehen und einzuschlafen. Da der Sandmann mit dieser Aufgabe bisweilen überfordert ist, greifen verzweifelte Eltern zu einem Kinderschreck, einem Ersatz-Sandmann, der seine Schützlinge zum Schlafen oder wenigstens zum Schlafengehen zwingen soll. Die Eltern drohen, dass er sich auf ihre Augenlider setze oder in die Augenlider beiße. In Bayern geht am Abend eine weit unangenehmere Variante des an und für sich den Kindern freundlich gesonnenen Sandmännchens um, das Pechmännlein. Statt schönen hellen Sand in die Augen der Kinder zu streuen, verklebt es ihre Äuglein mit schwarzem Pech.

166: Das Sandmännchen aus dem „Ostfernsehen" (Deutscher Fernsehfunk Berlin).

Hans Christian Andersen lässt den Sandmann in seinem gleichnamigen Märchen einen Regenschirm mitbringen – eine Sandmännchen-Angewohnheit, die in vielen schwedischen Zeichnungen festgehalten ist. Andersens Sandmann streut den Kindern so viel feinen Sand in die Augen, bis sie sie nicht mehr aufhalten können. Deshalb können sie ihn auch nicht sehen. Sobald sie in süßen Schlummer gefallen sind, spannt er seinen Schirm, der voller hübscher Bilder ist, über ihnen auf und lässt sie die schönsten Träume durchleben, und dabei erzählt er ihnen spannende Geschichten.

Es gibt noch andere kleine Geister, die Menschen Sand in die Augen streuen – aus anderem Grund. Die Erdmännchen mochten es gar nicht, dass ein Mann, dem sie beim Sprengen von Steinen behilflich waren, sie seinem Freund vorführen wollte, und so warfen sie dem Ärmsten kurzerhand eine Ladung Sand in die Augen. Jemandem Sand in die Augen zu streuen, macht ihn blind, und es blockiert sein Vermögen der Ein-Sicht. Doch das sind Ausnahmen.

Wer einmal das Sandmännchen gesehen hat, das seit dem 22. November 1959 im Ostfernsehen läuft und die Maueröffnung überlebt hat – sein Erfinder ist Gerhard Behrendt –, weiß, welche Faszination der kleine Sandmann vielleicht nicht nur auf Kinder ausübt.

Der Sandmann kommt, der Sandmann kommt,
Der Sandmann ist schon da!
Er hat gar schönen weißen Sand,
Ist allen Leuten wohl bekannt,
Der Sandmann ist schon da!
SCHLESISCHER KINDERREIM

VII.
St. Nikolaus und der Weihnachtszwerg

Das ist das Weihnachtsleben,
dass wir aus allem Dunkel in uns und um uns
hinaufsehen in das Licht, das droben ist,
das uns aufgegangen ist durch die herzliche Barmherzigkeit Gottes.
FRIEDRICH VON BODELSCHWINGH

167: Winters Einzug. Aus einem alten Weihnachtsbuch.

Welches Kind hat sich nicht ein wenig gefürchtet, wenn in der Nacht zum 6. Dezember der Nikolaus oder Knecht Ruprecht mit schweren Schritten ins Haus gestapft kam, um mit seinen Gaben die Stiefel zu füllen, die vor der Tür bereitgestellt wurden? „Von drauß, vom Walde komm ich her; ich muss euch sagen, es weihnachtet sehr!", erzählt der Alte und bringt „Äpfel, Nüss' und Mandelkern", aber wenn nötig auch mal eine Rute: „Nun sprecht, wie ich's hierinnen find! Sind's gute Kind, sind's böse Kind?" (Theodor Storm).

168: Der Nikolaus kommt. Aus einem alten Weihnachtsbuch.

Wer ist der nächtliche Besucher? Genau genommen sind es mehrere Heilige, die Nikolaus Pate standen: der Bischof Nikolaus von Myra (ca. 270 - ca. 342), der Abt Nikolaus von Sion (6. Jhdt.) und weitere Namensbrüder. Sankt Nikolaus ist der Schutzheilige der Kinder. Allerlei Geschichten kursieren von ihm. So soll er auch drei von einem Gastwirt ermordete Schüler ins Leben zurückgeholt haben. Stets verteidigt er das Gute. In der Nacht zum Nikolaustag (zuerst im 17. Jhdt.) zieht er von Haus zu Haus, um sicherzustellen, dass die Kleinen ihre Sache gut machen, und um sie zu belohnen oder andernfalls zu bestrafen. Einige Spuren des Nikolaus führen sehr weit zurück, zu einem Wassergeist, dem ältesten Wassergeist überhaupt, mit Namen Nichus. Nichus ist verwandt mit dem Flussgeist

Neck oder Nix, von dem der Neckar seinen Namen hat, mit dem niederländischen Nicker (oder Necker) und dem schwedischen Näck. Nikolaus sollte auch Wodan als Nikudr ersetzen, und Odins Name Nikuz mag ebenso auf einen Wassergott hindeuten. Das erklärte die Vorstellung von Nikolaus als Schimmelreiter. Auch Odin ritt mit seinem Hengst Sleipnir über Wolken und Wellen. Nikolaus gilt weiter als Schutzheiliger der Schiffer.

An seiner Seite hat Nikolaus einen treuen Knecht oder statt dessen einen Bock oder eine Habergeiß (Hafergeiß). In Schweden bastelt man daher einen Weihnachtsbock (Julbok) aus Stroh. Knecht Ruprecht heißt der Begleiter, der mit seinen stampfenden Schritten vielen einen Schrecken einjagt. Er hat eine lange Tradition, die ebenfalls ins Geisterreich weist, ist er doch Nachfolger des kleinen Hausgeistes Ruprecht oder Robin, eines Koboldes vom Typ Hobgoblin, den wir aus Shakespeares *Mittsommernachtstraum* als Puck oder Robin Goodfellow kennen. Ruprecht hat, wie alle Hausgeister, im Zuge des Christentums das Schicksal ereilt, in der Schublade der Teufel zu landen. Ihm schiebt man die Verantwortung zu für das Rumoren und die Bestrafung der Kinder.

169: Die deutsche Backform für Spekulatius zeigt den heiligen Nikolaus hoch zu Ross.

Als eine gelungene Mischung aus Nikolaus und Knecht Ruprecht wird der Weihnachtsmann heute erlebt. Er holt am Heiligen Abend seine Geschenke aus dem Sack und droht nur höchst selten mit seiner Rute.

Weihnachten ist die Zeit der Geister. So war es in Charles Dickens' England

(*Christmas carols*) und im alten Deutschland. Nun ist es für die Zwerge, Erdmännchen und Wichtelmännchen an der Zeit, aus ihren Verstecken hervorzukriechen. Weihnachtliche Märchen, Sagen und Geschichten wissen das und erzählen von Tannenzapfen, die sich in Männlein verwandeln, einer Puppe, die lebendig wird, einem Wanderzwerg, der an die Fenster klopft, Bd.2), von Schneefräulein, Venediger Mandln und vielen anderen Zwerggeistern.

170: So stellen wir uns seit über 150 Jahren den Weihnachtsmann vor. Moritz von Schwind, Wien und München: Herr Winter. 1847.

Der schwedische Weihnachtsmann ist kleiner als der deutsche. Der Jultomte ist ein uralter Zwerg (zu *jul*, Weihnachtsfest, und *tomte*, Zwerg), umgeben von einem Gewusel winziger Zwergen-Mitarbeiter. Wer die Advents- und Weihnachtszeit in Schweden miterlebt hat, weiß, dass sich die Zwerge, die nun zum Vorschein kommen, nicht mehr zählen lassen. In dieser festlichen Zeit wimmelt es von Zwergen, wenn auch handgefertigten. Sie sind in tausendfachen, oft hübschen Variationen zu erwerben. Auch der Vätte, der kleine Wicht, hat Hochsaison und wird als Julvätte, als Weihnachtswicht, auf den Märkten angeboten.

171: Eugen Siebert: Der Weihnachtsaufzug. Holzschnitt. Deutscher Jugendkalender, 1848.

Zwerge sind in Schweden besonders in der dunklen Winterzeit in ihrem Element. Man kann kaum irgendwo hinsehen, ohne dabei einen Tomte im Blickfeld zu haben. Die Tomtar tragen überwiegend Rot und Grau, haben knollige, vor Kälte gerötete Nasen, einen langen, wuscheligen Weißbart oder Graubart, und auf ihrem Köpfchen thront eine hohes, spitz zulaufendes Mützchen, unter dem verschmitzt die Äuglein hervorlugen. Wenn es ein Gesetz der Anziehungskraft zwischen Ähnlichem und Ähnlichem gibt, wäre zu erwarten, dass es so viele echte wie unechte Zwerge gibt. Doch wer zieht wen an? Das nordische Julfest, in dem viel Heidnisches weiterlebt, ist wie eine harmlose Geisterbeschwörung, ein spielerischer Umgang mit den Naturkräften, den Zwergen. Die Abwesenheit des Lichtes fordert es heraus. In der Mittwinternacht, vom 21. zum 22. Dezember, steigt die Sonne wieder neu auf. Sie wird neugeboren, wie der deutsche Physiker Theodor W. Hänsch in seiner Rede bei der Entgegennahme des Nobelpreises im Bereich Optik betont. Das alte Julfest im Norden ist ein Freudenfest für die wiederkehrende Sonne, für das Licht, das von diesem Zeitpunkt an von Tag zu Tag heller und länger strahlt. Die lange schwedische Mittwinternacht ist unheimlich finster und verlangt nach Lichterglanz, den man mit vielen Kerzen in Häusern, Gärten und auf den Straßen erzeugt. Auch in Deutschland wird der Winter, mit seinem Tiefpunkt zu Weihnachten, von Kerzen überstrahlt. Niedliche Engelchen halten Kerzen, und selbst die Zwerge tragen winzige Laternchen in ihren Händchen.

In Schweden kommt nun der Weihnachtszwerg zum Zug, ein guter Geist, der ein Herz und eine Seele hat.

Hier genießen die Zwerge noch Ansehen, und die Natur präsentiert sich in voller Pracht. In der Weite und Stille des Landes schwingen zarte Klänge mit, die wir kaum erlauschen können. Stille öffnet das Tor zu anderen Welten. Das Kleine Volk ist in der Stille zu Hause, und so sinnt und träumt der weise Tomte aus Viktor Rydbergs Gedicht leise vor sich hin:

*172: Thorvald Rasmussen, Schweden:
Illustration zu Viktor Rydbergs Gedicht*
Tomten. *1909.*

DER TOMTE

Mittwinters Nacht so eisig und scharf,
Es knistern und funkeln die Sterne.
Auf einsamen Höfen liegt alles im Schlaf
um Mitternacht wohlig in Wärme.
Es wandert der Mond in schweigenden Bahnen,
Der Schnee leuchtet weiß auf Föhren und Tannen,
Der Schnee leuchtet weiß auf dem Dach,
Allein der Tomte ist wach.

[...]

Still ist der Wald und alles ringsum,
Das Leben dort draußen gefroren,
Von fern ein Ton durch des Wassers Strom
Ganz sachte dringt in die Ohren.
Es lauscht der Zwerg und halb im Traum
Den Zeitstrom kann hören er im Raum,
Wundernd, wes Weges er ziehen will,
Wundernd, wo sein Quell'.

Mittwinters Nacht so eisig und scharf,
Es knistern und funkeln die Sterne.
Auf einsamen Höfen liegt alles im Schlaf
bis zum Morgen geborgen in Wärme.
Der Mond versinkt in schweigenden Bahnen,
Der Schnee leuchtet weiß auf Föhren und Tannen,
Der Schnee leuchtet weiß auf dem Dach,
Allein der Tomte ist wach.

VIKTOR RYDBERG, TOMTEN (DER ZWERG). 1881. AUSZUG,
ÜBERSETZT VON A. PUHLE

Auch in Deutschland sind die Zwerge zu Weihnachten tatkräftig im Einsatz, wenn auch mehr in Kunst und Literatur, auf Adventskalendern und in Bilderbüchern als in den lebendigen Erfahrungen der Menschen. Wir erinnern uns vielleicht an die schnuckeligen Geschöpfe von Fritz Baumgarten und Erich Heinemann: Das Wiesenmännlein bereitet seinen Freunden alljährlich am Christabend eine schöne Feier mit guten Gaben. Dafür wird ein Tannenbäumchen mit Brezeln, Sternen, Herzen und Kringeln aus Lebkuchen geschmückt, und alle Tierchen aus der Wald- und Wiesennachbarschaft, seien es Mäuschen, Meislein, Rotkehlchen oder andere freundliche Wesen, finden sich ein und werden mit hübschen Geschenken bedacht – so klingt das Märchen vom *Gasthaus Zur Sonne* (1955) friedlich aus.

173: Fritz Baumgarten: Illustration zum: Gasthaus Zur Sonne, *1955.*

VIII

Verteufelte Geisterwelt:
Vom Gütel zum Plagegeist

Das Verständnis reicht oft viel weiter als der Verstand.
MARIE VON EBNER-ESCHENBACH

Verflixt kann es werden, wenn einer sich ins Geisterland begibt, der die Geister nicht kennt und nicht trennt, schwarz von weiß nicht unterscheidet. Wer sich mit den dunklen Seiten des Lebens nicht vertraut gemacht, seine eigenen Schattenseiten nicht kennengelernt und den rechten Umgang mit ihnen noch nicht gefunden hat, kann mit unliebsamen Überraschungen rechnen, wenn er die Black Box der Geister öffnet. Dann springt der lebendig begrabene Kobold aus seiner Schatulle, übermütig und mit funkensprühenden Feueraugen, „kohlenschwarzem Gesicht, Bockshörnern und Pferdefüßen", dann ist der Teufel los. In diesem Kontext kann das Phänomen „Poltergeist" entstehen, ein Seelenspuk, sei es von lebenden Menschen oder verstorbenen. Vom regelmäßigen Umgang mit kleinen Geistern, wie mit Kleingeistern, ist abzuraten, es sei denn, jemand ist mit Geisterphänomenen vertraut und weiß, woher der Wind weht. Ein ahnungsloser Thüringer Wirt, der in den Keller ging, um Bier zu zapfen, traf dort eine Schar Wichtelmänner an, die aus einen unterirdischen Gang aus dem Hörseelberg gekommen sein müssen. Ihr Anblick verschlug ihm ein für allemal die Sprache.

Im alten Norden unterschied man die Lichtalben von den Dunkelalben und Schwarzalben (siehe I.1). Die hellen Alben waren schön anzusehen, liebliche Gestalten, die den Umgang mit Menschen liebten und sich als ihre Wohltäter erwiesen. Doch mit den schwarzen Alben kam das Böse ins Spiel. Sie waren so böse wie sie aussahen, hatten einen unausstehlichen Charakter, waren heimtückisch und schadenfroh.

Alben wie auch Wichte waren ursprünglich keine bösen Kreaturen. Sie konnten wunderliche Menschen oder Geister sein, männliche wie weibliche. Erst in späterer Zeit wurde der Wicht zum Bösewicht, und aus dem neutralen Wesen entstand ein unangenehmer Kerl, ein elender Wicht. Mit der Verkleinerungsform „Wichtlein" sind niemals Menschen, sondern kleine Geister gemeint. Im Schwedischen erinnert der Vätte im positiven Sinn an das Wichtlein. Ganz wie bei Menschen weiß man auch bei kleinen Geistern nie, woran man ist, wie gut oder böse sie sind. Manche unterirdischen Geister können richtig bösartig sein. Einmal verfolgten sie einen Mann und stahlen seinen Schimmel. Selbst in die Bergmännlein kann der Teufel fahren und sie sich dienstbar machen (Paracelsus, *Liber de nymphis*, Tractatus III). Man beleidige daher nie ein Bergmännlein an seinem Wohnort, seinem Berg, sonst ist man genau dort verloren.

Der Bilwis (*pilwis*) war ursprünglich mit göttlichen, elbischen Wesen verwandt. Erst später wurde er berühmt für den unseligen Bilwisschnitt, den er im Getreidefeld anrichtet, und wird im *Ackermann von Böhmen* mit einer Hexe gleichgesetzt. Ähnlich spielte die Roggenmuhme anfangs eine mütterlich-wohltuende Rolle und galt als eine Spindel und Acker schützende Göttin, bis auch sie zu einer gefürchteten Geisterdame degradierte, die in den Roggenfeldern umging.

Eine besonders unschöne Variante der Plagegeister bildet der Geistertypus Aufhocker. Dies können kleine Geister sein, die am Wegesrand, an Kreuzungen oder auf Brücken den Passanten auflauern und ihnen auf den Rücken springen. Der Alp dagegen hockt sich auf die Brust der Schlafenden und sieht sich seine Opfer lieber von vorne an.

174: Scherenschnitt von Karl Krauß: Huckauf.

Dem Lindigsfrauchen vom Lindigsschloss war es sicher nicht klar, wohin ihr Umgang mit dem Kleinen Volk noch führen würde, liebte sie es doch, mit Nixen, Geistern der Berge und süßen Wichtlein zu spielen. Auch die Ehe mit dem Grafen von Brandenburg konnte ihr den Hang zur Geisterwelt nicht austreiben. Das Resultat waren der Verlust ihres einzigen Sohnes an eine befreundete Werra-Nixe und ihr eigener frühzeitiger Tod, so dass sie selbst zum Geist wurde, zum Plagegeist. Sie lauerte bei ihrem früheren Schloss Wanderern auf, hockte sich auf ihren Rücken und fiel ihnen zur Last.

Christlich geprägte Sagen weisen eine Ähnlichkeit zwischen Zwergen und Teufeln auf. Sie sagen, dass manche Engel, die Anhänger Luzifers waren und deshalb aus dem Himmel geworfen wurden, nicht in der Hölle gelandet seien, sondern auf dem Weg dorthin in den Bergen und Bäumen hängenblieben. Dies geschah aus Gunst, weil sie nicht ganz so böse waren wie die anderen Engel. Die gefallenen Engel wurden nicht etwa zu Teufeln, sondern zu Erdleutlein. Zwerge nehmen – im Gegensatz zum Kobold – nicht ganz Teufelscharakter an. Sie begnügen sich mit Rache, wenn sie beleidigt und in Rage gebracht werden. Sie haben allemal das Potenzial, Menschen zu schaden oder zu helfen. Doch obwohl sie die Nähe der Menschen suchen, scheuen sie sich vor ihnen, da sie ihnen körperlich nicht gewachsen sind. Sie können eine starke Abneigung gegen Menschen entwickeln. Die menschliche Kultur ist ihnen als Naturkindern ein Gräuel, da sie ihren natürlichen Lebensbereich zerstört, wie das Bestellen von Feldern auf Zwergenland, das Bebauen ihrer Gründe und Anlegen von Schachten in ihren Bergen. Als heidnischen Geistern ist ihnen notgedrungen das sich mehr und mehr durchsetzende Christentum ein Dorn im Auge. Wenn Menschen keinen Respekt gegenüber dem Kleinen Volk zeigen, reagieren die Zwerge mit Unmut und Feindschaft. Daher rühren die unzähligen Geschichten von den Späßchen und Neckereien der Zwerge und Kobolde, die leicht über das Ziel hinausschießen und Schaden anrichten. Das den unterirdischen Geistern anhaftende Böse wird vom neuen Glauben, bildlich gesehen, unter-drückt: Es wird in die Erde, in die Wurzeln, verbannt. Nach alter Weisheit im Märchen liegt es aber in der Erde nur verborgen, bis die Zeit reif ist, dass es ans Licht vordringen kann.

Die Waffen der Geister sind nicht nur Albschuss und Hexenschuss. Zwerge haben etliche üble Tricks auf Lager, die das Leben zur Hölle machen können: Ihre magischen Künste, Wutausbrüche, Poltergeist-Allüren, nächtlichen Touren als Alpgeister, Entführungen und ihre Vorliebe, schöne Babys mit eigenen missgestalteten Exemplaren zu vertauschen. Zu ihren besten Waffen zählt ihre

Kunst, sich jederzeit unsichtbar machen zu können, sofern sie im Besitz von Nebelkappen oder Tarnmänteln sind.

Oft reicht die Nähe zu Zwergen aus, um in Gefahr zu geraten, denn allein durch ihren Blick, Atemhauch und ihre Berührung, die leicht in einen Schlag ausartet, können sie Menschen gewaltigen Schaden zufügen. Aus dem Blick eines Elben strahlt magische Kraft, der Elbe kann „entsehen", wie ein altes Wort lautet. Ebenso ist der Elbenhauch bekannt für seine Zauberkraft. Der Anhauch eines Zwerges kann Mensch und Tier den Tod bringen, und sein Schlag lähmt Körper und Geist. Wie alle Geister (Das Wort Geist gehört zu lateinisch *spirare*, „hauchen"), sind Zwerge „wehende, blasende Wesen", und wir hörten schon von den vier nordischen Zwergen Austri, Vestri, Norðri und Suðri, welche die vier Winde aus den vier Himmelsrichtungen bezeichnen (II.1). Vindâlfr ist namentlich ein altnordischer Windelbe, Blaserle ein deutscher Hausgeist, während der Zephyr, der auch einen altfranzösischen Alb meint, in seinem Namen seine Natur als Windgeist erkennen lässt.

VIII.1 Entführungen

Von guten Mächten
wunderbar geborgen
erwarten wir getrost,
was kommen mag.
DIETRICH BONHOEFFER

175: Arthur Rackham (1867-1939), England: Die kleinen Leute werfen einen verstohlenen Blick auf das Baby.

So wohl das Elbenvolk den Menschen auch gesonnen sein mag, Elbinnen lieben schöne Jünglinge, und Zwergenmänner sind hinter hübschen jungen Frauen her und benutzen ihre Elbentricks, um ans Ziel zu gelangen. Auch kleine Kinder sind begehrte Objekte für Entführungen. In Schlesien sollten sich die Kinder besonders vor dem Graumännel in Acht nehmen, falls sie nach dem abendlichen Glockenläuten noch etwas besorgen mussten. Das Geistermännchen griff schnell mal zu und nahm sie mit sich fort. Zwerge sind nicht nur an Menschenkindern interessiert, sondern entführen auch Erwachsene in ihre Geisterberg-Welt. Entführungen in die Berge stehen bei Zwergen auf der Tagesordnung. Der Zwergenkönig Laurin holte sich die schöne Similt in seinen Berg, und König Goldemar oder Vollmar entführte eine Königstochter, lässt uns die Deutsche Heldensage wissen. Dietrich von Bern verschwand ebenfalls von Zwergenhand, und wer weiß, ob er nicht wie Tannhäuser oder der getreue Eckhart in einen Berg entführt wurde, in dem Frau Venus residiert. Diese zauberische Geisterfrau ist wohl Nachfolgerin einer Elbenkönigin oder der Göttinnen Holda und Frikka, und wir hören von ihr seit dem 15. Jahrhundert.

176: Henry Justice Ford, England: Das kleine Volk geht mit der Bauersfrau davon. Illustration zu einem irischen Märchen aus Langs Lilac Fairy Book, 1910.

Es gibt eine kaum zählbare Reihe von Geschichten und Sagen ähnlichen Inhaltes. Im Mecklenburgischen Örtchen Sülsdorf war vor mehr als hundert Jahren eine Bauersfrau verschwunden, und das Gerücht ging um, sie sei von Unterirdischen in die Berge verschleppt worden. Viele Jahre später sah der Ehemann eine Frau mit einem unterirdischen Kind auf dem Schoß am Fuße eines Berges sitzen. Sie sang ein Schlaflied, und an ihrer schönen Stimme erkannte er sie als seine Frau. Er nahm sie gegen ihren Wunsch wieder mit nach Hause, wo sie bald verstarb.

Von Berggeistern kursierten in alten Zeiten viele Geschichten. Vor allem Bergarbeiter gerieten leicht in ihre Fänge. In Clausthal gab es einen Schacht, in dem ein kleines, weiß gekleidetes Männchen mit einem Licht in der Hand einem Bergmann zuwinkte, ihm zu folgen. Der Bergmann folgte ihm in einen Saal im Berginneren, wo lauter Bergoffizianten munter zechten. Der kleine Berggeist führte den Bergmann zurück ans Tageslicht, gab ihm eine Goldzacke in die Hand und bat ihn, ihm zu sagen, wenn jemand versuchte, ihm die Zacke wegzunehmen. Der Bergmann versprach es; doch in der Oberwelt kannte ihn kein Mensch. Erst im Kirchenbuch konnte ihn ein Prediger identifizieren: Drei Generationen waren seit seinem Besuch im Berg vergangen. Der oberste Bergoffiziant hörte von der Sache, eignete sich die goldene Zacke an, woraufhin der Bergmann dem Berggeist Bescheid gab, der herbeieilte und dem Dieb den Hals umdrehte. Die Zacke bekam der Bergmann vom Geist zurück und hatte damit für den Rest seines Lebens ausgesorgt.

177: Eine Zeitreise. Arthur Rackham, England: Rip van Winkle's Sleep. 1905.

Entführungen geschehen nicht nur aus Freude oder Liebeslust, sondern mitunter aus tiefer Not heraus. So holte ein Männlein mit einer Laterne eine Adlige aus dem holsteinischen Geschlecht der von Ranzau in den Berg, wo sie eine Frau heilen sollte, und ein wunderschönes Frauchen erschien einer Gräfin aus dänischem Hause und nahm sie mit in ihr unterirdisches Reich, wo sie der Königin bei der Geburt helfen sollte.

Die endlose Dauer der Entführung und anschließende Veränderung der vertrauten Umwelt sind der Grund, warum von Bergschlaf, Entrückung oder Bergentrückten gesprochen wird. Was geschieht mit den Menschen während ihrer Entführung? Mit welchem unbekannten Reich machen sie Bekanntschaft? Sind es aus dem Unbewussten aufsteigende Inhalte, die als eindrucksvolle Bilder bewusst zur Kenntnis genommen werden wollen? Sind Zwerge innerseelische Vorgänge oder führen sie eine vom Menschen unabhängige Existenz, sei es als Seelen der Verstorbenen oder als eigenständige Geschöpfe, gefallene Halbgötter oder Engel? Sind sie Erscheinungen einer blühenden Phantasie, eines verwirrten Geistes, Fehler der Wahrnehmung oder etwas ganz anderes? Vielleicht sind sie mal dies, mal das, doch feststeht: Unsere Realität ist nicht das, was wir denken. Sie ist nicht zuverlässig und stabil, wie wir hoffen. Sie ist nicht die einzig wahre und richtige Welt, wie wir glauben. Doch es gibt eine Wahrheit, die seit Beginn der Philosophie im Morgenland wie im Abendland erfasst worden ist und die heute in der Physik, der exaktesten aller Wissenschaften, durchschimmert, und das ist die Verwobenheit von allem mit allem, von Bewusstsein und Bewusstsein, von Ereignis und Ereignis. Die Zwergenwelt gehört nun einmal dazu, wenn wir sie auch in ein noch so fernes Märchen-Reich verschieben.

178: Schneewittchen. Alte Bild-Postkarte. – Zwerge sind Bewohner der Märchenwelt.

VIII.2 Wechselbälge

Die Dummheit findet an sich selbst Behagen,
die Weisheit kann nie genug erfragen.
MECHTHILD VON MAGDEBURG

Menschenkinder sind etwas ganz Besonderes, nicht nur aus Sicht der glücklichen Eltern, sondern auch aus der Zwergen-Perspektive. Die Zwergenfinger werden in der Nähe von neugeborenen Kindern gerne lang. Mit etwas Glück geht die Sache gut aus, wie im Fall der Bäuerin aus Lanken bei Parchim, wo die Zwergenfrau, die ihr Kind aus dem Bett wegziehen wollte, verschwand, als das Licht angemacht wurde (Bericht von dem Gymnasiasten Behm aus Parchim). Meistens aber gehen Zwergen-Besuche dieser Art nicht gut aus. Das Kind verschwindet, und was bleibt, ist nicht etwa ein leeres Bettchen, sondern ein unförmiges, hässliches Zwergen-Etwas, ein Wechselbalg. Schon nach altem heidnischen Glauben ist das neugeborene Kind schutzbedürftig und muss vor schädlichen Geistern behütet werden. Der Grund liegt in der Annahme, die Verbindung von Geist und Seele sei noch nicht fest genug, und es bestehe deshalb die Möglichkeit, dass die Seele entführt wird. Erst mit der Wasserbegießung und Namengebung, der *humi positio*, wird der neue Mensch vollkommen.

„Schönes Kind von Dämon geraubt", hätte wohl die entsprechende Schlagzeile der Boulevard-Presse in früheren Jahrhunderten gelautet. Die Vorstellung, ein gesundes, wohlgestaltetes Kind könne durch einen Dämon geraubt werden, war weltweit verbreitet. In Deutschland sind es vor allem kleine Geister, wie Zwerge, Wichtel, Erdmännchen und Unterirdische, aber auch Nixen, die niedliche

Menschenkinder mitgehen lassen und mit einem von ihren eigenen unschönen Exemplaren austauschen. Mittagsfrauen, Korndämonen, Hexen oder böse Frauen stehlen ebenso Kinder, können sie aber nicht mit den eigenen vertauschen, da sie nicht in einem Volk oder Familienverband leben und keine eigenen Kinder haben. Auch sind sie nicht so klein und missraten wie die zwergenartigen Geister. Doch es gibt eine Reihe anderer kleiner Geister, die mit Vorliebe

179: Illustration von Jule Ehlers-Juhle, 1981.

Kinder rauben, wie die in Niederdeutschland bekannten Schinonten (Ihr Name ist vielleicht mit dem Wort „Schönaunken" für Zwerge verwandt.) oder die schlesischen Fenixmännchen, Fengsmannlan, Fenichsmannla, Fähnskedinger, Fängsweibchen, Fenisweibchen und Venusweibchen. In Schlesien und Böhmen bringt auch der Alp einen Wechselbolka, und in Hessen vertauscht der Bilwis seine Kinder mit hübschen Menschenkindern. Das schlaue Kerlchen erledigt dieses eigennützige Geschäft noch schnell in der Zeit vor der

Kindstaufe und hockt dann gemütlich hinterm warmen Ofen und hütet die Biwitzerchen. Die Walpurgisnacht ist ideal für die Ausfahrten der Pülewesen, wie die Bilwisse auch genannt werden, und der Wechselbalg verplaudert sich schon mal und lässt uns wissen, er wäre ein Büleweesse, wie es in Jacob Grimms *Mythologie* heißt.

In Island liefern die Elben, das verborgene Volk, das Huldufolk oder die Huldukona, das unerwünschte Ding, den *umskiptingar*, in Holland ist es die Mahr, in der Bretagne der Korr oder die Korrigan, während aus den keltischen Mythen ein kleiner Feengeist namens Dusius bekannt ist, eine Art Faun oder Satyr, der Kinder raubt. Vor allem sind es die *fairies*, die sich ein Menschenkind auserkiesen und einen schnöden *changeling* hinterlassen, und sie bringen auch sonst Krankheit über die Menschen, weshalb man von Kranken manchmal sagt, sie seien *fairy struck*, von der Fee getroffen; oder von der Fee mit Lähmung geschlagen, wie Thomas Keightley in seinem Gnomen-Klassiker von 1828 erläutert. Das erinnert unweigerlich an den Lähmungszustand, der bei allen Menschen während des Tiefschlafes auftritt und gelegentlich länger anhalten und bewusst werden kann. In diesem Zustand kann der Träumende nicht einfach weglaufen.

Wechselbalg-Sagen sind aus vielen Ländern bekannt, auch aus Schottland und Dänemark. Wer in Irland seltsame Pfeifentöne von einem Dudelsack, einer Sackpfeife, vernimmt, sei auf der Hut und beginne nicht etwa zu tanzen – die Töne könnten von einem Wechselbalg-Pfeifchen stammen.

180: John D. Batten (1860-1932), England:
Ein kleiner Mann spielt Dudelsack, 1892.

Aus ärztlicher Sicht stecken die ersten Jahre im Leben eines Kindes voller Gefahren und können allerlei unliebsame Überraschungen mit sich bringen, wie Krankheiten und Missbildungen. Ist kein Grund für die Entwicklungsstörungen oder Deformierungen zu erkennen und bleibt die Ursache ein Geheimnis, kommen die Geister und Dämonen ins Spiel. Sie wurden im Zweifelsfall für den Schaden verantwortlich gemacht, darüber war man sich auf dem Erdball einig. In Deutschland wurde oft den Wichtelmännern die Schuld an Krankheiten in die Schuhe geschoben und ein Rezept gegen den Wechselbalg mitgeliefert: Man trage den Wechselbalg in die Küche, setze ihn auf den Herd, zünde das Feuer an und koche in Eierschalen Wasser. Das bringe ihn zum Lachen, was sein Ende bedeute. In einem Fall liefen dann lauter Wichtelmännerchen herbei und tauschten die Kinder wieder zurück. Diese Sage ging in ganz Nordeuropa um: In Dänemark, Schweden, Norwegen und Island, in England und in den keltischen Ländern Irland, Schottland, Wales, Cornwall und auf der Isle of Man. Auch in slawischen Ländern taucht sie auf, und zwar dort, wo Berührungen mit germanischen Völkern stattfanden. Innerhalb Deutschlands war sie besonders in Nieder- und Mitteldeutschland wie in den östlichen Gebieten lebendig, und von hundert Wechselbalg-Sagen spielen rund fünfundsiebzig in Norddeutschland. Eine Sage weiß von einem Bauerngehöft in Norddeutschland, wo sämtliche Kinder von Unterirdischen ausgetauscht wurden, d.h. alle waren Kretins, und nur ein Sohn war groß und schön. Auch in vielen Sagen aus Waldeck und Hessen-Nassau wird von Wichteln erzählt, die kleine Kinder stehlen und austauschen, sei es vom Feld weg oder aus der Wiege. Doch es kann vorkommen, dass die Wichtel ein Kindlein auch mal zurückgeben. Die Sagen erzählen von kleinen Menschen, die nur vier bis fünf Fuß groß wurden. Sie hießen ausgerechnet Hühnen, ähnlich wie die riesigen Hünen in Westfalen; und sie hatten ebenfalls die unschöne Angewohnheit, Kinder zu entwenden. Weiter gingen in Waldeck auch die Hollen und Hollinnen um und waren auf Kinderraub aus. Daher legten Mütter, die ein kränkelndes Kind hatten, gerne Brot und Wolle unter einen Wacholderbusch, der zu einem fremden Feld gehörte, begleitet von einem weisen Spruch.

Das Aussehen des vertauschten Kindes lässt zu wünschen übrig: Es ist klein und hässlich, hat einen dicken Kopf, wenn nicht gar einen Wasserkopf, und auffallend kleine Hände. Vom Wasserkopf weiß man in Thüringen und in Siebenbürgen. Oder der Wechselbalg ist derartig verunstaltet, dass er gar nicht auf die Beine kommen kann. (So wird es von dem wendischen Pschemenk gesagt. Manchmal wird von seinem fahlen Gesicht gesprochen, was Hinweis auf seine elbische Herkunft ist; und es heißt, das Gesicht des Unholds sei so bleich wie Bast und so fahl wie Asche.

Thor bekommt Ähnliches zu hören, wenn er den allwissenden Zwerg Alvíss, der behauptet, er habe alle neun Himmel durchmessen und wisse um alle Wesen, nach seiner Herkunft befragt: „Wer bist du, Bursch? Wie so bleich um die Nase? Hast Du bei Leichen gelegen?"

Zu dem unschönen Erscheinungsbild des Wechselbalges kommt als weiteres Zeichen, dass es sich um ein Alfskind handelt, permanentes Schreien sowie die Tatsache, dass er nicht sprechen lernt, bis zum sechsten Lebensjahr nicht stehen kann, geistig verkümmert und als Achtjähriger ein elendes Ende nimmt. Wunderlich ist sein Charakter: Beim Essen und Trinken kennt er kein Maß; vier oder fünf Mütter genügen ihm nicht (laut *Hexenhammer*), und in fortgeschrittenem Alter entwickelt er einen gesegneten Appetit, der für zehn Kinder reicht. Dementsprechend stark, ja übernatürlich, sind seine physischen Kräfte. Man geht diesem Kraftbolzen am besten aus dem Weg. Mal ist der Wechselbalg heimtückisch, mal gutmütig, und keiner weiß, woran er mit ihm ist. Zu allem Überfluss kann sich das kleine Monster auch noch in vielerlei Gestalten verwandeln. Unterirdische Dickköpfe trieben auch in den Bergen zwischen Heiligensee und dem Tegelersee, die heute zu Berlin gehören, ihre Unarten und tauschten Kinder aus, bis sie sich gegen Bezahlung über die Havel setzen ließen und nie mehr wiederkamen.

181: John D. Batten, England: Twin changelings (Zwilling-Wechselbälge). Illustration zu dem keltischen Märchen Brewery of Eggshells, *1892.*

Ein niederträchtiger Trick der Kinder vertauschenden Dämonen ist das Dazulegen eines zweiten Babys, das zu diesem Zeitpunkt dem geraubten Kind ähnlich sieht. Greift die Mutter aus Versehen nach dem Wechselbalg, so wird ihr flugs das eigene Kind entwendet; nimmt sie aber ihr eigenes Kind in den Arm, so bleibt dem Dämon nichts weiter übrig, als mit seinem Balg davonzuziehen. Manchmal legen die Geister gleich zwei fremde Kinder ins Bettchen. Wenn die Mutter eines herausnimmt, verschwinden die beiden anderen. Es hängt also vom Mutterinstinkt ab, ob sie ihr eigenes Baby erkennt. Gewagt wie erfolgreich ist die Methode eines Edelmannes, den Wechselbalg hungern zu lassen. Als 1662 in der Nähe von Saalfeld, in der Mark Brandenburg, während der Ernte eine Bäuerin ihr Kind mit auf das Feld genommen und an der Seite auf den Boden gelegt hatte, tauschte es eine Roggenmutter mit einem Wechselbalg aus. Die Mutter ließ ihn auf Anraten des Edelmannes hungern und schreien, bis die Roggenmutter zurückkam, ihr Kind nahm und das richtige wieder hinlegte. Auch nach wendischer Erfahrung hilft die Methode des Nicht-Beachtens und Schreien-Lassens. Eine Frau aus der Umgebung von Breslau machte eine ähnliche Erfahrung auf dem Feld, wohin sie ihr Kleines mitgenommen hatte: Ihr Kindchen wurde in einen Wechselbalg umgetauscht, doch hier war kein Ratgeber zur Stelle. Auch im schlesischen Bersdorf bei Jauer wurde eine Wechselbalg-Episode bekannt. Hier fand eine Mutter am Morgen ein entstelltes Kind in der „Ofenhelle" vor, während ihr eigenes Kind verschwunden war.

Was tat man noch mit einem Wechselbalg? Nach Görlitzer Sitte durfte man das ausgetauschte Kindlein um Himmels willen nicht anfassen, sondern man sollte die Wiege umkippen, bis das arme Kind herausplumpste, und es mit einem alten Besen vor die Tür kehren. Dann kamen angeblich die Zwerge und brachten das echte Baby zurück. Es gibt allerlei weitere Anweisungen, wie man sich helfen konnte. Bei folgendem Rezept ist es ratsam, auf Nummer Sicher zu gehen und sich zu vergewissern, dass es sich wirklich um ein fremdes Baby handelt: Man peitsche das arme Ding mit einer einjährigen Haselrute tüchtig aus, dann kommt das echte Kind wieder, wenn es auch, wen wundert es?, grün und blau geschlagen aussieht. Eine sanftere, allerdings nicht immer erfolgreiche Methode wäre es, den Wechselbalg zum Lachen zu bringen. Ein altbewährtes mecklenburgisches Rezept empfiehlt das Bierbrauen in einer Eierschale. Das bringt den Wechselbalg zum Lachen oder Reden, und man bekommt das echte Kind wieder zurück. In Litauen machte man kurzen Prozess: Von den litauischen Heinzelmännchen, den Kauken (der Kaūkas oder Kaukùtis ist ein kleiner Erd- und Hausgeist, ein Zwerg), heißt es, man brüte sie aus oder sie seien ungetaufte Kinder, denen die Augen aus dem Gesicht platzen; deshalb sei es am besten, ihnen sofort den Hals umzudrehen.

Alfen hatten es nicht immer nur auf einen Tausch der Kinder

abgesehen. Hat eine Alfsfrä, wie sie in Siebenbürgen heißt, gleichzeitig mit einer Wöchnerin ein Kind zur Welt gebracht, versucht sie nicht nur, ihr missgestaltetes Exemplar den Menschen unterzujubeln, sondern will das wohlgeratene Menschenkind am liebsten erwürgen. Vor den grässlichen Taten der Alfen musste man sich daher gut schützen. Um Mittel war man nicht verlegen. Erstes Gebot war es, Mutter und Kind in den ersten Wochen nie allein zu lassen. Eine Sichel oder ein Silberstück unter dem Kopfkissen der jungen Mutter und etwas Weihrauch, vier bis fünf Pfefferkörner und drei Körner Sommerweizen in der Wickelschnur taten ein Übriges. Bei einem Abendspaziergang wurde dem Baby ein Stückchen Brotkruste umgehängt. Doch wehe, die Mutter beruhigte oder stillte das als Wechselbalg erkannte schreiende Ding, dann nahm es der Alf nicht mehr an. Die effektivste Methode bestand darin, vorzutäuschen, das Älfskängt ins Feuer werfen zu wollen. Dann kam der Alf wie der Wind angeflogen, um sein Kind zu retten, und legte bei dieser Gelegenheit das gestohlene Kind zurück in die Wiege. Wirkungsvoll war es auch, den Wechselbalg auf Zaunspitzen zu setzen und blutig zu schlagen; denn kam der Alf schleunigst angebraust, um die Kinder wieder auszutauschen.

Besonders die Zeit zwischen Geburt und Taufe galt als sehr gefährlich für das Kind. Es könnte behext oder geistersichtig – eine unglückliche Gabe – werden. In diesen Tagen konnte es passieren, dass eine lange weibliche Geistergestalt dem Kind einen Besuch abstattete und es fürchterlich erschreckte (Neustadt), oder schlimmer noch, dass Hexen oder Zwerge aufkreuzten und das hilflose Wesen mit einem ihrer Zwergenkinder auswechselten. Daher durfte man das Neugeborene keinen einzigen Augenblick aus den Augen lassen. Man legte ihm besonders in der ersten Nacht ein Gesangbuch oder eine Bibel in sein Bettchen oder nach katholischem Brauch einen Rosenkranz.

Nach altem Glauben kann ein Kind schon, bevor es auf die Welt kommt, von missgünstigen Dämonen, die in Krötengestalt erscheinen und sich im Mutterleib häuslich niederlassen, verunstaltet werden. Es heißt, es wird durch den Krotolf, einen Krötenalp, „verkrottet", missgebildet. Die krötenartigen Geister können Zwerge sein, ein Nickert oder Nörglein, Alp oder Mar, eine Hexe oder böse Frau. In Schweden ist es die Kröte selbst, die das Kind vertauscht. Eine mecklenburgische Redewendung zeugt noch von der Kenntnis der Unarten dieser Geister: „He süht ut, as'n wegnamen Spok."

Die Zeit, die ein Wechselbalg im Haus der Menschen verbringt, ist relativ kurz, gemessen an der Zahl von Jahren, die er bereits auf dem Buckel hat, falls man ihm eine Altersangabe entlocken kann. Meist sind es um die zwölf Jahre, die er bleibt, sofern man sich seiner mit kleinen Tricks nicht schon früher entledigen konnte. In Görlitz nahm man an, dass ein Wechselbalg nicht älter als zwanzig Jahre werden kann.

VIII.3 Rumpelgeist, Giftzwerg und Bösewicht

Möge deine Seele stets
in einem Haus der Harmonie wohnen
und nicht in einem Spukhaus.
IRISCHER SEGENSWUNSCH[14]

Der christliche Glaube gesteht den alten heidnischen Göttern und Naturdämonen keinen Raum mehr zu. Alle Geister, die nicht eindeutig als Engel erfahren oder eingestuft werden können, werden zu Teufeln. Wir lesen bei Martin Luther von Poltergeistern, von rumpelnden und polternden Geistern und können die Geschichte

---
14 Ausgewählt von Hermann Multhaupt (2003) für den 30. August

der Steine werfenden Geister bis ins 4. Jhdt. zurückverfolgen. Was einst als hilfreich erfahren werden konnte, ist ins Gegenteil umgeschlagen: Die Schutzgeister des Hauses spielen nun verrückt – doch nicht von allein. Es sind die Menschen, die den alten vorchristlichen Glauben, der durch die neue Hochreligion abgelöst wird, und die alten Götter und Geister loswerden wollen und nicht nur zum Teufel jagen, sondern zu Teufeln machen. Haben früher die Geister das Leben der Menschen unterstützt, so wird ihnen jetzt eine teuflische Rolle übergestülpt. Dies ist kein Prozess, der sich von heute auf morgen vollzieht, sondern Jahrhunderte dauert. Natürlich waren nicht alle alten kleinen Geister gut, doch boshafte Züge waren unter Zwergen eher selten. Sind sie aber böse, dann können sie zu echten Giftzwergen werden. Gialar war einer der besagten Sorte. Im Bunde mit Fialar tötete er den weisen Menschen Kwasir und braute aus dessen Blut den Skaldenmet. Die dunklen Seiten der Elben und Zwerge kamen erst später mit den Bösewichten und Poltergeistern zum Ausbruch, die nur noch die kleine Gestalt und das Schalkhafte mit den Ur-Zwergen teilen.

Wenn Hausgeister verrücktspielen und zu poltern beginnen, steht das Haus Kopf und nichts an seinem Platz: Möbel werden verstellt, Gegenstände zerbrechen, verschwinden, tauchen an anderem Ort wieder auf, fliegen durch die Luft, folgen in ihrer Flugbahn den Konturen von Möbeln, Türen öffnen sich von selbst usw. Das schauerlich-witzige Schauspiel wird begleitet von Mimikry-Geräuschen, die Mensch und Tier nachäffen – gleichsam aus dem Nichts. Kann für diese Phänomene keine natürliche Ursache gefunden werden, so nennt man es Spuk. In vielen Fällen können die Phänomene als unbewusste Aktionen der Anwesenden entlarvt werden. Mitunter wird bei einem Spukfall eine Geistergestalt wahrgenommen, wie etwa im Spukhaus in Friedersreuth. Ein Mann, der nachts an diesem Haus vorbeikam, begegnete einem grauen Männchen, das ihn ein Weilchen begleitete, ihm die Hand reichte und auf einmal verschwand. In einem anderen Fall hatte das Treffen mit dem grauen Männchen ein Nachspiel: Ein Junge erschrak sich so sehr über den kleinen Geist, dass er danach wochenlang das Bett hüten musste. Von noch einem anderen grau gekleideten Männchen wird betont, das es niemandem Schaden zufüge.

182: Karl Krauß: Ein Plagegeist. Ausschnitt aus einem Scherenschnitt, 1932.

Der Volksglaube schiebt Geistern, Zwergen und Kobolden gerne die Schuld am Spuk in die Schuhe. Spuk ist leichter zu begreifen, wenn ein richtiges Wesen seine Hand im Spiel hat und nicht nur eine unsichtbare Kraft, selbst wenn das Geisterwesen ebensowenig greifbar oder begreiflich ist. Das Geistermännchen bietet sich als „geistiger Verursacher" für die ver-rückten Phänomene förmlich an.

Über die Untugenden der Poltergeister existieren weltweit endlose Bücherreihen. Typisch ist ihr affiges Auftreten. Es erinnert an die Kölner Heinzelmännchen und die früheren Hausknechte, die Heinze und Stiefelknechte, an den Stiefelheinz und direkt an Affen, die man in vergangenen Zeiten auch als Hausdiener ansah und daraufhin abrichtete. Ebenso konnten Katzen und Kater als hilfreiche Hausgeister erscheinen, wie der gestiefelte Kater oder der Kobold Katermann. Poltergeister sind routinierte Verwandlungskünstler, die gerne in Tierform ihre Possen und Verrücktheiten treiben.

183: *Das Werfen von Geschirr gehört zu den Lieblingsbeschäftigungen von Hausgeistern. – Illustration zu Asbjørnsens norwegischen* Volksmärchen und Waldgeister-Sagen, *1881.*

Während sich manche Hauskobolde mit harmlosen Späßchen und Neckereien wie dem Werfen von Kochtöpfen begnügen, sind Poltergeister für schwerere Schäden zuständig. Es ist typisch, dass sie mit einem Gegenstand nach einer Person werfen, die sie dann haarscharf verfehlen, quasi als Warnung oder Drohung. Das Werfen ist eine ihrer Lieblingsbeschäftigungen. Es erinnert an die alte

Überzeugung, dass Elben, wie der Donnergott, der im Besitz eines Donnerkeiles war, mit gefährlichen Pfeilen auf Menschen schießen. So warf auch der deutsche Gott Donar keilförmige Steine vom Himmel, und sein Keil, der Elbenschuss, war gefürchtet. In Schottland galt der Elfenpfeil (*elfarrow*), ein von Geistern geschossener spitzer, scharfer Keil, als gefährliche Geisterwaffe. Auch hier rücken die Elben in die Nähe der Götter, unterliegen ihnen an Macht aber knapp. Eine Spur dieser Elben-Angewohnheit lebt in den christlichen Vorstellungen von Hexenkünsten weiter, zu denen der Hexenschuss gehört.

Neben Poltergeistern gibt es viele andere Unholde und Bösewichte. Der Klabautermann ist ein unangenehmer Kobold, der sich auf Schiffen herumtreibt. Sein grauenhaftes Gesicht zeigt auch der Film-Zwerg in *Wenn die Gondeln Trauer tragen*: Er ersticht den Vater eines ertrunkenen Mädchens, nachdem er ihn mit List und Tücke in die verlassenen Gassen Venedigs gelockt hat. Der Vater hatte nach dem Tod seiner Tochter aus Verzweiflung geäußert, er gebe am liebsten sein eigenes Leben für das ihrige. Seine Ermordung wurde ihm von einer blinden Seherin vorausgesagt, doch konnte er sein Schicksal nicht abwenden – wie es in solchen Fällen wohl selten glückt.

Mit der christlichen Verdammung aller Geister, die sich nicht wie Engel aufführen, geht der ursprünglich positive Charakter der kleinen Hausgeister aber nicht völlig verloren. Die letzten Jahrhunderte sind reich an Sagen aus der Zeit der guten alten Hausgeister. Den Geistern ist das Singen buchstäblich nicht vergangen, und auf den Britischen Inseln tanzt das Kleine Volk bis heute vergnügt seine Reigen.

VIII.4 Schutz vor dunklen Kräften

Mögest du immer im Licht
des Himmels stehen,
und wenn dich der Schatten des Bösen trifft,
möge er vor dir Reißaus nehmen.
IRISCHER SEGENSWUNSCH[15]

Sind Poltergeister vorwiegend tagsüber aktiv, so Alpgeister nachts. Ob Muerlef, Druckmännche (Westrich) oder Wiedemännel (Pfalz) – sie alle haben nichts Gutes im Sinn und kommen, um die Schlafenden zu drangsalieren, am liebsten die Kinder, die dann bis Mitternacht durchschreien. Ein beliebter Eingang für den Alp ist das Schlüsselloch zum Schlafzimmer. Ob das Zustopfen des Schlüsselloches oder eine über die Türklinke gehängte Windel die ideale Lösung waren, sich gegen seine nächtlichen Besuche zu wehren, bliebe auszuprobieren. Wie der Hauskobold, hat der Alp die unschöne Angewohnheit, den Menschen und Tieren in die Haare zu gehen, sie hoffnungslos zu verwirren und zu verfilzen, zu verknoten oder Zöpfe zu flechten. Auch Frau Holle war bekannt für diese Untugend, kämmte sich selbst einmal ein ganzes Jahr lang nicht die Haare, ließ dann wiederum ein Mädchen, dem sie wohlgesonnen war, Perlen und Edelsteine aus seinen Locken herauskämmen. Hollenzopf, Alpzopf, Drudenzopf und Wichtelzopf sind Namen für struppiges, zottiges Haar oder eine seltsam geflochtene Frisur, und so erklärt sich auch die Bezeichnung Wichtel (Donautal bei Melk) für ein wurzelloses Windengewächs (Cuscuta L.,) das kleine weißliche oder rötliche buschige Blüten trägt. Im Haare-Zerzausen hatte der litauische Alp Aitwaras ebenfalls etwas weg, und auf den Briti-

15 Ausgewählt von Hermann Multhaupt (2003) für den 19. Juli

schen Inseln taten es die Elfen den germanischen Festland-Geistern gleich. Doch der richtige Alp wird in England *night-mare* genannt, wie unsere Nachtmahr (französisch *cauchemar*; zu altfranzösisch *cauchar*, „pressen", und *mar*, das „Ross").

184: Eine der großartigsten Gestalten aus der Welt der kleinen Geister ist Shakespeares Puck. Illustration von Arthur Rackham zum Mittsommernachtstraum, *1908.*

Unabhängig von jeder Deutung, was Geister sein mögen, haben sich zahlreiche Abwehrmittel bewährt. Das einfachste wie älteste Mittel, um dunklen Kräften wie dem Alp entgegenzuwirken, ist das Licht. Es wirkt besonders gut bei den Wesen, die mit der finsteren Erde assoziiert werden. Wassergeister und Luftgeister sind dem Licht näher, reflektieren es oder lassen es durchscheinen, doch in das Dunkel der Erde dringt kaum Licht vor. Die Erdgeister wirken im Finstern. Einem neugeborenen Kind, das besonders schutzbedürftig ist, stellt man eine Kerze ans Bett, lässt in seinem Zimmer ein Feuer brennen oder zündet sonst ein Licht an, um es vor den Unterirdischen zu schützen. Das Licht kann alle Arten von schädlichen Einflüssen von Geistern verhindern und abwenden. Eine der schlimmsten Gefahren für Baby und Kleinkind ist die Entführung durch Geister. Sie ist am größten während der ersten vier Wochen, besonders innerhalb der ersten neun Tage und in der Zeit bis zur Taufe, weshalb das Licht am Wochenbett nicht verlöschen darf. Nach christlicher Tradition soll die Taufe möglichst früh erfolgen.

Neben dem Licht, das als Lebenslicht und Totenkerze das Leben eines Menschen von Anfang bis Ende begleitet und als Allheilmittel angesehen werden darf, gibt es noch andere Schutzmaßnahmen gegen unerwünschte Geister-Einflüsse. Geweihte Gegenstände, heilige Texte, das Singen geistlicher Lieder und das Zeichen des Kreuzes bauen eine schützende Atmosphäre auf. Auch moderne Metallmischungen wie Stahl, dem Schützling in die Wiege gelegt, sind bösen Geistern ein Graus. Sogar eine Männerjacke bietet nach alter Überzeugung der Wöchnerin und ihrem Neugeborenen Schutz. Um speziell den Alp zu vergraulen, genügt es unter Umständen, einen Besen vor die Tür zu legen, und hier stehen noch weitere Mittel zur Wahl.

Die Pflanzenwelt kann mit vielen Zauberpflanzen aufwarten, die vor Verzauberung und anderem Geister-Schaden bewahren. Die Abwehrkraft steckt in dem würzigen Duft der Heilkräuter. Zwerge und Elben (Alben, Alfen, Elfen) können solche Kräuter nicht riechen und machen einen großen Bogen um sie. Generell meiden die Unterirdischen Orte mit starkem Geruch, weshalb sie auch die Menschen bitten, keine Häuser über ihren Wohnungen im Erdreich zu bauen, sondern ihre Plätze zu respektieren und nicht mit schlechter Luft zu verpesten.

Die Favoriten unter den antidämonischen Pflanzen sind Thymian (Thymus vulgaris), Quendel (Thymus serpyllum), wilder Majoran oder Dost, speziell roter Dost (Origanum vulgarum), Dorant, Orant oder Sumpfgarbe (Achillea ptarmica), besonders weißer Dorant oder Andorn (Marrubium vulgare), Dill (Anethum graveolens),

Kümmel (Carum carvi), Eibe (Taxus baccata), Schottische Zaun-Rose oder Wein-Rose (Rosa rubiginosa, auch Richü, Richhüh), das in vielen Gärten blühende Löwenmaul oder Löwenschnäuzchen (Antirrhinum majus), Frühlingsfingerkraut (Potentilla verna), Gänsetrapp (Potentilla anserina, auch Gausetrappe), Johanniskraut oder Hartheu (Hypericum perforatum), weißes Heidekraut (Erica vulgaris), Lauch (Allium porrum), Knoblauch (Allium sativum) und Baldrian (Valeriana officinalis). Sie alle leisten gute Dienste, wenn es um Ruhe und Schutz vor Geistern geht. In dem alten *Kreuterbuch* von Hieronymus Bock heißt es, wo Hartheu sei, habe kein Gespenst etwas zu schaffen, und die alten Weiber wüssten, dass Dost, Hartheu und weiße Heide dem Teufel viel Leid antäten („Die alten weiber sprechen also/ Dost/ Harthaw und weisse Heidt / thuht dem teüffel vil leidt"; Bock 1556, Cap xxiii).

Welche Geister lassen sich nun von den apotropäischen Wirkungen der würzigen Kräuter abschrecken? Es sind die unterirdischen Geister, Zwerge & Co, der nächtliche Alp, Luftgeister (Elfen), Wassergeister (Nixen) und alle möglichen Unholde, wie Hexen und Teufel. Das Kraut der Wahl gegen den Alp ist das Alpkraut oder Alfenkraut, heute als Alpranke oder als Bittersüßer Nachtschatten (Solanum dulcamara) bekannt. Es gilt seit der Antike (Dioskurides) als Schlafmittel und war bereits bei den Germanen ein anerkanntes Narkotikum. Das Heilkraut wurde, wie auch der Schwarze Nachtschatten (Solanum nigrum), Nachtschaden genannt, wie die Schlafstörung durch Alpträume, von der es befreien soll. Auch das in Eichenmischwäldern wachsende Deutsche Geißblatt, Geisterblatt oder Waldgeißblatt (Lonicera periclymenum) – auf mittelalterlichen Märkten als Jericho-Rose angeboten –, wird unter Alpranke verstanden und soll be-drückende elbische Nachtdämonen abhalten. Sein Nektar kann in größeren Mengen Schwindel verursachen.

Eine Zwergenfrau, ein „niedliches Weiblein", hat einst aus ihrem Kräuterkästchen geplaudert und einer Hebamme anvertraut, dass Dost (Wohlgemut) und Dorant (Helfkraut, Gotteshilf) Schutzmittel gegen Nixen seien. Noch im 19. Jhdt. war es allgemein bekannt, dass außerdem Glockenläuten und Grabgeläute Berggeister, Gnomen, Zwerge, Riesen und andere Geister vergrault. Nach sächsischem Glauben sollte ein Dielenwechsel, also eine Lage frischer Holzbretter, Geister von Häusern fernhalten. Noch zwei Dinge können Zauber auf der Stelle auflösen: Die Kenntnis des Namens und des Alters des Geistes. Rumpelstilzchen führt einen Freudentanz auf, weil niemand weiß, wie es heißt, denn mit der Aufdeckung seines Namens ginge auch seine Macht verloren. Ebenso steht es mit dem Geister-Alter. Das gilt besonders für den Wechselbalg, der ein stattliches Alter vorweisen kann. Einst verlor ein teuflischer Geist seine Macht über einen Bauern, weil er ihm mit einer List die Angabe seines Alters entlocken konnte.

Runen und Zaubersprüche sind altbewährte Mittel gegen Dämonen-Schäden, etwa Alpdrücken. Oft genügte es schon, die zauberkräftigen Worte auf ein Pergament aufzuschreiben, das man dann wie ein Amulett benutzen konnte, anstatt die Worte immer wieder neu aufzusagen.

Wie sehr die Erfahrungen und Meinungen der Menschen von Zeit zu Zeit und Region zu Region variieren, kommt z. B. in den magischen Vorstellungen zum Ausdruck, die sich um Elstern ranken. Ihr Erscheinen gilt mal als gutes, mal als schlechtes Omen; einmal ist sie der Teufel, ein andermal kann sie teuflische Geister verschrecken. Früher wurden in Schweden und in Deutschland Elstern über Stalltüren angebracht, um die Tiere vor Kobolden und bösen Gespenstern zu schützen.

Schutz vor dunklen Kräften können zu guter Letzt auch die Hausgeister selbst bieten und zudem Gutes stiften, weshalb man sie anrufen oder berufen sollte.

Nicht nur Kinder, gebärende Frauen und glückliche Mütter benötigen dringend Schutz vor Geistern, auch verstorbene Menschen sind vor ihnen nicht sicher, und so weist der Altphilologe Erwin Rohde darauf hin, dass die alten Griechen (Aristophanes, Ekklesiazusen 1030) den Toten Dost, von dessen Schutzkraft die Zwergenfrau der deutschen Sage weiß, als kathartisches Mittel mit auf den jenseitigen Weg gegeben haben, um sie vor gefährlichen unterirdischen Geistern zu behüten. Zu Grimms Zeiten galt Dost, obwohl von Wichteln selbst als Antidot gegen Geister empfohlen, schließlich auch als Anti-Wichtel-Mittel.

Deutsches Geißblatt oder Geisterblatt. Illustration aus Marzells Wörterbuch der deutschen Pflanzennamen *1943-1979. Bd. 2, 1972.*

Wein-Rose. Illustration aus Marzells Wörterbuch der deutschen Pflanzennamen, *1943-1979. Bd. 3, 1977.*

Sumpfgarbe. Illustration aus Marzells Wörterbuch der deutschen Pflanzennamen *1943-1979. Bd. 1, 1943.*

IX
Was sagen uns die Zwerge?
Die Suche nach dem wahren Kern

Bewahre dir in allen Dingen die Freiheit des Geistes und sieh zu, wohin er dich führt.
AUGUSTINUS

Die germanischen Stämme haben sich, wie alle Völker, Geschichten von Göttern erzählt, und es gibt keinen Grund zu der Annahme, dass sie ihre Vorstellungen von der Götterwelt (etwa von Tacitus in seiner *Germania* überliefert) nicht ernsthaft geglaubt hätten, so wie Christen und andere Gläubige heute ebenso ihren festen Glauben haben. Was mag nun der wahre Kern der alten Mythen sein? Was bleibt übrig, wenn wir die bunten Gewänder, die ihnen Zeit und Kultur übergeworfen haben, abstreifen. Wir befinden uns vor einem gewaltigen Berg von Zwergen-Sagen, denen wir auf den Grund gehen wollen.

Ein ehrfürchtiger Forscher wird, auch wenn er selbst kein Verhältnis mehr zu mythischen Dingen hat, niemals [...] dämonische Wesen wie die Hausgeister und Zwerge als unreal ansehen.
RÜHMANN

IX.1 Schöne Märchen – Ein Blick in die Seele

Was so mannigfach
und immer wieder von neuem
erfreut, bewegt und belehrt hat
[wie das Märchen],
das trägt seine Notwendigkeit in sich
und ist gewiss
aus jener ewigen Quelle gekommen,
die alles Leben betaut […].

BRÜDER GRIMM
(KINDER- UND HAUSMÄRCHEN, VORREDE ZUR GROSSEN AUSGABE VON 1857)

Märchen und Romane soll man nicht lesen, sondern leben, lautet die Empfehlung eines Mannes, der weiß, wovon er spricht, übernahm er doch von einigen Jahren ein schönes altes Schloss in Bayern, für ganze 5,- DM Miete im Monat, und setzte es wieder instand. Er richtete eine Volksschule darin ein und veranstaltet heute Konzerte und andere Festivitäten in Schloss und Schloss-Hof. Märchen gehören zum Leben, und wenn wir das Märchen oder den Roman unseres Lebens nicht selbst schreiben, dann wird er für uns geschrieben. Da wohl jeder insgeheim sein eigenes Märchen entdecken will, hat die Zeit viele Märchen in den Volksmund gelegt, nur steht kein Name dabei, für wen das jeweilige Märchen gedacht ist. Doch eines ist für jeden dabei, und wir dürfen uns von ihm leiten lassen. Märchen können ein Leben lang Quell der Inspiration bleiben. Kinder haben ihr Lieblingsmärchen, und noch auf Erwachsene können Märchen eine starke Faszination ausüben. Sie sprechen die großen Themen des Lebens an, die jeder zu meistern hat. Märchen machen unsere Seele in einprägsamen Bildern auf die sich ewig wiederholenden

Lebenssituationen aufmerksam und geben ihr die Chance, etwas über sich selbst zu erfahren.

*185: Märchenmütterchen.
Aus einem alten Weihnachtsbuch.*

Viele Märchen erzählen von Zwergen und Zauberwesen, die den Menschen etwas voraus haben. Das Märchen von Schneewittchen schildert, wie sieben hilfreiche Zwerge sich einer Königstochter annehmen, die vor ihrer Stiefmutter, einer herzlosen Königin, in die Tiefe des Waldes geflohen ist. Hier tut sich für die junge Frau eine unbekannte Welt auf, in der ihr neue Grundkräfte zur Verfügung stehen. Erschöpft sucht Schneewittchen Zuflucht im Haus der Zwerge, das ebenso rein wie fein ist. Mit Einbruch der Dunkelheit kommen die sieben Herren des Häusleins von ihrer Arbeit in den Bergen heim, entdecken Schneewittchen und sind begeistert von ihrer Schönheit. Sie nehmen das Königskind in ihre Welt auf und hüten es in einem gläsernen Sarg, als es, von der Stiefmutter eingeholt und vergiftet, scheinbar tot ist. Auch andere Naturkräfte stehen ihr bei – eine Eule, ein Rabe und ein Täubchen. Dann entdeckt sie ein edler Königssohn, verliebt sich in sie, und neues Leben strömt in sie ein. Zu guter Letzt wird Hochzeit gefeiert.

186: Märchen nehmen immer eine gute Wende: Ein Königssohn erlöst Schneewittchen. Bild-Postkarten von Paul Hey (1867-1952).

Das Königskind macht den bedeutenden Entwicklungsschritt von der Pubertät in das Erwachsenenalter und erreicht eine höhere Stufe in seinem Lebensprozess (Individuationsprozess, nach Jung). Nach einer scheinbar unnützen, toten Zeit, die in Wirklichkeit ihre Fruchtbarkeit und spätere Hochzeit vorbereitet, erfährt sie eine Neugeburt. Doch zunächst muss sie ihr vertrautes Reich verlassen und sich in eine dunkle, unbekannte Welt hineinwagen, in das Reich der Zwerge. Mitten in dem neuen Terrain kommen ihr unverhofft die Kräfte dieser kleinen Urwesen zu Hilfe, die Kräfte der Natur, des dunklen Urgrundes, der das Leben trägt. Sie richtet sich in der neuen Welt häuslich ein, hält das Zwergenhaus in Schuss und verbindet sich innig mit den ihr liebgewordenen Kräften, den Zwergen. Zweimal wird sie von diesen Urkräften gerettet, als die Stiefmutter aus der früheren Welt sie mit ihrem Gift dort einholt. Das dritte Mal können selbst die Zwerge nichts mehr für sie tun. Doch sie wollen das schöne Kind nicht ganz der schwarzen Erde überlassen, sondern es weiterhin ansehen können. So legen sie es für alle sichtbar in einen gläsernen Sarg, den sie oben auf einem Berg positionieren. Auf diese Weise ist es, wenn auch scheinbar tot, doch nicht völlig für die Welt verloren. Die Naturkräfte, zu denen sich nun auch Eule, Rabe und Täubchen gesellen, lassen es nicht aus den Augen, und die treuen Zwerge wachen so lange an seiner Seite, bis es durch die Liebe eines Menschen zu neuem Leben erwacht. Ohne die Zwerge hätte die junge Frau ihr Leben nicht meistern, die neue Lebensstufe nicht erreichen können.

Aus dem Spreewald wird unter dem Titel *Die sieben Luttchen* eine ähnliche Mär überliefert. Danach kam zu den sieben Luttchen, die in den Kupferbergen fleißig ihre Arbeit verrichteten, ein Mädchen, das die kleinen Leutchen am Ende in einen Glaskasten gelegt haben.

187: Henry Justice Ford, England: Illustration zu dem Märchen von den drei Wichtelmännern aus: Langs Red Fairy Book, *1890.*

In Märchen treten Gestalten in Erscheinung, die uns im Innersten wohlvertraut, ur-vertraut sind. Es sind archaische Bilder und Figuren, die uns bekannt dünken und etwas sagen oder sagen wollen. So taucht plötzlich ein Alter oder eine Alte auf, wenn Weisheit not tut und guter Rat teuer ist. Der weise Alte erscheint mitunter in der Gestalt eines Zwerges, wie der runzelige Waldkönig Och mit seinem grünen knielangen Bart in einem russischen Märchen. Dieser führt einen unreifen Bauernsohn in seine unterirdische Welt, in der alles grünt und alles grün ist: Die Hütte unter der Erde, die Wände und Bänke, ja selbst die Zwergenfrau und die Zwergenkinder sind grün. In einem anderen Märchen (von Zacharias Topelius) zaubert ein Alter des Waldes, der Himbeerkönig, für Lisa und Aina ein Silbertablett mit einer goldenen Kaffekanne und zwei Tassen aus feinstem Porzellan herbei.

188: Henry Justice Ford, England: Lisa und Aina begegnen dem Himbeerkönig. Illustration zu dem Märchen Hallonmasken, *von Zacharias Topelius. Aus: Langs* Lilac Fairy Book, *1910.*

Der Alte taucht im rechten Augenblick auf, als winziges Männchen, das Rat weiß und seine Hilfe anbietet. Er überrascht etwa eine traurige Märchen-Prinzessin, die auf ihren Liebsten wartet, und muntert sie auf. So kommt Trost aus der Zwergenwelt, als eine tragende Kraft aus einem tieferen Grund, einem Urgrund, auf dem das Leben „gründet" und aufbaut. Die Stimme des winzigen Alten mag auf anderer Ebene als Stimme, die sich tief aus dem Unbewussten meldet, verstanden werden. In einem Schweizer Märchen trifft ein Bauernsohn, der auf dem Weg zur Königstochter ist, um ihr einen Korb voller Äpfel zu überreichen, ein Männchen, „es chlis isigs Manndle, das frogtene, was er do e dem Chratte haig?" Das Manndle hat „es isigs Chlaidle an", wobei „isig" nicht nur „eisig", sondern auch „eisern" meinen kann, denn es gibt sowohl Geschichten von Eis(en)männchen wie von Erzmännchen.

189: Lars Klinting (1948-2006), Schweden: Nils Holgersson und der Gänserich Martin. Illustration zu dem Buch Nils Holgerssons wunderbare Reise *von Selma Lagerlöff, 1989.*

Die Herzen der Kinder in aller Welt hat die bekannteste aller schwedischen Romanfiguren erobert, Nils Holgersson. Der kleine ungezogene Junge, der ständig die Tiere auf seinem Hof piesackt, wird zur Strafe für einen kessen Wunsch von einem Wichtelmännchen selbst in einen kleinen Wicht verwandelt, einen daumengroßen Nisse. Als die zahme Hof-Gans Martin sich Wildgänsen, die auf der Durchreise nach Lappland sind, anschließen will, versucht Nils, es zu verhindern, aber Martin hebt mit dem kleinen Nils auf dem Rücken einfach ab. Die weite Reise über das noch weitere Schweden gibt Nils mehrfach Gelegenheit, seine guten Seiten herauszukehren und sich nun für das Wohl der Tiere einzusetzen. Als er im Herbst mit Gänserich Martin wieder auf dem elterlichen Hof landet, haben seine Eltern nichts Besseres im Sinn, als das arme Tier zu schlachten. Doch der winzige Nils verteidigt seinen liebgewonnenen Martin, stellt sich dazwischen und gewinnt durch seine mutige Tat buchstäblich wieder Größe, Menschengröße. Selma Lagerlöff erhielt als erste Frau den Nobelpreis für Literatur (1909).

190: Mary Cicely Barker (1895-1973), London: The Tulip Fairy (Die Tulpenfee).

Märchen sind nicht nur schön, sondern haben auch Tiefgang. Sie spiegeln Inhalte, die uns alle betreffen. Zwerge sind archetypische Bilder, Urbilder unserer Seele und Wegweiser ins Jenseits. Sie weisen zunächst in eine finstere, viele Geheimnisse bereithaltende Unterwelt, die unter der Erde und im Erdinneren liegt, in den Bergen und Felsen. Was sich dort auftut, ist das Paradies oder auch nicht. Dies hängt von der Reife der Menschen ab, von der Fähigkeit des rechten Umgangs mit den dunklen, urvertrauten, aber noch nicht voll erkannten Kräften der Zwergenwelt.

Die Märchenwelt der Kinder spendet Geborgenheit, bietet Raum für alles. Andersens *Däumelinchen*, das in einer Tulpenknospe geboren wurde, und *Das Heinzelmännchen bei dem Krämer* sind willkommene Gäste in der Kinderwelt, wo die Vernunft noch nicht ihre eisernen Grenzlinien gezogen hat. Kinder leben in der Märchenwelt, Erwachsene träumen und reden von ihr, siedeln sie aber jenseits der Wirklichkeit an. Nur weise Menschen kennen die Brücke, die in das wundersame Land führt. Wer sein Märchen zu leben wagt, wie der Mann, der das Schloss übernahm, ist dieser Weisheit einen großen Schritt nähergekommen.

DAS LEBEN IST DAS SCHÖNSTE MÄRCHEN.
HANS CHRISTIAN ANDERSEN

IX.2 Ein Blick in die Natur

Das Äußre ist ein in Geheimniszustand erhobnes Innre.
NOVALIS

Schauen wir mit offenen Augen in die Natur und versuchen, einen tiefen Einblick zu nehmen. Suchen wir nach dem Urgrund, aus dem unsere Lebenskraft quillt, nach den Wurzeln, die uns Halt geben bei dem immer schnelleren Verlauf der Zeit und eine Zeit lang in Sicherheit wiegen, dann ist das Nächst- und Zugrundeliegende die Mutter Erde. Auf ihren Grund gründet sich das menschliche Leben und spielt sich in unendlichen Nuancen ab. Jürgen Trott-Tschepes Gedicht über die schwer und erdig duftende, heilsame Vetiver-Wurzel möge uns die schützenden Erdkräfte verdeutlichen:

191: Die Tassilolinde im bayerischen Wessobrunn wird auf 1000 Jahre geschätzt und hat einen Umfang von 13,5 Metern.

Ich bin Gaja,
Dein Ur-Grund.
Der Boden deines Daseins.
Ich habe dich geboren,
zu mir wirst du wieder einfahren.
Höre den tiefen Klang
meines breiten Beckens :
Mein Schoß, meine Brust
bereitet dir die erste Lust.
Du darfst alle meine Gaben
zu deiner Entwicklung haben.
Und willst du dein wahres Wesen erheben,
werde ich dir meine Basis geben:
Ehrfurcht vor mir,
Demut in dir,
und durch mich Vertrauen -
darauf sollst du dein Leben bauen.

Jürgen Trott-Tschepe
(Duftpoesie über die Vetiver-Wurzel (Vetiveria zizanioides))

Spätestens seit den Anfängen der Psychologie, die ursprünglich eine Seelen-Lehre war, doch seit hundert Jahren in ständiger Gefahr ist, ihre Seele aufzugeben, stellt sich die Frage, ob sich die Geister, die Menschen sehen, draußen in der Natur befinden oder im Inneren des Menschen anzusiedeln sind, ob sie als Bewusstseinsphänomene oder Wahrnehmungseffekte un-fass-bar und unbe-greif-lich sind. Die erste Variante entspricht der ältesten und traditionellen Auffassung, die letzte ist ein Produkt der Psychologisierung der Welt, des sich im Laufe von Jahrhunderten vollziehenden Prozesses, das Sein und Geschehen der Welt auf eine seelische Innenwelt, auf psychologische und physiologische Faktoren zu reduzieren. Gibt es dennoch Anhaltspunkte für das Vorkommen von unabhängigen Geistern in der Natur? Beide Theorien schließen sich nicht aus, nur die Perspektive ist verschoben und konzentriert sich auf verschiedene Ebenen.

192: Baum und Stein. Megalith-Gruppe in Avebury, England.

Die Geister der Erde wirken durch das, was an der Erdoberfläche haftet, durch Steine und Felsen, Pflanzen und Bäume, vor allem auch durch Wurzeln. Gärtner, Botaniker und Pflanzenkundige wissen darum, und Menschen in Heilberufen, wie Naturheilärzte, Homöopathen, Heilpraktiker, Phyto-, Bachblüten-, Aroma- und Edelsteintherapeuten, kennen die Wirksamkeit dieser Kräfte für den Menschen. Während der Berliner Heilpraktiker und Aromakundige Jürgen Trott-Tschepe erdige Pflanzenaromen, wie die der Kamille oder Vetiver-Wurzel, individuell bei Patienten einsetzt, heilt der slowenische Landschaftpfleger Marko Pogačnik mit dem Aufstellen von Steinen an bestimmten Punkten einen Landstrich, in dem die natürliche Anordnung der Erdkräfte durch Eingriffe der Menschen aus dem Lot geraten ist. Er nennt es Lithopunktur, Steinpunktur, von griechisch *lithos*, Stein, Felsblock. Der im Allgäu lebende Kulturanthropologe und Ethnobotaniker Wolf-Dieter Storl rüttelt uns wach mit seinen Streifzügen durch die Kulturgeschichte der Geister, bei denen er Devas, Naturgeister und Elementargeister unterscheidet. Allen haften seelische Aspekte an, und so sieht er in Zwergen, Feen und Elfen Personifikationen der sich ständig wandelnden Lebenskräfte. Während er die Elementargeister ausschließlich den Elementen zuordnet, entstanden aus der menschlichen Imagination, die sich die Erdkräfte ausmalt, sind die Devas „ewige Archetypen" und „lebendige Gesichter Gottes", die trotz des augenblicklichen „Weltenwinters" wieder „erneut aus uns heraus geboren" werden können: Innen und außen gehören zusammen.

Es ist kein Zeichen der Größe, die alten Vorstellungen von Geistwesen in der Natur blindlings über Bord zu werfen, geht doch durch die methodisch begrenzte Sichtweise der modernen Wissenschaft ein gut Teil Welt verloren, vielleicht sogar der schönste. Die Alleinherrschaft der Vernunft bewirkte die „vollständige Erblindung der Menschheit" im Hinblick auf „andersweltliche Wesenheiten", beklagt der Kulturhistoriker Wolf-Dieter Storl und fragt: „Wer sieht denn noch die Elementarwesen, die im reifenden Kornfeld Stroh zu Gold spinnen?" Wir müssen wieder von ganz vorne beginnen, denn Natursichtigkeit ist das letzte Glied einer Kette, die mit dem gebührenden Respekt gegenüber der Natur, ihren Gesetzen und ihrer Ordnung beginnt. Zwischen der Achtung der Natur und dem Wahrnehmen von Naturwesen liegen viele Stufen, die von Erdstrahlenmessung und Rutengehen bis zum bewussten Erspüren der Kraft eines Ortes reichen. Werden die Naturwesen in der Außenwelt sichtbar, ist damit nicht gesagt, dass sie von außen kommen und keine imaginativen Nachzeichnungen unsichtbarer Kräfte sind, die in der Natur wirken und in vielerlei Formen ausgemalt werden, bis sie eigenständige Gestalt annehmen. Wir befinden uns in dem Kreis ohne Anfang: Die göttliche Natur wirkt von außen auf uns ein, und wir spiegeln sie wider. Gehorchen die Naturgeister nicht den bisher bekannten physikalischen Gesetzen und eignen sich nicht für Foto und Film, so erfahren Menschen sie doch immer wieder als reale Wesen in unserer Welt, die Platon als Widerschein eines Geistigen, der Welt der Ideen, ansieht.

Blanche Merz hat sich mit der „Seele des Ortes" befasst und ihr gleichnamiges Buch mit dem Untertitel *Naturwesen einer unbekannten Zwischenwelt* versehen. Diesbezüglich kann die Autorin von eigenen Erfahrungen erzählen, festgehalten in Zeichnungen, wie z.B. in dem Bild eines 50 cm großen Wesens mit einer übermäßig langen rot-braunen Nase, das hinter einer Wand hervorlugt, und in der Zeichnung zweier Gebilde von 10 cm Größe, die wie Fledermausohren hinter einem Strauch hervorstehen und unverkennbar Ähnlichkeit mit den Hüten schwedischer Hauszwerge aufweisen. Diese Figuren sind Energielinien und ähneln den von Marko Pogačnik geschilderten und gezeichneten Elementarwesen. Sie gehören, nach Merz, einem Zwischenreich an, einer sub-humanen Welt zwischen Mensch und Tier, und sind sowohl „sichtbare Substanz" als auch „Essenz", die sich in der „astralen Welt" bewegt, zugängig nur für Menschen, die sich ihrer subtilen Körper bewusst sind.

Die Vorstellung von einer Seele, einem Geist des Ortes, Genius loci, dem Goethe im Weimarer Park an der Ilm einen Gedenkstein gesetzt hat, ist sehr alt. Schon Platon spricht sie im *Timaios* an. Dieser heilige „Ort" ist der „Raum", in dem auch die Naturwesen ihren „Platz" finden, und wir sehen, dass unsere moderne Sprache keinen klaren Begriff für diesen besonderen Raum zu bieten hat.

Die Heiligkeit des Ortes lässt sich deutlich an den Kult- und Grabstätten der geheimnisvollen, über ganz Europa verbreiteten

Megalith-Kultur spüren, bei den imposanten, vor ca. vier- bis sechstausend Jahren aufgestellten schweren Steinen, den Megalithen. Auch die Hünengräber Deutschlands, von denen man irrtümlich annahm, sie müssten von superstarken Riesen aufgerichtet worden sein, gehören dazu und bieten nicht nur den Gebeinen der Ahnen Schutz, sondern gewähren auch Zwergen idealen Unterschlupf, seien sie nun Naturwesen oder Menschenseelen. Wie die Natur der

193: Wurzelmännchen. Foto: Annekatrin Puhle, 2005.

Inbegriff des Lebens ist, so lebt und west auch die Erde, ist sie doch
der Mutterschoß der grünenden Natur. Treiben die in ihr wirkenden
Kräfte nicht auch ihr Wesen und sind Lebe-Wesen?

Wenn die Wissenschaft damit beginnen würde,
sich ernsthafter für nichtphysische Phänomene zu interessieren,
würde ihr damit der größte Sprung
der ganzen Humangeschichte gelingen.
BLANCHE MERZ

IX.3 Mit dem Herzen sehen

Ist das, was das Herz glaubt, nicht genauso wahr wie das,
was das Auge sieht?
KHALIL GIBRAN

Woran es in unserer Zeit fehlt, ist die Wärme des Herzens, die
sich nicht, wie Geld auf dem Bankkonto, scheinbar von selbst, in
Wirklichkeit auf Kosten anderer, vermehrt, indem man ein kleines
Sümmchen investiert. Um Herzenswärme aufkommen zu lassen,
bedarf es neben dem eigenen Vorschuss an Liebe vor allem der
Reinigung des Kanals, durch den sie fließen und strömen kann,
des *Schornsteins zum Kosmos*, durch den sie zu uns kommt. Im
Gegensatz zum kalten Geld, das in der Natur gar nicht existiert,
sondern ein Produkt des ebenfalls kalten, berechnenden Denkens
ist, können wir Wärme und Liebe aus dem Kosmos schöpfen, in
dem sie in unerschöpflicher Fülle vorhanden sind und uns zur Verfügung stehen. Nur müssen die Wege, auf denen sie zu uns gelangen
und durch uns weiterwandern sollen, offen, frei und rein sein. Wir
müssen es zulassen, uns erlauben, Liebe und Wärme zu empfangen

und zu empfinden, uns ganz bewusst für diese Werte öffnen. Wir müssen Verständnis aufbringen für unsere Mitmenschen und alle Wesen dieser Erde, in Verbindung treten mit unserem Umfeld und der Umwelt und einen Draht zum Kosmos herstellen. Wir selbst dürfen entscheiden, ob wir dies wünschen.

Das Licht der Herrlichkeit
scheint mitten in der Nacht
Wer kann es sehn?
Ein Herz
das Augen hat und wacht.
ANGELUS SILESIUS

194: Ein verzauberter Wald in Bohuslän, Schweden. Foto Annekatrin Puhle, 2004.

Sehen und sehen ist nicht einerlei, sondern zweierlei oder vielerlei. Wir sehen mit den physischen Augen, wissen von Menschen, die ein zweites Gesicht haben und hören in östlichen Weisheitslehren von einem *dritten Auge*. Einige Menschen können offenbar nicht nur die Umgebung mit den Augen wahrnehmen, sondern auch einen Blick in eine weitere Ferne werfen, in die Zukunft, und sogar in die Tiefe des Wesens der Welt. Sehen kann auf mehreren Ebenen ablaufen und ist nicht beschränkt auf das Vor-Augen-Liegende, das Naheliegende, ja nicht einmal auf das Sichtbare. Und doch, so lehrt uns die Psychologie, sehen wir nur das, was wir sehen wollen und können, was in unser augenblickliches Konzept von der Welt passt.

Wir sehen also nicht unbedingt alles, was vor unseren Augen abläuft, sondern nur das, was sich in unser Konzept von der Welt fügt. Aus dieser Sicht ist es natürlich, wenn heute nur wenige Menschen Zwerge sehen. Zwerge passen nicht in ein Weltbild, das nicht mehr ein Bild von der Welt ist, sondern ein mageres Gerüst aus Zahlen und Formeln, dem alle Lebendigkeit abgeht.

Wir sprechen von einem Blick in die Seele und in die Natur, doch womit blicken wir? Sind es die Augen, der Verstand, die Vernunft oder die Hände, die uns bei der Erkundung unserer inneren wie äußeren Natur beeinflussen? Wer oder was ist die höchste Instanz, die über Wirklichkeit und Wahrheit des Gesehenen entscheidet? Bei geisterhaften Phänomenen, wie bei Erscheinungen von Menschen und erst recht bei Erscheinungen von Sagengestalten und Märchenfiguren, sind wir mit unserem Latein am Ende, so wie es Lessing angesichts des berühmten „Kloppedings von Dibbesdorf", eines Poltergeist-Falles bei Braunschweig, eingestand. Sie sind nicht greifbar mit Händen, nicht begreiflich durch Denken und ebensowenig messbar. Ihren Sinn können wir vage erfassen, haben wir doch einen Sinn für die kleinen Wesen, die uns seit den Kindertagen das Leben verschönern und wie treue Freunde zu uns gehören. Sie sind vielen von uns ans Herz gewachsen, auch wenn nur wenige erforschen, was sie bedeuten und sie einfach als zauberhafte Phantasiegestalten in Erinnerung behalten.

Märchenwesen sprechen uns auf einer tieferen Ebene an, berühren uns im tiefsten Inneren, haben etwas mit unserem ureigenen, geheimnisvollen Wesen zu tun. Es wäre einseitig, wenn wir die Frage nach Sinn und Bedeutung der Zwerge nur mit unserem kühlen Verstand lösen wollten, der zwar – nach seinen eigenen Kriterien zurecht – den Zwergen in der heutigen Welt keinen Platz mehr einräumt, dabei aber die Stimme des Herzens übertönt, die nach dem Verbleib des Kleinen Volkes fragt und ihm nachtrauert. Hat der Verstand das Recht, ein Tabu über das aus seiner Sicht Unerklärliche zu legen und damit der Welt ein Stück Lebendigkeit zu nehmen? „Man sieht nur mit dem Herzen gut. Das Wesentliche ist für die Augen unsichtbar. Die Menschen haben diese Wahrheit vergessen", lernen wir von dem weisen kleinen Prinzen des Antoine de Saint-Exupéry. Lassen wir also unser Herz ein Wörtchen mitreden, wenn wir das Rätsel der Zwerge lösen wollen. Die kleinen Zwerge machen uns auf verschiedenen Ebenen aufmerksam auf die großen Dinge im Leben und führen uns zu unseren Wurzeln zurück, zu unseren Vorfahren, zu den Urkräften der Natur und zu den Wandlungskräften, die in uns schlummern und bei den Übergängen von Geburt und Tod aktiviert werden. Zwerge als Seelenkinder, Totengeleiter und Ahnengeister, als unterirdische Lichtwesen, als Wesen, die jenseits von Zeit und Raum existieren und Einblick in die Zukunft haben, und nicht zuletzt Zwerge als Hausgeister, die am täglichen Leben der Menschen teilhaben, gehen uns wohl etwas an. Ob sie unseren dunklen und unheimlichen, immer wieder davonhuschenden Schatten darstellen oder unsere höhere Lichtnatur ausstrahlen, Zwerge sind mit unserem Entwicklungsweg engstens verbunden. Sofern wir die Botschaft des Kleinen Volkes noch durch das laute Verstandesgetöse hindurchhören können, unser Herz also noch offen für seine Sprache ist, dürfen wir das Wesen und Wirken dieser Kräfte erfahren. Die Liebe zur Natur und all ihren schönen wie sonderbaren, nicht vollends erklärten Erscheinungen wird uns die wunderbarsten Zusammenhänge sehen lassen.

Am Ende des Lebens
sind nur noch
die Dinge des Herzens wichtig.
JÖRG ZINK

IX.4 Aus dem Dunkel ins Licht

Ich bin die Botin des Lichts.
Und siehe,
ich verkünde euch frohe Botschaft:
ihr werdet erschauen
den hellen Strahl
eines neuen Lebens,
der jene letzten Reste
von Trübnis
im Herzen und im Geiste,
die Trauer um Unerreichbares
durchdringt und erlöst.
JÜRGEN TROTT-TSCHEPE (GENESIS. 2004B, S.39)

Wie lautet die geheime Botschaft der Zwerge? Als ursprünglich lichte und strahlende Wesen weisen sie in die himmlischen Sphären, ob wir sie nun als eigenständige Lichtwesen verstehen oder als Lichtseelen der Verstorbenen. Erst im Laufe der Zeit haben sich dunkle Züge herausgebildet, wurden sie zu Wesen der Erde, der Nacht. Zwerge leben heute im Reich der Ambivalenz, nicht mehr wie die Engel in höheren Sphären, sondern bevölkern das unergründliche, tief im Erdinneren verborgene Reich. Entschwebt der Engel ins himmlische Licht, so zieht sich der Zwerg in den dunklen Urgrund, in den Schoß der Erde zurück. Beide Wesen können wir in uns entdecken: Der Zwerg steht für unsere tiefere, vergängliche Natur, für den Instinkt, während der Engel unsere höhere Natur, unsere unsterbliche Seele repräsentiert.

Mit der niederen Natur der Zwerge macht uns das Erlebnis eines Mannes bekannt, der auf eine Enquete in der Zeitung *Schweizerischer Beobachter* reagierte (eine von rund zwölfhundert Antworten auf eine Artikelserie über Geistererscheinungen und angrenzende Themen, ausgewertet von Aniela Jaffé) und mitteilte, wie er als Schuljunge den Einbruch der anderen Welt in sein Dasein erlebte. Eines Abends nahm er ein Knacken auf der Stiege wahr, und im hellen Schein des Ganglichtes erschien ein uraltes weißes Männlein, klein bis mittelgroß, mit breitem weißen Bart und einem schweren Säcklein auf dem Rücken – alles wie mit markanten Kreidestrichen gezeichnet. Es schritt auf den Jungen zu, erschrak, als es plötzlich dicht vor ihm stand, wich dann aus und verschwand im oberen Treppenhaus.

Einige Monate später stand das Männlein mit seinem Säckchen wieder vor ihm, im hellen Sonnenschein am Fenster und „schaute sinnend in den Hof hinunter". Nach etwa einer halben Minute drehte es plötzlich seinen Kopf um hundertachtzig Grad, als ob es sich heftig über den Jungen erschrak. Im Brustkorb des Männchen loderte eine weiße Flamme auf und verwandelte sich in einen Begriff, in Zorn. Es wollte fliehen, wich zur Seite aus, um dann einfach zusammenzuschmelzen. „Der Ausdruck, den dieses Wesen von sich gab", heißt es im Bericht, „war kein guter. Es war etwas Totes, Verkalktes an ihm, als müsste es aus einer Welt stammen, wo es keine Ideale und kein gutes Denken gibt. Warum zeigte sich mir dieses Geschöpf, da es doch vor mir flieht? Wer war es und was war der Zweck der Erscheinung? Ich weiß es nicht ... und doch vielleicht habe ich mitgeholfen, diesen Zweck zu erfüllen, ohne dass ich es weiß" (Jaffé 1995, S.142ff). Welche Botschaft steckt in diesem Bericht? Es geht um die Begegnung mit dem Dunklen und Bösen, mit Emotionen, die aufflammen, mit Zorn. Auch Totes, Verkalktes aus einer unguten Welt nimmt der Berichterstatter wahr. Jede Wahrnehmung bringt etwas Wahres ans Licht und führt dem Wahrnehmenden etwas vor Augen. Hier sind es tief verborgene Gefühle, negative Gedanken aus einer Welt ohne Ideale, etwas Erstarrtes, Verkalktes, nicht mehr Lebendiges. Der Berichterstatter weiß nicht genau, was die Erscheinung bedeutet, ahnt aber wohl, dass er durch die bloße Wahrnehmung etwas bewirkt haben könne. Das kleine bärtige Männchen trägt zunächst die Aspekte des Erdhaft-Dunklen und Dauerhaften, die Zwerge als Geister der Erde verkörpern, doch dann verwandelt sich die Erscheinung in ein flammendes Wesen und zeigt Emotionen, wie sie Geistern des Feuers eigen sind. Die Wandlung eines verkalkten, fast tot wirkenden Wesens in etwas Feuriges, Lebendiges, das nun richtig auflebt, ist dem jungen Mann, der damals noch Schüler war, „förmlich" bewusst geworden.

Am liebsten hätte es unsere Vernunft, die Ratio, wenn wir etwas Konkretes aus der Zwergenwelt mitnehmen könnten, ein Zeichen, einen Gegenstand. Ein niedliches Messingtöpfchen war solch ein Zeichen aus der Zwergenwelt. Eine Unterirdische hatte es vor Zeiten an einem Dezembermorgen in Alt-Strelitz beim Gastwirt Fitzner vergessen, als sie Milch holen wollte und von ihrem Töchterchen gerufen wurde: „Mutter, komm geschwind nach Hause, Brüderchen ist gleich todt." Vor Schreck ließ sie das Töpfchen bei den Fitzners stehen, die es fortan als Rarität unter den Herbergsgästen herumreichten. Ein Fall wie dieser ist selten. Souvenirs aus dem Zwergenland sind Raritäten und oft nicht das, was sein Besitzer glaubt. Ein Zwergengeschenk verwandelt sich nämlich später, zu Hause, meist in etwas anderes. Das kann zum Guten wie zum Schlechten sein, je nach dem wie sich der Beschenkte verhält. Das Kostbare einer Zwergengabe ist am Anfang oft nicht erkennbar. Das Gold der Zwerge kommt erst zum Vorschein, wenn der Mensch seinen wahren Wert, der nichts mit Materiellem zu tun hat, erkennt.

Zwerge sind knorrig, wurzelig, erdig, erdhaft und gründlich. Sie sind anders als Luftwesen, die ihre Botschaft sanft wie ein lauer Wind säuseln, anders als Wasserwesen, die uns wie die Wellen emotional mitreißen und begeistern, anders als Feuerwesen, die als flammende Geister bildlich zeigen, dass etwas brennt. Die Botschaft der Erdgeister und uralten Zwerge macht uns auf das Beständige des irdischen Lebens aufmerksam, auf das, was im Leben Bestand hat und Zeit braucht, lange währt und anhält, in der freien Natur wie im häuslichen Bereich. Zwerge wohnen in Bergen und Felsen oder unter ausgesuchten Bäumen. Sie erweisen sich als Helfer bei der täglichen harten Arbeit und begleiten den Menschen bis an die Schwelle des Todes. Doch Zwerge sind nicht nur Erdwesen, sondern auch Lichtwesen, gerade diese zweifache Bedeutsamkeit zeichnet sie aus. Ihr Licht ist nicht das grell auflodernde Feuer der Vernichtung und Umwandlung, sondern das ewige Leuchten des Lebens. Das Licht scheint auf in dem Bild der Zwerge als halbgöttlicher, himmelnaher Wesen, wie in der Anschauung der Zwerge als Seelen der Verstorbenen und nun zum Himmel aufsteigenden Engelchen. Wie Engelein mit goldenen Sternchen leuchten die Zwerge mit ihren Kerzen und Laternchen dem Menschen den Weg. Sie bedeuten den

Aufstieg eines noch im Dunkel liegenden Unerkannten in das Licht der Erkenntnis und den Weg der Seele in das ewige göttliche Licht.

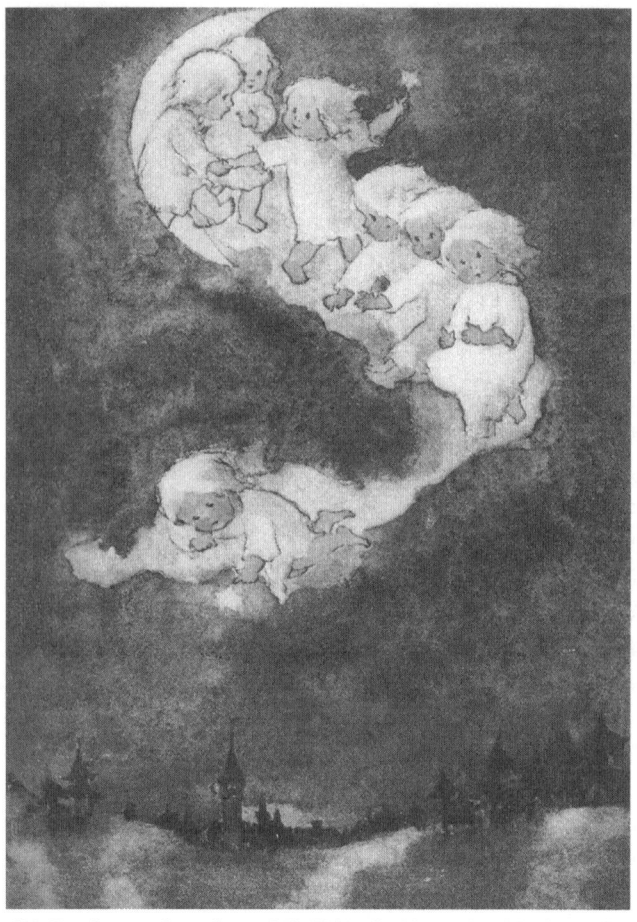

195: Engelein mit Sternchen. – Mili Weber, St. Moritz: Der Mond ist aufgegangen, die goldnen Sternlein prangen.

IX.5 Was können wir den Zwergen sagen?

Das Wort ist tot, der Glaube macht lebendig.
SCHILLER (MARIA STUART, V.7)

Wenn Menschen über die Natur reden, denken sie dabei an sich selbst. Das hat seinen einfachen Grund darin, dass die Natur nicht antworten kann, zumindest nicht auf Deutsch oder Englisch, und so bleibt jedes Gespräch, oberflächlich gesehen, ein Monolog. Das ist einseitig. Die Antwort der Natur, sei es die eines Tieres, eines Baumes, einer Blume, des Meeres, der Luft oder der Erde, gelangt auf andere Weise zu uns, auf eine feinere Weise, die wir erlernen können. Wer mit Tieren lebt, weiß, wie gut die Kommunikation mit ihnen laufen kann, und selbst jeder Blumenfreund kennt die sensiblen Reaktionen seiner Schützlinge. Der Weg vom Pferdefreund zum Pferdeflüsterer ist nicht weit. Auf globaler Ebene kommen die Antworten der Natur schwerfällig und nicht leicht nachvollziehbar, da sie nicht unmittelbar auf unsere Aktionen folgen. Die Klimaveränderung ist ein trauriges Beispiel dafür, und die zunehmenden Naturkatastrophen, wie Hochwasser, Erdbeben und Stürme, machen deutlich, dass unsere Welt aus den Fugen geraten ist. Ein Weg, dies in Zukunft zu verhindern, ist, vor allen unseren Eingriffen in die Natur nachzudenken, was wir damit auslösen und bewirken könnten, und uns in unsere Umwelt, in Tiere und Pflanzen, in die Landschaft hineinzuversetzen. Stellen wir uns vor, wie das Wasser schmeckt, das voll von Abwässern ist, wie die Luft riecht, die aus der Lebensmittelfabrik ausströmt usw. Wir dürfen den Draht zur Natur nicht verlieren, nicht glauben, die Natur reagiere nicht, nur weil sie so lange stillhalten kann. Die Natur lebt und spricht.

Mit den Zwergen verhält es sich ähnlich. Dabei spielt es keine Rolle, ob Zwerge Erdkräfte und Erdschätze symbolisieren, eigenständige Wesen sind oder sonstwie gedeutet werden. Alle Zwerge erscheinen als lebendige Wesen, selbst die Phantasie-Zwerge, die zu unserem seelischen Wohlbefinden beitragen. Es kommt also darauf an, wie wir mit den Zwergen umgehen. Vielleicht betrifft es nur unsere Seele, vielleicht aber viel mehr, doch da wir ein Teil des Ganzen sind, haben Zwerge immer auch etwas mit uns zu tun.

Was können nun wir für die Zwerge tun? Können auch wir ihnen etwas sagen – und wenn ja, was? Je nachdem, wie wir Zwerge deuten, fällt die Antwort aus: Sind Zwerge Betrug und Täuschung, vergessen wir sie am besten auf der Stelle. Sind sie Phantasie-Produkte, lassen wir ihnen ihren Raum und freuen uns, dass unser vernunftbetontes Leben einen gesunden Gegenpol bekommt. Sind Zwerge Kräfte der Erde, sollen wir für die Natur sorgen und sie beschützen, im Kleinen wie im Großen. Sind Zwerge eigenständige Naturwesen, sollen wir sie, die neutral eingestellt sind, nach Aivanhov zu guten Taten animieren, ihnen Aufträge erteilen und Vorschläge machen, wie sie sich sinnvoll betätigen können. Auch nach Steiner haben Zwerge keinen „Geist", kein moralisches Verantwortungsgefühl, weshalb er sie Elementarwesen und nicht Elementargeister nennt. Ursula Burkhard, die blinde Anthroposophin, versteht Zwerge oder Gnomen, wie sie Paracelsus nannte, dagegen als eigenständige Geister der Erde. Ihr Name, verwandt mit dem altgriechischen Wort für Erkenntnis, Gnosis, verrate Wissen und Weisheit, und daher können ihrer Ansicht nach die Gnomen durch ihre Kräfte Weisheit in die Erde hineinwirken (Burkhard 1998, S.40f).

Ob allerdings schon der Name des Gnoms seine Weisheit durchblicken lässt und mit dem griechischen Wort für den Verstand, *gnome*, (sowie mit Gnosis) zu tun hat, bleibt Theorie. Wahrscheinlicher ist es, dass der Gnom seinem Namen nach ein Erdbewohner oder Höhlenbewohner (zu griechisch *genomos*) ist.

Sind Zwerge Halbgötter, dürfen wir ihnen die ihnen gebührende Ehre zukommen lassen, ihre Orte als Heiligtümer betrachten, einen Berg, eine schöne alte Eiche oder eine üppige Baumgruppe. Sind sie alte Hausgottheiten, könnten sie mit kleinen Leckereien bedacht werden – alten deutschen Sagen zufolge mit Brot, Butter und Milch oder Sahne, vielleicht auch einem Brei. Sind Zwerge die Seelen Verstorbener, vielleicht verirrte Seelen, könnten wir für sie beten, dass sie den Weg zurück ins Licht finden und Räucherungen durchführen oder heilige aromatische Pflanzen als Parfüm, per fumum, durch Rauch gen Himmel senden.

Was können wir der Natur und ihren Geschöpfen noch Gutes tun und geben? Das ist die Frage, wenn wir uns im Mega-Supermarkt Erde bedienen und gedankenlos aus dem Vollen schöpfen. Mutter Natur wird bald erschöpft sein, und die Zwerge werden das Weite suchen. Die Münze, die wir auf Vorschlag Wolf-Dieter Storls für jede entwurzelte Pflanze an eben dieser Stelle in die Erde stecken sollen, ist eine wunderbare Geste des Dankes für alles, was die fürsorgliche Natur an Schätzen großzügig bereitstellt. Wer oder was Zwerge sein mögen – eine Geste der Achtung ist immer angemessen.

X
Von guten Geistern umgeben.
Das Kleine Volk in unserer Zeit

Sieh, die Menschen haben kluge Wächter aufgestellt,
die alles, was aus deinem Reich kommt,
o Königin Phantasie,
mit scharfem Blick mustern und prüfen.
WILHELM HAUFF (DER ZWERG NASE)

Für Mythen gilt keine Zeit. Mythen leben weiter, wenn wir sie nicht an eine Zeit binden. Zeit bedeutet den Tod der Mythen, der ältesten Form, in der Wahrheit überliefert wird. Sobald ein Ereignis an einen Zeitpunkt und einen Ort gebunden wird, wird es einmalig, wird es Geschichte und damit vergänglich. Auch Märchen entziehen sich der Wirklichkeit, da sie fern der vertrauten Welt in tiefster Vergangenheit spielen. Sagen dagegen nähern sich vorsichtig unseren Vorstellungen von Zeit und Raum, indem sie mal Namen, mal Ort des Geschehens nennen. Ihnen haftet ein Hauch von Wirklichkeit an. Doch wie wirklich sind nun die alten Wahrheiten, die uns Mythen, Märchen und Sagen vom Kleinen Volk zuraunen?

X.1 Rückzug der Zwerge?

Der Glaube geht nicht durch den Verstand, so wenig wie die Liebe.
HERMANN HESSE

Seit den Tagen der Gebrüder Grimm geht das Gerücht um, die Zwerge hätten sich zurückgezogen. Woher kommt diese Behauptung? Dahinter stecken die Zwerge, genau gesagt die Erzählungen von den Zwergen, die ihren Unmut über die neu aufgekommenen Sitten der Menschen äußern. Es reicht dem Kleinen Volk mit den neumodischen Allüren der Menschen, dem Glockengeläut und allem, was dem christlichen Glauben folgt und die alten Heiligtümer vergisst und für null und nichtig erklärt. Das Roden der Wälder, den fortschrittlichen Bergbau und die Eisenhämmer, den Ackerbau, die zunehmende Pferdezucht und die Treulosigkeit gegenüber dem alten heidnischen Glauben können die Zwerge und Wichtelmännchen einfach nicht verknusen, und auch die Holzweibchen verstehen die Welt nicht mehr, seit man die Klöße im Topf und die Brote im Ofen zählt und den Geschmack des Brotes zu allem Übel mit Kümmel verdirbt. Einige Sagen berichten von der Überfahrt der kleinen Geister über einen großen Fluss, einer Reise, von der sie nicht mehr zurückkehren, auch das Gedicht *Des Kleinen Volkes Überfahrt* von Kopisch ist diesem Thema gewidmet. Eine Thüringer Zwergenfrau aus der Gegend um Naila sagt es unverblümt: „Das Volk der Zwerge muss auswandern – ihr zwingt uns dazu. Eure Hämmer und Pochwerke, euer Glockengeläute und ewiges Gebimmel, euer Fluchen und Schwören, das alles ist's, was uns vertreibt."

Im Memelland lag einst ein Götterhain, den die Heiden noch verehrten, genannt Rombinus, nach dem Sohn des Memulus, der hier auf dem Berg an der Memel eine Feste erbaut und für Perkunus einen Opferstein bereitgehalten hatte. Unter dem Stein aber wimmelte es von Laumen, kleinen Berggeistern, die dort ihre Wohnung hatten. Die Berggeister standen in gutem Ruf, obwohl sie Zwietracht unter den Menschen säten, wenn sie etwa in Frauengestalt als Spinnerinnen in die Häuser kamen. Die kleinen Geister vom Rombinus dagegen, die der Göttin Laima dienten, waren rundum wohlwollend. Sie schlichen nachts, wenn der Mond sein silbriges Licht durch die Buchen warf, in die Wohnungen der Menschen und halfen, so gut sie nur konnten. Es gab zu dieser Zeit etliche Leute im Memelland, die vor Not nicht mehr ein noch aus wussten. Denen halfen sie und beschenkten sie mit Gold und Silber. Besonders zugetan waren sie Kranken und umsorgten und pflegten sie auf rührende Weise. Auf einmal aber blieben die guten Geister aus. Da hatte ein alter Memel-Fährmann einen Traum. Er sah den Rombinus aufleuchten und am Fuß des Berges einen Schwarm winziger Wesen, die klagten und nach ihm riefen. Dieser Traum wiederholte sich, und als er zum dritten Mal wiederkam, stand der Fährmann mitten in der Nacht auf und ging zum Rombinus. Da sah er den Berg im feurigen Licht, genau wie im Traum, und am Flussufer stand das Kleine Volk, die Laumen, von denen ein helles Stimmchen ertönte: „Hol über!" Obwohl es eine stürmische Herbstnacht war, tat der Schiffer den Kleinen diesen Gefallen und setzte sie über. Auf seine Frage, warum sie es so eilig hätten, bekam er zur Antwort: „Die Menschen verleugnen die alten Götter. Nun zerstören sie selbst den alten Opferaltar ... Sie haben den Stein hinweggeholt. Wehe! Es wird eine schlimme Zeit über das Land hereinbrechen, und alle Blicke werden auf den flammenden Rombinus gerichtet sein! ..." Den Stein habe der Windmüller Schwarz aus Barten umgestoßen, weil er eine neue Mühle bauen wolle und es keinen besseren Mahlstein gäbe als den Rombinus, offenbarten sie dem Fährmann, zündeten ihre Lämpchen an und tauchten wie rote Pünktchen in die Memelwiesen ein. (Lojewski 1956, S.35ff)

196: Die Überfahrt der Zwerge. Illustration von Adolf Lehnert, 1956.

Natürlich hatte der Fährmann seinen Obolus bekommen, doch nur einen Sack voller Sand vom Flußufer. So schüttete er den Sand zurück in die Memel. Als er am nächsten Morgen seinen Kahn betrat, entdeckte er auf dem Boden ein paar Goldkörner, den echten Lohn der Laumen. Er raufte sich ganz schön die Haare, denn der Memelstrom hatte den übrigen Sand längst mit sich gerissen.

Bedeuten solche Episoden den endgültigen Abschied des Kleinen Volkes? Wir können das zu Recht vermuten, denn die Begegnungen mit den Kleinen sind nicht mehr an der Tagesordnung, obgleich es sie noch gibt. Haben die Menschen mit ihrem Tun und Treiben den kleinen Geistern die Lebensbedingungen genommen, ihre Welt verbaut, die Natur zerstört? Hier gibt es nicht mehr viel Platz für unterirdische Königreiche; die edle, steinreiche Erde ist ausgeplündert.

Haben die Erdgeister und Zwerge einst in Scharen existiert, so bleibt heute die Frage: Wo sind sie hingezogen? In andere Räume, andere Bewusstseinsebenen? Die Wälder sind bald kahl geschlagen, zum Leidwesen der Zwerge, und die Köpfe der Menschen gefüllt mit Wissen, das einschränkt, beschränkt und geistige Phänomene auf Zellfunktionen zu reduzieren versucht. Dafür tun sich immer weitere Sphären, Dimensionen, Realitäten und Welten auf, denen die Physik langsam auf die Spur kommt. Leben wir in einem Universum oder vielmehr Multiversum?

197: *Maj Fagerberg, Schweden: Illustration zu* Tomtarnas hemlige Julafton *(Stein 1982).*

In Schweden, wo alte Bauernkultur und fortschrittlichste Technik krass aufeinanderprallen und der Strom der Zeit jahrhundertelang relativ langsam geflossen zu sein scheint und erst in den letzten Jahrzehnten sein Tempo rasant beschleunigt hat, ist das anders.

Hier steht die Tür zur Zwergenwelt noch einen Spalt weit offen. Der alte Glaube an Zwerge ist nicht ganz ausgestorben und wird schmunzelnd weitergegeben. Recht lebendig war er zu Grimms Zeiten in Schweden und Norwegen, wo nur wenige Edelleute und Bauern nicht „voll und ganz an seine lebendigste Gegenwart und Wirksamkeit glauben", wie wir von Ernst Moritz Arndt erfahren, der Land und Leute kannte. Bei Häusereinweihungen wurde auf den Tomtegubbe nicht bloß angestoßen, sondern man schloss ihn auch in die Lieder und Gebete mit ein. Heute braucht man in Schweden oder Norwegen nur in einer kleinen Runde von Menschen die Frage zu stellen, wer schon mal einen Zwerg oder etwas Ähnliches gesehen hat, um eine positive Antwort zu erhalten. Wer nicht selbst etwas in dieser Richtung gesehen oder erlebt hat, hat zumindest einen Vater, Großvater oder Onkel – es muss keine Frau sein –, der ein kleines Erlebnis mit Zwergen beitragen kann. Ich habe mehrere Beispiele aus erster Hand gehört. Der Schwede Jan Fjellander erinnert sich:

198: Maj Fagerberg, Schweden: Tomtar.

„Es war im Jahr 1984 oder 85, Ende Juni, Anfang Juli. Ich fuhr mit meinem Auto außerhalb von Jönköping in der gerade aufkommenden Abenddämmerung einen Waldweg entlang, in der Absicht, einen schönen Zeltplatz im

Grünen zu finden. Meine Familie war bei mir, meine Frau und meine zwei Kinder, das Mädchen zwölf Jahre alt und der Junge neunjährig. Das Tempo war sehr langsam, betrug höchstens dreißig oder vierzig Kilometer. Und nun spielten sich innerhalb der nächsten ein oder zwei Minuten drei merkwürdige Episoden hintereinander am Straßenrand ab, die von uns allen wahrgenommen wurden: Zuerst sahen wir zwei Stiere, die sich einander die Hörner rauften, unmittelbar danach flogen zwei Krähen an uns vorbei, von denen die eine die andere jagte, und als Drittes wurden wir Zeugen eines dramatischen Kampfes zweier Dachse, die so von ihrem Kampf absorbiert waren, dass sie das heranfahrende Auto überhaupt nicht bemerkt hatten. Ich war gezwungen anzuhalten, da sich die Tiere mitten auf dem Weg befanden.

Entweder im Anschluss an diese drei Vorfälle oder (ziemlich sicher) noch direkt davor – ich kann mich nicht mehr ganz genau erinnern – passierte es, dass mein Sohn oder meine Tochter plötzlich rief: „Was ist das da?" „Was?" „Der kleine Mann, der dort auf dem großen Stein am Wegesrand sitzt!" Beide Kinder hatten ihn gesehen. Er war vielleicht 50 cm groß und saß einfach nur da.

Es war schon spät, als wir endlich unsere Zelte aufschlugen. Und die Frage lag in der Luft: Was war es, das wir da eben erlebt hatten? Was war geschehen? Darum ging ich mit meinen beiden Kinder noch einmal zurück zu der Stelle, an der sie den kleinen Mann gesichtet hatten. Doch was jetzt kommt, ist völlig subjektiv: An der Stelle war überhaupt gar nichts Besonderes, alles schien ganz ruhig und friedlich. Doch was war es, das dort eben passiert war? In diesem Moment begann plötzlich eine Espe, eine Zitterpappel, sich kräftig zu schütteln und mit ihren Blättern einen lauten, klappernden Klang von sich zu geben.

Spätere überlegte ich: Könnte ich das Ding mit meiner Phantasie erschaffen haben? Das einzig Objektive an der Sache waren die drei Kämpfe. Erzeugten sie Aufregung in meinem Geist? Aber der Mann kam zuerst – die Reihenfolge ist ganz eindeutig.

Meine Tochter ist heute zweiunddreißig. Wir haben vor ein paar Jahren noch einmal während eines Camps mit den Grünen über den Vorfall gesprochen."[16]

Im Nordosten Schottlands, in Moray bei Findhorn, gründeten 1962 Eileen und Peter Caddy zusammen mit Dorothy Maclean ein geistiges Zentrum mit Hilfe von Naturgeistern, Feen und Zwergen. Die Naturkräfte und Naturwesen wirken und weben immer noch, auch wenn viele es nicht wahrnehmen. Rudolf Steiner schränkt im Fall der Gnomen ein: „Was sie tun, ist sehr wohl wahrnehmbar, nur sie selbst sind nicht wahrnehmbar." Aber Menschen, die sich noch einen gewissen Natursinn, eine hellseherische Kraft bewahrt haben, können sie sehr wohl noch sehen. Auf diese Weise erlebte die blinde Steiner-Schülerin Ursula Burkhard die Gegenwart eines Gnomes. Aïvanhov unterscheidet zwischen „begrenztem Wahrnehmungsvermögen des Intellekts" und „unbegrenztem Wahrnehmungsvermögen der Intuition".

Nach alledem sehen wir ein, dass der Rückzug der Zwerge gleichermaßen mit uns zu tun hat wie mit den Zwergen selbst. Bechsteins Überlegung ist daher immer noch aktuell: „Wer weiß, ob sie nicht in der Tat wiederkommen."

---

16 (Jan Fjellander, mündlicher Bericht an die Autorin, Stockholm, 12. März 2005; übersetzt von der Autorin)

X.2 Träume als Brücke in weitere Welten

Die Welt jenseits der Grenze
führt an den Horizont deines Traumes.
IRISCHER SEGENSWUNSCH[17]

199: Während Menschen träumen, sind Eulen und Zwerge aktiv. – Elsa Beskow, Schweden: Ugglemors skola. (Schule der Eulenmutter). Aus: Tomtebo barnen, *1919.*

Die Stille der Nacht lässt uns in tiefen Schlaf versinken und beschert uns Träume, in denen wir Wundersames erleben und aus denen wir nicht immer schnell aufwachen wollen. In der Traumwelt ist alles möglich, auch ein Treffen mit Zwergen und ähnlichen Geistern und Wesen. Besonders fesseln uns Träume, die wir in den Morgenstunden beim Aufwachen haben und die sich oft durch einen starken Realitätscharakter auszeichnen. In dieser Zeit kreuzen auch Zwerge unseren Weg, im Bereich zwischen Traum und Tageswelt, wie ich es von mehreren Menschen erfahren habe. Doch wo hört der Traum auf? Wo fängt die Wirklichkeit an? Gibt es wirklich nur eine einzige Wirklichkeit?

---

17 Ausgewählt von Hermann Multhaupt (2003) für den 1. Dezember

Archetypische Bilder erreichen uns nicht nur in Träumen, sondern auch in anderen Bewusstseinszuständen, etwa in Visionen und Erscheinungen oder in Zwischenstadien, wie den Einschlaf- und Aufwachphasen, in entspannten Momenten sowie in Erschöpfungszuständen und im Stress. Die Verbindung dieser Ur-Bilder mit Erscheinungen von Zwergen liegt auf der Hand, denn Zwerge haben das Leuchten, Scheinen und Erscheinen mit Göttern und Geistern gemeinsam. Sie sind echte Ur-Phänomene, steckt doch in dem Wort „Phänomen" wieder das griechische Wort für Licht, *phós*. So bekommen wir eine leise Ahnung, einen „Schimmer", von der Urbedeutung einer Zwergen-Erscheinung.

Träume führen uns in eine Welt, die von unserer vertrauten Realität verschieden ist. Manche Menschen sehen heute in den Industriestaaten die Welt der Träume als Realität zweiter Klasse an, wenn sie ihr nicht gänzlich jede Realität, abgesehen von psychologischen Funktionen, absprechen.

Nun ist es nicht nur der Fall, dass wir viel Reales aus dem unendlich weiten Traummeer herausfischen können, sondern andersherum wird unsere Tagesrealität wohl von allerlei Träumen durchzogen. Auf diese Möglichkeit weist schon Aniela Jaffé hin, wenn sie annimmt, dass wir auch während des Tages weiterträumen, aber wegen der Aktivität des Bewusstseins die Träume nicht wahrnehmen können. In Momenten der Müdigkeit, wenn wir kurz 'wegtreten', können die Bilder wieder zum Vorschein kommen. Aus all dem mögen wir wenigstens die Erkenntnis ziehen dürfen, dass die Trennung zwischen Traum und Wirklichkeit alles andere als scharf ist und vielmehr eine Verwobenheit von beiden und damit eine umfassendere und einheitliche Welt, die nicht in die Lager „wirklich" und „unwirklich" geteilt ist, angedeutet wird.

X.3 Zwischen Bewusstem und Unbewusstem

Verwandle deinen Schatten
In ein wahres Licht,
zum Licht die Bahn gebricht,
senkst du dein Angesicht
zu deiner Erde nicht.

JÜRGEN TROTT-TSCHEPE (GENESIS, HUMANUS. 2004, S.110)

*200: Eleanor Fortescue-Brickdale (1871-1945), England: The Introduction.
(Die Einweihung in das Zweite Gesicht).*

Das Feenvolk der Britischen Inseln, das in vielerlei Hinsicht mit den Zwergen Deutschlands verwandt ist, hat seinen Namen von einer besonderen Geistesverfassung erhalten. Der Name *fairy* bedeutete ursprünglich *fai-erie* und meinte einen Zustand der Verzauberung. Erst nachträglich wurde das Wort auf die Person übertragen, die sich in diesem veränderten Bewusstseinszustand befindet. Wo sind wir, wenn wir aufwachen? Wir wandern durch verschiedene Stadien des Bewusstseins in die vertraute Alltagsrealität, wie wir das aktive Tagesleben nennen können, hinein, in der sich viele von uns so geborgen und eigentlich zu Hause fühlen, einfach aus dem Grund, weil in unserer aufgeklärten Zeit nur diese Welt richtig zählt und einen Wert zugemessen bekommt. Alles darüber hinaus ist Spinnerei oder Wunschdenken. Auch Kinder mit ihren besonders sensiblen Erfahrungen haben in den modernen Industriestaaten keinen wirklich anerkannten Platz – verglichen mit den traditionellen Gesellschaften. Die Vernunft rationalisiert alles nicht Erklärbare und sich der Kontrolle Entziehende gerne weg. Auf dem Weg zwischen Traum und hellwachem Bewusstsein kann jedoch vieles passieren, das Sinn macht.

201: Morgens im Bett steht die Tür zur Zwergenwelt noch offen, nicht nur Kindern. – Illustration von Elsa Beskow, 1944.

In einigen Fällen mögen wir Antworten erhalten über den Hintergrund unserer Erlebnisse in veränderten Bewusstseinszuständen. Doch manches bleibt ein Geheimnis, wie die gespenstige Erscheinung beim Schloss Aufseß im Jahr 1840, deren tiefen Sinn der Nachtwächter Johann Dietsch nur erahnte, als er Ende August, nach 23 Uhr, auf der Bank vor dem Schlosstor eingeschlafen war und von „etwas" aufgeweckt wurde, das an seinem Wächterhorn zog. Das gewisse Etwas entpuppte sich als kleines Männchen in dunkelgrauem Röckchen und schwarzem Filzhütchen mit aufgeschlagener Krempe, das sprachlos nur etwa zehn Schritte vor ihm stand. Der verblüffte Nachtwächter rief dem Männchen zu: „Da habe ich aber Respekt!", und sah ihm fest in die Augen, woraufhin sich das kleine Wesen tanzend davonstahl, „wie wenn ein Licht ausgeblasen würde". Johann Dietsch hat keinen Zweifel, dass er wach war bzw. von der Erscheinung aufgeweckt wurde; ein typischer Aspekt von Geistererscheinungen, die gern zwischen Traum und Wachsein erscheinen. Oft erwachen Menschen durch das intensive Gefühl der Anwesenheit einer Person, eines „Geistes" – nicht selten zur Sterbezeit des Erscheinenden oder zu einem Zeitpunkt großer Gefahr. Das kleine graue Männchen hatte an seinem Wächterhorn gezogen. In Spukfällen gehört das Ziehen an der Bettdecke zu den typischen Erfahrungen, die den Betroffenen am Schlafen hindern, worüber sich auch C.G. Jungs Kinder beschwert haben. Das graue Männchen von Schloss Aufseß wurde nicht nur einmal gesehen. Dr. Justinus Kerner, Arzt, Dichter und Geisterforscher aus Weinsberg, befragte den Ortsvorstand Barthel Pöhlmann über die Erscheinungen, die er selbst hatte, und erfuhr, dass er an derselben Stelle, auf dem Fußweg nach Aufseß, ein kleines schwarzes Männchen, so hoch wie ein Tisch und mit feurigen, großen Augen, die auf ihn gerichtet waren, gesehen hatte. Noch ein anderes kleines Männchen sei ihm auf der Plankensteiner Heide begegnet, doch grau und etwas größer als das schwarze. Es hielt fünf bis sechs Schritte Abstand und folgte ihm bis in den Wirtskeller hinein durch die verschlossene Tür

202: Elsa Beskow (1874-1953), Schweden: Illustration aus: Solägget, *1932.*

Noch andere Personen haben öfters ein kleines graues Männchen beim Mühlstadel in Aufseß gesehen, wie Herr Pöhlmann bekundet. Doch wir können den Kern, um den das Sagenhafte kreist, nicht finden.

Auch unsere eingangs erzählte Geschichte gehört in das Zwischenreich von Bewusstem und Unbewusstem. Das Zwerglein steht gleich am Bett, dort, wo wir unser Bewusstsein am einfachsten loslassen können. Die Deutung aus intellektueller Sicht weist auf die Morgenträume mit ihren hypnagogischen Bildern, die beim Aufwachen vor den inneren Augen ablaufen und sehr eindringlich sein können. Sie verschiebt den Wahrheitsgehalt auf eine psychophysische Ebene, wodurch er als individuelles Erlebnis seine objektive Gültigkeit verliert. Eine andere Deutung zeigt den tieferen Gehalt des Gesehenen auf und sieht einen direkten Zusammenhang mit unserer Tageswelt. Sie bezieht das Geschehen in die allgemeingültige Realität ein.

203: Gnomen im Untergrund. Illustration zu George MacDonalds (1824-1905) The Princess and the Goblin.

Als *deus terrestris* repräsentiert der Zwerg „erd- und naturgebundene Seite" des Menschen, seine „unpersönlich-chthonische Natur" und damit auch sein dunkles und geheimnisvolles Wesen, das mal sichtbar, mal unsichtbar ist und zwischen Unerkanntbleiben und Erkanntwerden hin- und herschwankt. Es ist das Hervordrängen unbewussten Wissens in unser Bewusstsein, das einerseits ans Licht kommen will, andererseits aber im vertrauten Stadium des Unerfassten und Unbewussten verbleiben mag. Wir sehen das schön im Märchen von Rumpelstilzchen, das nicht beim Namen genannt, also erkannt oder identifiziert werden möchte und sich vor Wut in Stücke zerreißt, als es doch erkannt wird, obwohl es mit Sicherheit die Möglichkeit gehabt hätte, unsichtbar zu bleiben anstatt im Feuerschein fröhlich herumzutanzen. Es ist die Ambivalenz zwischen Hell und Dunkel, zwischen Bewusstem und Unbewusstem. Das Bewusstsein strebt nach Erweiterung, zögert aber, weil es ahnt, dass es dafür auch „zahlen" muss. Der Preis ist der Verlust seiner reinen, kindlichen, „instinkthaften Naturverbundenheit". Wir kennen es aus unzähligen Sagen und Märchen, dass die Zwerge jammern und klagen und sich tatsächlich zurückziehen, wenn die Menschen, denen sie einst hilfreich zur Seite standen, ihnen auflauern und sie beobachten oder gar einfangen wollen. Dann ziehen sich die Heinzelmännchen zurück. Auch von den negativen, als böse erlebten Formen von kleinen Hausgeistern, den Poltergeistern, wissen wir, dass Beachtung und Beobachtung sie zur Ruhe bringen und verschwinden lassen. Wie Zwerge, sind die störenden Hauskobolde flüchtig. Der Spuk verflüchtigt sich in der Regel beim bloßen Eintreffen des auf Phänomen-Jagd ausgerichteten und entsprechend enttäuschten Forschers. Wer wirklich „hinschauen" will, wenn Spukhaftes geschieht, hat Chancen, es wieder loszuwerden. Häufig werden in Poltergeist-Fällen, die von vielen internationalen Forschern untersucht wurden (Hans Bender,

Tony Cornell, Alan Gauld, Maurice Gross, David Fontana, Walter von Lucadou, Guy Lyon Playfair, William Roll, Stanley Krippner u.v.a.), die destruktiven Phänomene einschließlich der mitunter auftretenden Geistererscheinungen allein durch das Aufkreuzen des Forscherteams am Ort des Geschehens zum Stillstand gebracht. Im Zentrum der Aufmerksamkeit und im Licht des Erkenntnisdranges können die unterschwelligen Probleme, die eine vom Poltergeist und Kobold geplagte Person oder Familie terrorisieren, nicht gut bestehen, sie lösen sich auf.

Vieles im Leben spielt sich in einer Grauzone ab, im Bereich zwischen Bewusstem und Unbewusstem. Unbewusstes will erfasst werden und doch nicht erfasst werden. Unser Bewusstsein befindet sich in einem Dilemma, denn der Preis für das neu erkannte Unbewusste – heißt Wandlung. Es will sich wandeln und doch nicht wandeln. So gehen wir durchs Leben in einem fortwährenden Balance-Akt zwischen Bewusstem und Unbewusstem, zwischen der Aufnahme neuer, aus dem Unbewussten heraufsteigender Inhalte und dem Unterdrücken des Aufsteigens der fremden Inhalte. Hier gibt es keine Regeln, und das gesunde Maß der Bewusstwerdung ist bei jedem verschieden. Tatsache ist aber, dass wir in dieser Grauzone Erstaunliches entdecken können. Hier tauchen die Bilder aller möglichen Geisterwesen einschließlich der Zwerge auf.

Ich glaube, ein Grashalm ist nicht geringer
als das Tagwerk der Sterne,
und die Ameise ist nicht weniger vollkommen,
und das Ei des Zaunkönigs
und die Baumkröte
sind Meisterstücke für den Höchsten.
WALT WHITMAN

X.4 Die Gegenwart der Zwerge

Wenn wir wollen, können wir das verzauberte Land betreten.
GEORGE WILLIAM RUSSELL

Noch am Ende des 19. Jhdt. konnte der mecklenburgische Sagenforscher Richard Wossidlo neunhundert Sagen von Zwergen und Riesen, ebenso viele vom wilden Jäger, sechstausend von Totengeistern und Gespenstern neben Tausenden von Sagen mit ähnlichen Motiven allein aus seiner Heimat sammeln. „Zum großen Glück sind aber die 'Zwerge' auch heute noch nicht ganz verschwunden", schreibt Aniela Jaffé in ihrem Buch über Geistererscheinungen. Auch Prof. Carolas Silver kommt in ihrem Buch über *Strange and Secret Peoples* zu dem Schluss: Das versteckte Volk verlässt uns zwar ständig, ist aber niemals gegangen; es hat nur einmal mehr Gebrauch gemacht von seiner Kunst der Transformation. Das Reich der Zwerge mag für einige verstandesbetonte Menschen an Wahrheitsgehalt eingebüßt haben, doch es ist immer noch präsent. Eine Umfrage des Forsa-Instituts verriet, dass beinah jeder Zweite in Deutschland gerne ein Fabelwesen bei sich zu Hause hätte, etwa einen Kobold oder einen Zwerg, und eine weitere Umfrage, die wir selbst im November 2005 und März 2006 am *Psykologiska Institution* von Göteborgs Universität durchführten, ergab, dass von zweiundsechzig meist zwanzigjährigen Studenten im Grundkurs Psychologie etwa ein Drittel es für möglich hielt, dass Erlebnisse mit Naturgeistern, wie sie aus dem alten Volksglauben bekannt sind, einen wahren Kern haben, und etwa jeder Zehnte (sechs Personen) war davon überzeugt, dass es so ist. Jeder Fünfte kannte in seinem Umkreis eine Person, die wahrscheinlich oder mit Sicherheit eine Begegnung mit einem Naturwesen hatte. Was nun die eigenen Erfahrungen der Studenten anbelangte, so hat jeder Zwölfte schon einmal eine Erscheinung eines Naturgeistes, wie eines Zwerges (Tomte), Trolls, Necks oder Wassergeistes (Näck), einer Elfe (Älva), gehabt, wobei sich nicht alle ganz sicher waren, ob es wirklich so war – ein Zweifel, der die Betroffenen nach ungewöhnlichen Erfahrungen leicht überfällt.

204: Theodor Kittelsen (1857-1914), Norwegen: Troll.

Ganz sicher, dass er auf einen echten Zwerg gestoßen war, war sich Anders Jacobsson aus Västergötland im Süden Schwedens. Unter der Überschrift „Zwerge gibt es" (*Tomtar finns*) hält ein Büchlein über mystische Bäume (schwedischer Titel: *Mystika träd*) die Episode fest, von deren Art etliche in Schweden kursieren. Man lachte den Mann für sein Erlebnis aus, da die anderen den Tomte nicht leicht zu Gesicht bekamen. Doch Anders war bekannt für seine Aufrichtigkeit. Ein Charakterzug der Schweden, der bis heute noch auffallend verbreitet ist. Der zur Zeit des Vorfalls noch junge Anders ist buchstäblich ins Fettnäpfchen getreten: Er lebte auf der Farm „Tången", nahe bei dem See Lönnen, in der Gegend von Ulricehamn. Eines schönen Abends war er ausgegangen und hatte etwas tiefer ins Glas geschaut. Auf dem Nachhauseweg sah er auf einem Hügel einen Tomte, der gerade seine Grütze, *gröt*, löffelte. Anders' Kameraden sahen den Tomte auch und machten einen Bogen um ihn, doch Anders trampelte mitten in den Brei hinein. Der Tomte wurde so ärgerlich, dass er seinen Löffel nach ihm warf. Dieser landete am Rand des Hügels, und an der Stelle steht heute eine stattliche Birke mit einem Umfang von vier Metern, die größte von Västergötland. Ihr Standort heißt Grötalia.

205: Illustration von Elsa Beskow aus Barnens stora julkalendar *von Körling, 1919*

206: Die stolze Birke von Grötalia steht auf der Farm Tången, nahe am See Lönnen, in der Umgebung von Ulricehamn in Västergötland, dort, wo der Tomte seinen Löffel hingeworfen hat. Ihr Umfang misst vier Meter, nur ein Blitz hat ihre Borke beschädigt.

Anders' Enkeltochter Ella Hallgren kann bestätigen, dass die Geschichte wahr ist, lebt sie doch in dem Haus, das der Birke am nächsten steht. Ob sie selbst mal einen Tomte gesehen hat? Ja, eines Abends konnte sie auf dem Heimweg etwas Graues im Augenwinkel wahrnehmen. „Ich hatte aber keine Angst", sagt Ella, „ich wusste, dass es das Kleine Volk (*småfolket*) war."[18]

Geschichten wie diese werden von Generation zu Generation weitererzählt. In Skandinavien gibt es sie in Hülle und Fülle, und auch in Deutschland lassen sie sich hier und da noch finden.

Eine gebürtige Deutsche, die 1951, im Alter von zweiundzwanzig Jahren, nach Schweden kam, erinnert sich an den Sommer 2001 oder 2002 in Schweden, in Källviken, nördlich von Strömstad. Elisabeth

---

18 Torin 2005, S.49; übersetzt v. A. Puhle.

Johnson liest zu dieser Zeit das Buch von Marko Pogačnik über Elementarwesen. Man solle aufmerksam sein, solle den Elementarwesen gute Gedanken schicken, gute Gefühle, das löse viel Freude aus. Intellektuelles zähle nicht, heißt es dort. Als Elisabeth eines Tages einen Weg durch ein Wäldchen hinunter zum Meer nimmt, bemerkt sie lauter kleine Wesen, Männlein, Weiblein und auch Kinder, in bunter ländlicher Kleidung, gerade mal 20 bis 25 cm groß. Sie laufen mit kleinen Schritten neben ihr her, purzeln herum, sind fröhlich und gucken zu ihr hoch, als wollen sie gerne mit ihr gehen. Es sind so viele und sie sind so munter, dass Elisabeth aufpassen muss, nicht auf sie zu treten. Als sie auf einen Sandweg kommt, laufen ihr ihre Enkel entgegen, und sie vergisst die Zwerge. Doch noch in derselben Woche vollzieht sich mit ihr eine wesentliche Änderung: Elisabeth kann sich endlich, nach zwölf Jahren Traurigkeit, wieder dem Leben öffnen und selbstbewusster und fröhlich sein.

Noch im selben Sommer, auf derselben Reise, auch wieder in die Nähe von Strömstad in Bohuslän, sucht Elisabeth Johnson eine alte Steinanlage auf, die in Schiffsform angelegt ist. Immer noch mit Pogačniks Elementargeistern beschäftigt, denkt sie an die gefallenen Krieger, die unter der Steinanlage begraben liegen und mit dem Schiff ins Jenseits fahren sollen. Ob sie wohl alle schon erlöst und nicht mehr an die Erde gebunden seien, fragt sie sich. Daher singt sie ein Osterlied von der Auferstehung, um ihnen eventuell helfen zu können. Auf einmal sieht sie wieder Zwerge, ähnlich groß wie die vorigen: Sie stehen da, die Hände auf dem Bauch gefaltet, und sehen ganz treuherzig aus, als liebten sie Elisabeths Lied. Sie wirken respektvoll, haben ihre mattroten oder dunkelroten Mützchen, die wie mittelalterliche Kappen aussehen, abgenommen und halten sie in den Fingern. Andächtig schauen sie nach unten. „Das war etwas Überpersönliches", erinnert sich Elisabeth, „denn die Zwerge kümmerten sich gar nicht um mich." Das Ganze dauerte ein paar

Minuten, und sie wiederholte die Verse. Dann rief Bo, ihr Mann, und sie ging zu ihm und erzählte ihm das Erlebnis (nach einem mündlichen Bericht von Elisabeth Johnson an die Autorin, 2008).

Ich könnte noch etliche Erfahrungsberichte aus erster Hand anführen, von Jung und Alt, von Menschen mit mehr oder weniger Offenheit gegenüber den Phänomenen. Doch diese Erlebnisse wurden nicht dokumentiert, als sie sich ereigneten, und so hatte die Erinnerung genügend Spielraum, um das Erlebte phantasievoll zu Geschichten auszumalen. Viele Geschichten von Zwergen-Begegnungen lösen sich in Wohlgefallen auf, wenn wir den Maßstab der Wissenschaft anlegen und die jüngsten Forschungsergebnisse über Gedächtnis und Wahrnehmung berücksichtigen, die zeigen, wie leicht und häufig wir Täuschungen unterliegen. Dazu kommt, dass solche Spontanphänomene als Einzelfälle allein nicht sehr aussagekräftig sind und erst in Übereinstimmung mit den Grundmustern ähnlicher Fälle interessant werden. Zwerge lassen sich nicht ins Labor bitten. Die Begegnungen mit ihnen finden mitten im Leben statt. Doch durch ihre Gesamtheit, Vielzahl und Gleichförmigkeit der Muster gewinnen auch Einzelfälle Bedeutung.

Was sollen wir sagen, wenn der Nobelpreisträger für Literatur im Jahr 2008, Jean-Marie Gustave Le Clézio Ler, ein Sprachmagiker mit einem Faible für nordische Mystik, in einem Zeitungsinterview bekennt: „Ich habe einen Troll in Schweden gesehen! Ich verspreche es. Das war ein richtiger Troll. Ein [Meter] zehn oder vielleicht ein [Meter] zwanzig groß, mit rotem Haar. Wir fuhren mit dem Auto durch einen Wald außerhalb von Stockholm. Wir waren mehrere Personen, die den Troll sahen. Als wir mit dem Auto zurücksetzten und ich ausstieg, war er natürlich verschwunden. Das war sehr ... merkwürdig."[19]

---

19 (Zitiert nach Magnus Falkehed: Le Clézio tar priset med fattning, Göteborgs Posten, 10.10.2008, S.71).

Schweifen wir noch höher in den Norden, finden wir in Island ebenfalls deutliche Spuren des Glaubens an Zwerge, Elfen und ähnliche Geister. Die „Elfenbeauftragte" Erla Stefánsdóttir aus Island (siehe I.3) differenziert zwischen rot-, gelb-, grün- und blaubehüteten Zwergen. Ihre Tarnkappen seien nicht immer spitz, sondern hätten ganz unterschiedliche Formen, so Stefánsdóttir. Anzumerken ist, dass ein Zwerg, der seine Tarnkappe trägt, den physischen Augen verborgen bleiben müsste. Das Wissen kann also nur auf anderem Weg erlangt werden. In Island tollten die Trolle, Zwerge und Feen schon lange herum, bevor es überhaupt Menschen gab.

Gegenwärtig sind die Zwerge vor allem zu Weihnachten. In Schweden gibt es eine beachtliche Zahl von Künstlern, die sich ganz und gar den Tomtar verschrieben haben. Gerade die Weihnachtszeit bringt ihre Begabungen in vielfältigen Varianten von kunstvoll gefertigten Figuren und Püppchen aus meist edlem, aber natürlichem Material ans Licht. Auch Malerinnen und Maler haben jetzt Hochsaison, wenn sie ihre zauberhaften Bilder vom alten Jultomte, dem Weihnachtszwerg, der scharenweise auftreten kann, in Büchern, auf Karten und allen denkbaren Gegenständen, wie z.B. den berühmten schwedischen *tändsticksask*, den Streichholzschachteln, abbilden. Doch „nicht nur zur Weihnachtszeit" heißt das Motto in Schweden, und so werden die Kleinen Leute rund ums Jahr abgebildet.

207: Catarina Kruusval, Schweden: Julgubbe – ein Weihnachtszwerg. 1998.

In Mölndal, einem grünen Bezirk Göteborgs, dessen Häuser wie von Carl Larsson gemalt aussehen, besuchte ich Maj Fagerberg, eine Malerin, deren Werke der Flora und Fauna Schwedens gewidmet sind und darüber hinausgehen. Ihre Bilder sind auf den ersten Blick präzise Abbilder von Blumen und Tieren, Szenen im Grünen wie städtischen Motiven, doch bei genauerem Hinsehen lassen manche Bilder kleine Wesen erkennen. Einige dieser Wesen sind Zwerge, schwedische tomtar. Ich fragte nach dem Hintergrund ihrer Bilder, ihrer Motive, ob die Wesen Phantasiegestalten seien. Die Malerin, die schon als Schülerin den Auftrag bekam, ein Wandgemälde anzufertigen, gab nun Einblick in Erlebnisse, die sie bisher niemandem mitgeteilt hatte: Als Mädchen verbrachte sie einen großen Teil ihrer Zeit in der freien Natur. Sie wuchs in Dalarna auf, im mittleren Schweden, nördlich von Wärmland und rund 550 km von Göteborg entfernt, dort, wo sich die Elche, Bären und Wölfe Gute Nacht sagen. Ihr Haus stand mitten im Wald und war etwa 25 km vom nächsten Haus entfernt, und so wurde der Wald mit seinen Geheimnissen ihr bester Freund. Schon damals nahm sie die Dinge um sich herum aufmerksam wahr und schaute sich alles ganz genau an. So genau, dass sie meinte, es müsste immer noch mehr zu sehen sein, als sie auf den ersten Blick erfassen und wahrnehmen konnte. Doch sie sah nichts als die vertraute Natur. Nur manchmal nahmen die Dinge noch eine „zweite Gestalt" an, so etwa, als sie in einer Grube im Waldesinneren die Form eines Trolls erkennen konnte. Sie war sich bewusst, dass es eine Grube war, und doch konnte sie mit ihren Augen die seltsamen Umrisse eines Trolls erkennen. Dies war kein Spiel mit der Phantasie für sie, sondern beide waren echt: Grube und Troll.

Maj Fagerberg beschreibt, wie die Bilder auf sie zukommen: Sie sucht nicht nach Motiven oder denkt und malt sie sich aus, sondern die Bilder fallen ihr zu, erscheinen plötzlich mit großer Intensität vor ihren Augen und wollen ganz einfach gemalt werden. Sie müsse sie zu Papier bringen, bekennt die Malerin. Andersherum funktioniert es dagegen nicht. Allein der Wunsch nach einem neuen Bild macht noch kein Bild. Woher die Impulse zu ihren Bildern kommen, auf denen sich neben Zwergen auch noch andere zauberhafte kleine Wesen tummeln, wie hauchzarte Blütenfeen oder viel massivere, zottige Trolle, kann Maj nicht beantworten. Sie betont, dass sie das alles nicht mit offenen Augen sieht, sondern vielmehr innerlich erfährt und erlebt. Meist haben die Bilder eine tiefe Bedeutung, weisen in die feinere Welt der unsichtbaren oder nur bedingt sichtbaren Dinge. Sie zeigen die Ahnungslosigkeit der Menschen, vor deren unsensiblen Nasen und Augen die geheimen Wesen Revue passieren, während doch die Tiere einen Sinn dafür haben. Später, als die Malerin in der Stadt wohnt, wo nicht recht Platz für Zwerge ist, sehnt sie sich nach ihnen zurück und kann sie zum Glück wieder „sehen" – über den Dächern von Göteborg. Doch die Hauptsache ist der Effekt: Zwerge haben eine tröstende, wohltuende Wirkung. Wie auch immer wir die Realität, in der Zwerge sich aufhalten, definieren – sie wirken auf uns.

208: *Maj Fagerberg, Schweden: Illustration zu* Tomtarnas hemlige Julafton *von Stein, 1985.*

Locken Künstler die Zwerge auch noch so schön in unsere Welt und beleben unsere Mythen, Märchen und Sagen, so ist das keine befriedigende Antwort. Sie holen die Zwerge nur indirekt zurück. Die Frage nach der Gegenwart der Zwerge ist die Frage nach ihrer Realität, nach der Möglichkeit der Integration der Phänomene in eine wissenschaftlich erschließbare Realität. Eine Zwergen-Forschung gibt es nicht, obwohl es gerade sie heute geben müsste, spezialisiert sich doch die Forschung immer mehr auf immer kleinere Bereiche und Ausschnitte der Natur und des Menschen. Die Volkskunde, Sagen- und Märchenforschung stellt uns einen überwältigenden Korpus an Fall-Beispielen zusammen. Die Psychologie und Physiologie erforschen die psycho-physischen Bedingungen, die natürlichen Erklärungen für Erlebnisse dieser Art. Doch erschöpfend sind sie alle nicht. Dagmar Linhart, die in ihrem umfangreichen Werk über Hausgeister verschiedene psychologische Deutungen der Hausgeister heranzieht, kommt zu dem Schluss, dass dem Verständnis des vielschichtigen Bildes von Hausgeistern und der geschichtlichen Entwicklung des Hausgeistglaubens damit nur wenig gedient wird. Die Physik geht den geomagnetischen und elektromagnetischen Gegebenheiten der Erde nach und entdeckt Orte mit besonderer Kraft, heilige Orte. Marko Pogačnik geht einen Schritt weiter und setzt eine neue, inzwischen schon bewährte Methode zur Heilung der Erde und der in Unordnung geratenen unterirdischen Kräfte ein, die er *Lithopunktur* nennt. Mit seiner Arbeit bringt er Harmonie in die Erde und schafft so einen „guten Grund" für die Erdgeister. Neben der theoretischen Forschung und den Experimenten besteht die subjektive, unmittelbare Erfahrung.

Bei dem Streit um die Wahrheit bleibt der Streit die einzige Wahrheit.
RABINDRANATH TAGORE

209: Schneewittchen Bild-Postkarte.

Die Zwergenwelt liegt jenseits der anfassbaren Welt, nicht aber jenseits der fassbaren. Wir denken und beurteilen die Welt heute lediglich anders als früher und schätzen unsere Erlebnisse anders ein, da uns die Forschung gelehrt hat, wie leicht wir Sinnestäuschungen unterliegen und wie schlecht bzw. kreativ unser Erinnerungsvermögen ist. Wir wissen auch, dass wir mit unserem Bewusstsein ganz verschiedene Ebenen erreichen können. Entscheidend ist also die Bewertung dieser unterschiedlichen Zustände. Es ist eine Definitionsfrage, was wirklich und unwirklich ist und wo wir Zwerge ansiedeln, im Diesseits oder Jenseits, in der Wirklichkeit oder in der Phantasie. Wir selbst haben diesen Bereichen ihre Namen gegeben und ihnen den Stempel des Realen gegeben – oder eben nicht. Es kommt auf unseren Blickwinkel an, aus dem wir Zwerge sehen und bewerten. Was dem kühlen Verstand fern liegt, für ihn unerreichbar scheint, kann der Wirklichkeit des Herzens sehr nahe sein. Die Zwergenwelt ist nicht verschlossen. Ihre Tore stehen offen für den, der in seinem Inneren nicht verschlossen ist und sich ihrem Zauber zu öffnen wagt.

Zu dem geeigneten Ort, an dem sich der Vorhang zur Anderswelt heben kann, gehört die innere Einstellung und geistige Verfassung, das rechte Bewusstsein, das uns in sie eintreten lässt. Der schottische Maler John Duncan fand den idealen Grund für Begegnungen mit dem geheimen Volk der Sidhe auf den Hebriden (siehe Farbbilder). Er liebte es, sich dorthin zurückzuziehen und ganz dem heiligen Schweigen der Landschaft zu lauschen. Besonders auf den Inseln Eniskay und Barra spürte er die Gegenwart des Kleinen Volkes. Er vernahm die harmonischen Klänge der Fairies, wo kein Mensch weit und breit in der Nähe war, und hatte ebenso Erscheinungen und Visionen der dem äußeren Auge verborgenen Wesen. „Könnte es sein, dass manche nur mit dem äußeren Auge sehen und andere mit dem inneren Auge? Für das innerste, geheimste Auge … ist nichts unsichtbar." (Duncan).

Wir hören Stimmen aus der Anthroposophie, wie die des Chemikers Rudolf Hauschka, eines Schülers von Rudolf Steiner. Dr. Hauschka sieht in den Elementarwesen, von denen Märchen erzählen, Abkömmlinge der sich zurückziehenden Schöpfermächte.

Die von den Gebrüdern Grimm gesammelten Volksmärchen gäben hellsichtig erlebte Vorgänge wieder, seien nicht nur Unterhaltungsstoff für Kinder, sondern „wahrheitsgemäße Darstellungen von Wesen, die ja auch heute noch von Hirten und Fischern und sonstigen naturverbundenen Menschen [...] in Bildern wahrgenommen werden können." Er unterscheidet, wie Paracelsus, Gnomen (Wichtelmänner, Kobolde oder Zwerge), Nixen (Undinen), Elfen oder Sylphen und Feengeister. „Die Gnomen bearbeiten die Erde; sie leben in den Erzgängen und versorgen die Pflanzenwurzeln und reichen das Erarbeitete hinauf zu den Nixen oder Undinen, die in den Pflanzensäften das Gespräch zwischen Himmel und Erde vermitteln."[20] Rudolf Steiner spricht von der Möglichkeit, die Gnomen wahrnehmen zu können, gesteht sie jedoch nur Menschen mit einem „hellseherischen Bewusstsein" zu. Steiner geht noch einen Schritt weiter und hebt „die Wirksamkeit dieser Wesenheiten, die Leib und Seele haben, in unsere Welt hinein" hervor.

Es ist keine neue Entdeckung, dass sich uns Ideen und geistige Inhalte in Bildern und Wesenheiten, in Personifizierungen darstellen. Wer sich mit dem Deuten von Träumen auskennt, hat bemerkt, wie bildlich sich Ideen präsentieren: So kann z.B. eine schlechte Angewohnheit oder ein Laster buchstäblich als Lastwagen im Traum vorfahren oder eine Münze, die an einer bestimmten Stelle auf der Straße liegt, einen für uns bedeutsamen Ort anzeigen. Zwerge können das Wesen und die Kräfte der Erde darstellen.

C. G. Jung führt in der Abhandlung *Zur Phänomenologie des Geistes im Märchen*, in der er von Zwergen, Erzmännchen und Heinzelmännchen spricht, ein Beispiel für deren Realität an: „Wie „wirklich" dergleichen Vorstellungen sind, ist mir klar geworden anlässlich eines schweren Bergunglückes, wo nach der Katastrophe zwei der Teilnehmer bei hellem Tageslicht die Kollektivvision eines Kapuzenmännchens hatten, welches aus den unzugänglichen Schründen des Gletscherabsturzes herauskam und den Gletscher überquerte, was bei den beiden eine förmliche Panik auslöste."[21]

Das Doppelleben der Zwerge, die Ambivalenz und Zweideutig-

---

20 Hauschka 1983, S.27
21 C. G. Jung 1976ff, Bd.9.1 1976, S.239

keit, mit der sie vielen entgegentreten, macht es nicht leicht, die kleinen Wesen und ihre Natur zu fassen. Sie wollen und wollen nicht gesehen werden. Sie erscheinen in der Außenwelt und entschwinden auf der Stelle dem prüfenden Blick. Der Ort der Zwerge ist die Schnittstelle zwischen Außenwelt und Innenwelt. Es ist nicht nur ein „äußerer" Ort, wie ein Apfelbaum, sondern ebenso ein innerer Ort, eine besondere Geistesverfassung. In einer hektischen, lärmenden und zugebauten Welt ist ein Zwergenort zur Seltenheit geworden und nicht einfach zu finden. Früher, als die Zeit noch stiller war, kamen die Zwerge weiter in die objektive, gegenständliche Welt hinein und konnten häufiger gesichtet werden. Heute müssen wir ihnen auf halbem Weg entgegengehen, d.h. innerlich ruhig werden und uns auf das kleine stille Volk einstimmen. Wo die aufrichtige Bereitschaft und Offenheit vorhanden ist, sich in die Tiefen und Höhen der geistigen Welten und in die Hintergründe der Natur zu versenken, liegt auch das Tor zur Zwergenwelt. Das klingt ganz einfach, bedarf aber einer inneren Ruhe, die in unserer turbulenten Zeit mühsam gefunden werden muss. Dabei ist die Neu-Gier, die oft die Forschung vorantreibt, nicht die rechte Triebkraft, sondern vielmehr die Ehrfurcht vor der Natur und Schöpfung sowie die Demut gegenüber der Kraft, die sie geschaffen hat.

210: Jill Barklem, England: Illustration zu Spring Story, 1980. Der Apfelbaum ist ein beliebter „äußerer" Ort der Zwerge.

X.5 Vom bewussten Umgang mit der Natur und ihren geistigen Kräften

Dann muss uns jedes Sein heilig sein.
Wir dürfen nichts davon achtlos vernichten.
ALBERT SCHWEITZER
(ZWEITE PREDIGT ÜBER DIE EHRFURCHT VOR DEM LEBEN. 1919)

Ob das Kleine Volk göttlichen oder dämonischen Ursprungs ist, ob es eine Reminiszenz unserer Vorfahren und damit auch unserer eigenen ewigen Seele ist und das Licht in unserem geheimsten Inneren aufleuchten lässt – es ist in Jahrhunderten nicht aus unserem Blickfeld verschwunden, wenn auch unser Blick in einer nüchternen Welt für das Zwergenreich und seine Schätze getrübt ist. Feinheiten und Unregelmäßigkeiten, Unsichtbares und Nicht-Messbares haben heute keine Konjunktur. Wir müssen uns darum bemühen, Sinn und Bedeutung der kleinen Geister zu entschlüsseln und dürfen nicht mit Rückenwind vom Zeitgeist rechnen. Der Strom der Zeit fließt in eine andere Richtung. Er muss erst wieder in den großen Strom einmünden, der sämtliche Aspekte des Lebens und seiner Geheimnisse mit sich führt. Der Strom unserer Zeit ist ein kleiner Nebenfluss, der mit dem Strom des Lebens wieder zusammenfließen muss. Eine goldene Regel lautet: Jede Seite unseres Lebens will beachtet werden, auch Träume und Phantasien, Geschichten und Sagen gehören dazu. Das bedeutet für jeden Einzelnen etwas anderes. Jeder lebt seinen Kindertraum und sein Märchenthema auf seine Weise. Doch mit einem Märchen fängt unser Leben an. Es beflügelt unsere Kinderseele und weckt unsere Begeisterung für das beginnende Leben. Wenn wir uns daran erinnern, was uns in frühesten Jahren Kraft und Energie gespendet hat, schärfen wir unseren Sinn für das Eigentliche, das hinter allem verborgen liegt und uns antreibt.

Aus Märchen, Mythen und Sagen können wir Wertvolles herauslesen. Doch während sich die Mythen um den Ursprung von Himmel, Erde und Menschen bekümmern, führen uns die Märchen an die Kernfragen unseres Lebens heran, die Fragen nach unseren Aufgaben. Sagen sind viel konkreter, betonen die Realität des Berichteten, erheben Anspruch auf Wirklichkeit. Vielleicht sind sie nötig, damit wir niemals vergessen, nach der Wahrheit in der phantastischen Welt der Märchen zu suchen und motiviert werden, die geheimen Gründe unseres Seelenlebens zu erkunden.

Die Natur ist in den Märchen etwas Lebendiges, das mit uns Kontakt aufnehmen, zu uns sprechen kann. Nicht nur Tiere, auch Pflanzen und Steine kommunizieren mit uns und wir mit ihnen. Kinder lieben das, und noch manche Erwachsene empfinden es als bereichernd. Sollte tatsächlich ein Fünkchen Wahrheit darin liegen, forderte es allerdings zum Umdenken auf. Wer würde einen Baum fällen, der lautstark protestierte, und sich die Rache der Naturgeister zuziehen wollen? Für jedes noch so unscheinbare Lebewesen sind wir verantwortlich. Das fängt bei den Schnittblumen an: Wer möchte schon einen Strauß toter Rosen, die langsam ver-duften, im Zimmer haben? Und es hört beim Tierhandel noch lange nicht auf. Es gilt, die verlorene Feinsinnigkeit, die ein Kind oft noch hat, neu zu entdecken. Die Natur wird es uns danken. Albert Schweitzer gibt in seiner Predigt über das Verhalten gegenüber Tieren und Pflanzen den guten Rat:

Reiß keine Blume, kein Blatt ab! Siehst du ein Pflänzchen, auch das gewöhnlichste, vor dir auf deinem Pfade, tritt so, dass du es nicht zertrittst, wenn du es vermeiden kannst! Gehst du mit den Kindern in die Natur, lass sie nicht gedankenlos Blumen brechen!"
SCHWEITZER 1986, S.48

211: Elsa Beskow, Schweden: Illustration zu: **Tomtebo barnen***, 1919.*

Er fügt hinzu, dass man sich damit vielleicht vor manchen Leuten lächerlich macht, aber die Kinder „von dem Schauer des Geheimnisses ergriffen" und später dafür dankbar sein würden. Wo liegt die Grenze der beseelten Natur? Wo hört das zu schützende Leben auf? Was können wir mit Sicherheit von der Natur wissen? „Die Natur ist unbegreiflich per se", sagt Novalis, und genau das ist es, was wir uns bewusst machen müssen. Wir wissen nur wenig, spüren und ahnen aber die Kräfte, die in der Natur wirken. Wir werden von der Natur berührt, wenn wir uns von ihr berühren lassen. Zu den alten heidnischen Sitten gehört der bewusste Kontakt mit den Naturkräften, der sich etwa in den Opfergaben auf dem Grab eines Toten ausdrückt. Diese Spenden galten vielleicht (nach Friedrich Nork) nicht dem Toten selbst, sondern den in der Erde waltenden Kräften, denen man nun die Früchte des Bodens, mit denen sie dem Lebenden so lange gedient haben, zurückgeben wollte, was der Tote selbst nicht mehr ausführen konnte. Wir werden an den Seelengeleiter Hermes erinnert, der für Agamedes unterirdische Kornkammern anlegen ließ, und auch an die Heimchen, die Geister im Gefolge der Weißen Frau, die für reiche Ernten zuständig waren. Mehr noch verbreitet ist die Ansicht, dass diese Opfergaben den Verstorbenen, die als höhere, einflussreiche und hilfreiche Geister vorgestellt wurden, galten.

Der Himmel weiß unendlich mehr als alle Philosophen.
FRIEDRICH DER GROSSE

All-Verbundenheit heißt das Schlüsselwort. Kosmisches Bewusstsein und ein allumfassendes Netz der Liebe umspannt die Welt. Wir sind ein Teil davon, können uns an das Netz anschließen durch Liebe. Die Liebe darf allerdings nicht nur der eigenen Person oder den nächsten Menschen, dem Freundeskreis, der Firma, dem Vaterland, dem Staat, der Religion oder der Hautfarbe gelten, sondern soll über die individuellen Belange hinausreichen. Sie gilt der gesamten Natur mit all ihren Geschöpfen, vom Vergissmeinnicht bis zum Blaukehlchen. Dazu gehören Luft, Wasser und Erde sowie die gesamte grünende Natur. Selbst Steine, Edelsteine und Mineralien sind Teile eines großen Organismus, in dem alles miteinander verbunden ist.

212: Illustration von Rien Poortvliet aus Huygen und Poortvliet 1982.

Die Schweden kannten und kennen vereinzelt noch den Brauch, wie man böse Taten des Zwergenvolkes aufheben kann: Wird jemand auf unerklärliche Weise plötzlich krank, so schiebt man die Schuld dem dort wohnenden Ortsgeist in die Schuhe. Die Redewendung: „Er ist auf ein Böses in der Luft, im Wasser oder auf dem Land gestoßen", spielt darauf an. Das Gegenmittel heißt simpel „Das Ausgießen", hat es aber in sich: Man schabe etwas Gold vom Ehering der Frau, auch Silber vom Familiensilber und etwas Messing oder anderes Metall irgendwo ab und mische es unter ein beliebiges Getränk in einem Becher. Wichtig ist: Es muss dreierlei Metall sein. Nun begebe man sich an die Stelle des unglückseligen Zusammenstoßes mit dem Geist des Ortes und gieße das Opfergetränk über die linke Schulter aus. Weiß man nicht, wo das Unglück über den Erkrankten kam, gießt man das Versöhnungsopfer an den Türpfosten und über einen Aschenhaufen aus.

Unsere in die Vernunft verliebte Zeit hat das Tuch des Vergessens über die Erfahrungen mit Zwergen geworfen. Um den Schleier zu heben, müssen wir uns anderer Möglichkeiten als der Vernunft bedienen. Wir wissen seit Freud, dass unser Bewusstsein nur die Spitze eines Wissensberges ist. Als Kinder gehen wir wenig bewusst mit Erfahrungen und Erlebnissen um. Erst später dämmert uns, wie reich unsere Kindheit war. Im Strom der Zeit geht alles unter, das nicht auf Resonanz stößt und als Unsinn und Unfug abgetan wird. Wie leicht können uns unsere Ur-Erfahrungen abhanden kommen! Der Königsweg zu ihnen wie zu Erinnerungen überhaupt ist die Meditation. Sie ist im Gegensatz zur Hypnose, bei der eine andere Person die Kontrolle übernimmt, ein bewusster Weg zum Unbewussten. Sie öffnet den Zugang zu unseren verborgenen Seiten, vor allem aber zu unserem höheren Selbst, dem göttlichen Kern in uns, und damit weiter zu dem allumfassenden Göttlichen, zu Gott.

Ein wunderbares Zeichen des bewussten Umganges mit Mutter Erde und ihren Geistern ist die schon erwähnte kleine Münze, die wir ihr immer dann zustecken sollen, wenn wir uns bei ihr bedienen und eine Pflanze mitsamt ihren Wurzeln herausziehen.

Sie müssten jetzt fort aus deutschen Landen, denn die Leute würden ihnen hier zu klug, ließen die Zwerge bei einer Überfahrt auf der Hunte verlauten, wie ein Mann aus Moorhausen bei Oldenburg berichtet. Ist der Hinweis auf die Kopflastigkeit unserer Zeit nicht ein Verweis auf die inneren, geistigen und intuitiven Kräfte, die in allen schlummern und vorhanden sind?

Naturweisheit kommt zu uns in Zwergengestalt. Mit den Zwergen ginge uns, sofern wir sie endgültig verscheuchten, etwas Kostbares und Heiliges verloren. Dies illustriert eine Sage aus den tiefen Forsten Thüringens, in denen es ehedem von Zwergen, Zinselein oder Zinselchen nur so wimmelte. Ein Bauer hatte sich eines Tages ernsthaft mit den Zinslein, die auf seinem Feld die leckeren Erbsenschoten abknabberten, angelegt. Als er ihnen mit der Rute drohte, haben ihn die Zwerglein nur verspottet und am nächsten Tag seinen Acker voll mit Ruten besteckt, nach dem Motto: Du kannst uns mal ... Das brachte den Bauern vollends in Rage. Er lauerte den kleinen Leutchen auf und erwischte ein Zinslein an seinem Mützchen. Da nun die Mützen das Kostbarste sind, was Zwerge besitzen – sie fungieren als Nebel- und Tarnkappen –, wollte das Zinslein unbedingt sein Mützchen wiederhaben. Aber der Bauer hatte ein Herz aus Stein und erschlug das arme Ding. Die kleine Zwergenmeute hob nun mit einem erbärmlichen Wehklagen an und verließ die schöne Gegend für immer. Noch in derselben Nacht wuchsen auf dem Feld Eschen heran. Wie Erbsen, zeigen auch Eschen nach altem Volksglauben Trauer an. Weiter ist die Esche der heilige Baum des Nordens. Aus einer Esche, *ask*, ist der erste Mensch entstanden, *askr*. Auch der Weltenbaum Yggdrasil war eine Esche. In ihr verbargen sich das Menschen-Paar Lif und Lifthrasir während des Kampfes der nordischen Götter mit den Riesen, nach dessen Ende sie die neue Welt mit ihren Nachkommen bevölkerten.

Das Schlusslicht unseres Buches soll die schöne Geschichte von einem freigiebigen Holzweiblein bilden, das einer armen Frau dazu verhalf, nicht nur wieder auf einen *grünen Zweig* zu kommen, sondern vielmehr auf einen *goldenen*. Das Holzweiblein hatte ein Herz für die Frau, die Laub für ihre Ziegen holen wollte. Als es von ihrem Leid erfuhr, schenkte es ihr ein Zweiglein. Die ahnungslose Frau hätte den Zweig um ein Haar weggeworfen, besann sich aber im rechten Moment und steckte den Zweig zurück in die Tasche. Auf dem Heimweg wurde ihre Tasche so merkwürdig schwer, und als sie nachsah, glitzerte ein Goldzweig hervor, aus dem lauter goldene Blätter wuchsen. Nun hatte alle Not ein Ende.

213: Zwerg und Ehrenpreis. Foto: Annekatrin Puhle, 2005.

Besinnen wir uns rechtzeitig und achten auf die, oberflächlich gesehen, unscheinbaren Gaben der Natur, wird am Ende alles gut. Wir werden unseres Lebens froh und gewinnen den goldenen Zweig. Dann bleibt die Sage „ein fort und fort frischquellender Goldborn für Poesie und Kunst", wie es Ludwig Bechsteins *Deutsches Sa-*

genbuch uns ans Herz legt, und die alten Weisheiten der Mythen, Sagen und Märchen von Zwergen blühen auf und erwecken uns zu neuem, reicherem Leben.

Der Freund der Weisheit ist auch ein Freund des Mythos.
ARISTOTELES

Schluss

Mögest du nicht eher sterben,
als bis du die Schätze der Weisheit weitervererbt hast.
IRISCHER SEGENSWUNSCH[22]

❧ ❧ ❧ ❧ ❧ ❧ ❧ ❧ ❧

Das überlieferte Wissen, das wir unseren Vorfahren wie auch denen anderer Völker verdanken, ist eine Schatzkiste, die scheinbar keinen Boden hat. Wir dürfen schöpfen und schöpfen, bis wir genug gefunden haben, um unser eigenes, auf persönlichen Erfahrungen beruhendes Weltbild abzurunden. Ein wesentlicher Teil dieses Schatzes, der wertvollste, ist die Einsicht in die geistige Welt. Wir brauchen das Geistige sowie das Materielle, um ein erfülltes, glückliches Leben führen zu können. Es gehört zu uns und lässt sich durch keine noch so ausgeklügelten oder fortschrittlichen Theorien wegdenken. „Es gibt in der Natur keine überflüssige Anlagen", sagt Kant, und so ist die unermüdliche Suche der Menschen nach dem Guten, Schönen und Erhabenen, nach dem Göttlichen außer uns wie auch in uns selbst, nicht vergeblich. Zwerge sind ein Zeichen davon, wie tief ins Dunkle wir hineinsehen müssen, um sogar dort, im irdischen und unterirdischen Bereich, wieder das Höhere, Feinere zu finden. Auch im Dunkel der Erde führen die Spuren ins Licht, ist der Glanz des Edlen, Königlichen erhalten, wenn wir dort die Zwergenpaläste mit ihren Schätzen und die Steine, Halbedelsteine und Edelsteine entdecken. Ein Bild Gottes, *imago Dei*, erscheint

---

22 Ausgewählt von Hermann Multhaupt (2003) für den 2. November

außer uns und scheint ebenso in uns. Es ist ein himmlisches Licht, ein „archetypisches Licht", wie Gott schon im alten *Corpus Hermeticum* genannt wird. Dieses ursprüngliche Bild unseres höchsten Seelenteiles und des über alles erhabenen Göttlichen leuchtet uns den Weg, wo immer wir sind und wann immer wir ihn suchen. Der Zwerg wird zum Glückszwerg.

214: Maj Fagerberg, Schweden: Zwerge bringen Licht in die Dunkelheit.

Das Kleine Volk mit seinen Lichtlein und Laternen, die in der dunkelsten Zeit, um Mittwinternacht und die Weihnacht, hell scheinen, weist nicht nur Kindern den Weg in eine verborgene Welt, die entdeckt werden will. Wir können dies auf den verschiedensten Stufen tun, angefangen bei der Achtung unserer Vorfahren und vergangener Völker, weiter auf psychologischer Ebene durch Integration unbewusster Inhalte ins bewusste Leben, endlich durch Erkenntnis des geistigen Ursprungs allen Seins und durch religiöse Hingabe und All-Liebe. Blicken wir auf die Märchen, Sagen und Geschichten von den kleinen fröhlichen Wesen mit ihren Allüren und liebenswerten Eigenheiten zurück, so müssen wir jetzt nicht mehr nur lachen, sondern können einen tieferen Sinn darin erkennen und ihre tiefere Bedeutung verstehen. Zwerge haben mit uns zu tun, mit der unsterblichen Seele, mit den Geheimnissen der Natur und mit dem göttlichen, unauslöschlichen Licht.

Es bedarf eines großen Wissens,
um einsehen zu können,
wie wenig wir wissen
von der weiten Welt
und ihren kleinsten Dingen.

215: Aus: Ida Bohatta, Morpurgos Schneckenpost, *1951.*

Nachwort

Will man sich ein ganzheitliches Bild des Menschen als eines Kulturwesens machen, ist es unbedingt notwendig, die überlieferte Volksweisheit kennenzulernen – in Einklang mit dem ebenso alten wie ewig aktuellen Auftrag der Menschheit, der da lautet: „Erkenne Dich selbst!"

Meine Forschung im Gebiet des Volksglaubens gilt überwiegend Skandinavien, und dort vorrangig Schweden. Wir haben verschiedene Naturwesen von unterschiedlicher Größe und Erscheinungsform. Häufig sind sie klein, wie die deutschen Zwerge, aber wir nennen sie nicht so. In Süd- und Mittelschweden können sie *vättar*, *underjordiska* (Unterirdische) oder *troll* genannt werden, in Norrland heißen sie meistens *vittra* oder *tomtar* und im Süden *nisser*.

Die mystischen Nachbarn

Diese Wesen waren die Nachbarn der Menschen, aber sie waren Heimlichtuer; und es war schwierig, sie zu verstehen. In der Volkstradition gibt es mündliche „Regeln", die den Umgang mit ihnen vorschreiben. Wir haben es mit einem mystischen System von phantasievollen Gestalten zu tun. Sie leben in einer Welt, die parallel zu unserer existiert, aber dennoch in vielerlei Hinsicht besonders ist. Das meiste ist umgedreht in dieser Welt, spiegelverkehrt, wenn man so will. Was gut für uns ist, ist oft schädlich für sie, wie etwa christliche Worte und Ausdrücke. Bewegungen werden meistens mit der linken Hand ausgeführt und gegen den Uhrzeigersinn. Dunkel ist besser als hell, Regen und Nebel werden einem klaren blauen Himmel vorgezogen. Der Glaube an übernatürliche Wesen hat mehrere Funktionen. Am deutlichsten ist die pädagogische. Die Eltern bekommen Hilfe von diesen Wesen bei der Erziehung der Kinder und jungen Leute.

Zum Beispiel trugen die Geschichten von dem Seemonster und dem Wassermann, der die Leute ins Wasser hinabziehen wollte, dazu bei, den Kindern Respekt vor dem Wasser einzuflößen. Es war wirkungsvoller, den Kindern einzutrichtern, da draußen gingen bösartige Wesen um, als direkt zu sagen, die Natur sei gefährlich. In vielen Fällen diente der Volksglaube dem Zweck, die Menschen daran zu erinnern, dass sie weder die Macht noch das Recht haben, auf der Erde zu tun, was sie wollen. Die Menschen dürfen sich weder an der Natur noch an der Kulturlandschaft, die unter Mühe und Opfern geschaffen wurde, vergreifen. Demut war vonnöten. Eine der schlechtesten Sünden war Übermut – oder *hybris*, wie der klassische Grieche es nannte. Die Menschheit muss ihre Grenzen kennen und respektieren. Sie steht nicht auf dem Niveau der Götter.

Die Wesen des Volksglaubens spielten daher oft die Rolle von Kontrolleuren. Sie mischten sich ein, wenn jemand die Grundregeln und Grundwerte verletzte. Aber der Volksglaube kann nicht nur Furcht erzeugen, sondern sogar das Gegenteil, wie ich es selbst erfahren habe.

Ich wuchs an einem wohlbekannten, aber verrufenen Ort in Bohuslän, Westschweden, auf. Als Kind fürchtete ich mich sehr davor, einen oder gar allen spukenden Vorfahren zu begegnen, von denen die Menschen so überzeugend sprachen. Doch nach einer gewissen Zeit schenkte mir der Glaube an Geister einen unerwarteten Frieden und eine befreiende Sicherheit. Ich begann zu denken, dass es, falls die Toten wirklich erschienen, ein Zeichen für ein Leben nach dem Tod sei, dass die Grenze zwischen Leben und Tod nicht unüberwindlich ist. Dass die Toten uns aufsuchten, geschah aus dem Interesse heraus, zu sehen, wie das Leben für uns ist. In dieser Hinsicht fühlte ich einen tieferen Kontakt mit einem verschwundenen Ahnenstamm.

Wir Menschen haben ein starkes Bedürfnis, unsere Umgebung zu verstehen, sogar solche Dinge, die nicht unmitelbar mit dem gesunden Menschenverstand oder den Sinnen erklärt werden können. Ereignisse, die vollständig merkwürdig und unerwartet auftreten: Glück und Unglück, Fortschritt und Rückschritt, viele solcher Dinge können durch unsichtbare Wesen erklärt werden, die sich zu unserem Vor- oder Nachteil einmischen.

Der traditionelle Volksglaube betraf alle Seiten der menschlichen Existenz. Er spiegelte und erklärte wenigstens teilweise die Lebensbedingungen. Er konnte Bedeutung schaffen und Zusammenhänge herstellen sowie gegen das Lähmende von Leere, Chaos und Zufall schützen. Und nicht zuletzt bot er in einer Zeit, bevor es Filme, Radios, Fernsehen, Computer und andere moderne Technik gab, Spannung und Unterhaltung.

In unserer alten Glaubenswelt ist ein Drama eingebaut, basierend auf den Konflikten zwischen Gut und Böse, zwischen Licht und Dunkel und zwischen Moral der Gesellschaft und einem schwer zu zügelnden Lebenstrieb. Selbst wenn der Volksglaube grundsätzlich konservativ ist, so ist er doch nicht statisch. Er ist gefärbt, ändert sich aber ständig unter dem Einfluss von ökologischen, ökonomischen und sozialen Faktoren sowohl in der unmittelbaren Umgebung als auch in der ganzen Gesellschaft.

Volksglaube war nicht immer gefragt, sondern meistens erst dann, wenn Not, Krisen und Gefahr drohten oder zu besonders bedeutsamen Zeitpunkten, entweder im Jahreslauf oder im Lebenszyklus. Aus unseren Archiv-Sammlungen ersehen wir, dass an erster Stelle die Hoch-Zeiten Weihnachten, Ostern und Mittsommer magische Handlungen und Rituale anziehen, etwa Geburt, Taufe,

Heirat und Beerdigung. Für die Bauern auf dem Land konnte der Volksglaube in alter Zeit große Bedeutung haben, z.B. zu Zeiten der Aussaat, der Ernte und wenn im Frühjahr das Vieh auf die Weiden getrieben wurde.

Wer an Naturgeister glaubte, stand niemals wirklich allein da mit seinem Glauben. Die Wesenheiten mischten sich permanent in die Aktivitäten der Menschen ein. Sie waren eine Art von Mediatoren zwischen der Welt der Menschen und dem Unbekannten und Unfassbaren. Diese Rolle war für die Naturwesen leichter zu spielen, wenn sie in menschlicher Gestalt auftraten.

Aus den Archiv-Sammlungen geht nicht klar hervor, bis zu welchem Ausmaß diese Wesen Geister waren oder physische Gestalt annahmen. Die alten Geschichten-Erzähler kümmerten sich nicht um dieses Problem. Der Anspruch auf Logik war im traditionellen Denken selten ausgeprägt. Wurde diese Frage jemals aufgeworfen, so war eine einfache Antwort denkbar: Entweder hatten sie die Möglichkeit, ungehindert zwischen geistigen und physischen Zuständen zu wechseln, oder sie hatten eine Art von bestimmtem Zustand, wurden jedoch nur selten gesehen, da sie sich meistens den Blicken der Menschen entzogen. Wie auch immer, es wurde in etwa wie ein Axiom verstanden, dass die Wesen des Volksglaubens nicht ganz luftig-geistig waren. Den Geschichten zufolge waren sie zumindest manchmal mit den Händen greifbar. Wölfe können sie auffressen, Jäger mit den rechten Kugeln können sie erschießen, Menschen können mit ihnen sexuell verkehren, die Naturwesen können schwere physische Arbeit leisten und anderes mehr.

Ihre Fähigkeit, vom geistigen in den körperlichen Zustand überzugehen und umgekehrt, war eine selbstverständliche und unbezweifelte Eigenschaft übernatürlicher Wesen, egal ob sie nun Götter waren oder Wesen des Volksglaubens.

Die Tradition wird nicht zuletzt aufrechterhalten von der Autorität der älteren Menschen. Die Jüngeren sollten an die Existenz der übernatürlichen Phänomene glauben – darüber gab es keine Diskussion. Der Glaube brauchte auch ständig neue Nahrung durch Erfahrungen, die die Menschen zu machen meinten, besonders in der Morgen- und Abenddämmerung und an Orten, an denen auch noch andere etwas schwer Erklärbares erlebt hatten.

Aus den Akten geht hervor, dass am häufigsten etwas Verdächtiges gehört oder etwas Ungewöhnliches und Merkwürdiges in der Nähe gefühlt wurde. Doch auch Visionen kamen recht häufig vor. Es ist durchaus erklärbar, wie solche Visionen entstanden. Der Ausgangspunkt war, dass die Menschen so voll von Gechichten, so vorbereitet auf das Wunderbare waren, wie es ein älterer Forscher formulierte, dass es nicht mehr als eines plötzlichen Windstoßes oder eines dunklen, sich bewegenden Busches bedurfte, um zu glauben, dass ein übernatürliches Wesen beteiligt war.

Am Anfang war es einem nicht richtig klar, was man tatsächlich gesehen oder gehört hatte. Doch man besaß eine Erwartungshaltung sowie mehr oder weniger klare Denkmuster, die in solchen Fällen aktualisiert werden konnten. Als Ergebnis davon formte sich das Bild eines Trolles oder anderen Wesens.

Wenn man dann eine Nacht darüber geschlafen hatte, wurde die Erfahrung vermutlich im Traum verarbeitet, bis sie ausgereift war. Wenn man dann am nächsten Morgen mit jemandem, der dieselbe Art zu denken hatte, darüber sprach, stand einem das Bild des Wesens klar vor Augen. Die Erfahrung wurde bestätigt. Es war also eine Wechselwirkung zwischen Geschichten-Erzählen und Sinneseindruck.

Es gibt eine Reihe von Hinweisen, dass der Volksglaube als Phänomen sehr alt ist. Vermutlich spielte er schon ein Rolle, als die

Menschheit noch in den Kinderschuhen steckte. Aber wir können keinen sicheren Beweis dafür erbringen, da alle Zeugenaussagen in das Dunkel der mündlichen Überlieferung und des Vergessens gehüllt sind. Was wir dagegen mit Sicherheit sagen können, ist, dass der Volksglaube schon in den ältesten schriftlichen Dokumenten, die wir kennen, belegt ist: In Lehmtafeln mit Keilschrift, die etwa fünftausend Jahre alt sind. Die ältesten wurden von den Sumerern geschrieben, die in Mesopotamien lebten, also in dem Gebiet zwischen Euphrat und Tigris. Außerdem gibt es Formeln, die in den Schriften gefunden wurden. Zaubersprüche und Anleitungen, wie man sich gegen Krankheit und Übel schützt. Dazu gibt es spannende mythische Geschichten.

Der Volkslaube hat sich über die gesamte Welt ausgebreitet. Er ist überall auf dem Globus fest verwurzelt. Er tritt in verschiedenen, sich verändernden Formen auf und kehrt immer wieder zu der Grundvorstellung von übernatürlichen Welten und mystischen, die Fantasie anregenden Wesen zurück.

Es wäre merkwürdig genug, wenn diese Wesen und die geheime Welt wirklich existierten. Doch es wäre mindestens genauso merkwürdig, vielleicht noch viel merkwürdiger, wenn nichts davon existiert oder existiert hätte, außer in unserer Fantasie!

Ebbe Schön,
Volkskundler und Associate Professor für Literatur, Stockholm
(Übersetzung: Adrian Parker und Annekatrin Puhle)

LITERATURVERZEICHNIS

Gebildet ist, wer weiß, wo er findet, was er nicht weiß.

GEORG SIMMEL

Adelson, Betty M. (2005): The Lives of Dwarfs. Their Journey from Public Curiosity toward Social Liberation. Foreword by Julie Rotta. New Brunswick, New Jersey, and London: Rutgers University Press, 2005.

Agricola, Georgius (1556, 1657): De re metallica, libri XII. 1.Aufl. 1556. Basileae 1657

Agricola, Georgius (1549, 1955-1971): Ausgewählte Werke. 10 Bde.ff und ein Ergänzungsband, Berlin 1955-1971. Bd.6 Vermischte Schriften I, […] de animantibus subterraneis liber 1549 […]. Übersetzt und bearb. von G. Fraustadt, Berlin 1961.

Agricola, Johannes (1529, 1971): Sprichwörter. Originalausgabe 1529. Die Sprichwörtersammlungen. Ausgaben deutscher Literatur des XV. bis VIII. Jahrhunderts. Hg. von Sander L. Gilman, 2 Bde., Berlin und New York 1971.

Aïvanhov, Omraam Mikhaël (2002): Gedanken für den Tag. Fréjus, Cedex, Frankreich: Prosveta Verlag, 2002.

Aïvanhov, Omraam Mikhaël (1996): Einblick in die unsichtbare Welt. Fréjus, Cedex, Frankreich: Prosveta Verlag, 1996.

Aïvanhov, Omraam Mikhaël (1999): Das Licht, lebendiger Geist. Bd. 212, Fréjus, Cedex, Frankreich: Prosveta Verlag, 1999.

Alpenburg, Johann Nepomuk Ritter von (1857): Mythen und Sagen Tirols. Zürich 1857.

Alpenburg, Johann Nepomuk Ritter von (1861/1971): Deutsche Alpensagen. Gesammelt und hg. von J.N. Ritter von Alpenburg. 1. Aufl. Wien 1861; unveränderter Nachdruck, München 1977.

Andersen, Hans Christian (1998): Victoria, Australia: Redwood Editions, by arrangement with Anness Publishing Limited Hermes House, London 1998.

Appel, Heinrich (1937): Die Wechselbalgsage. Inaugural-Dissertation zur Erlangung der Doktorwürde der Hohen Philosophischen Fakultät der Universität Heidelberg. Berlin: Buchdruckerei Alb. Sayffaerth G.m.b.H., 1937.

Arndt, Ernst Moritz (o.J.): Nordische Volkskunde. Hg. mit einem Nachwort von Otto Huth. Leipzig: Philip Reclam jun., o.J.

Arndt, Ernst Moritz (1806): Reise durch Schweden im Jahr 1804. 3 Theile, Berlin: G.A. Lange, 1806.

Arndt, Ernst Moritz (1818): Märchen und Jugenderinnerungen. Berlin 1818.

Arndt, Ernst Moritz (1836): Nordische Volkskunde. Leipzig: Philipp Reclam jun., 1836.

Arrowsmith, Nancy (1977, 1984): Die Welt der Naturgeister. Feldforschungen im Elbenreich. Handbuch zur Bestimmung der Wald-, Feld-, Wasser-, Berg-, Hügel- und Luftgeister aller europäischen Länder. Amerikanische Originalausgabe 1977; deutsche Ausgabe mit einem Nachwort von Michael Korth. Frankfurt a.M.: Eichborn Verlag, 1986.

Arrowsmith, Nancy (2005): Die Geister von Mittelerde und andere Fabelwesen. München: Piper, 2005.

Artelius, Tore, und Svanberg, Fredrik (Hrsg.) (2005): Dealing with the Dead. Archeological Perspectives on Prehistoric Scandinavian Burial Ritual. Stockholm: National Heritage Bord, 2005.

Asbjørnsen, Peter Christen (1842-1843): Norske folkeeventyr. Christiania 1842-1843.

Asbjørnsen, Peter Christen (1845): Norske huldreeventyr ok folkesagn. Christiania 1845.

Asbjørnsen, Peter Christen (1881): Auswahl norwegischer Volksmärchen und Waldgeister-Sagen. Leipzig 1881.

Aubrey, John (1696, 1784): Miscellanies. 1696, neu hrsg., London 1784.

[Ausstellungskatalog]: Katalog zu der Ausstellung „Über den (sieben) Bergen bei den sieben Zwergen. Vom Mythos der Zwerge, Wichtel, Heinzelmänner, Gnome, Däumlinge, Däumelinchens und sonstigen Kleinen Volkes." Stadtmuseum Bonn, in Zusammenarbeit mit Beatrix Alexander (Kölnisches Stadtmuseum), 13.3.-1.5.2005.

Avenarius, Wilhelm (1984, 2004): Rund um die Weiße Frau. Geister, geheimnisvolle Kräfte. Übersinnliche Erscheinungen im Volksleben und auf Schlössern. Ein Geister-Handbuch. Heroldsberg, Gelbes Schloss: Glock und Lutz Verlag; Braubach. Erhältlich über den Buchladen auf der Marksburg, D-56338 Marksburg, 2004.

Bächtold-Stäubli, Hanns (Hrsg.) (1927-1942, 1987): Handwörterbuch des deutschen Aberglaubens. 10 Bde., Berlin und Leipzig: De Gruyter, Guttentag, Reimer, Trübner, Veit, 1927-1942. Unveränd. photomechan. Nachdruck: Berlin, New York: Walter de Gruyter, 1987. (= HdA)

Bandini, Ditte und Giovanni (2004): Das Zwergenbuch. München: Deutscher Taschenbuchverlag, 2004.

Barrie, James Matthew (1906): Peter Pan in Kensington Gardens. Illustrated by Arthur Rackham. London: Hodder & Stoughton, 1906.

Bartsch, Karl (1879-1880): Sagen, Märchen und Gebräuche aus Mecklenburg. Gesammelt und hg. von Karl Bartsch. Bd.1 Sagen und Märchen, 1879, Bd.2 Gebräuche und Aberglaube, 1880. Wien: Wilhelm Braumüller.

Bechstein, Ludwig (1835-1838): Der Sagenschatz und die Sagenkreise des Thüringerlandes. 4 Bde., Hildburghausen: Kesselring, Bd.1 1835, Bd.2. 1836, Bd.3 1837, Bd.4 1838.

Bechstein, Ludwig (1840): Die Volkssagen, Mährchen und Legenden des Kaiserstaates Österreich. Gesammelt und hg. von L. Bechstein. Leipzig: C.B. Polet, 1840.

Bechstein, Ludwig (1841, 1885): Thüringer Sagenbuch. 2 Bde., 1.Aufl. 1841; 2.Aufl. Leipzig: C.A. Koch's Verlagsbuchhandlung, 1885.

Bechstein, Ludwig (1846): Beitrag in: Nieritz' deutscher Volkskalender auf das Jahr 1846. Hg. von Gustav Nieritz, Leipzig 1846.

Bechstein, Ludwig (1853): Deutsches Sagenbuch. Mit sechzehn Holzschnitten nach Zeichnungen von A. Ehrhardt. Leipzig: Georg Wigand, 1853.

Bechstein, Ludwig (1854-1855): Mythe, Sage, Märe und Fabel im Leben und Bewusstsein des deutschen Volkes. Leipzig 1854-1855.

Behrens, D. Georg Henning (1712): Hercynia Curiosa, oder Curiöser Hartz=Wald/ Das ist Sonderbahre Beschreibung und Verzeichniß Derer Curiösen Hölen/ Seen/ Brunnen/ Bergen und vielen anderen an= und auff dem Hartz vorhandenen […]. Nordhausen: C. Christian Neuenhahn, 1712.

Beskow, Elsa (1901, 1994): Puttes Äventyr. Stockholm: Erstausgabe Stockholm: Wahlström & Widstrand, 1901; Stockholm: Bonnier Carlsen Bokförlag AB 1994.

Beskow, Elsa (1910, 1980): Tomtebo barnen. Erstausgabe Stockholm: Åhlen & Åkerlund, 1910. Stockholm: Bonniers Juniorförlag, 1980.

Beskow, Elsa (1927): Årets Saga. Stockholm: Åhlen & Åkerlund, 1927.
Beskow, Elsa (1932, 2002): Solägget. Erstausgabe Stockholm: Bonniers, 1932. Stockholm: Bonnier Carlson, 2002.
Birlinger, Anton (1861-1862): Volksthümliches aus Schwaben. Hg. von Dr. Anton Birlinger, Bd.1: Sagen, Märchen, Volksaberglauben. Gesammelt und hg. von Dr. A. Bilinger und Dr. M.R. Buck, Freiburg i.Br.: Herder'sche Verlagshandlung, 1861; Bd.2 Sitten und Gebäuche. Gesammelt und hg. von Dr. Anton Birlinger, Freiburg i.Br.: Herder'sche Verlagshandlung, 1862.
Bock, Hieronymus (1556): Kreuterbuch. Straßburg: Johan Rufel, 1566.
Bohatta, Ida (1996): Mit Ida Bohatta durch das Jahr. Zug, Schweiz: ars Edition, 1996.
[Bohatta-Morpurgo] (1988): Ida Bohatta-Morpurgo. Leben und Werk einer Kinderbuchillustratorin, mit Gesamtbibliographie. Hg. von der Internationalen Jugendbibliothek, München, Schloss Blutenburg. München: ars edition, 1988.
Bord, Janet (1997): Feen, Elfen, Zauberwesen. Begegnungen mit dem Wunderbaren. Düsseldorf, München 1997.
Bord, Janet (2004): The Traveller's Guide To Fairy Sites. The Landscape and Folklore of Fairyland in England, Wales and Scotland. Glastonbury: Gothic Image Publications, 2004.
Boor. Helmut de (1924): Der Zwerg in Skandinavien. In: Festschrift für Eugen Mogk zum 70. Geburtstag 19. Juli 1924. Halle 1924. S.536-557.
Briggs, Katharine (1976): A Dictionary of Fairies. Hobgoblins, Brownies, Bogies and Other Supernatural Creatures. Erstausgabe, London: Allen Lane, Penguin Books Ltd., 1976.
Brosse, Jacques (1990, 2001): Mythologie der Bäume. 1.Aufl. 1990; ppb-Ausgabe, Düsseldorf und Zürich: Walter-Verlag, 2001.
Bürkner, Hans (Hrsg.) (1848): Deutscher Jugendkalender für 1848. Mit vielen Holzschnitten nach Originalzeichnungen von Dresdner Künstlern. Leipzig: Wigand, 1848.
Bull, Gudrun (1996, 2005): Sagenhafte Weihnacht. 1.Aufl. 1996; 4.Aufl., München: Deutscher Taschenbuch Verlag. 2004.
Burkhard, Ursula (1996): Karlik. Begegnungen mit einem Elementarwesen. Weißenseifen-Michaelshag: Werkgemeinschaft Kunst und Heilpädagogik Weißenseifen, 6. Aufl. 1996.
Burkhard, Ursula (1998): Elementarwesen – Bild und Wirklichkeit. Zusammengestellt und hg. von Anina Bielser, mit einem Vorwort von Jakob Streit. Dornach, Schweiz: Verlag die Pforte (im Rudolf Steiner Verlag)
Burns, Marjorie (2005): Perilous Realms. Celtic and Norse in Tolkien's Middle-earth. Toronto, Buffalo, London: University of Toronto Press, 2005.
Buschan, Georg (1936): Altgermanische Überlieferungen in Kult und Brauchtum der Deutschen. München: J.F. Lehmanns Verlag, 1936.
Campbell, John (1860-1861, 1994): Popular Tales of the West Highlands. 2 Bde, 1860-1861; Edinburgh 1994.
Cancik, Hubert, und Schneider, Helmuth (Hrsg.) (1996ff). Der Neue Pauly. Enzyklopädie der Antike. Bd.1ff, Stuttgart, Weimar: J.B. Metzler. (= DNP)
Carr, Bernhard (Hrsg.) (2006): Universe or Multiverse? Edited by Bernhard Carr. Cambridge: Cambridge University Press, 2006.
Carrington, Hereward., und Fodor, Nandor (1951, 1953): Haunted People – Poltergeists down the Centuries. New York: E.P. Dutton & Co., Inc., 1951. The Story of the Poltergeist Down the Centuries. London: Rider and Company, 1953.
Casta, Stefan und Fagerberg, Maj (2002): Humlans Blomsterbok. Bromma, Schweden: Opal AB, 2002.

Collins, Minta (2000): Medieval Herbals. The Illustrative Traditions. London: The British Library and University of Toronto Press, 2000.

Croker, Crofton (1825-1828): Fairy legends and traditions of the south of Ireland. 3 Bde., London: John Murray, 1825-1828.

Curtze, Ludwig (1860): Volksüberlieferung aus Waldeck. Arolsen 1860.

Deussen, Paul (1907): Die Geheimlehre des Veda. Ausgewählte Texte der Upanishad's. 2.Aufl. Leipzig: Brockhaus, 1907.

Diederich, Benno (1903): Von Gespenstergeschichten, ihrer Technik und ihrer Literatur. Von Dr. Benno Diederich. Leipzig: Verlag von Schmidt & Spring, 1903.

Diehm, Friedrich (1930): Luther als Kenner deutschen Volksbrauchs und deutscher Volksüberlieferung. Dissertation, Gießen: Druckerei der Gießener Studentenhilfe e.V., 1930.

Diels, Hermann (1951): Die Fragmente der Vorsakratiker. Griechisch und deutsch von Hermann Diels. Hrsg. von Walther Kranz. 3 Bde., 6. verbesserte Aufl. Berlin: Weidmannsche Verlagsbuchhandlung, 1951.

Diezel, Karl (1931): Oberfränkische Sagen. O. O. 1931.

Drechsler, Paul (1903-1906): Sitte, Brauch und Volksglaube in Schlesien. Bd.1. mit Buchschmuck von M. Wislicenus, Leipzig: B.G. Teubner, 1903; Bd.2 mit Buchschmuck von Ellen Siebs, Leipzig: B.G. Teubner, 1906.

Dumézil, Georges (1959, 1973): Gods of the Ancient Northmen. Französische Originalausgabe 1959; amerikanische Übersetzung von J. Lindow et al., Berkeley, Los Angelos und London 1973.

[Edda] (1851, 1896, 1986): Die Edda – die ältere und jüngere nebst den mythischen Erzählungen der Skalda. Übersetzt und mit Erläuterungen eingeleitet von Karl Simrock. 1.Aufl., Stuttgart und Tübingen 1851; 10.Aufl., Stuttgart: Verlag der J.G. Cotta'schen Buchhandlung Nachfolger, 1896; Reprint, Essen 1986.

Einstein, Albert (1964): Mein Weltbild. Hg. von Carl Seelig. Frankfurt a.M., Berlin: Ullstein, 1964.

Eisel, Robert (1871): Sagenbuch des Voigtlandes. Gera 1871.

Endrös, Hermann und Weitnauer, Alfred (1956): Allgäuer Sagen. Kempten: Verlag des Heimatpflegers von Schwaben, 1956.

Englert-Faye, Curt (1937): Vo chlyne Lüte. Zwergensagen, Feen- und Fänggengeschichten aus der Schweiz. O.O: Schweizer Bücherfreunde, 1937.

Erich, Oswald Adolf, und Beitl, Richard (1936, 1981): Wörterbuch der deutschen Volkskunde. Leipzig 1936; neu bearbeitet von Richard Beitl unter Mitarbeit von Klaus Beitl. Stuttgart: Kröner, 1981.

Fagerberg, Maj (2001): Strandnära. Stockholm: Opal AB, 2001.

Fagerberg, Maj (2005): Vilken tur. Bromma, Schweden: Opal AB, 2005.

Fischer, Wilhelm (1932, 1991): Sagen und Erzählungen. Nach mündlichen Überlieferungen aufgezeichnet und bearbeitet von der Freien Arbeitsgemeinschaft fur Heimatkunde im Bezirkslehrerverein Asch. Aus unserer Ascher Heimat, Folge II, Asch: Verlag des Bezirkslehrervereins, 1932. Reprint 1991.

Fischer, Paul (1936): Strafen und sichernde Maßnahmen gegen Tote im germanischen und deutschen Recht. Düsseldorf 1936.

Fischer, Susanne (1989): Blätter von Bäumen. Mit Zeichnungen von Peter Ebenhoch. 4.Aufl. München: Hugendubel, 1989.

Fjellander, Jan & Parker, Adrian (2003): When the Ghost was the Host. European Journal of Parapsychology, vol 18, 2003, S.73-76.

Fleischer, M. Johann Michael (1750): Zuverläßige Nachricht von einem Gespenste, Welches sich 1749 zu Schwartzbach in der Pfarr-Wohnung, Auch ausser derselben, durch Werffen; Singen, Schlagen und Erscheinung geäussert hat. Leipzig: Friedrich Lanckischens Erben, 1750.

Fleischhauer, Steffen Guido (2003): Enzyklopädie der essbaren Wildpflanzen. 1500 Pflanzen Mitteleuropas mit 400 Farbfotos. Aarau, Schweiz, und München: AT Verlag, 2003.

Frazer, James George (1890, 1911, 1928, 1955, 1977): The Golden Bough. A Study in Magic and Religion. 2 vol.s, London: MacMillan & Co Ltd, New York: St. Martin's Press, third enlarged edition 1911, reprinted 1955. Deutsch: Der goldene Zweig. Leipzig, 1928; Frankfurt, 1977.

Frenette, Louise-Marie (1999): Omraa, Mikhaël Aïvanhov. A Biography. Translated from the French by Violet Nevile. Liverpool, UK, and Brookvale, Australia: Suryoma, 1999.

Fröhlich, Hans Joachim (2000): Alte liebenswerte Bäume in Deutschland. Buchholz: Ahlering, 2000.

Gahrton, Lotta (2003): Tomtesagor. Mit Illustrationen von Jenny Nyström. Sundbyberg, Schweden: Semic, 2003.

Garry, Jane, und El-Shamy, Hasan (Hrsg.) (2005): Archetypes and Motifs in Folklore and Literature. A Handbook. Armonk, New York, und London: M.E. Sharpe, 2005.

Gauld, Alan und Cornell, Anthony D. (1979): Poltergeists. London: Routledge & Kegan Paul, 1979.

Gould, Chester Nathan (1929): Dwarf-Names. A Study in Old Icelandic Religion. Publications of the Modern Language Association 44, Nr.4, 1929, S.939-967.

Gebert, Helga (1980): Zwerge. Mit Zeichnungen von Helga Gebert. Weinheim und Basel: Beltz und Gelberg, 1980.

Gelder, Dora van (1989): Im Reich der Naturgeister. Aus dem Amerikanischen überseztzt von Susanne Harrington und Gabi Trox. Grafing: Aquamarin Verlag, 1989.

[Germania] (1856ff). Germania. Vierteljahrsschrift für deutsche Altertumskunde. Hrsg von Franz Pfeiffer. Jg. 1-37 u.Suppl., Stuttgart 1856ff.

Gessner, Conrad (1516-1565): Thierbuch. 3 Teile in einem Bd., Zürich 1516-1565.

Glazarová, Jarmila (1959): Die arme Spinnerin. Sagen und Geschichten aus den Beskiden. Berlin: Aufbau-Verlag, 1959.

Gloning, Kajetan Alois (1884): Oberöstrereichische Volkssagen. Peuerbach 1884.

Götzinger, Ernst (1885): Reallexicon der Deutschen Altertümer. Ein Hand- und Nachschlagebuch der Kulturgeschichte des deutschen Volkes. 2., vollständig umgearbeitete Aufl. mit 157 Illustrationen. Leipzig: Verlag von Woldemar Urban, 1885.

Graber, Georg (1914, 1921, 1927, 1941): Sagen aus Kärnten. Leipzig 1914; Leipzig: Dieterichsche Verlagsbuchhandlung, 1921, 4. Aufl. 1927; 5. Aufl. Graz 1941.

Grässe, Johann,Georg Theodor (1868-1871): Sagenbuch des Preußischen Staates. 2 Bde., Glogau 1868-1871. Nachdruck Hildesheim/New York 1977.

Grimm, Jacob (1835, 1992): Deutsche Mythologie. 3 Bde., 1.Aufl. 1835; Nachdruck d. 4.Aufl.: Wiesbaden: Drei Lilien Verlag GmbH, 1992.

Grimm, Jacob (1865): Über das Verbrennen der Leichen. In: Jacob Grimm: Kleine Schriften. 8 Bde., Berlin 1864-1890, Band 2, 1865.

Grimm, Wilhelm (1829, 1867): Die deutsche Heldensage. Göttingen: Dieterich, 1829; 2.Aufl., Berlin: Ferdinand Dümmlers Verlagsbuchhandlung, 1867.

Grimm, Jacob und Wilhelm (1816-1818, o.J., 1974): Deutsche Sagen. Hg. von den Brüdern Grimm. 2 Bde., Berlin: Nikolai'sche Buchhandlung, Bd.1 1816, Bd.2 1818; 2 Teile, hg. von Hermann Schneider. Berlin o.J.; vollständige Ausg., 2 Bde. in einem Band, Stuttgart: Parkland Verlag, 1974.

Grimm, Jacob und Wilhelm (1826, 1948, 1993): Irische Elfenmärchen. Leipzig 1826. Hg. von Will-Erich Peuckert, Berlin: Weidmannsche Verlagsbuchhandlung, 1948; 7.Aufl. Stuttgart: Verlag Freies Geistesleben, 1993. Englische Originalfassung s. Croker (1825-1828)

Grimm, Jacob und Wilhelm (1854ff): Deutsches Wörterbuch. Leipzig 1854ff.

Grimm, Jacob und Wilhelm (1812-1815, 1819): Kinder- und Hausmärchen gesammelt durvch die Brüder Grimm. 2 Bde., Berlin: Realschulbuchhandlung, 1812-1815; 2., vermehrte und verbesserte Aufl. (Gesamtausgabe) Berlin: Reimer, 1819.

Grimm, Jacob und Wilhelm (1840, 1843, 1850, 1857): Kinder- und Hausmärchen gesammelt durch die Brüder Grimm. Große Ausgabe. 4.Aufl. 1840, 5.Aufl. 1843, 6.Aufl. 1850, 7.Aufl. 1857, Göttingen: Dieterichische Buchhandlung.

Grimm, Jacob und Wilhelm (1916): Kinder- und Haus-Märchen. Gesammelt durch die Brüder Grimm. Hg. von Dr. Paul Neuburger, 2 Teile, Berlin, Leipzig u.a.: Deutsches Verlagshaus Bong & Co, 1916.

Grimm, Jacob und Wilhelm (1937): Märchen der Brüder Grimm. Mit 100 Aquarellen von Ruth Koser-Michaëls. München: Droemersche Verlagsanstalt, 1937.

Grimm, Jacob und Wilhelm (1958-1961): Kinder- und Hausmärchen gesammelt durch die Brüder Grimm. Zeichnungen und farbige Blätter von Gerhard Oberländer. 3 Bde., Bd.1 1958, Bd.2 1960, Bd.3 1961. München: Heinrich Ellermann, 1958-1961.

Grimm, Jacob und Wilhelm (2003): Kinder- und Hausmärchen. Ausgabe letzter Hand mit den Originalanmerkungen der Brüder Grimm. Mit einem Anhang sämtlicher, nicht in allen Auflagen veröffentlichter Märchen und Herkunftsnachweisen hg. von Heinz Rölleke, 3 Bde., Stuttgart: Philipp Reclam jun., 2003. (= KHM)

Grimm, Jacob und Wilhelm (o.J.): Funfzig Kinder- und Hausmärchen gesammelt durch die Brüder Jacob und Wilhelm Grimm. Mit sechzehn Farbendruckbildern nach Aquarellen von Thekla Brauer. 16.Aufl. Leipzig: Otto Spamer, o.J.

Grimm, Jacob and Wilhelm (1914): Grimm's Fairy Tales. Translated by Margaret Hunt. New York: Cupples & Leon, 1914.

Grimm, Gebrüder (1923): Briefe der Gebrüder Grimm. Gesammelt von Hans Gürtler. Nach dessen Tode hg. und erläutert von Albert Leitzmann. Mit 2 Abbildungen und 2 Faksimiles. Jena: Frommannsche Buchhandlung (Walter Biedermann), 1923.

Grönbech, Wilhelm (1909-1912, 1931, 1937, 1991): Kultur und Religion der Germanen. Dänische Originalausgabe, 2 Bde., Kopenhagen 1909-1912; englische Ausgabe 1931; deutsche Ausgabe 1937; 11.Aufl., Darmstadt: Wissenschaftliche Buchgesellschaft, 1991.

Groht, Johannes (2005): Tempel der Ahnen. Megalithbauten in Norddeutschland. Mit einer Einführung von George Devereux. Hg. von Lara Mallien und Johannes Heimrath. Baden und München: AT Verlag, 2005.

Güntert, Hermann (1919): Kalypso. Bedeutungsgeschichtliche Untersuchungen auf dem Gebiet der indogermanischen Sprachen. Halle 1919.

Gundel, Wilhelm (1912): Sterne und Sternbilder im Glauben des Altertums und der Neuzeit. Bonn 1912.

Hänni, P. Rupert (1917): Die Germanen einst und jetzt. 1. Teil, Beilage zum Jahresbericht der Kantonalen Lehranstalt Sarnen 1916/1917. Sarnen: Buch- und Kunstdruckerei Louis Ehrli, 1917.

Hafstein, Valdimar Tr. (2000): Dwarfs. In: Lindahl, Carl, et al. (2000). Bd.1, S.258-260.

Hagen, Friedrich Heinrich von der (1855): Das Heldenbuch. Leipzig 1855.

Hartmann, Elisabeth (1936): Die Trollvorstellungen in den Sagen und Märchen der skandinavischen Völker. Stuttgart, Berlin 1936.

Hasenfratz, Hans-Peter (1998): Leben mit den Toten. Eine Kultur- und Religionsgeschichte der anderen Art. Freiburg i.Br.: Herder, 1998.

Hauber, D. Eberhard David (Hg.) (1739-1745): Bibliotheca, acta et scripta magica. 36 Stücke, 2. und verbesserter Druck Lemgo: Joh. Heinrich Meyer, 1739-1745.

Hauff, Wilhelm (1878): Wilhelm Hauff's Werke. Hg. von Adolf Stern. Illustrierte Ausgabe, 4 Bde., Berlin: G. Grote'sche Verlagsbuchhandlung, 1878.

Haupt, Karl (1862-1863): Das Sagenbuch der Lausitz. 2 Bde., Leipzig: Verlag Wilhelm Engelmann, 1862-1863.

Hauschka, Rudolf (1965, 1983): Heilmittellehre. 1.Aufl. 1965; 4.Aufl., Frankfurt a.M.: Vittorio Klostermann, 1983.

Heckscher, Kurt (1925): Die Volkskunde des germanischen Kulturkreises. An Hand der Schriften Ernst Moritz Arndts und gleichzeitlicher wie neuerer Parallelbelege dargestellt. Hamburg 1925.

[Heimskringla] (1946-1948): Heimskringla Snorra Sturlussona Konunsögur. Hg. von Páel Eggert Ólasson. 3 Bde., Reyjavík: Mentamálaradh og Thjódhvinafélag, 1946, 1947 und 1948.

Heinemann, Erich (1955): Gasthaus „Zur Sonne". Ein Märchen. Bilder von Fritz Baumgarten. München: Obpacher Buch- und Kunstverlag, 1955.

Helwig, Hanna (1954): Weihnachtsengelein. Bilder und Verse von Hanna Helwig. München: Josef Müller, 1954.

Henderson, Lizanne und Cowan, Edward J. (1999): Scottish Fairy Belief.: A History. East Linton, Scotland:Tuckwell Press, 1999.

Henne am Rhyn, Otto (1886): Kulturgeschichte des deutschen Volkes. 2 Bde., Berlin: G. Grote'sche Verlagsbuchhandlung, 1886.

Herder, Johann Gottfried (o.J.): Ideen zur Philosophie der Geschichte der Menschheit. Mit einem Vorwort von Ada Beil, 1924. Berlin: Deutsche Buchgemeinschaft, o.J.

[Hermetica] (1934-1936): The ancient Greek and Latin writings which contain religious or philosophic teachings ascribed to Hermes Trismegistos. Hg. von Walter Scott. 4 Bde., Oxford 1934-1936.

Herre, Paul (1912): Deutsche Kultur des Mittelalters in Bild und Wort. Leipzig: Quelle und Meyer, 1912.

Herrmann, Paul (1903): Nordische Mythologie. Leipzig 1903.

Heyl, Johann Adolf (1897): Volkssagen, Bräuche und Meinungen aus Tirol. Brixen 1897.

Hillner, Johannes (1877): Volksthümlicher Glaube und Brauch bei Geburt und Taufe im Siebenbürger Sachsenlande. Progt. Schläßburg 1877.

Howard, Vernon J. (1958): The Dwarfs of Arthurian Romance and Celtic Tradition. Leiden: E.J. Brill, 1958.

Huesmann, Monika und Schriever, Friederike (1989): Steckbrief des Spuks. Darstellung und Diskussion einer Sammlung von 54 RSPK-Berichten des Freiburger Institus für Grenzgebiete der Psychologie und Psychohygiene aus den Jahren 1947-1986. Zeitschrift für Parapsychologie und Grenzgebiete der Psychologie, 51, Nr.1/2, S.52-107.

Huygen, Wil und Poortvliet, Rien (1976): Das große Buch der Heinzelmännchen. Frankfurt a.M.: Ullstein, 1976.

Huygen, Wil und Poortvliet, Rien (1979): Tomtar. Text von Wil Huygen und Bilder von Rien Poortvliet. Aus dem Holländischen von Birgitta Dalgren. Stockholm: Rabén & Sjögren, 1979.

Huygen, Wil und Poortvliet, Rien (1982): Tomtarnas hemligheter. Text von Wil Huygen und Bilder von Rien Poortvliet. Aus dem Holländischen von Birgitta Dalgren. Stockholm: Rabén & Sjögren, 1982.

Huygen, Wil und Poortvliet, Rien (1988): I Tomtarnas Värld. Text von Wil Huygen und Bilder von Rien Poortvliet. Aus dem Holländischen von Mona Eriksson. Stockholm: Citadell, 1988.

Huygen, Wil und Poortvliet, Rien (1989): Boken om Gubben Blund och Sömnens ABC. Text von Wil Huygen und Bilder von Rien Poortvliet. Aus dem Holländischen von Sven Christer Swahn. Stockholm: Rabén & Sjögren, 1989.

Hyltén-Cavallius, Gunnar Olof, und Stephens, George (1844-1849): Svenska folksagor och äfventyr. Stockholm 1844-1849. Deutsche Ausgabe s. Hyltén-Cavallius und Stephens (1848).

Hyltén-Cavallius, Gunnar Olof, und Stephens, George (1848, 1978): Schwedische Volkssagen und Märchen, Nach mündlicher Überlieferung gesammelt und herausgegeben von G.O. Hyltén-Cavallius und G. Stephens. Mit Varianten und kritischen Anmerkungen. Deutsch von Carl Oberleitner. Wien: Carl Haas'sche Buchhandlung, 1848; Neudruck, Leipzig: Zentralantiquariat der DDR, 1978.

Hyltén-Cavallius, Gunnar Olof (1863-1868): Wärend och Wirdarne. Ett försök i svensk ethnologie. Bd.1 1863, Bd.2 1868, Stockholm 1863-1868.

Isidorus (7.Jhdt., 1912): Isidori Hispalensis episcopis Etymologiarum sive originum libri XX. Oxford: SS. Classicorum Bibliotheca Oxoniensis, 1912.

Jaffé, Aniela (1958, 1995): Geistererscheinungen und Vorzeichen. Zürich, 1958. 3., überarbeitete Aufl., mit einem Vorwort von C.G. Jung, Einsiedeln: Daimon Verlag, 1995.

Jahn, Ulrich (1886): Volkssagen aus Pommern und Rügen. Stettin: Dannenberg, 1886.

Jónsson, Finnur (1967): Den Norsk-Islandske Skjaldedigtning. Siehe [Skjaldedigtning].

Jung, Carl Gustav (1976ff): Gesammelte Werke. 20 Bde., hg. von Lilly Jung-Merker und Dr.phil. Elisabeth Rüf. Olten und Freiburg i.Br.: Walter-Verlag, 1976ff.

Jung, Carl Gustav (1985): Erinnerungen, Träume, Gedanken von C.G. Jung. Aufgezeichnet und herausgegeben von Aniela Jaffé. 3.Aufl. der Sonderausgabe, Olten und Freiburg im Breisgau: Walter-Verlag, 1985.

Kant, Immanuel (1902ff): Kant's gesammelte Schriften. Hg. von der Königlich Preußischen Akademie der Wissenschaften, Berlin: Georg Reimer, 1902ff. Bd.29,1.2, Berlin: Walter de Gruyter, 1983.

Kapff, Rudolf (1926): Schwäbische Sagen. Jena 1926.

Kast, Verena (1986): Märchen als Therapie. Olten 1986.

Keightley, Thomas (1828, 1878, 1978): The Fairy Mythology, illustrative of the romance and superstition of various countries. 2 vols., first edition London 1828. Deutsch: Wolff, Oskar Ludwig Bernhard: Mythologie der Feen und Elfen; vom Ursprunge dieses Glaubens bis auf die neuesten Zeiten. Zwei Theile, Weimar, 1828. Nachdruck der englischen Ausgabe London: G.Bell 1878 unter dem Titel: The World Guide to Gnomes, Fairies, Elves and Other Little People. New York: Avenel Books, 1978.

Kerner, Justinus (1829): Die Seherin von Prevorst. Eröffnungen über das innere Leben des Menschen und über das Hereinragen einer Geisterwelt in die unsere. Stuttgart: J.G. Cotta'sche Buchhandlung, 1.Aufl. 1829.

Kerner, Justinus (Hrsg.) (1831-1839, 1926): Blätter aus Prevorst. Originalien und Lesefrüchte für Freunde des innern Lebens mitgetheilt von dem Hrsg. der Seherin von Prevorst. 12 Sammlungen, Karlsruhe: Gottlieb Braun, 1831-1839. Blätter aus Prevorst. Eine Auswahl von Berichten über Magnetismus, Hellsehen, Geistererscheinungen aus dem Kreise Justinus Kerners und seiner Freunde. Hg. von Hermann Hesse. Berlin: S. Fischer, 1926. Spätere Ausgabe der Berliner Ausgabe bei Insel.

Kerner, Justinus (Hrsg.) (1840-1853): Magikon. Archiv für Beobachtungen aus dem Gebiete der Geisterkunde und des magnetischen und magischen Lebens, nebst anderen Zugaben für Freunde des Innern. Hrsg. von Dr. Justinus Kerner. 5 Bde., Stuttgart, 1840-1853.

Klages, Ludwig (1929-1932): Der Geist als Widersacher der Seele. 3 Bde., Leipzig, 1929-1932.

Klapper, Jospeh (1925, 1952): Schlesische Volkskunde auf kulturgeschichtlicher Grundlage. 1.Aufl. 1925, 2., umgearbeitete Aufl. mit 47 Abbildungen, Stuttgart: Brentano-Verlag, 1952.

Klarmann, Johann Ludwig und Spiegel, Karl (1912): Sagen und Skizzen aus dem Steigerwald. Gerolzhofen 1912.

Körling, Felix (1919): Ur Nicke, Nacke och andra visor. Barnens stora julkalendar. Stockholm: AB, 1919.

Kopisch, August (1856): Gesammelte Werke. Geordnet und hg. von des Freundes Hand. 5 Bde., Berlin: Weidmannsche Buchhandlung 1856.

Kopisch, August (o.J. (=1887-1890)): Gedichte. Ausgewählt und eingeleitet von Franz Brümmer. Leipzig: Philipp Reclam jun., o. J. (1887-1890).

Krekeler, Hermann (1991): Die Rückkehr der Zwerge. Eine Geschichte von Hermann Krekeler. Mit Bildern von Jule Ehlers-Juhle. 1.Aufl., Hamburg: Carlsen, 1991.

Krippner, Stanley, Ullman, Montague, und Vaughn, Alan (1973, 2002): Dream Telepathy: Experiments in Nocturnal Extrasensory Perception. 1.Aufl. 1973; Neuaufl. Charlottesville, Virginia: Hampton Roads Publishing Company, 2002.

Kruusval, Catarina (1998): Egon och julgubben. Schweden: Eriksson & Lindgren, 1998.

Kühnau, Richard (1910-1913): Schlesische Sagen. (Schlesiens volkstümliche Überlieferungen Bd.III-V). 3 Bde., Leipzig 1910-1913.

Kuhn, Adalbert (1843, 1937): Märkische Sagen und Märchen nebst einem Anhange von Gebräuchen und Aberglauben. Gesammelt und herausgegeben von Adalbert Kuhn. Berlin: G. Reimer, 1843; unveränderte Nachdruck, Berlin 1937.

Kuhn, Adalbert (1859): Sagen, Gebräuche und Märchen aus Westfalen und einigen andern, besonders den angrenzenden Gegenden Norddeutschlands. Gesammelt und hg. von Adalbert Kuhn. 2 Theile., Leizpig: Brockhaus, 1859.

Kuhn, Adalbert (1886-1912): Mythologische Studien. Hg. von Ernst Kuhn. Bd.1: Die Herabkunft des Feuers und des Göttertranks, 1886; Bd.2: Hinterlassene mythologische Abhandlungen, 1912; Gütersloh: C. Bertelsmann.

Kuhn, Adalbert und Schwartz, Wilhelm (1848): Norddeutsche Sagen, Märchen und Gebräuche aus Mecklenburg, Pommern, der Mark, Sachsen, Thüringen, Braunschweig, Hannover, Oldenburg und Westfalen. Aus dem Munde des Volkes gesammelt. Leipzig: F.A. Brockhaus, 1848.

Kurschat, Alexander (1968-1973): Litauisch-Deutsches Wörterbuch. Thesaurus Linguae Lituanicae. Hg. von Wilhelm Wissmann und Erich Hofmann. 4 Bde., Göttingen: Vandenhoeck & Ruprecht, 1968-1973.

Kurz, Marie (1867): Märchen. Stuttgart 1867.

Kyber, Manfred (1922): Märchen. Stuttgart/Heilonn 1822.

Lagerlöff, Selma (1906-1907, 1907-1908): Nils Holgerssons underbara resa genom Sverige. Stockholm: Bonnier, 1906-1907. Die Wunderbare Reise des kleinen Nils Holgersson mit den Wildgänsen. Aus dem Schwedischen von Pauline Klaiber. 3 Bde., 1. Aufl. München: Langen,1907-1908.

Laistner, Ludwig (1879): Nebelsagen. Stuttgart 1879.

Laistner, Ludwig (1888): Über den Butzenmann. Zeitschrift für deutsches Altertum (ZfdA), Bd.32, 1888, S. 145-195.

Lang, Andrew (Ed.) (1889-1910): Twelfe Coloured Fairy Books. Edited by Andrew Lang. London 1889-1910.

Lange, Ursula (1944): Märchen. Mit 26 Bildern nach Aquarellen von Kurt Stordel. Berlin: Th. Knaur Nachf. Verlag, 1944.

Lavater, Ludwig (1569, 1572, 1575): Von Gespänsten vaghüren, fälen vnd anderen wunderbaren Dingen [...]. Zürich 1569; englische Ausgabe, London 1572; lateinische Ausgabe, Genevae 1575.

Lecouteux, Claude (1981): Zwerge und Verwandte. Euphorion 75, 1981, S.366-378.

Lecouteux, Claude (1988a): Les nains et les elfes au moyen âge. Paris 1988.

Lecouteus, Claude (1988b): Der Bilwiz. Überlegungen zu einer Entstehungs- und Entwicklungsgeschichte. Euphorion 82, 1988, S.238-250.

Ledebur, Leopold von (1852): Die heidnischen Altertümer des Regierungsbezirks Potsdam. Berlin 1852.

Lehmann, Alfred (1925): Aberglaube und Zauberei von den ältesten Zeiten an bis in die Gegenwart. 3. deutsche Aufl., übersetzt und ergänzt von Dr.med. D. Petersen I, Stuttgart: Ferdinand Enke, 1925.

Lindahl, Carl, MacNamara, John, und Lindow, John (Hrsg.) (2000): Medieval Folklore. An Encyclopedia of Myths, Legends, Tales, Beliefs, and Customs. 2 Bde., Santa Barbara, California: ABD-CLIO, 2000.

Lindow, John (2005): Mythology and Mythography. In: Clover, Carol J., and Lindow, John. Old Norse-Icelandic Literature. Toronto: Toronto Press in association with the Medieval Academy of America, 2005. S.21-67.

Linhart, Dagmar (1995). Hausgeister in Franken. Zur Phänomenologie, Überlieferungsgeschichte und gelehrten Deutung bestimmter hilfreicher oder schädlicher Sagengestalten. Quellen und Forschungen zur europäischen Ethnologie, Bd.XVII, hg. von Dieter Harmening. Dettelbach: Röll Verlag, 1995.

Löwis of Menar, August von (1914): Russische Volksmärchen. Hg. von August von Löwis of Menar. Jena: Eugen Diederichs, 1914.

Lojewski, Erich von (1956): Die Memelhexe. Sagen und wundersame Geschichten aus Ostpreußen. Illustrationen von Adolf Lehnert. Rendsburg: Buchverlag Heinrich Möller Söhne, 1956.

Lucadou, Walter von (1989): Psyche und Chaos. Neue Ergebnisse der Psychokinese-Forschung. Freiburg i.Br.: Aurum.

Lucadou, Walter von (1983): Der flüchtige Spuk. In: Eberhard Bauer und Walter von Lucadou (Hrsg.): Spektrum der Parapsychologie. Freiburg i.Br.: Aurum, 1983. S.150-166.

Lucadou, Walter von und Poser, Manfred (1997): Geister sind auch nur Menschen. Was steckt hinter okkulten Erlebnissen? Ein Aufklärungsbuch. Freiburg, Basel, Wien: Herder (Spektrum).

Lück, Marita (1997): Im Zauberkreis der Feen. Die keltischen Kinder der Natur. Zürich, Düsseldorf: Walter.

Lütjens, August (1911): Der Zwerg in der deutschen Heldendichtung des Mittelalters. Breslau 1911.

Lück, Marita (1997): Im Zauberkreis der Feen. Die keltischen Kinder der Natur. Zürich, Düsseldorf: Walter, 1997.

Lütolf, Alois (1862): Sagen, Bräuche und Legenden aus den fünf Orten Luzern, Uri, Schyz, Unterwalden und Zug. Luzern 1862.

Luther, Martin (1840): Vermischte Predigten. 3.Bd.. In: Dr. Martin Luther's sämmtliche Werke, Bd.18, 1.Abt., 18.Bd.. Erlangen: Heyder & Zimmer, 1840.

Luther, Martin (1928): Kritische Gesamtausgabe der Werke Luthers. Weimar 1928.

Magnus, Olaus (1555, 1558, 1599, 1567): Historia. De gentibus septen trionalibus earum diversis statibus, conditionibus, moribus, ritibus, superstitionibus [...]. Rom 1555, Antwerpen 1558, Amberg 1599. Deutsch: Historien. Der Mittnachtigen Länder/ Von allerley Thun/ Wesens/ Condicion/ Sitten/ Gebreüchen/ Aberglauben/ Underweisung/ Und ist solch Werck nicht allein lieblich und kurtzweilig/ sonder auch vast nützlich zu lesen/ und zu wissen. Basel 1567.

Mannhardt, Wilhelm (1875, 1904-1905): Wald- und Feldkulte. 2 Bde., Berlin: Gebrüder Borntraeger, 1.Aufl. 1875; 2.Aufl. 1904-1905.

Martin, Martin (ca.1695/1999): A Description of the Western Islands of Scotland. 1.Ausgabe 1695. Edinburgh: Birlinn, 1999.

Marsden, Simon (1994): Geistersuche. Aus dem Englischen von Christine Mauch. Freiburg i.Br.: Eulen Verlag Harald Gläser, 1994.

Marzell, Heinrich (1938, 2002): Unsere Heilpflanzen. Ihre Geschichte und ihre Stellung in er Volkskunde. 2.Aufl. Stuttgart: Hippokrates Verlag 1938; Geschichte und Volkskunde der deutschen Heilpflanzen. Nachdruck der 2., vermehrten und verbesserten Auflage, St. Goar: Reichl Verlag, 2002.

Marzell, Heinrich (1943-1979): Wörterbuch der deutschen Pflanzennamen. Mit Unterstützung der Preußischen Akademie der Wissenschaften bearbeitet von Heinrich Marzell unter Mitwirkung von Wilhelm Wissmann. 5 Bde., Bd.1, Leipzig: S. Hirzel, 1943; Bd.2, Leipzig: S. Hirzel, 1972; Bd.3, Stuttgart: S. Hirzel und Wiesbaden: Franz Steiner, 1977; Bd.4, Stuttgart: S. Hirzel und Wiesbaden: Franz Steiner, 1979; Bd.5, Leipzig: S. Hirzel, 1958.

Maurer, Konrad (1860): Isländische Volkssagen. Gesammelt und verdeutscht von Konrad Maurer. Leipzig 1860.

Meier, Ernst (1852): Deutsche Sagen, Sitten und Gebräuche aus Schwaben. 2 Teile, Stuttgart 1852.

Merz, Blanche (1998, 2001): Die Seele des Ortes. 1.Aufl. im Eigenverlag (Institut de Recherches en Géobiologie) 1998; 2. überarbeitete und ergänzte Aufl., Aarau, Schweiz: AT Verlag, 2001.

Matz, Edvard (1975, 1998): Sällsamheter i Bohuslän och Dalsland. 1975; 3.Aufl., Borås: Läsförlaget ab, 1998.

Mörike, Eduard (o.J.): Das Stuttgarter Hutzelmännlein. Bibliothek wertvoller Novellen und Erzählungen. Hg. von Prof.Dr. Otto Hellingshaus. 19.Bd., Freiburg i.Br.: Herder & Co. GmbH Verlagsbuchhandlung, o.J., S.3-109.

Moser, Fanny (1950): Spuk. Irrglaube oder Wahrglaube? Eine Frage der Menschheit. Mit einer Vorrede von Prof. C.G. Jung. 1.Aufl. Baden bei Zürich: Gyr, 1950.

Motz, Lotte (1973-1974): Of Elves and Dwarfes. Arv 29-30, 1973-1974, S. 93-127.

Motz, Lotte (1977): The Craftsman in the Mound. Folklore 88, 1977. S.46-60.

Motz, Lotte (1983): The Wise One of the Mountain. Form, Function, and Significance of the Subterranean Smith. 1983. Göppingen: Kümmerle, 1983.

Mühlhause, Elard (1862): Die aus der Sagenzeit stammenden Gebräuche der Deutschen, namentlich der Hessen. Kassel 1862.

Müllenhoff, Karl (1845, 1921): Sagen, Märchen und Lieder der Herzogtümer Schleswig Holstein und Lauenburg. Hg. von K. Müllenhoff, 1845. Neu hg. von Otto Mensing, Schleswig 1921.

Müllenhoff, Karl (1866-1870): Das Deutsche Heldenbuch. 5 Bde., Berlin 1866-1870.

Multhaupt, Hermann (Hg.) (2003): Irische Segenswünsche für jeden Tag des Jahres. Gütersloh: Gütersloher Verlagshaus GmbH, 2003.

[Nibelungenlied] (1839): Das Nibelungenlied. Übersetzt von Dr. Karl Simrock. 2.Aufl., Bonn: Eduard Weber, 1839.

Nollius, Heinrich (1619): Naturae anctuarium, quod est physica hermetica. Frankfurt 1619.

Nork, F. (= Felix Adolph Korn) (1849): Die Sitten und Gebräuche der Deutschen und ihrer Nachbarvölker, mit Bezugnahme auf die aus den kirchlichen, abergläubischen etc, und Rechtsgebräuchen hervorgegangenen Mythen und Volkssagen. In: das Kloster. Weltlich und geistlich. Meist aus der ältern deutschen Volks-, Wunder-, Curiositäten- und vorzugsweise komischen Literatur, 12.Bd. 1. Abteilung, Stuttgart: J. Scheible, 1849.

Novalis (o.J.): Novalis' Werke. Hg. und kommentiert von Gerhard Schulz. 4.Aufl., München: C.H. Beck o.J.

Ólasson, Páel Eggert (1946-1948): Heimskringla, s. [Heimskringla].

Olfer, Sibylle von (1906, 2007): Etwas von den Wurzelkindern. Erstaugabe 1906; 85.Aufl., Esslingen: Esslinger Verlag J.F. Schreiber (esslinger reprint), 2007.

Osenbrüggen, Eduard (1868): Studien zur deutschen und schweizerischen Rechtsgeschichte. O.O. 1868.

Osis, Karlis und Haraldsson, Erlendur (1987): Der Tod – ein neuer Anfang. Visionen und Erfahrungen an der Schwelle des Seins. 2. Aufl., Freiburg im Breisgau: Bauer, 1987.

Otto, Walter F. (1933): Dionysos. Frankfurt 1933.

Panzer, Friedrich (1848, 1855): Beitrag zur deutschen Mythologie. Bayerische Sagen und Bräuche. 2 Bde., München 1848. 1855.

Paracelsus, Theophrast von Hohenheim (1976): Philosophische Schriften. Werke. Besorgt von Will-Erich Peuckert, Bd.3. Darmstadt: Wissenschaftliche Buchgesellschaft, 1976.

Parker, Adrian (2001): What can Psychology and Parapsychology tell us about near-death-experiences? Journal of the Society for Psychical Research, 65, S. 225-240.

Parker, Adrian (2005): PSI and Altered States of Consciousness. In: Michael A. Thalbourne and Lance Storm. Foreword by Brian D. Josephson. S.65-89.

Pelikan, Wilhelm (1975-1978): Heilpflanzenkunde: Der Mensch und die Heilpflanzen. Hg. von der Medizinischen Sektion der Freien Hochschule für Geisteswissenschaft Goetheanum. 3 Bde., 3.Aufl. Dornach: Philos.-Anthropos. Verlag, 1975-1978.

Percy, Thomas (1765): Reliques of ancient English Poetry. 3 Bde., London 1765.

Perty, Maximilian (1861): Die mystischen Erscheinungen der menschlichen Natur. Dargestellt und gedeutet von Maximilian Perty, Doktor der Philosophie und Medizin, Professor an der Universität Bern, Mitglied gelehrter Gesellschaften. [Motto:] Multa memorabilia reperies et non verosimilia, nihilominus tamen vera. St. Hiernonymus. Leipzig und Heidelberg: C.F. Winter'sche Verlagsbuchhandlung, 1861.

Peßler, Wilhelm (Hrsg.) (o.J. (= 1935(?)-1938(?)): Handbuch der deutschen Vokskunde. Hg. von Wilhelm Peßler in Verbindung mit Adolf Bach, Walter Behrmann, Richard Beitl u.v.a. 3 Bde., Potsdam: Akademische Verlagsgesellschaft Athenaion, o.J. (= 1935(?)-1938(?)).

Petzoldt, Leander (1995): Kleines Lexikon der Dämonen und Elementargeister. 2.Aufl., München: C.H. Beck, 1995.

Phlegon von Tralleis (2.Jhdt., 2002): Das Buch der Wunder und Zeugnisse seiner Wirkungsgeschichte. Eingeleitet, herausgegeben und übersetzt von Kai Brodersen. Texte zur Forschung, Bd.79, Darmstadt: Wissenschaftliche Buchgesellschaft, 2002.

Philipp, Max (1906): Beiträge zur Ermländischen Volkskunde. Inauguraldissertation, Universität Greifswald. Greifswald: F. W, Kunike, 1906.

Pogačnik, Marko (1995): Elementarwesen. 4.Aufl., München: Knaur, 1995.

Pokorny, Julius (2002): Indogermanisches etymologisches Wörterbuch. 2 Bde., 4.Aufl., Tübingen und Basel: A.Francke Verlag, 2002.

Popp, Fritz Albert (1984): Biologie des Lichts. Grundlagen der ultraschwachen Zellstrahlung. Berlin und Hamburg: Paul Parey, 1984.

Popp, Fritz Albert (1993): Die Botschaft unserer Nahrung. Unsere Lebensmittel in neuer Sicht. Frankfurt a.M.: Fischer TB, 1993.

Popp, Fritz Albert (2006): Biophotonen – Neue Horizonte in der Medizin. Von den Grundlagen zur Biophotonik. 3., vollständig revidierte und erweiterte Aufl., Heidelberg: Haug, 2006.

Poth (o.J.): Warsteiner Wanderbuch. O.O., o.J.

Praetorius, Johannes (1666) Anthropodemus Plutonicus, Das ist eine neue Weltbeschreibung Von Allerley Wunderbahren Menschen: Als da seyn Die 1. Alpmännergen, Schröteln, Nachtmähren. 2. Bergmännerlein, Wichtelin, Unter-Irdische. 3. Chymische Menschen, Wettermännlein. 4. Drachenkinder, Elben. 5. Erbildete Menschen, Seulleute. 6. Feuermänner, Irrwische, Tücke-Bolde. 7. Gestorbene Leute, Wütendes Heer. 8. Haußmänner, Kobolde, Gütgen. 9. Indianische Abentheur. 10. Kielkröpfe, Wechselbälge. 11. Luftleute, Windmenschen. 12. Mondleute, Seleniten. 13. Nixen, Syrenen. 14. Oceänische oder Seemänner. 15. Pflantzleute, Alraunen. 16. Qual- oder verdammte Menschen. 17. Riesen, Hünen. 18. Steinmänner. 19. Thierleute, Bestialische, Weerwölfe. 20. Verwünschte Leute. 21. Waldmänner, Satyren. 22. Zwerge, Dymeken. Magdeburg 1666 [1668].

Price, Harry (1945): Poltergeist over England. Three Centuries of Mischievous Ghosts. London: Country Life, 1945.

Puhle, Annekatrin (1999a): Unveröffentlichter Abschlussbericht über das Projekt: „Kulturhistorische Aspekte von Geistererscheinungen und Poltergeistfällen in Deutschland in der Zeit Goethes". Institut für Grenzgebiete der Psychologie und Psychohygiene e.V.: Freiburg im Breisgau, 28.10.1999.

Puhle, Annekatrin (1999b): Ghosts, Apparitions and Poltergeist Incidents in Germany between 1700 and 1900. Journal of the Society for Psychical Research 63, Nr.875, October 1999, S.292-305.

Puhle, Annekatrin (2001a): Learning from Historical Cases: Six Selected Poltergeist Cases from the 1700s in Germany. In: European Journal of Parapsychology, 16, 2001, S.61-72.

Puhle, Annekatrin (2001b): Changing Attitudes to the Paranormal: Historical and Current Case Histories. Vortrag auf der Perrott-Warrick Conference, Trinity College, Cambridge, 3rd – 5th April, 2000. In: Proceedings of the Swedish Society for Psychical Research. Aktuell Parapsykologi. En skriftserie från Sällskapet för Parapsykologisk Forskning (SPF), 20, Stockholm 2001.

Puhle, Annekatrin (2004a): Das Lexikon der Geister. Über 1000 Stichwörter aus Mythologie, Volksweisheit, Religion und Wissenschaft. Mit 41 farbigen und 116 schwarzweißen Bildern. München: Atmosphären Verlag, 2004.

Puhle, Annekatrin (2004b): A Phenomenological Analysis of Apparitional Experiences Suggestive of Survival Occuring in Great Britain from the Early 1600s to the Late 1800s. Unveröffentlichter Bericht an den Tate-Fund, SPR, London 2004. Deutsche Buch-Fassung, s. Puhle (2006b)

Puhle, Annekatrin (2004c): Tony Cornell (2004): Investigating the Paranormal. New York: Helix Press. Book Review. In: European Journal of Parapsychology, 18, 2004, S.99-105.

Puhle, Annekatrin (2004d): Alraune. In: Grenzgebiete der Wissenschaft, 2004, 3, S.275-280.

Puhle, Annekatrin (2005a): Geister der Goethezeit. In: Moritz Baßler, Bettina Gruber und Martina Wagner-Egelhaaf (Hrsg.): Gespenster. Erscheinungen – Medien – Theorien. Würzburg: Königshausen & Neumann. S.77-90.

Puhle, Annekatrin (2005b): The Message of the Ghost: Getting Beyond the Trappings of Cultural History. In: The Christian Parapsychologist. S.142-150.

Puhle, Annekatrin (2005c): Sechs historische Poltergeistfälle aus dem 18. Jahrhundert in Deutschland. In: Zeitschrift für Parapsychologie und Grenzgebiete der Psychologie, 40/41, S.23-40.

Puhle, Annekatrin (2006): Mit Goethe durch die Welt der Geister. Geisterbegegnungen aus vier Jahrtausenden. Kurzausgabe der vierbändigen Fassung (s. Puhle, voraussichtlich 2007). Mit einem Geleitwort von David Fontana und 35 farbigen und über 250 schwarzweißen Bildern. St. Goar: Reichl Verlag Der Leuchter, 2006.

Puhle, Annekatrin (2009): Mit Shakespeare durch die Welt der Geister. Geisterberichte aus England, Schottland, Irland, Wales und Cornwall. Vorwort von David Fontana. Mit vielen farbigen und schwarzweißen Abbildungen. St. Goar: Reichl Verlag Der Leuchter, 2006.

Puhle, Annekatrin (2010): Mit Goethe durch die Welt der Geister. Geisterbegegnungen aus vier Jahrtausenden. 4 Bde., mit 80 farbigen und ca. 400 schwarzweißen Bildern. St. Goar: Reichl Verlag Der Leuchter.

Puhle, Annekatrin, und Parker, Adrian (2004): Science in search of spirit. In Jim Houran: from Shaman to Scientist: Humanity's Search for Spirits. Lanham, Maryland – Toronto – Oxford: The Scarecrow Press, Inc., 2004. S.1-19.

Quensel, Paul (1926): Thüringer Sagen. Jena 1926.

Radin, Dean (1997): The Conscious Universe. San Francisco: Harper Edge, 1997.

Radin, Dean (2006): Entangled Minds: Extrasensory Experiences in a Quantum Reality. NY, NY: Paraview Pocket Books, a division of Simon & Schuster, 2006.

Rätsch, Christian (1998): Enzyklopädie der psychoaktiven Pflanzen. Aarau, Schweiz: AT Verlag, 1998.

Rätsch, Christian (2005): Der heilige Hain. Germanische Zauberpflanzen, heilige Bäume und schamanische Rituale. Baden und München: AT Verlag, 2005.

Ranke, Friedrich (1924): Die deutschen Volkssagen. 2.Aufl. München: Beck'sche Verlagsbuchhandlung, 1924. (= Deutsches Sagenbuch. In Verbindung mit Friedrich Ranke und Karl Wehrhan hg. von Friedrich von der Leyen. 4. Teil)

Ranke, Kurt (1939): Der dreißigste Tag im Totenkult der Indogermanen. Zeitschrift für Deutschkunde 53, 1939.

Ranke, Kurt (1951): Rosengarten, Recht und Totenkult. Hamburg: Hansischer Gildenverlag, Joachim Heitmann & Co., 1951.

Rask, Rasmus, und Afzelius, Arvid August (1818): Edda Saemundar hinus froda. Stockholm 1818.

Ray, Clarissa (1996): Edelsteine. Landsberg am Lech: mvg-Verlag, 1996.

RE = Real-Encyclopädie der classischen Altertumswissenschaften. Hg. von Georg Wissowa unter Mitwirkung zahlreicher Fachgenossen. Stuttgart: Metzlerscher Verlag, 1894ff.

Reichardt, Rudolf (1913): Geburt, Hochzeit und Tod im deutschen Volksbrauch und Volksglauben. Jena: Hermann Costenoble, 1913.

Renger-Patzsch, Albert (1997): Albert Renger-Patzsch. Das Spätwerk. Bäume, Landschaften, Gestein. Hg. vom Kunstmuseum Bonn und dem Albert Renger-Patzsch Archiv Ann und Jürgen Wilde, Köln. Ostfildern-Ruit: Cantz-Verlag, 1997.

Rhine, Louisa E. (1967): ESP in Life and Lab. Tracing Hidden Channels. New York: The Macmillan Company, Totonto, Ontario: Collier Macmillan Canada Ltd., 1967.

Rochholz, Ernst Ludwig (1856): Schweizer Sagen aus dem Aargau. 2 Bde., Aarau 1856.

Rohde, Erwin (1903, 1929): Psyche. Seelencult und Unsterblichkeitsglaube der Griechen. 2 Bde., 3.Aufl., Tübingen und Leipzig: J.C.B. Mohr (Paul Siebeck), 1903; ausgewählt und eingeleitet von Hans Eckstein, Leipzig, Alfred Kröner, 1929.

Rohde, Erwin (1876, 1900): Der griechische Roman und seine Vorläufer. Leipzig: Breitkopf und Härtel, 1876; 2.Aufl. 1900.
Rölleke, Heinz (1996): Das große deutsche Sagenbuch. Düsseldorf und Zürich: Artemis und Winkler, 1996.
Rölleke, Heinz (1991): Die Wichtelmänner. Fabula 32, 1991, S.181-186.
Roll, William George (1974, 1976): The Poltergeist. New York: New American Library, 1974. Deutsch: Der Poltergeist. Freiburg i.Br.: Aurum, 1976.
Rose, Carol (1996): Spirits, Fairies, Gnomes, and Goblins. An Encyclopedia of The Little People. Santa Barbara, California; Denver, Colorado, Oxford, England: ABC-CLIO, 1996.
Rühmann, Heinrich (1938): Opfersagen des Hausgeist- und Zwergenkultes. Inaugural-Dissertation zur Erlangung der Doktorwürde der Hohen Philosophischen Fakultät der Christian-Albrechts-Universität Kiel. Limburg an der Lahn: Limburger Vereinsdruckerei G.m.b.H., 1938.
Ruß, Holger (2005): Das rätselhafte Leuchten allen Lebens. Der Spiegel, 23.8.2005.
Rydberg, Abraham Viktor (1886-1889): Undersökningar i germanisk mythologi (Untersuchungen in germanischer Mythologie). 2 Bde., Stockholm. Bonnier, 1886-1889.
Rydberg, Abraham Viktor (1875, 1980): Lille Viggs äventyr på julafton. Erste Ausgabe 1875. Mit Bildern von Harald Wiberg, Stockholm: Rabén & Sjögren, 1980.
Rydberg, Viktor (1991): Tomten. Mit Zeichnungen von Harald Wiberg. 6.Aufl., Stockholm: Rabén & Sjögren, 1991.
Sartori, Paul (1922, 1929): Westfälische Volkskunde. 1.Aufl. 1922; 2.Aufl., mit 18 Tafeln, Leipzig: Quelle & Meyer, 1929.
Schell, Otto (1897): Bergische Sagen. Elberfeld 1897.
Scherr, Johannes (1854, 1866): Geschichte Deutscher Cultur und Sitte. In drei Bänden dargestellt. Leipzig: Otto Wigand, 1854. 3., vermehrte Aufl. unter dem Titel: Deutsche Kultur- und Sittengeschichte. Leipzig: Otto Wigand, 1866.
Schildt, Margareta (1983): Jul I Vårt Hus. Sagor – sångor – psalmer – pynt – pyssel mm. Jultraditioner från advent till Tjugondag Knut. Zusammengestellt von M Schildt. Stockholm: Bonniers Junior Förlag AB, 1983.
Schinzel-Penth, Gisela (1982): Sagen und Legenden um das Berchtesgadener Land.. Gesammelt und neu erzählt von Gisela Schinzel-Penth. 25 Federzeichnungen von Heinz Schinzel. 4.Aufl., Andechs/Frieding: Ambro Lacus Buch- und Bildverlag, 1982.
Schleicher, August (1857): Litauische Märchen, Sprichwörter, Rätsel und Lieder. Weimar 1857.
Schöll, Hans Christoph (1936): Die drei Ewigen. Eine Untersuchung über germanischen Bauernglauben. Jena 1936.
Schön, Ebbe (1980): Julen förr i tiden. Stockholm, Örebro: Natur och Kultur, 1980.
Schön, Ebbe (1998): Svensk folktro A-Ö. Hur vi tänkt, trott och trollat. Stockholm: Prisma, 1998.
Schönhoff, Hermann (1907): Beitrag in: Jahrbuch des Vereins für niederdeutsche Sprachforschung, 33, 1907.
Schönwerth, Franz Xaver (1857-1859): Aus der Oberpfalz. Sitten und Sagen. 3 Teile, Augsburg 1857-1859.
Scholly, Nora (1939): Wolkenkinder. München: Josef Müller, 1939.
Schriever, Friederike (1992): Methodologische Probleme bei der Erforschung von Wahrträumen. In: Andreas Resch: Aspekte der Paranormologie. Die Welt des Außergewöhnlichen. Innsbruck: Resch Verlag, 1992.
Schrödter, Willy (1997): Pflanzen-Geheimnisse. Neue Ausgabe, erweitert um ein Personen- und Sachregister, St. Goar: Reichl Verlag Der Leuchter, 1997.

Schulenburg, Willibald von (1934): Wendisches Volkstum in Sage, Brauch und Sitte. 2., verbesserte Aufl. mit Beiträgen von J. Bolte. Veröffentlichungen des Slavischen Instituts an der Friedrich-Wilhelms-Universität Berlin, hg. von Max Vasmer, Nr.11. Leipzig: Otto Harrassowitz, 1934.

Schulenburg, Willibald von (1880): Wendische Volkssagen und Gebräuche aus dem Spreewald. Leipzig 1880.

Schullerus, Adolf (1926): Siebenbürgisch-sächsische Volkskunde im Umriß. Von D.Dr. Adolf Schullerus Stadtpfarrer und Bischöflicher Vikar in Hermannstadt. Mit zahlreichen Abbildungen im Text und auf 16 Tafeln. Leipzig: Quelle & Meyer, 1926.

Schulze, Robert (1940): Die Anfänge der Volksglaubensforschung. Historische Studien, Heft 373. Berlin: Verlag Dr. Emil Ebering, 1940.

Schweitzer, Albert (1986): Was sollen wir tun? Aus dem Nachlass hg. von Emmy Martin und Martin Strege zum Gedenken. Originalausgabe, Heidelberg: Verlag Lambert Schneider GmbH, 1986.

Schwindt, Moritz von (1906): Schwind. Des Meisters Werke in 1265 Abbildungen. Hg. von Otto Weigmann. Klassiker der Kunst in Gesamtausgaben, Bd.9. Stuttgart und Leipzig: Deutsche Verlagsanstalt, 1906.

Senior, Alan (2004): Echoes from the Celtic Otherworld. In: The Quest (Magazine of the Theosophical Society in America), vol.91, number 7, January/February 2004.

Sikes, Wirt (1880, 1973): British Goblins. Welsh Folk-Lore, Fairy Mythology, Legends and Traditions. With Illustrations by T.H. Thomas. First edition London: Sampson Low, 1880; reprint East Ardsley, Wakefiled, Yorkshire, England: EP Publishing Ltd, 1973.

Silver, Carole G. (1999): Strange and Secret Peoples. Fairies and Victorian Consciousness.. New York, Oxford: Oxford University Press, 1999.

Simek, Rudolf (1984): Lexikon der germanischen Mythologie. Stuttgart: Alfred Kröner, 1984.

Simrock, Karl: (1839): Das Nibelungenlied, s. [Nibelungenlied]

Simrock, Karl (1870): Die Quellen des Shakespearein Novellen, Märchen und Sagen mit sagengeschichtlichen Nachweisungen. 2 Bde., 2.Aufl., Bonn: Adolf Marcus, 1870.

Simrock, Karl (1887): Handbuch der deutschen Mythologie mit Einschluß der nordischen. 6.Aufl., Bonn: Adolph Marcus, 1887.

Simrock, Karl (1896): Die Edda, s. [Edda].

[Skjaldedigtning] (1967): Den Norske-Islandske Skjaldedigtning. Von Finnur Jónsson. A – Tekst Efter Håndskrifterne. Bd.1, Kopenhagen: Rosenkilde og Bagger, 1967.

Snell, Bruno; Kannicht, Richard und Radt, Stefan (1971-20041977-1985 und 1986): Tragicorum Graecorum fragmenta. 5 Bde. (Bd. 5 hg.v. R. Kannicht), Göttingen: Vandenhoeck & Ruprecht 1971-2004. (= TrGF)

Sommer, Emil (1846): Sagen, Märchen und Gebräuche aus Sachsen und Thüringen. Halle 1846.

Spaeth, Eva (1983): Kobolde und Elfen. Illustration von Lore Hummel. Bad Aibling: Dessart, 1983.

Spamer, Adolf (o.J.): Sitte und Brauch. In: Peßler (o.J. (= 1935(?)-1938(?), Bd.2, S.33-236.

Spence, Joan und Bill (o.J.): Ryedale The Quest. Discover the romance of rural Yorkshire, Nr.9, Folklore, Custom, Dialect. Informationsbroschüre hg. von den Tourist Information Centres, mit einem Text von Joan und Bill Spence. Gedruckt von Ryedale District Council in Zusammenarbeit mit Marketing Destinations, York, o.J.

Stein, Monica (1985, 1986): Tomtarnas hemlige Julafton. Efter en gammal tysk folksaga. Kopenhagen: Carlsens, 1985. Deutsche Ausgabe: Heimliche Weihnachten bei den Heinzelmännchen. Illustrationen von Maj Fagerberg. Reinbek bei Hamburg: Carlsen-Verlag, 1986.

Steinau, Philip von (Ferdinand Philip Grimm) (1838): Volkssagen der Deutschen. Zeitz 1838.

Steiner, Rudolf (1992, 1998): Geistige Wesen in der Natur. Ausgewählt und hg. von Wolf-Ulrich Klünker. Themen aus dem Gesamtwerk / Rudolf Steiner, Bd.18. Stuttgart: Verlag Freies Geistesleben, 1992, 2. Aufl. 1998.

Steinhöwel, Heinrich (1544): Chronik der vornehmsten weiber von Boccaz. (Vorrede August 1473.) 1544.

Stewart, W. Grant (1823): The popular superstitions and festive amusements of the Highlanders of Scotland. Edinburgh: Archibald Constable and Company, 1823.

Stietencron, Bettina (1991, 2004): Nachts am Berge tanzen Zwerge. Verse von Marianne Garff, Alfred Baur und Hedwig Diestel mit Bildern von Bettina Stietencron. o.O.: Verlag Engel & Co., 1991, 7.Aufl. 2004.

Storl, Wolf-Dieter (1997, 2001): Planzendevas. Die geistig-seelischen Dimensionen der Pflanzen. Mit praktischen Anleitungen zur Pflanzenmeditation. 1.Aufl. 1997; 2.Aufl., Aarau, Schweiz: AT Verlag, 2001.

Strackerjan, Ludwig (1867-1868, 1909): Aberglaube und Sagen aus dem Herzogtum Oldenburg. 2 Bde., Oldenburg 1867 und 1868. Spätere Ausgabe 1909.

Strassmann, René A. (1994, 1999): Baumheilkunde. Mythos und Magie der Bäume. 1.Aufl 1994; 2.Aufl., Aarau, Schweiz: AT Verlag, 1999.

Swahn, Jan-Öjvind (2005): Olaus Magnus bilder. Utsnitt ur Olaus Magnus historia om de nordiska folken muntert kommenterande av Jan-Öjvind Swahn. Lund: Historiska Media, 2005.

Temme, Jodocus Deodatus Hubertus (1839, 1993): Volkssagen aus der Mark Brandenburg. Berlin: Nicolaische Verlagsbuchhandlung, 1839. Reprint Hildesheim: Olms, 1993.

Temme, Jodocus Deodatus Hubertus (1840): Volkssagen von Pommern und Rügen. Berlin: Nicolaische Verlagsbuchhandlung, 1840.

Tettau, W.A.J.V.A., und Temme, J.D.H. (1837): Die Volkssagen Ostpreußens, Lithauens und Westpreussens. Berlin: Nicolaische Verlagsbuchhandlung, 1837.

Thiele, Just Mathias. (1843-1860): Danmarks Folkesagn. København, Bd.1 und 2 1843, Bd.3 1860.

Toellner, Richard (1990): Illustrierte Geschichte der Medizin. Deutsche Ausgabe, Sonderausgabe, 6 Bde., Salzburg: Andreas & Andreas Verlagsbuchhandlung, 1990.

Tolkien, John Ronald R. (1964, 1988, 1999): On Fairy-Stories. In: Tree and Leaf. London: Unwin Books, 1964; Unwin Hyman, 1988; Boston: Houghton Mifflin Company, 1989.

Tolkien, John Ronald R. (1937, 1987, 1974): The Hobbit: or There and Back Again. London: George Allen and Unwin, 1937; 4th edition London and Sydney: Unwin Hyman, 1987. Deutsche Ausgabe: Der kleine Hobbit. Aus dem Englischen von Walter Scherf. Illustriert von Klaus Ensikat. München: DTV junior, 1974.

Tolkien, John Ronald R. (1954-1955): The Lord of the Rings (dt. Der Herr der Ringe) (vol.1: The Fellowship of the Ring, 1954, vol.2: The Two Towers, 1954; vol.3: The Return of the King, 1955). London: George Allen and Unwin, 1954-1955.

Torin, Göran N.K. (2005): Mystika Träd (Mystischer Garten). Västra Götalands lån. Göran N.K. Torin, Mossvägen 4, 430 94 Bohus – Björkö. E-Mail: mystikatrad@torinfoto.se. ISBN 91-631-4935-4. 2005.

Tourtel, Mary (1935): Rupert, the Manikin and the Black Knight. London: Sampson Low, Marston & Co Ltd., 1935.

TrGF, s. Snell, Kannicht und Radt (1977-1985 und 1986)

Trott-Tschepe, Jürgen (1993): Mensch und Duft im Elementen-Kreis. Feuer, Wasser, Luft und Erde in der Psycho-Aromatherapie. Leer: Verlag Grundlagen und Praxis.

Trott-Tschepe, Jürgen (2004): Genesis. Innere Pilgerwege. Ratingen: Wolfland Verlag, 2004.

Trott-Tschepe, Jürgen (2004ff): Aromakunde. Bd.1 2004, Bd.2 2005 (weitere Bde. in Vorbereitung), Ratingen: Wolfland Verlag, 2004ff.

Vernaleken, Theodor (1858): Alpensagen. Volksüberlieferungen aus der Schweiz usw. Wien 1858.

Villemarqué, Theodore de la (1840): Barzas-Breiz, chants populaires de la Bretagne. 2 Bde., 2.Aufl., Paris 1840.

Vries, Jan de (1970): Altgermanische Religionsgeschichte. 3.Aufl. Berlin 1970.

Wartmann, Bernhard (1874): Beiträge zur St. Gallischen Volksbotanik. Verzeichniß der technischen und arzneilichen Volksanwendung meist einheimischer Pflanzen. 2.Aufl., St. Gallen: Scheitlin und Zollikofer, 1874.

Wiberg, Harald (1967): Gammaldags Jul. Julen hos Johan-Petter och Tomten. Stockholm: Rabén & Sjögren, 1967.

Wijk, Roeland van und Wijk, Eduard P.A. van (2005): An Introduction to Human Biophoton Emission. Forschende Komplementärmedizin, Bd.12, Nr.2, 2005, S.77-83.

Witzschel, August (1866-1878): Kleine Beiträge zur deutschen Mythologie, Sittengeschichte und Heimatkunde in Sagen und Gebräuchen aus Thüringen. 2 Bde., Wien 1866-1878.

Wohlgemuth, Fritz (1906): Riesen und Zwerge in der altfranzösischen erzählenden Dichtung. Stuttgart 1906.

Wolf, Johann Wilhelm (1853): Hessische Sagen. Göttingen 1853.

Wolf (1911): Spuksagen und Siedlungsgeschichte. Frankfurter Zeitung, 6. Januar 1911.

Wolf, Werner (1929): Der Mond im deutschen Volksglauben. Bühl (Baden): Druck und Verlag der Koncordia A.-G., 1929.

Wolff, Karl Felix (1932): Die Laurin-Sage. Mannus 24, 1932, S.291-303.

Wossidlo, Richard (1897ff): Mecklenburgische Volksüberlieferungen. 3 Bde., Wismar 1897ff.

Wossidlo, Richard (o.J.): Von de lütten Unneriedrschen. In: Meckelborger Plattdütsch. Bookerie 6/7, o.J.

Wucke, Christian.Ludwig (1891): Sagen der mittleren Werra. Eisenach 1891.

Wuttke, Adolf (1860, 1869, 1900): Der deutsche Volksaberglaube der Gegenwart. 1. Aufl. 1860; 2.Aufl. 1869; 3. Bearbeitung von Elard Hugo Meyer 1900; alle Auflagen Berlin: Wiegand & Grieben.

Zaunert, Paul (Hrsg.) (o.J.): Deutscher Sagenschatz. Jena o.J.

Zaunert, Paul (Hrsg.) (1912): Deutsche Märchen seit Grimm. Jena 1912.

Zaunert, Paul (1922): Von Riesen und Zwergen und Waldgeistern. Köln: Schaffstein, 1922.

Zaunert, Paul (1924): Rheinland-Sagen. 2 Bde., Jena 1924.

Zaunert, Paul (1927): Westfälische Sagen. Jena: E. Diederichs, 1927.

ZdM = Zeitschrift für deutsche Mythologie und Sittenkunde (1853-1859). 4 Bde., Göttingen 1853-1859.

ZfdA = Zeitschrift für deutsches Altertum. Berlin 1841ff.

ZfrwVk = Zeitschrift des Vereins für rheinische und westfälische Volkskunde. 1904ff.

Zimmerische Chronik (16.Jhdt., 1881-1882, 1932): 4 Bde., hg. von K. Barack. 2.Aufl. Freiburg 1881-1882, Nachdruck Meersburg und Leipzig 1932.

Zingerle, Anton (1898): Tirolensia. Beiträge zur Volks- und Landeskunde Tirols. Innsbruck: Verlag der Wagner'schen Universitätsbuchhandlung, 1898.

Zingerle, Ignaz Vinzenz (1857-1858): Sitten, Bräuche und Meinungen des Tiroler Volkes. Innsbruck 1857-1858.

Zingerle, Ignaz Vinzenz (1850, 1891): Sagen aus Tirol. 1850; 2.Aufl., Innsbruck 1891.

Zingerle, Ignaz Vinzenz (1859): Sagen, Märchen und Gebräuche aus Tirol. Innsbruck: Wagner, 1859.

BILDVERZEICHNIS

1: Jill Barklem: Illustration zu *The Secret Staircase*. 1983. Aus der Serie *Brambly Hedge. 1980ff.* © *J. Barklem.*
2: Paul Gustave Doré (1832-1883): Illustration zu *Hop o' my Thumb*.
3: Ein Zwergengruß. Karl Hauff.
4: Richard Doyle (1824-1883): The Fairy Tree.
5: Illustration von Elsa Beskow zu Beskow 1919.
6: Zeitgenössische Illustration zu *Schneewittchen* aus der ersten Gesamtausgabe von Grimms Kinder- und Hausmärchen 1819.
7: Karl Hauff.
8: Illustration von John B. Gruelle (1880-1938) zu Schneeweißchen und Rosenrot in Grimm's Fairy Tales, New York 1914.
9: Illustration "Ein Blümchen" von Ida Bohatta-Morpurgo, aus: Bei den Wurzelmännlein. 1940.
10: Rien Poortvliet, Illustration aus Huygen und Poortvliet, 1982.
11: Illustration von Ida Bohatta-Morpurgo zu *Schneckenpost*. 1951.
12: The Fairy School. Illustration aus Keightley 1878.
13: Ein Männeken (manikin) aus den Geschichten um Rupert Bear von Mary Tourtel (1874-1948), England. Aus: Rupert, the Manikin and the Black Knight, London 1935.
14: The Knight and the Gnomes (Der Ritter und die Gnomen). Aus Keightley 1878.
15: Ellen Siebs: Fenesmännel und Fenesweibel. Illustration aus Drechsler 1903-1906, Bd.2 1906.
16: Arthur Rackham (1867-1939): Fairies. Frontispiz zu *Puck of the Pook's Hill* von Rudyard Kipling, 1906.
17: Arthur Rackham: Old Elf Hiding among the Tulips.
18: Vätte. Tomtar och Vättar i Lin, Handarbeit von Gunnel Stengren, Kungsbacka, Schweden. 2004. Foto und © Annekatrin Puhle, Oktober 2006.
19: Panfigur in einer Nische des Wassertheaters in der Villa Aldobrandini in der Umgebung Roms. 17.Jhdt.
20: Moritz von Schwind: Gnomenbericht. Holzschnitt für die "Fliegenden Blätter" nach einer Zeichnung Schwinds. 1848-1850.
21: Ludwig Bechstein (1801-1860).
22: Sibylle von Olfers: Titelbild zu dem Buch *Etwas von den Wurzelkindern*, 1906.
23: Moritz von Schwind: Zu dem Gedicht: Im Schwarzwald nach dem Regen. Holzschnitt für die "Fliegenden Blätter" nach einer Zeichnung Schwinds. 1848-1850.
24: Ida Bohatta-Morpurgo: Illustration aus *Schneckenpost*. 1951.
25: Henry Justice Ford (1860-1940): Illustration zu Rumpelstilzchen in *The Blue Fairy Book* (1889) aus der Buch-Serie von Andrew Lang 1889-1910.
26: Illustration von Anne Anderson (1874-1930).
27: Ein kleines grünes Männchen aus dem Märchen *Frauenschuh* von Ursula Lange. Nach einem Aquarell von Kurt Stordel, 1944.
28: Moritz von Schwind: Das organische Leben in der Natur. Holzschnitt für die "Fliegenden Blätter" nach einer Zeichnung Schwinds. 1847-1848.

29: Wessobrunner Linde in Bayern. Foto und © Albert Renger Patzsch, 1960. Aus: Renger-Patzsch 1997.
30: Untersberg. Foto und ©: Mallaun / Mauritius.
31: Helmut Milas: Ein Zwergenkind. 2006. © H. Milas.
32: Helen Beatrix Potter (1866-1943): The Tailor Mouse. Titelbild zu *The Tailor of Gloucester*. Um 1902, Bleistift und Wasserfarbe auf Papier. Tate Gallery, London.
33: Mary Cicely Barker (1895-1973), England: Pine Tree Fairy.
34: Ein handgefertigter Tomte aus der Werkstatt Tomtar & Troll von Maija Tahko und Kicki Flodén, Österlånggatan 45, Gamlastan, Stockholm. Foto und ©: Annekatrin.Puhle, 2004.
35: Bergarbeiter. Aus:Georgius Agricola: De re metallica. 1556.
36: Henry Justice Ford. Illustration zu *The little gray ma*n (dt. Volksmärchen) in: The Grey Fairy Book (1900) aus der Buch-Serie von Andrew Lang 1889-1910.
37: Elsa Beskow: Blomsterboda. © Stiftelse Birkagarden, Schweden.
38: Tomte und Troll. Aus der Werkstatt Tomtar & Troll in Gamlastan, Stockholm. © Tomtar & Troll Ma-Ki Design AB.
39: Trollmors vaggvisa. © Maj Fagerberg.
40: Zwergohreule. Foto und © Thomas Dressler.
41: Theodor Kittelsen (1857-1914): Skotroll, 1906.
42: John Bauer (1882-1918), Schweden: Bianca Maria och trollen. Ausschnitt.
43: John D. Batten (1860-1932): Leprechaun: Illustration zu dem Märchen *The Field of Boliauns* aus: Celtic Fairy Tales von Joseph Jacobs, 1892.
44: Richard Doyle: Elf and Owls. Illustration zu *In Fairyland* von William Allingham, 1870.
45: Ein Leprechaun beim Schuhmachen. Signiert: HMF.
46: Margaret Tulloch: Puck riding a mouse.
47: Zwerge lieben den Wein - und den Weinkeller. Illustration von Fritz Baumgarten zu Erich Heinemanns Märchen *Gasthaus Zur Sonne*, 1955.
48: Schild vom Pub Hobgoblin in Canterbury. Foto und © Annekatrin Puhle, 2003.
49: Plucked from the Fairy Circle. Illustration von T.H. Thomas zu *British Goblins von Sikes*, 1880.
50: Ein englischer Imp mit Rupert Bear. Aus: Rupert and the young imp von Alfred Bestall, Rupert Annuals 1949.
51: Giant and Dwarfs. Illustration aus Keightley 1878.
52: Paul Hey (1867-1952): Das Riesenspielzeug, Bild-Postkarte.
53: Moritz von Schwind: Bergriese Rübezahl. Um 1828, Feder in Schwarz über Bleistiftquadrierung auf leicht bräunlichem, geripptem Büttenpapier, Privatbesitz.
54: Maj Fagerberg: Juniperus communis (Wacholder). © M. Fagerberg.
55: Moritz von Schwind: Rübezahl.
56: Josef Wilhelm Wallander: Jätte på väg att förstöra en kyrka luras att vända om (Ein Riese, der auf dem Weg war, eine Kirche zu zerstören, wurde ausgetrickst).
57: Paracelsus. Aus Hauber 1739-1745.
58: Bartolomeo Ammanati (1511-1592), Italien: Skulptur des Appenin. Aus dem im 16.Jhdt. angelegten Garten der Medici in Pratolino.
59: Adrian Ludwig Richter (1803-1884): Der Watzmann. 1824, Öl auf Leinwand, München, Bayerische Staatsgemäldesammlungen, Neue Pinakothek.
60: Rien Poortvliet: Heinzelmännchen mit Buch. Aus Huygen und Poortvliet, 1982.
61: William Gerson Collingwood (1854-1932): The Northern Gods descending. Um 1890, Leinwand.

62: Ein freundlicher schwedischer Elfe aus dem 19.Jhdt. Aus Keightley 1878.
63: Paul Hey: Frau Holle, Bild-Postkarte.
64: Anne Anderson: Illustration aus The Mammoth Wonder Book. (British Children's Annual).
65: Ida Bohatta-Morpurgo: Der Vortrag. Aus: Bei den Wurzelmännlein. 1940.
66: Ein Troll von Mona Svärd, Schweden.
67: Illustration von Rien Poortvliet aus Tomtar von Huygen und Poortvliet 1979.
68: Illustration von Ida Bohatta-Morpurgo zu: Heinzel wandert durch das Jahr. 1931.
69: Kinderschuh aus dem Mauerwerk im Pub Bird Bush in Elsden, Northumberland. Foto und © Annekatrin Puhle, 2006.
70: Jenny Nyström (1854-1946), Schweden: Tomtegubbe.
71: Sterntaler - Illustration aus einem alten Kinderbuch.
72: Vätteros im Naturschutzgebiet Billdalen bei Göteborg, Schweden, 1.4.2007. Foto und © Annekatrin Puhle.
73: Aus einer Weihnachtskarte von Jenny Nyström. Axel Eliassons Konstförlag, Stockholm 1912.
74: Illustration zu dem Buch *Unter den Gnomen im Untersberg* von Franz Hartmann. Leizpig o.J.
75: Schloß Ambras. Aus: Topographia Provinciarum Austriacarum ...(Frankfurt: Merian, 1677). (Aus Henne am Rhyn, Bd.2 1886)
76: Anders Luxemburg
77: Bergleute. Aus: *De re metallica* von Georgius Agricola, 1556.
78: Ein Troll. Elsa Beskow.
79: Die sieben Zwerge. Zeitgenössische Illustration zu *Schneewittchen* aus der ersten Gesamtausgabe von Grimms Kinder-und Hausmärchen 1819.
80: Raffaelo Santi: Engel. Pala Baglione: Le Virtu Teologali. Auschnitt. Rom, Pinacoteca Vaticana.
81: Mili Weber: Engelsleiter. © Vontobel (www.vontobel-art.com)
82: Einar Norelius (1900-1985): Tomtefar.
83: Der Zwerg mit dem Grabschein. Zwergl-Garten, Schloß Mirabelle, Salzburg: Nach dem Vorbild Callots in Stein gehauen.
84: Die Zwergin mit dem Zwiebelbund. Zwergl-Garten, Schloß Mirabelle, Salzburg. Nach dem Vorbild Callots in Stein gehauen.
85: Illustration von Elsa Beskow zu *Solägget*. Ausschnitt. 1932.
86: Henry Meynell Rheam (1859-1920): Queen Mab. Fine Art Society/BAL.
87: Illustration von Ida Bohatta-Morpurgo zum Buch *Die Leutchen im Walde*. 1934.
88: The Arrival of the King and Queen in Fairyland. Illustration aus dem frühen 20.Jhdt.
89: Rien Poortvliet: Illustration aus Huygen und Poortvliet 1982.
90: Ein Bergtroll aus Schweden. Illustration aus Schön 1998.
91: Jill Barklem: Illustration zu Spring Story, 1980. Aus der Serie Brambly Hedge, 1980ff. © J. Barklem.
92: Eleonore Heine-Jundi: Die alte Ulme von Gülitz. Aus Fröhlich 2000, Baum Nr..278.
93: Die „tausendjährige Ulme in Gülitz". Zeichnung von Eleonore Heine-Jundi. Aus Fröhlich 2000, Baum Nr.278a.
94: Illustration von Pauline Baynes zu Narnia von C.S. Lewis. Auschnitt.
95: Ein junger Imp ruft nach Rupert Bear aus einem Steinhaufen. Aus: Rupert and the young imp von Alfred Bestall, Rupert Annuals 1949.

96: Schloßberg Schwerin – späterer Sitz des Koboldes Petermännchen. Aus: Deutsche Bauzeitung, 24.12.1913; auch in Avenarius 2002, S.17.
97: Der Palast des Gnomenkönigs im Untersberg. Illustration zu dem Buch *Unter den Gnomen im Untersberg* von Franz Hartmann. Leizpig o.J.
98: Moritz von Schwind: Der Traum des Gefangengen. Öl auf Holz, 1836. Schack-Galerie, München.
99: Carl Emil Doepler: Ein Nibelung. Kostüm-Skizze für eine Ausstellung in Bayreuth, 1976. Richard-Wagner-Museum, Bayreuth.
100: Ernst Kreidolf (1863-1956): Die Schatzgräber.
101: Zeitgenössische Illustration zu dem Märchen *Schneeweißchen und Rosenrot* aus der ersten Gesamtausgabe von Grimms Kinder-und Hausmärchen 1819.
102: Troll mit Schatz. John Bauer..
103: Peter trifft den riesigen Waldgeist. Illustration zu: Wilhelm Hauff: Das kalte Herz. 1878. Aus: Hauff 1878, Bd.4, S.258.
104: Der kleine Herr des Tannenwaldes zaubert Peters Mutter und Ehefrau herbei. Illustration zu Wilhelm Hauff, Das kalte Herz. 1878. Aus: Hauff 1878, Bd.4, S.362.
105: Das Moosmännlein und das schöne Mädchen. Nach einem Scherenschnitt von Karl Krauß. 1932.
106: Ruth Koser-Michaëls: Illustration zum Märchen *Die Wichtelmänner* (KHM 39). In Märchen der Brüder Grimm, München 1937. Aquarell.
107: Bimpfi. Ida Bohatta-Morpurgo. Aus: Der verkannte Bimpfi, 1939.
108: Die sieben Zwere Schneewittchens. Illustration von Hermann Vogel (1854-1921).
109: Ein Bergmännchen mit Licht. Aus einem Dekorationsmuster der italienischen Firma Valentina.
110: J. Doyle Penrose (1862-1932): Iduna. Um 1890.
111: J. Doyle Penrose: Freyja mit ihrem exquisiten Halsschmuck Brisingamen, einer Zwergenarbeit. Um 1890.
112: Tomtegubben. Jenny Nyström.
113: Zwerge verstehen zu leben. - Illustration von Fritz Baumgarten zu dem Märchen von Erich Heinemann *Das Gasthaus zur Sonne*, 1955.
114: Julgubbe. Illustration von Catarina Kruusval, Schweden, zu Egon och julgubben. © C. Kruusval.
115: Jill Barklem: Illustration zu Spring Story, 1980. Aus der Serie Brambly Hedge. 1980ff. © J. Barklem.
116: Zwerge lieben das Bier.
117: Osenberge. Holzschnitt von G. Jungmann se. nach einer Zeichnung von A. Ehrhardt, Bechsteins Deutsches Sagenbuch, 1853.
118: Henry Justice Ford: Illustration zu dem estnischen Märchen *The Underground Workers* in: The Violet Fairy Book (1901) aus der Buch-Serie von Andrew Lang 1889-1910.
119: Der Wiesenzwerg Tulli im Keller seines Gasthauses "Zur Sonne". Illustration von Fritz Baumgarten zu dem Märchen *Gasthaus Zur Sonne* von Erich Heinemann, 1955.
120: In der Gaststube vom Zwergengasthaus "Zur Sonne". Illustration von Fritz Baumgarten zu dem Märchen *Gasthaus Zur Sonne* von Erich Heinemann, 1955.
121: Margaret Winifred Tarrant: Woodland Hospital.
122: Zwergentanz: Buchschmuck von Rudolf Schiestl. Aus: Der Deutsche Spielmann. München 1910.

123: Wilhelm Petersen: Titelbild zu Bi-Ba-Butzemann. Die schönsten Kinderlieder. Einbandentwurf, Bilder und Buchschmuck von Prof. Wilhelm Petersen, hg. von den Köllnflockenwerken in Elmshorn, 1954.
124: Emilie Renberg-Åquist, Schweden: Zwergentanz. 2005. © E. Renberg-Åquist
125: Zwergenschabernack. - G. Jungmann se: Holzschnitt nach einer Zeichnung von A. Ehrhardt, Bechsteins Deutsches Sagenbuch (1853), zur Sage Nr.635, S.526.
126: Emilie Renberg-Åquist: Tomte mit Pferd. 2005. © E. Renberg-Åquist.
127: Helga Gebert, Freiburg: Zwerge.© H. Gebert.
128: Zwerge kommen im Mondlicht zum Vorschein. Illustration von Jenny Nyström.
129: Glückszwerg und Glückspilz. Aus einem Dekorationsmuster für Papierwaren der italienischen Firma Valentina.
130: Illustration von Hermann Vogel zu *Schneeweißchen und Rosenrot* in Grimms Kinder-und Hausmärchen, 1894.
131: Zwerg. Illustration von Jule Ehlers-Juhle zu *Die Rückkehr der Zwerge* von Hermann Krekeler, 1981. © Carlsen Verlag, Hamburg.
132: Emilie Renberg-Åquist, Schweden: Zwerge lieben die Stille. 2005. © E. Renberg-Åquist.
133: Rien Poortvliet: Lesendes Heinzelmännchen. Aus Huygen und Poortvliet, 1979.
134: Kleiner Geist aus Asbjörnsens Waldgeister-Buch, 1881.
135: Illustration von Elsa Beskow aus *Barnens stora julkalendar* von Körling, 1919.
136: John Bauer: Loki und Idun.
137: Alan Lee: Gandalf und Frodo.
138: Der enthauptete Regin (links im Bild). Der Schmied Regin wurde von seinem Ziehsohn Sigurd enthauptet (vgl.III.5). In Stein gemeißelt, aus Ramsundsberget (ATA). Das Bild ist die Vorlage zu Kuprinas Seidenmalerei, in der die Malerin Regins Haupt wieder aufgesetzt hat.
139: Elsa Beskow, Illustration aus Tomtebo barnen, 1919.
140: Alraunenmann (Mandragora officinarum, L.), Morgan 652, fol. 103v. Aus Collins 2000, S.79.
141: Fi-fi, die kleine Hauptfigur aus Maj Fagerbergs Vilken Tur, 2005. © M. Fagerberg.
142: Illustration zu: Wilhelm Hauff, Der Zwerg Nase. 1878. Aus Hauff 1878, Bd.4, S.137.
143: Illustration von Catarina Kruusval zu *Egon och julgubben*, 1998. © C. Kruusval.
144: Unsichtbarer Zwerg. Foto und © Annekatrin Puhle, 2006.
145: Illustration von Rien Poortvliet. Aus Huygen und Poortvliet 1982.
146: Illustration von Fritz Baumgarten zu Heinmanns *Gasthaus Zur Sonne*, 1955.
147: John Howe, Canada und Schweiz: Der Zauberer Gandalf aus *Der Herr der Ringe* mit seinem Zauberstab. © J. Howe.
148: Anne Anderson: Illustration aus *The Mammoth Wonder Book* (British Children's Annual).
149: Ein in einen Baum verwandelter Prinz. Ilustration von Arthur Rackham zu: Brothers Grimm: Little Brother and Little Sister, and Other Tales, 1917.
150: Arthur Rackham: Butter is made from the roots of old trees. Aus: Peter Pan in Kensington Gardens von J.M. Barrie (1906).
151: Jill Barklem, England: Illustration zu Spring Story, 1980. Aus der Serie Brambly Hedge, 1980ff. © J. Barklem.
152: Elsa Beskow: Illustration aus Tomtebo barnen, 1919.
153: Die Wolframslinde in Ried, Bayern, wird auf 1000 Jahre geschätzt. Baum Nr.150 aus Fröhlich 2000.
154: Ein Gartenzwerg in Berchtesgaden. Foto und ©: Annekatrin Puhle, 2005.

155: Alan Wright: Illustration zu *Teeny Wee*, von Anne Anderson und Alan Wright.
156: Ein Gartenzwerg. Foto: Helmut Milas, Nettelstedt. © H. Milas.
157: Hans Arnold, Schweden und Schweiz: Zwerge sind gute Schuhmacher. © H. Arnold.
158: Karl Hauff, Stuttgart: Lebkuchenmaler.
159: Henry Justice Ford: Illustration zur Sage vom kleinen König Loc in *The Olive Fairy Book* (1907) aus der Buch-Serie von Andrew Lang 1889-1910.
160: Theodor Kittelsen: Das weiße Pferd und der Hofalte.
161: Der norwegische Forscher Peter Christen Asbjörnsen. Aus seinen norwegischen Volksmärchen und Waldgeister-Sagen, Leipzig 1881.
162: Karl Hauff: Wichtel mit Flöte.
163: Zwerge bringen Geschenke. - Jenny Nyström.
164: Rien Poortvliet: Sandmännchen. Aus Huygen und Poortvliet 1989.
165: Sandmännchen mit Bilder-Schirm. Illustration von E.H. Wehnert und W. Thomas zu Andersen 1998.
166: Das Sandmännchen aus dem "Ostfernsehen" (Deutscher Fernsehfunk Berlin).
167: Winters Einzug. Aus einem alten Weihnachtsbuch.
168: Der Nikolaus kommt. Aus einem alten Weihnachtsbuch.
169: Deutsche Spekulatius-Backform mit dem heiligen Nikolaus.
170: Moritz von Schwind: Herr Winter. Aus dem Münchner Bilderbogen, 1847.
171: Eugen Siebert: Der Weihnachtsaufzug. Holzschnitt. Aus Bürkner 1848.
172: Thorvald Rasmussen: Illustration zu Viktor Rydbergs Gedicht *Tomten*. Wilhelm Lundkvist, Stockholm 1909. Karte Nr.10 aus einer Serie mit 10 Motiven Rydbergs Gedicht *Tomten*.
173: Fritz Baumgarten: Illustration zum *Gasthaus Zur Sonne*. 1955.
174: Scherenschnitt von Karl Krauß: Huckauf. Aus W. Fischer 1932.
175: Arthur Rackham: Fairies Peep a Baby.
176: Henry Justice Ford: The Fairies go off with the Farmer's Wife. Illustration zu einem irischen Märchen in The Lilac Fairy Book (1910) aus der Buch-Serie von Andrew Lang 1889-1910.
177: Arthur Rackham: Rip van Winklés Sleep. Illustration zu Rip van Winkle von Washington Irving, 1905.
178: Schneewittchen. Alte Bild-Postkarte.
179: Illustration von Jule Ehlers-Juhle zu *Die Rückkehr der Zwerge* von Hermann Krekeler, 1981. © Carlsen Verlag, Hamburg.
180: John D. Batten: Ein kleiner Mann spielt Dudelsack. Illustration zum Märchen *Paddy O'Kelly and the Weasel*, in: Joseph Jacobs More Celtic Fairy Tales, 1892.
181: John D. Batten: Twin changelings (Zwilling-Wechselbälge). Illustration zum Märchen *Brewery of Eggshells* in Joseph Jacobs Celtic Fairy Tales, 1892.
182: Karl Krauß: Ein Plagegeist. Ausschnitt aus einem Scherenschnitt in W. Fischer 1932.
183: Illustration zu Asbjörnsens norwegischen Volksmärchen und Waldgeister-Sagen, 1881, S.9.
184: Arthur Rackham: Puck with fairy. Illustation zu *A Midsummer Night's Dream*, Ausgabe 1908.
185: Märchenmütterchen. Aus einem alten Weihnachtsbuch.
186: Ein Königssohn erlöst Schneewittchen. Bild-Postkarte von Paul Hey.
187: Henry Justice Ford: Illustration zu dem Grimm-Märchen von den drei Wichtelmänndern in: The Red Fairy Book (1890) aus der Buch-Serie von Andrew Lang 1889-1910.
188: Henry Justice Ford: Lisa und Aina treffen den Himbeerkönig. Illustration zu dem Märchen *Hallonmasken* von Zacharias Topelius in: The Lilac Fairy Book (1910) aus der Buch-Serie von Andrew Lang 1889-1910.

189: Lars Klinting, Schweden: Illustration zu *Nils Holgerssons underbara resa genom*.
190: Mary Cicely Barker: The Tulip Fairy.
191: Die Tassilolinde im bayerischen Wessobrunn, geschätzt auf 1000 Jahre, Umfang 13,5 m. Baum Nr. 161 aus Fröhlich 2000.
192: Baum und Stein. Megalith-Gruppe in Avebury, England. © Paul Caponigro 2003.
193: Wurzelmännchen. Foto und © Annekatrin Puhle, 2005.
194: Ein verzauberter Wald in Bohuslän, Schweden. Foto und © Annekatrin Puhle, 2004.
195: Mili Weber: Der Mond ist aufgegangen, die goldnen Sternlein prangen. © Vontobel.
196: Die Überfahrt der Zwerge. Illustration von Adolf Lehnert aus Lojewski 1956.
197: Maj Fagerberg: Illustration zu *Tomtarnas hemlige Julafton* von Monica Stein, 1985. Ausschnitt. © M. Fagerberg.
198: Maj Fagerberg: Tomtar. © M. Fagerberg.
199: Elsa Beskow: Illustration zu *Tomtebo barnen*, 1919, Aquarell, Nationalmuseum Stockholm.
200: Eleanor Fortescue-Brickdale (1871-1945): The Introduction. Phillips/BAL.
201: Illustration von Elsa Beskow zu *Det hände engång* (Es war einmal), AB 1944.
202: Elsa Beskow: Illustration aus Solägget, 1932, Ausschnitt.
203: Gnomen im Untergrund. Illustration zu einer Ausgabe von *The Princess and the Goblin* (zuerst 1872 bei Strahan & Co erschienen) von George MacDonald, Schottland.
204: Theodor Kittelsen (1857-1914), Norwegen: Troll.
205: Illustration von Elsa Beskow aus *Barnens stora julkalendar* von Körling, 1919.
206: Die Birke von Grötalia bei Ulricehamn in Västergötland. Foto und ©: Göran NK Torin, 13.9.1998
207: Catarina Kruusval: Julgubbe - ein Weihnachtszwerg. Illustration zu *Egon och julgubben*, 1998. © C. Kruusval.
208: Maj Fagerberg: Illustration zu *Tomtarnas hemlige Julafton* von Monica Stein, 1985. Ausschnitt. © M. Fagerberg.
209: Schneewittchen. Bild-Postkarte.
210: Jill Barklem: Illustration zu *Spring Story*. 1980. Aus der Serie *Brambly Hedge*. 1980ff. © J. Barklem.
211: Elsa Beskow: Illustration zu *Tomtebo barnen*, 1919.
212: Illustration von Rien Poortvliet aus Huygen und Poortvliet 1982.
213: Zwerg und Ehrenpreis. Foto und © Annekatrin Puhle, 2005.
214: Maj Fagerberg, Schweden: Zwerge bringen Licht in die Dunkelheit. © M. Fagerberg.
215: Aus Ida Bohatta-Morpurgos *Schneckenpost*, 1951.